新知
文库

XINZHI

Cities

Copyright © John Reader, 2004

First published as CITIES by William Heinemann,
an imprint of Cornerstone.

Cornerstone is a part of the Random House
group of companies.

城市的故事

［英］约翰·里德 著　郝笑丛 译

生活·讀書·新知 三联书店

Simplified Chinese Copyright © 2016 by SDX Joint Publishing Company.
All Rights Reserved.
本作品中文简体版权由生活·读书·新知三联书店所有。
未经许可,不得翻印。

图书在版编目(CIP)数据

城市的故事/(英)里德著;郝笑丛译.—北京:生活·读书·新知三联书店,2016.3 (2017.3重印)
(新知文库)
ISBN 978-7-108-05438-8

Ⅰ.①城… Ⅱ.①里…②郝… Ⅲ.①世界史-研究 Ⅳ.①K107

中国版本图书馆CIP数据核字(2015)第182236号

责任编辑	李 佳
装帧设计	陆智昌 康 健
责任印制	徐 方
出版发行	生活·讀書·新知 三联书店
	(北京市东城区美术馆东街22号 100010)
网 址	www.sdxjpc.com
经 销	新华书店
印 刷	北京市松源印刷有限公司
制 作	北京金舵手世纪图文设计有限公司
版 次	2016年3月北京第1版
	2017年3月北京第2次印刷
开 本	635毫米×965毫米 1/16 印张 24
字 数	292千字 图85幅
印 数	08,001-13,000册
定 价	45.00元

(印装查询:01064002715;邮购查询:01084010542)

新知文库

出版说明

在今天三联书店的前身——生活书店、读书出版社和新知书店的出版史上，介绍新知识和新观念的图书曾占有很大比重。熟悉三联的读者也都会记得，20世纪80年代后期，我们曾以"新知文库"的名义，出版过一批译介西方现代人文社会科学知识的图书。今年是生活·读书·新知三联书店恢复独立建制20周年，我们再次推出"新知文库"，正是为了接续这一传统。

近半个世纪以来，无论在自然科学方面，还是在人文社会科学方面，知识都在以前所未有的速度更新。涉及自然环境、社会文化等领域的新发现、新探索和新成果层出不穷，并以同样前所未有的深度和广度影响人类的社会和生活。了解这种知识成果的内容，思考其与我们生活的关系，固然是明了社会变迁趋势的必需，但更为重要的，乃是通过知识演进的背景和过程，领悟和体会隐藏其中的理性精神和科学规律。

"新知文库"拟选编一些介绍人文社会科学和自然科学新知识及其如何被发现和传播的图书，陆续出版。希望读者能在愉悦的阅读中获取新知，开阔视野，启迪思维，激发好奇心和想象力。

生活·讀書·新知三联书店
2006年3月

目 录

前言 1
致谢 1
插图目录及图片版权 1

第1章 第一印象 1
第2章 如何开始的？ 10
第3章 在哪儿开始？ 25
第4章 共同的思路 32
第5章 战争、希腊和罗马 52
第6章 巨人的伟业逐渐倾圮 69
第7章 以上帝之名谋取利益 94
第8章 君主之都和商人之城 110
第9章 复杂的运转系统 130
第10章 城市出现短缺 148
第11章 数量的冲击 164
第12章 建在水上的城市 184
第13章 转向太阳 196
第14章 永远的难题 206
第15章 君主的伟绩 222

第 16 章 追逐地平线	239
第 17 章 "城市在这里,完善它"	254
第 18 章 变通的政治	278
第 19 章 前景与机会	288
第 20 章 沉重的脚步	302

| 注释 | 315 |
| 参考文献 | 325 |

前　言

当今世界，有关城市的书真是不少。此类书籍，名目繁多，散布于各处的书店、图书馆和咖啡桌上。你可以从中挑出不少描写某个城市名胜古迹的书，都带有精美照片，并配以华丽的辞藻；你也可以找到若干厚重严谨的学术著作，详细地阐述一个城市的历史和建筑，并且从作者的角度分析论述这个城市更值得深入研究的原因。还有许多旅游手册、散文游记、著名人物的评论，以及小说家的优美文笔和诗人的激情呼唤：

> 乔托的高塔，
> 　似佛罗伦萨的百合在石上绽放。

这是朗费罗（Longfellow）的诗。在许许多多对文艺复兴城市的热情讴歌之中，这只是撷取的一小片。伦敦？有特里·拉斯马森（Try Rasmussen）和阿克罗伊德（Ackroyd）的书。美国城市？看看雷普斯（Reps），尤其是里斯（Riis）的关于纽约的描写。美索不达米亚和早期的城市？那就应该读读亚当斯（Adams）和范德米鲁普（Van de Mieroop）。中国的城市？记述者则有惠特利（Wheatley）、斯坦哈特（Steinhardt），当然不能忘了马可·波罗。在这些所有的著作当中，芒福德（Mumford）、万斯（Vance）和霍尔（Hall）的学识极其渊博，无人能比。工业革命时期，莫里斯（Morris）提出了一个极有趣的城市形式，而科贝特（Cobbett）则入木三分地刻画了19世纪的工业城市对英国的影响。以上这些书，以及其他的书籍，都详细列在参考书目中。由此我们也会问到一个中肯的问题：既然已经有了如此之多的城市方面的书籍，为什么要让书架上再多个负担呢？对此，我更愿意认为这一本有所不同。本书与其他的作者一样，也由衷地称颂那些伟大城市的奇迹；对于失败的城市也怀有深深的痛惜之情；但是除此之外，它还在生态学和城市功能上探讨了城市的文脉关系，而这正是各个地区、各个时代的城市的普遍现象。

在这里，生态学是关键因素。四十年前，只是针对生物体及其环境之间关系的研究，才涉及这个词，在相关研究领域之外，并不为人所知。而现在天天都会被提到，尽管有时用得并不准确。人们大多确信不疑，生态科学揭示的仅是被称作"自然"的世界之发展，因而对于城市，则是振振有词的否定态度。在事物的进程中，任何人工制造的东西都是"非自然的"。这么说，没有一样比城市更不自然了。其实，一座城市就和一个白蚁土堆或者一道海狸水坝相同，都是这个世界的一部分；在城市里人们所遵从的生物学的生存原则（食物、性、安全庇护所），与生活在森林的猴子一样多。但是城乡二分法总是坚持认为，一个坏，一个好。我们总是能遇见这样的人，他们表示非常厌恶城市，只有定期回到乡村的第二居所，才能恢复身心的健康。他们的言辞和行为都在暗示，如果乡村的环境对人这么有益，那么城市一定是糟糕透了。

不久前的新闻提到，美国国家科学基金会正在资助一项预算为几百万美元的长期研究计划，主要针对两个城市进行研究：巴尔的摩和凤凰城，期望在城市环境的生态学领域获得更多解释和发现。这项研究提出，还有什么能比在城市中研究人类及其环境，有更多生态学的意义呢？确实如此，尤其是城市一定会成为我们这个星球上最重要的现象。即使现在，城市作为生态实体，其行为方式已经在与环境相结合，影响着整个地球，以及全人类。

但是，这不是一本城市生态学的教科书。这是一本讲述城市故事的书，从其最早的出现，一直到今天，试着以生态学的视角来描述城市——它们如何生长、如何维持，以及它们与周围远近之关系的性质。沿着这个思路，书中选取了世界上有特殊意义的样本城市，重点阐述关键要点：它们的需求和问题，以及它们获得的成就和失败。当然，书中重点描写了各色人物，因为这是城市的最主要分子。毕竟，城市没有我们人类就不复存在。现在的问题是：没有城市，我们能否存在？

致 谢

书稿终于完成了。堆积如山的报纸、书籍、笔记、参考、日记、电子邮件、信件，还有通讯录里大量的地址和电话号码，这一切都在提醒我，慷慨帮助这本书的人是如此之多——尤其是在书后参考书目里所列著作的作者。没有他们，就没有这本书。想到这一点，我很惭愧，并且深深地感激他们。谢谢你们。

我的研究，得到了各处慷慨热情的帮助。某些时候是上门打扰，停留几天，或者是一两个小时的交谈，也有的只是一个 e-mail，却给了我一些参考启发，否则也许我就忽略了。对这一切，我都十分感激。我要感谢：莱斯利·艾洛（Leslie Aiello）、艾伦·伯科威茨（Alan Berkowitz）、杰拉尔德·布洛姆耶（Gerald Blomeyer）、克里斯蒂娜·波尔克（Cristina Boelcke）、比尔·布朗（Bill Brown）、鲍比·布朗（Bobbie Brown）、西莫内塔·卡瓦西奥奇（Simonetta Cavaciocchi）、哈维·克罗泽（Harvey Croze）、乔治·邓肯和琼·邓肯（George and June Duncan）、罗布·福利（Rob Foley）、彼得·戈兹布里（Peter Goldsbury）、约翰·格拉博夫斯基和黛安娜·格拉博夫斯基（John and Diane Grabowski）、约尔格·哈斯佩尔（Jörg Haspel）、彼得·霍索恩和杰茜·霍索恩（Peter and Jessie Hawthorne）、安德鲁·希尔（Andrew Hill）、伊恩·霍德（Ian Hodder）、理查德·霍斯金（Richard Hosking）、Fumio Ikuta、Norioki Ishimaru、休·约翰和戴维·约翰（Sue and David John）、休·琼斯和佩姬·琼斯（Hugh and Peggy Jones）、凯西·霍姆伍德（Kathy Homewood）、格尔德·科克（Gerd Koch）、乌尔斯·科尔布伦纳（Urs Kohlbrenner）、Hiroshi Kurose、马尔塔·拉尔（Marta Lahr）、休伯特·马丁和黛安娜·马丁（Hubert and Diana Martin）、Nomura Masato、尼尔·梅宾（Neil Maybin）、萨莉·麦克布雷蒂（Sally McBrearty）、罗德·麦金托什（Rod McIntosh）、苏珊·基奇·麦金托什（Susan Keech McIntosh）、Fumihisa Miyoshi、莫里斯（A. E. J. Morris）、克劳斯·米申（Klaus Müschen）、米尔科·诺瓦克（Mirko Novak）、弗朗西斯·皮卡德（Francis Pickard）、斯图尔德·皮克特（Steward T. A. Pickett）、蒂姆·雷德福（Tim Radford）、查尔斯·雷德曼（Charles Redman）、约翰尼斯·伦格尔（Johannes Renger）、阿西尼奥·罗德里格斯（Arsenio Rodriguez）、艾伦·罗林（Alan Rowlin）、Esho and Shoko Togashi、凯·伍兹（Kay Woods）、丽塔·赖特（Rita Wright）、Mayumi Yamane、Toshiro Yuasa，以及伦敦大学图书馆、伦敦图书馆、米尔布鲁克生态学研究院（the Institute of Ecosystem Studies, Millbrook）、普拉托的达蒂尼研究所（the Istituto Datini, Prato）的职员。

伯格里亚斯科（Bogliasco）基金会对于我的研究工作和最后成书，给予极大的信任和支持，在此，我向基金会及其纽约和利吉里亚的工作人员郑重致谢。

我非常感谢出版商海涅曼（Heinemann）公司的拉维·默克达尼（Ravi Mirchandani）先生，不仅仅是因为他挑选了卡罗琳·奈特（Caroline Knight）做本书的编辑。卡罗琳对本书的贡献是无价的，当然还有艾米莉·斯威特（Emily Sweet）和马克·汉德斯利（Mark Handsley），也为此付出辛勤劳动。在PFD的帕特·卡瓦纳（Pat Kavanagh）和卡罗尔·麦克阿瑟（Carol MacArthur），也是从始至终地给我热情和坚定的支持。在背后默默支持我的，还有值得赞赏的布里吉特（Brigitte），去日本做研究旅行的极佳伙伴艾利斯（Alice），以及马克（Mark），交谈中他给了我源源不断的灵感。我衷心感谢所有人。

插图目录及图片版权

威廉·海涅曼（William Heinemann）为联系本书插图的版权所有者，付出了很大努力，如仍有意外的侵权，请告知，我们将不胜感激。

图 1. （防空袭的）阻塞气球
　　属于：© Hulton Archive/ Getty Images
图 2. 烟雾中的伦敦警察，20 世纪 50 年代
　　属于：© Hulton Archive/Getty Images
图 3. 巴特西发电厂，1954 年
　　属于：© Hulton Archive/Getty Images
图 4. 威尼斯："治愈魔鬼蛊惑的人"，作者 Vittore Carpaccio（1465—1525）
　　属于：The Art Archive/ Accademia Venice/ Dagh Orti
图 5. 威尼斯内涝期间的圣马可广场
　　属于：Graham Tween/Lonely Planet Images
图 6. 纽约曼哈顿和布鲁克林的大桥
　　属于：© Owaki-Kulla/CORBIS
图 7. 温哥华的天际线
　　属于：© John Reader
图 8. 卡拉尔，秘鲁
　　属于：© George Steinmetz/KATZ
图 9. 加泰土丘，一位艺术家的印象
　　属于：John Gordon Swogger
图 10. 加泰土丘平面的壁画
　　属于：published in Gardner's art through the ages. 9th edn 1991. Horst de la Croix, Richard G. Tansey, Diane Kirkpatrick (eds.). San Diego: Harcourt Brace Jovanovich
图 11. 艺术家的印象，加泰土丘的房屋
　　属于：published in Mellaart, James, 1967. Çatal Hüyük: a neolithic town in Anatolia London: Thames and Hudson.
图 12. "在尼尼微的亚述人皇宫"，木版画，1880 年，作者 Ernst Hayn，是根据 A. H. Layard 的考古重构
　　属于：AKG-Images
图 13. 由列奥纳德·伍利绘制的乌尔街道地图
　　属于：published in Woolley, Sir Leonard, 1982. Ur 'of the Chaldees' London, The Herbert Press

图 14. 在幼发拉底河周围的灌溉水渠
　　属于：published in Adams, Robert McCormick, 1981. Heartland of cities: surveys of ancient settlement and land use on central floodplain of the Euphrates Chicago, London: University of Chicago Press
图 15. 乌尔的标准嵌板
　　属于：© Bettmann/CORBIS
图 16. 古代苏美尔的泥字板，显示了最早的文字
　　属于：© RMN Images
图 17. 乌尔遗址，美索不达米亚
　　属于：Ancient Art and Architecture Collection Ltd/TopFoto.co.uk
图 18. 纳拉姆辛（Naram-Sin）的胜利石碑，公元前 2230 年
　　属于：© Gianni Dagli Orti/CORBIS
图 19. 秃鹰石碑，献给拉格什的大公埃纳图姆，庆祝他占领乌玛城的胜利。苏美尔早期朝代，公元前 2450 年
　　属于：Art Archive/Musée du Louvre, Paris
图 20. 腓尼基人的大型划船，根据 A. Layard
　　属于：published in: Casson, Lionel, 1971. Ships and seamanship in the ancient world Princeton, N. J.: Princeton University Press
图 21. 罗马广场，罗马，意大利：从韦斯巴尼安庙（Temple of Vespanian）到教堂的景观
　　属于：AKG- Images/Pirozzi
图 22. 雅典卫城，希腊
　　属于：Royalty-Free/COREIS
图 23. 罗马人的镶嵌画，表现的是在朱利叶斯公主的领地上，进行的各种活动：捕猎、收获橄榄、给地主献上野味和出产，100—400 年，迦太基
　　属于：R. Sheridan/Ancient Art & Architecture Collection
图 24. 突尼斯的罗马人的镶嵌画：播种

属于：Ronald Sheridan/ Ancient Art & Architecture Collection

图 25. 阿尔泽姆的圆形竞技场，突尼斯
属于：Roger Wood/ Corbis

图 26. 罗马商人的大型镶嵌画，表现的是 200 年的罗马商船队：船有弧形船首和一个标准大帆，另一只船有突出的破浪船首及三张主帆，来自一处考古挖掘，奥斯蒂亚，拉齐奥。
属于：Alinari

图 27. The Isis Giminana，从台伯河口到城市码头运输物品的驳船，来自于奥斯蒂亚发现的一处墓室，此画现藏于罗马的梵蒂冈美术馆（Museo del Vaticano）。
属于：Alinari

图 28. 大型罗马商船在去普图斯的入口处，收藏于罗马的托洛尼亚美术馆（Torlonia Museum）。
属于：Alinari

图 29. 罗马：染病的土地，18 世纪的雕版画，作者 Piranesi
属于：Gabinetto dei Disegni e delle Stampe degli Uffizi ©1990, Photo Scala, Florence

图 30. 意大利旅行者去亚洲，1254—1324 年。马可·波罗和他的兄弟尼古拉向君士坦丁堡的皇帝鲍尔顿二世（Balduin Ⅱ）辞行（1294 年）——法国书中为马可·波罗的旅行故事所做的插图，1375 年，巴黎，国家图书馆（Bibliotheque Nationale），ms.2810
属于：AKG-Images

图 31. 北京故宫
属于：© Freelance Consulting Services Pty Ltd/ CORBIS

图 32. 马可·波罗的杭州平面图，来自《京师，及马可·波罗的其他笔记》，作者 A. C. Moule; courtesy: Cambridge University Press

图 33. 中国理想城市的地图，来自《咸淳临安志》，1867 年修订版。
属于：published in Steinhardt, Nancy Shatzman, c.1990. Chinese imperial city planning Honolulu: University of Hawaii Press

图 34. 北京：水彩画
属于：AKG-Images

图 35. "城市里的好政府"，1338—1340 年，壁画细节，作者 Ambrogio Lorenzetti 1285—1348 年
属于：Bridgeman Art Library/Palazzo Pubblico, Siena, Italy

图 36. 中世纪的布鲁日：市场始于城市大门
属于：AKG-Images

图 37. 圣吉米纳诺，托斯卡纳
属于：© Roger Antrobus/Getty Images

图 38. 哥本哈根的房地产
属于：© Yann-Arthus Bertrand / CORBIS

图 39. 帕尔马诺瓦的平面图
属于：published in Morris, A.E.J, 1994. History of urban form: before the industrial revolutions 3rd edn, Harlow: Longman Scientific & Technical

图 40. 帕尔马诺瓦的航拍照片
属于：Aerofilms

图 41. 弗朗西斯科·迪·马可·达蒂尼在普拉托的寓所的正立面，意大利
属于：Galleria degli Alberti_Cariprato, Prato

图 42. 19 世纪的达蒂尼塑像，普拉托
属于：© John Reader

图 43. 索尔兹伯里大教堂及市中心的航拍照片
属于：© London Aerial Photo Library/CORBIS

图 44. 中世纪手稿，画面是一位国王在监督工匠们修建大教堂，来自贝利公爵的四季绘本（Les très riches heures du Duc de Berry）。
属于：© Photo RMN

图 45. 马辄具：中世纪的手稿
属于：published in: Gimpel, Jean, 1983. The cathedral builders trans. Teresa Waugh Salisbury:Michael Russell

图 46. 安乐之乡，作者：Pieter Breugel the Elder, 1525—1569 年
属于：AKG-Images

图 47. 版画，托马斯·莫尔的"乌托邦"，作者：Ambrosius Holbein, 1518
属于：The Art Archive

图 48. 伦敦瘟疫时期的版画
属于：J\ICG-Images

图 49. 列奥纳多·达·芬奇笔记本中的一页
属于：Giraudon/Bridgeman Art Library

图 50. 纽约下层的贫民窟，1880 年
属于：© Bettmann/CORBIS

图 51. 在巴金河上，伦敦最大的北部污水总出水管。这个下水系统是维多利亚时期的工程师 Joseph Bazalgette（右上方站立者）的创造。
属于：© Hulton-Deutsch Collection/CORBIS

图 52. 参观巴黎的下水道——女士们由专人带领乘坐特殊的船。1870 年
　　属于：Mary Evans Picture Library
图 53. 在热纳维利埃沙砾层上的商品菜园，在这里，污水用来浇灌果树和蔬菜，再由沙砾层过滤净化。
　　属于：L'Illustration
图 54. 战后的维也纳，1947 年
　　属于：©Hulton Archive/ Getty Images
图 55. 背靠背的房子，在约克郡的斯泰兹。19 世纪晚期
　　属于：Mary Evans Picture Library
图 56. 工业城市底特律
　　属于：© E.O. Hoppé/CORBIS
图 57. 19 世纪的自行车的版画
　　属于：S.T.Dadd, published in: Ballantine, Richard, 1990. Richard's New Bicycle Book London, Sydney & Auckland: Pan Books
图 58. 大西洋 4-4-2 号以及单翼飞机
　　属于：© O.S. Nock; Milepost 921/2/CORBIS
图 59. 柏林的高架列车
　　属于：Ullstein Bild Berlin
图 60. 人们等着施舍的汤，柏林，1916 年
　　属于：© Hulton Archive/Getty Images
图 61. 一头马戏团的大象拉着煤车，柏林
　　属于：Ullstein Bild Berlin
图 62. 柏林墙之前的波茨坦广场，1931 年
　　属于：published in: Schneider, Richard (ed.) 1993/4. Historic Places in Berlin Berlin: Nicholai
图 63. 柏林墙之后的波茨坦广场，1963 年
　　属于：published in: Schneider, Richard (ed.) 1993/4. Historic Places in Berlin Berlin: Nicholai
图 64. 2004 年的波茨坦广场
　　属于：published at www.gtz/berlin/english/postdamerplatz.htm
图 65. 国会大厦，柏林
　　属于：© Alamy Images
图 66. 艾利斯岛上的移民等候摆渡船，1900 年
　　属于：© Bettmann/CORBIS
图 67. 曼哈顿的航拍照片，1942 年
　　属于：CORBIS
图 68. 纽约贫民窟的窝棚，20 世纪初
　　属于：©Bettmann/CORBIS
图 69. 西班牙木版画，特诺奇提特兰的平面
　　属于：Ancient Art & Architecture Collection/ Ronald Sheridan
图 70. 16 世纪西班牙插图画，典型的阿兹特克村庄
　　属于：Stockholm: Ethnological Museum of Sweden
图 71. 特诺奇提特兰的考古测绘
　　属于：published in: William T.Sanders, Jeffrey R. Parsons, and Robert S. Santley, c. 1979. The basin of Mexico: the ecological processes in the evolution of a civilization New York: Academic Press
图 72. 墨西哥城的空气污染
　　属于：© Julio Etchart/Still Pictures
图 73. 墨西哥城沉陷后的大教堂
　　属于：© Frank Nowikowski/South American Pictures
图 74. 无家可归的母亲和孩子，加尔各答，印度
　　属于：© Mark Edwards/Still Pictures
图 75. 周边的难民，内罗毕，肯尼亚
　　属于：© Mark Edwards/Still Pictures
图 76. "为胜利而挖掘"：男人和男孩在分配地块上，达利奇，伦敦
　　属于：© Hulton-Deutsch Collection/CORBIS
图 77. 哈瓦那的城市农业
　　属于：© Betty Press/Panos Pictures
图 78. 洛美的蔬菜生长，多哥
　　属于：© John Reader
图 79. 克利夫兰，美国
　　属于：© John Reader
图 80. 克利夫兰，美国
　　属于：©John Reader
图 81. 克利夫兰广阔的郊区，美国
　　属于：©John Reader
图 82. 公寓综合体之间的人行通道，斯德哥尔摩，瑞典
　　属于：©Jonathan Blair/CORBIS
图 83. 拉巴斯，玻利维亚
　　属于：©Mark Edwards/Still Pictures
图 84. 东京繁忙的街道，日本
　　属于：©Robert Essel NYC/CORBIS
图 85. 纽约市的中央公园，从 5 至 59 大街
　　属于：Richard Elliott/Stone/Getty Images

第1章
第一印象

城市是人类文明的典型产物,在这里展现了人类所有的成就和失败。公共建筑、纪念碑、档案馆以及公共机构就是我们的试金石,通过它们的检验,人类的文化遗产得以代代相传。我们塑造了城市,城市也塑造了我们。今天,地球上有将近一半的人口生活在城市,到2030年,这部分人口很可能达到三分之二。

我出生在伦敦,儿时有关城市的记忆,就是胖乎乎的阻碍飞机空袭的大气球,飘浮在由屋顶和烟囱帽儿构成的天际线上。半夜空袭来时,我们就急忙从房子里撤退到花园下面的掩蔽所。第二天早晨,街道上散落着小块的榴霰弹片,如果你起得早,还能捡到热的呢。在我成长的年代,城市正在重建,到处都是由梯子和脚手架包裹而成的迷人的格子,格子外还有上上下下、摇摇摆摆的吊桶和滑轮作装饰。在炸弹坑里生长着繁茂的醉鱼草,盛开的花儿吸引了许多的蝴蝶,有红将军、小个儿的和巨型的龟甲、孔雀,以及更稀有的苎胥。我们用旧的细布帘做成的网兜来捕捉蝴蝶。一本通俗浅显的名叫"如何做……"的书,教会我们如何把蝴蝶装进塞了一半月桂树碎叶的果酱罐里,把它们麻醉,然后怎样用大头针钉住其胸部,并用细条纹纸垫着展开翅膀,这样就可以很方便地收藏了。

我们常常在废弃的花园里摘树上的果子吃（有的花园并没有完全废弃——偷果子，我们自己都这么说），试着用忍冬生火，火柴可是用不怎么正当的手段得来的。我们从厨房偷拿土豆，刚烤到半熟就吃了。有几次，我们壮着胆子摸进炸毁的房子里，走下仅剩的几步台阶，进入那黑暗恐怖的地下室。对于一个8岁的孩子来说，战后的伦敦就是一个冒险场，大人根本顾不过来。

大人们曾经开玩笑地说，当伦敦都弄完了就是一个极好的地方，但是我一直也没明白这有什么好笑的，觉得极有可能有那么一天，所有的房子都修好了、盖完了，然后就是：伦敦，弄完了。尽管没有回忆起和这件事有关的任何想法，但我现在猜想，那时的有关完成的城市的想象，或多或少都和我所了解的伦敦差不多，只是稍稍整齐了一些。

那时，除了烧柴油的公共汽车，还有无轨电车、有轨电车，我们经常不买票，偷偷摸摸地蹭车。自行车则是提供了一个完全免费的，而且是更自由的方式，让我们在城市里四处游荡。我们就是喜欢探险，但也很快学会了如何避免使自行车轮陷进交叉处的电车轨道里，而且摔过一次之后，你再也不会忘了在雨天的巴勒大街上要小心骑车，街上铺的木板像玻璃一样滑。

伦敦的主要火车站都是巨大而肮脏的，就像蒸汽时代的大教堂，在里面，我们聚在一起，各种机车家族也集中在这里。滑铁卢车站、维多利亚、查理十字、帕丁顿、圣潘克拉斯、尤斯顿和利物浦街，在这些车站里，我们从一个站台跑向另一个站台，而火车正缓缓停下，机车头嘶嘶鸣叫着，喷着烟雾和蒸汽。乘客们从区间车和快车的三等及头等车厢里纷纷涌出来，我们则好奇地盯着特等客车的包厢，里面的小桌灯映亮了车窗。

我们曾经或是渴望拥有一套霍恩比-OO轨距（Hornby-OO）的电动火车模型，一有机会，就会在起居室的地毯上趴上好几个小时，绕着家具，设计复杂的火车轨道路线。我不记得我们当中是否有人确实认真地想当一名火车司机，但是男孩子们通常都怀有这样的雄心大志。的确，对于那些登上巨大的金箭和城堡火车头踏板的人，我们心怀极大的敬意。他们掌握着炉火和蒸汽，穿着脏兮兮的工作服，戴着油腻腻的鸭舌帽，驾驶着由明亮的刷漆钢铁和晃眼的黄铜组成的华丽的创造物——飞翔的苏格兰人、大西洋海岸快车，从南到北、从东到西穿过大不列颠。当活塞开始运动时，一人多高的主动轮，在铁轨上颤抖和滑行，火车头像是在努力地喘气，就像《火车头托马斯》(Thomas the Tank Engine) 一样。这些机车带给我的回忆，现在如果用一个词来形容，就是"敬畏"。但是那时，怎么说呢，它们确实给我留下深刻印象，但也只是城市日常生活的一部分而已。对于我们来说，它们的重要意义就是作为在书中罗列的数字的搬运者，运送如此之多的人。

烟雾是当时生活中另一个可怕的事实，而且更常见。在我的记忆中，那时人人都抽烟——在家和办公室里，在火车和公共汽车上，在咖啡馆和电影院里。整个国家（不只是铁路）都依靠煤炭而运行（尽管是用马车将煤送到家的）。黑烟从家家户户的烟囱里飘出来，每天都有成千上万吨的煤在伦敦的壁炉、锅炉、煮饭的炉子里燃烧。从火车头、煤气厂、发电厂以及工厂的大烟囱里，不断地喷涌着滚滚浓烟和水蒸气。在我们住的地方，烟雾中还混合着各种味道，一会儿是旺兹沃思大街上的杨氏酿酒厂的味儿，一会儿又是巴特西蜡烛厂的夹杂着一股怪味的恶臭——这完全取决于当时的风向。

城里的建筑全都被煤烟熏染上了一层铜锈色，最为极端的是，原本白色石灰石的房屋，却让人觉得是用磨光黑色玄武岩建造的。大多数的冬天，有时冷空气层滞留在伦敦上空，迫使从烟囱里飘出的烟尘在低空徘徊，不久，混杂着硫黄味的烟尘、煤烟和水汽的淡绿色的雾，完全笼罩了城市，当厚到一定程度就变成了众所周知的黄色浓雾。这时你打开前门，一团团的浓雾就飘了进来，如果不关门的话，大有填满整个房间的危险。在那些能见度低于一码的天气里，要是在从学校回家的路上走丢了，几乎可以成为一件值得炫耀的事，你会夸张地说："都伸手不见五指啦。"

每年冬天，黄色浓雾都会杀死好几百人。那些患有哮喘病的人，或是有呼吸系统疾病的人，吸入混合着有毒物质的空气，是相当危险的。"烟雾"（smog）作为新词被收入字典，用以定义这种英国城市里的对公共健康有极大威胁的情况（伦敦不是唯一受影响的城市，在所有工业城市里，情况一样糟糕）。公众普遍要求采取措施控制死亡人数，这迫使政府在上世纪五六十年代采取行动，提出了一系列的《清洁空气法案》（Clean Air Acts）。

1956年的第一法案开始生效之前，我刚好离开伦敦，搬到南非开普敦，那里的气候主要是由来自西北大西洋方向的潮湿气流和来自东南印度洋方向的干燥气流交替主导，洗刷清洁着这个城市。以后，我又以内罗毕为基地住了若干年，在此期间，就我所知，伦敦已经开始改变了。

石油、天然气和电力稳步替代了煤炭，被作为城市的燃料能源，供给工厂、发电站和家庭使用。中央暖气系统的普遍应用，使得家庭中不再使用壁炉和烟囱。贫民窟被清除，得到开阔的郊区景观，当我1978年搬回伦敦时，这个城市已经变成了一个干净的地方——以致受到鼓舞的房屋主，都主动擦洗掉了建筑表面的污染的黑色烟灰。烟雾和黄色浓雾已成为老人们在喝茶聊天时的回忆和感叹。伦敦就像获得了新生，尤其是在春天，梧桐的嫩叶在枝头轻舞，阳光灿烂。

在非洲生活和工作的这么多年中，我只有几次回访伦敦，这给我带来了十分有趣而又颇具价值但却是意外的收获——延迟了我初次访问欧洲其他一些大城市的时间，的确相当的晚，例如我第一次访问维也纳是2001年，2000年在巴黎多待了一段时间，而威尼斯是1997年才第一次去。如果因为年轻时没有在欧洲大陆旅行而错过什么的话，我相信，无论那是什么，都会因为这双历练的老眼而得到了补偿。

"威尼斯，怎么说呢，从来都是超乎你的想象和期待，"我的一位朋友在得知我将要第一次去那儿时，这么说道，"无论你是第一次还是第十次，也不管你之前了解多少，做了多少准备，在离开时，你总能感觉到威尼斯仍然给了你一些很特别的东西。"

在这个浮夸成风的年代,是要时刻警惕着言过其实的情况,因此这话看来是不大可信了。可是另一方面,弗朗西斯对我无须进行不必要的夸大,并且也确实是他说得对。威尼斯确实超出我的期望,确实给了我特别的感受。这不仅仅是精神上的想象以及阅读经验的回忆,也不是令人愉快的胶卷照片,要远多于此。我带着挑剔的问题离开威尼斯,那就是有关一个城市的身份地位,以及城市普遍的现象、职能和生态。为什么它们会存在于世?它们是怎样运行的?为什么有的城市比别的城市更有活力?

威尼斯是拥挤的、发臭的,有些地方显然是肮脏的,多数建筑看上去都快要倒塌瓦解了:碎屑纷纷掉下,沉没在那黑暗的泻湖里。这里有宏伟的教堂和宫殿,有圣马可大教堂的四匹镀金青铜骏马,有众多的精美画廊和哈里酒吧(Harry's Bar)。威尼斯的历史在文学、绘画和音乐中有丰富的体现;这个城市唤起了加布里埃利(Gabrieli)、蒙特威尔第(Monteverdi)和维瓦尔第(Vivaldi)的旋律在脑海中的回响;它以三维立体的形式表现了卡纳莱托(Canaletto)和特纳(Turner)的那些熟悉的画面,唤醒了对于莎士比亚、拜伦、亨利·詹姆斯以及托马斯·曼的相关记忆。

约翰·罗斯金(John Ruskin)、查尔斯·狄更斯和马克·吐温以喜爱的笔触描绘过威尼斯,歌德和普鲁斯特在这个城市里流连;埃兹拉·庞德(Ezra Pound)一直在这里,在圣乔治马焦雷岛上的圣米歇尔公墓里长眠。宅邸和广场不好区分,蜿蜒的运河将二者时而连接时而打断,在此背景之上是维斯康蒂的《威尼斯之死》(*Death in Venice*)的奢华场景,以及尼古拉斯·罗格(Nicholas Roeg)之《现在别看》(*Don't Look Now*)中令人难忘的画面。甚至伍迪·艾伦也在这儿拍了一部电影,片中的他和朱丽亚·罗伯茨坐在大运河边的台阶上沉思。这里有许多舒适的旅馆、美味的餐厅、一个有效的水上交通系统,只要拿着导游书和地图,就可以简单愉快地在城市里徒步漫游。

城市问题专家约翰·朱利叶斯·诺威奇（John Julius Norwich）如此评论道："威尼斯，相比较于欧洲的其他城市或任何一个地方，对于西方文明的贡献都是巨大的，远远大于它的地理规模。"[1]

没有一座城市像威尼斯一样，即使是最偶然的到访者都不是对它一无所知。它的影响触及每一个体，深入人心——无论是沉浸于历史学术，还是欣赏音乐和艺术，或者仅仅是经常看电影、读报纸、吃威尼斯比萨、在一间名为"里亚多"或"利多"的咖啡馆喝杯咖啡，每个人都对威尼斯怀有个人的想法——不是太多的知识，而是一种潜意识的感觉。在某种程度上威尼斯深入人心，非其他城市能比。这意味着虽然去威尼斯的预期和去别的地方没什么两样，相似的行程安排、相同的旅行中的种种不便等等，但是到达以后的真实感受，却唤起了一种从来没有的似曾相识的归属感，即使同时还有几千的旅游者在你的前后左右。并且这种体验还在不断积累。威尼斯到处是不期而遇的风景，它的吸引力从未减弱，只会随着一次次的到访而加强。

但是，这就是城市吗？一个城市、这个城市是为什么而存在？仅仅是为了检验延续几个世纪的西方文明进程的可靠场所？现在，我们站在世代威尼斯人曾经立足的地方，体会到历史和场所的魅力，感受到人类的不懈努力，使得城市持续发展了几百年。我们是最近的一批，使我们和世世代代建设保护威尼斯的人分开的不只是时间，我们也以不同的方式利用着这个城市。

从开始建城到之后的几百年，威尼斯主要是服务于本地居民的利益，但是现在主要是为旅游者服务了。事实上，威尼斯就是一个巨大而精美的博物馆，每年吸引了超过 1200 万的游客，这其中有三分之二的人是一日游。历史中心区的最大日接待能力的计算值是每天 2.1 万人，但通常都是 6 万人，有时还有超过 10 万的游客涌进城区，完全吞没了令人愉快的景物，这迫使当局关闭了连接威尼斯本岛和大陆的通道桥梁。[2] 2004 年 2 月，城市当局做出决定，尽管威尼斯一直没有汽车捣乱，但也不再是步行者的天堂了，人们不能想怎么走就怎么走了。在旅游季节,城中的街道和小巷挤满了人,因此管理当局引进了单向步行系统。任何企图逆着走的人都要被罚款——从 25 欧元到 500 欧元不等,取决于犯规的严重程度。[3]

与此同时,威尼斯的常住人口在停滞了几个世纪之后,呈现出无可挽回的下降趋势。在 16 世纪威尼斯的势力达到顶峰时,有大约 20 万人居住于此,19 世纪也并没有减少多少,那时刚刚开始吸引一定数量的外国游客。1960 年这里的人口还有 17 万之多,但是从那儿以后,外流的永久居民和涌入的游客呈戏剧性的对比。到 2000 年为止的 40 年中,威尼斯的居住人口下降了几乎三分之二[4],只剩下大约 6 万人,而在其间弥漫着的对旅游观光业的爱恨之情,又把他们分成了互相抵触而又不可调和的两部分:一部分依赖旅游业而生存,另一部分则不考虑这些。

这里有一点自相矛盾:对那些短期到访的旅游者,威尼斯唤起了一种想要归属的感情,但却没有多少人愿意长期住在这里。这个城市真正抛弃了作为生存和自立的首要责任,即创建友好的自然环境和社会环境来吸引和留住居民。

威尼斯是许多城市中非常特殊的一个,虽然如此,但其根本上是一种在时间和空间上,与文明一样古老的现象表达。确实,几乎可以毫不夸张地说,城市就是人类文明的明确产物。人类所有的成就和失败,都微缩进它的物质和社会结构——物质上的体现是建筑,而在文化上则体现了它的社会生活。从城市建立之初,其物质和文化的高度集中使得人类活动的范围更加扩大,每天的生活脚步也加快了。城市中的建筑物、纪念碑、档案馆和公共机构都凝聚了社会文化遗产,是传承标准的试金石,通过它们,人类的遗产得以代代相传。

当然,世界范围内如果没有人口的同步增长和扩散,大城市的广泛分布和增长是不可能发生的。虽然如此,在令人惊讶的很长一段时间里,全球人口中生活在城市里的,仍然只是一小部分。19 世纪初叶,当时的城市依旧保存着 6000 多年以来的形状和形式,只有大约10%的全球总人口住在城市里,其他90%的人仍然生活和劳作在很小的、主要是自给自足的社会里——他们绝大多数都处于农耕的自然状态。但之后,城市化的进程戏剧化地加快起来。到1900年,城市居民占全球总人口的四分之一,而现在,第三个千年之初,差不多有一半的人口生活在城市社区,这部分还在进一步的增长,这样,到2030年的时候,每三个人里将会有两个生活在城市。

根本上讲,城市作为人类活动中心,将大量人口从寻找食物和陋居的重担中解放出来,即从土地上解放出来。被束缚了几万年的人类的灵性,之前只是用于供养和管理小型氏族,从此释放出来,去追随人类那似乎无限的潜能。城市提供食物、安全以及文化环境,在其中可以选择个体的活动,例如米开朗基罗·波纳罗蒂可以画画和雕塑,艾萨克·牛顿和斯蒂芬·霍金选择思考宇宙的奥秘,而阿道夫·希特勒却在酝酿征服世界的图谋。城市给天才和暴君提供了激发他们雄心壮志的土壤,但同时更有成千上万的人没有从城市中得到半点好处。

直到相当晚近,大城市还是潜在的死亡陷阱(有的现在仍是),死亡率远远超出出生率。确实,仅仅是到了19世纪,随着医学和公共卫生计划的发展,城市疾病先被控制、再被征服之时,大城市才得以维持住人口,并且从自己的居民当中开始实际的人口增长。之前,城市的生存都是完全依赖于吸引外来人口的能力。

一些人移居到城市是因为在家乡他们需求过多而资源有限;另一些人则是因为他们想去闯荡,寻求城市里的各种机会,无疑还有一些人是同时受到这两种又推又拉的影响。古代城市里的多数外来者,尽管没有被提到,都是作为奴隶被带进来——或者说被买进来的。如果没有稳定的人口流进城市,城市就会收缩,失去存在的意义,只有新居民源源不断地流入,城市才能持续发展。因此,城市可以被认为是一个动态的实体,类似有生命的生物体,如古希腊人所相信的那样,从出生、成长到死亡是一个公认的循环。[5] 也确实如此,一代代的人们在城市度过他们自己的生命周期,同时供养这个城市，维持着城市的机能。

现在西方发达世界里有一种趋势，人们看待城市，认为它天生就是不好的，最多也是无可避免之灾祸。他们刻板地和乡村作对比，一个坏一个好。在其简单的思维中，这二者的区别就局限在哪些是"自然的"，哪些不是。丰产富饶的乡村，蕴藏着生命的潜力，似乎是自然的；而城市呢，维持生存的需求不断地提醒我们这是腐朽没落的方式，被贴上不自然的标签。

要记住"自然"这个词也不完全适用于当代的乡村了，在那里，大多数也已被人类活动所改变，衰落也是一个自然的过程。所以，城市的"不自然"又是指哪些方面呢？毕竟，城市的每一部分都是地球上原来就有的，都是通过地球物理学和生物学的进化过程而形成的，并不比大峡谷或一堆大象粪球少多少。

诚然，城市的不同之处在于，它是通过人们的有意识、有目标的努力而形成的——但是为什么因此它就不是自然的呢？没人认为白蚁的土堆因为是建造而成的就是非自然的。当然，白蚁建造土堆是本能行为，每个个体都在为整体利益而本能地工作。但是，人们所从事的那些复杂的协作行为，如建设、定居、维护城市，谁又能说不是类似于本能，不是相当于考虑整体（这里意味着"促进文明"）的利益呢？

显然，城市在人类事务中所承担的整体的角色要深刻得多——远在街道和建筑之外，进入到我们自觉和不自觉的领域，使我们成为我们自己。"我们塑造城市，城市也塑造我们。"温斯顿·丘吉尔这样阐述道。[6]

第 2 章
如何开始的？

有关城市的起源，通常来说是由于农业社会的生产活动逐步加强，物产极大丰富，有了剩余，使得手工业者和其他有特殊技能的人从农业劳动中解放出来，初级的城市随之建立。但是还有其他的可能性。强有力的相关证据表明，城市的起源实际上早于农业活动的强盛时期，并且还对农业的强盛起了促进作用。

在现代生活中，城市是这样地无处不在，它的产生，它对文明社会的支持，似乎都是必然的。但是理当如此吗？诚然，耕作农作物和饲养家畜，使人们有了动机和手段，能够在一个地方长期居住，比以往要久得多。但是这就足以用来解释在全世界范围内的城市和文明的产生吗？世界上有六个独立的地区，美索不达米亚、印度、埃及、中国、中美洲和秘鲁，在每个地区，城市的产生都是自发的，不是互相交流的结果，但出现的时间却涵盖了相当长的历史阶段。在美索不达米亚和古印度河谷上的最早的城市可以上溯到六千年之前，城市出现在埃及要稍晚一些。就目前所知，中国最早的城市（河南省中部黄河以南的二里头殷商遗址）距今有四千五百年。[1] 中南美洲的城市要年轻一千多年。在每个地方，城市的出现都标志着一种不同的文明的诞生；好像是一旦建立了一套前提，城市和文明将无可避免地随之而起。问题来了：这个前提是什么？促使城市兴起的驱动力又是什么？

传统的答案是农业和战争。理论很简单：当农业成为可靠的生活来源时，人们就开始定居，而且也必然会有一些人比其他人富裕。成功的农夫聚在一起，建造防御性的带篱笆围墙的房屋，以保护他们不受潜在的邻人的攻击。这就导向一个新的社会组织形式。强有力的领导者从中浮现，他们最终变成了法老和国王，拥有了统治社会的权力，在他们的命令下建造了城市。

专家们确信复杂的城市和社会结构是产生于这种恐惧，指出全世界的早期文明都有战争的明显证据。[2] 他们提到，每个文明阶段都有自己的将军和常备军，武士在社会阶层中通常占有显著的位置；战争在艺术中也有体现，并且影响了建筑形式；当有了文字以后，战争是一个受欢迎的题材。

南美洲经常被当作一个主要例子，用来阐述有关战争在城市和文明发展中的推动作用。尤其在玛雅、阿兹特克和印加，都有大量的例证；但它们并不很古老。考古学家在秘鲁海岸的卡斯马发现一处遗迹，距今有三千五百年，其战争遗迹尤其可怕。墙上的雕刻显示出武士们正在斩首和肢解战败的敌人；腿和手被砍下来，血从眼睛和嘴里流出来。

卡斯马的证据明确肯定了在南美洲的早期社会里，有很长一段时间，战争是一个基本特征。这似乎说明，战争促进城市和文明的发展带有普遍性。但是这个论据没有坚持太久。就在卡斯马的证据刚刚发表[3]，而其广泛的含意还没有被普遍接受时，考古学家在距卡斯马不到一天车程的地方发现了另一个大型城市中心，早于卡斯马一千多年，却完全没有战争的痕迹。[4]

新的地点位于卡拉尔，对在底部挖掘出来的芦苇编织袋进行放射性碳测量，得出的结论表明，人们大约在四千六百年以前就在这里生活了。那时的卡拉尔，差不多完全覆盖了一片65公顷的广大区域（大约相当于36个曼哈顿街区[5]），全都由一个中心区掌控，中心区里有六个大型堆土平台，环绕着一个巨型露天广场。所有这六个土台显示出它们的建造时间都集中在一到两个阶段，这意味着一种能够进行复杂规划的天赋异禀，以及中央集权的决策能力和动员大量劳力的强制力量。最大的土台，即"大金字塔"（Piramide Mayor），经过了几千年的腐蚀损害，现在依然矗立着，有四层楼高，覆盖的面积有足球场那么大。[6]

这些土台上布满了迷宫般的房间、庭院、楼梯和其他结构设施，说明这里曾被用于行政管理的目的；遗址里还有三个圆形的下沉广场，已被证实为庆典场所，在这里经常举行大型的、组织良好的庆典仪式。卡拉尔的房屋有各种不同的形式和品质，表明这里已有社会阶层之分，石头建的大宅是属于上层阶级的，而大多数的谦卑的泥砖房，才是其他人的住处。还有人工挖掘的水渠，从苏佩河引来河水灌溉田园，种植各种农作物，其中已认出的有瓜类和豆类。也有迹象表明这里还大量种植棉花，他们不仅用棉花做衣服，也以此和二十多公里以外的海边渔民村落进行交易。渔民需要棉线做渔网，农夫需要蛋白质，在卡拉尔找到的成堆的沙丁鱼和凤尾鱼骨表明，鱼是这个社群的主要食物来源。

卡拉尔无疑是一个大型而复杂的社会的发源地。确实如此，创立于卡拉尔的社会、政治和仪式的体系，很可能就是统治安第斯地区四千年的印加文明的祖先。它是美洲已知的最早的城市中心，没有比它更大更古老的了。因此可以说，卡拉尔是一块文明的基石。但是这里没有任何证据表明战争促进了它的发展。而且恰恰相反，这里发现了项链和人体彩绘，表明卡拉尔的个体装饰品位；还有美丽的类似长笛的管状物，由秃鹰的骨头雕刻而成，显示出他们能够欣赏音乐和歌曲（古柯的遗迹暗示了他们偶尔用些刺激品）。这里绝对没有任何事情显示出卡拉尔的社会爱好战争。没有武器，甚至连石棒也没有，没有防御工事，没有城墙，没有血淋淋的关于战争和胜利的描写。几千年前，处于南美洲文明发源地的卡拉尔人并不知道什么是战争。

非洲的智人进化了几百万年，卡拉尔只是一个边远的从非洲来的移民村落。直到十万年之前，我们这个生物种类还只存在于非洲，地球其他地方并没有。之后有一小部分，一步一步地离开非洲大陆，穿过苏伊士地峡，或许早期的人类中，直立人和穴居人也是在非洲进化的，从大陆走出后就逐渐灭绝了。但是我们的祖先肯定活了下来。一代又一代，这些先遣人类不断繁殖、迁徙，遍布全球每一个适宜的地区。这个过程，由各地发现的人类宿营地和短时定居地的化石一路标示出来，指明人类环绕全球的漫长旅程。化石证据表明，人类离开地中海盆地之后，一部分后裔于四万年前在欧洲建立了据点，一部分于三万年前出现在中国，还有一些在一万五千年前的某个时候跨过了白令海峡，那时的海平面还很低。

一旦在北美立足，移民就不断地沿海岸线向南移动，在一万两千年前到达了南美洲的顶端。美洲的人口开始时很少，而且分布于广大的区域，这就使得卡拉尔成为一个非常重要的遗址，因为在这里可以看到一旦条件合适，人口能够多么迅速地扩大并建立起一个城市中心。

与此同时，最早从非洲出来的人类后裔，已在中东和环地中海地区居住了几万年。中东地区已发现的化石可以上溯到九万年以前。这么长的持续时间，意味着这里的人们有更深更广的开发利用环境的经验，尤其相对于那些在南美的同类。同样是从远古的人类主干上继承了相同的遗传物质，那些南美的人们却只有很短的时间跨度来进行实践——这也许就是造成二者文明不对等的一个原因，建造美索不达米亚城市的人们已经在写诗的时候，卡拉尔人才刚刚发明制造陶器。

在南美洲的考古学里，卡拉尔属于陶器时代。这个大陆的最早的陶器出现于三千七百五十年前[7]——差不多是人类定居在卡拉尔的一千年以后。有证据表明在没有陶罐以前，卡拉尔人也过得不错，他们找到了芦苇、棉花、木材、皮毛、骨头和石头来满足需要，但是无论何时何地，陶器的出现无疑都是一个重要的标志。罐子可以让人们在手边储存大量的水；人们能够更安全地储存收获的谷物，还可以烹调各种食品——不管是为了使食物更美味，还是为了更便于保存。更意味深长的是，妈妈们可以用罐子煮熟母乳的替代品，因此促进婴儿断奶。这就导致生育间隔的缩短，更多的婴儿、更多的人口。由此看来，陶器似乎是对于人口的快速增长做出了相当的贡献[8]，对于城市和文明的发展具有至关重要的意义。

在任何一个考古遗址上出土的陶器表明，人们利用这块地方，几乎不挪窝，即使不是永久聚居地，至少也是在此待了很长的一段时间（你不能指望在游牧民族那里发现大量随身携带的陶器）。陶器因此和城市的起源联系在了一起。正如卡拉尔所显示的证据，它不是先决条件，但是却紧密相关。刘易斯·芒福德在他的《城市发展史》一书中指出，从完全的狩猎、采集或者乡村生活方式，到城市第一次成为人类存在的主导方式，在这个转变进程中，陶工的旋盘，就是最初的因素。

除了陶工旋盘，芒福德还提到了织机、帆船、金属加工、抽象数学、天文观测、历法、文字书写、犁和谷物的耕种，这些能力的发展和技术发明，都是在文学作品中被称为城市革命的基本要素。其中，犁和耕作技术无疑是最重要的，如果没有储存大量剩余的食物，社会就无法支持那些特殊人才一心一意地去从事所有其他对城市革命有益的活动。

在底格里斯河和幼发拉底河之间，是美索不达米亚的冲积平原，即现在的伊拉克，在此发现的证据是已知最早的，时间可以上溯到六千年以前。当时的人们生产出大量的、足以被认为是过剩的谷物，能够养活相当数量的无须为自己种粮的个体。在美索不达米亚南部，即古代的苏美尔地区，有确凿的证据表明了这一点。

从传统观点上来看，有关这个题目，无论是学院派的文章还是通俗描写[9]，都认为在苏美尔那肥沃的土地上，耕作技术的发展和犁的发明使农夫可以生产更多的农作物，这不仅引发人口迅速大量增长，同时也激发了农业社会向城市文明的过渡。因此可以说，世界上第一个城市的出现仅仅是因为农夫们发现了一种增产粮食超过自己需求的方法。但是对于此类证据还有一种不同的观点，认为这些至关重要的事件发生发展的次序恰好是颠倒的，就是说城市首先出现，随后，出于对城市需求的积极反应，农业技术得以推进。

有关城市首先出现的这种观点[10]也能在一些著作中找到，表达明确，并不难理解，但对大多数人已有的认知，却是试验性的。其实这种见解应该受到更广泛的关注。陶器是这个问题的关键。

在苏美尔，将近七千年以前，那些把城市建在原始沙地上的人们，已经在广泛而熟练地使用陶器了，包括大口杯、圆形和椭圆形的盘子、碗、带嘴的容器、大小不一的罐子、酒杯、薄边的杯子以及厚重的煮饭的家什。有些做得非常精致，装饰着雅致的花纹：从随意的点线到复杂的交叉几何图案，还有动物和人形的描绘。[11]

事实上，这么多的陶器产生于早期的美索不达米亚定居地，而且物品在用途、形状和装饰上，标准是如此的统一，近乎很正规的工业化的生产规模。[12] 高级熟练工人在此工作[13]，但他们的技术却不是在本地获得的。这一点我们可以确定，因为在挖掘出来的遗址各层上，没有迹象表明早期粗糙的工艺通过实践，经时历年，得以精制。因此陶器的生产制造工艺，在到达苏美尔时就已经羽翼丰满，发展到高级阶段了。基本的技能一定是在别处起源的，但是究竟在哪儿呢？多数认为北边是发源地，而且确实，相当精致而年代也更为久远的陶器，在幼发拉底河与底格里斯河更上游的地方被发现了。

在更北边，我们来到孕育农业革命的新月沃地的西隅，在这里有一处遗址，比苏美尔和美索不达米亚北部地区都要古老。其间散落着各种陶器，在最底层发现了非常原始的陶器，而在上层就日益复杂精致了。这里陶土工艺的发展轨迹非常明显，从最初的简单样式到在苏美尔出土的那种高级工艺，一一呈现。最早的样品包括了粗陋的盒子形状的容器，完全模仿同时代的带有雕刻的木质盒子。[14]最精致的是做工精良的陶罐和有装饰花纹的器具。

发现这些文物的地方叫加泰土丘（Çatal Hüyük），位于土耳其南部的安纳托利亚高原，距地中海海岸有100公里，海拔1000米。多数的古代层迹都可以回溯至九千年以前；那时，这里至少有2000个家族[15]、1万人生活居住。他们以砖作墙的房子紧密相连，整整铺满了大约12公顷的土地。[16]这处遗址是由英国考古学家詹姆斯·梅拉特（James Mellaart）在1958年发现的，他在20世纪60年代早期一直在这里领导挖掘工作。他是这样介绍和说明这些考古成果的："加泰土丘是……已知的人类城市生活的最初尝试之一。公元前6000年，加泰土丘就是一个市镇了，甚至是一个城市，具有不平常的特质。"[17]

加泰土丘一直以来总是被形容为"世界上的第一个城市"[18]，但是更新的考古挖掘表明，虽然其人口远多于现代许多城市中心区，但它还是更像是一个过度扩张的大村庄，而不是一个城市或市镇。从考古学家和历史学家的观点来说，村庄和城市最有意义的区别不在于规模的大小，而是以社区中社会和经济的不同形式来衡量。在此发展过程中，一个地区的人们如果都是脱离土地而成为全职工匠、商人、牧师和官员，那么这里就可以称为城市，那些还主要是农夫的地方就是村庄了。大体上，只有农夫才住在村庄里。所以，"确定市镇和城市的关键是农夫不住在那里"[19]。

在加泰土丘，没有证据表明这里有全职的工匠、商人、牧师和官员，是依靠内地乡下的盈余农产品生活。每个家庭生产自己的粮食，也为自己的需要制作陶器（和其他东西）。这里没有神殿，也没有可以被认为是公共活动中心的建筑；相反，每个房子都是不连续的实体，两到四栋形成一组，共享一座神祠。[20]没有迹象表明加泰土丘的社会是分等级的，由权威个体来统治高低阶层；没有，这里完全是由聚在一起的大家庭组成的，四五栋房屋为一组形成一个大家庭，或多或少地以自治的方式进行日常活动。[21]在这里，全部的社会和经济安排，呈现出一种令人印象深刻的相似性和平等性。

因此，加泰土丘是个混合体，规模大到足以成为一个市镇，并且拥有所有成为城市的必要因素，但却依然保留了村庄的社会形态和组织方式。值得注意的是这种情形在七千七百年以前的上千年中，一直持续不断，而且程度也差不多。一处地方被废弃了（没有明显的原因——既没有暴力的痕迹，也没有故意破坏的迹象），一个新的地方又在几百米之外建立起来。新地方的考古证据显示出它也至少持续存在了七百年，直到也被废弃掉为止——同样没有明显的原因。

但是这些历史谜团并没有减弱加泰土丘所显示出来的重要性。事实上，这处遗址的独特性体现在两个方面。第一，它证明了人类从游猎采集的生活方式向定居的生活方式的转变——前者持续于人类存在的大部分时间，而后者则是构成城市和文明的程式化特征。第二，这是一个独特的研究课题。考古挖掘持续了25年，辛苦的野外作业和多学科的综合研究，应用了严格的现代科学手段和最新技术成果，揭示出当时加泰土丘的人们是如何生活的。[22]因此，加泰土丘给迷雾重重的定居及城市的起源投下一束亮光。

加泰土丘最为引人注目的，是那些住家彼此非常紧密。设想一下，九千年前，一个来访者穿过湿软的沼泽荒原到达这里，他将面对一片规整的实墙，是挨在一起的房屋所形成的连续的外围边界。这里没有道路进到加泰土丘里，也没有小道和胡同来分隔各家各户的泥砖房。房屋挤得满满的，其间只有一些露天的院子，要想进到室内，就得用梯子从屋顶上的一个洞口下去（这个洞口也是个通风口，可以让下面屋里做饭的烟气从这儿散出去）。然而每个房子还是有它独立的墙体，几乎没有几间房子有共用的墙，即不和他们邻居共用部分墙体。这说明了一种对于所有权的强烈意识，以及事务管理的独立性，因为只有独立的墙体才能使每家每户按照自己的使用周期来维修和重建房屋。

看来这些房子定期重新粉刷和维修，历经一个多世纪，直到倒塌。在此期间，住户们仔细地填充和平整地面，或多或少地按照同一个平面重建上面的部分（要是共用墙体就不可行了）。就是这样，房子建在房子上,一共延续了一千多年,所以加泰土丘的土堆有20米高,相当于现在六层楼的高度。

这清楚地表明,自从加泰土丘在安纳托利亚高原上崛起,一个世纪又一个世纪,这里的居住者不再从事游猎和采集,但也还不是专业农人。事实上,他们极其出色地代表了一种中间的生活方式,即开拓自然环境获得更大范围的选择。例如,聚居地周围的树林和沼泽地是狩猎和采集的天堂,有充足的猎物和野生食物,但他们仍然设法去耕种作物和饲养家畜。定居者在两个世界里都做得很好。在遗址里找到了饲养的绵羊和山羊的骨头,同时还有鹿、瞪羚、狼和豹子的骨头,以及还没有被驯化的野猪和欧洲野牛(家牛的野生祖先)的骨头。同样,这里也有大量的证据表明,定居者采集可食用的野生植物是有一定原则的,包括有块茎、根茎、草类、野豌豆、朴树果、橡子和阿月浑子的果实;同时也有证据证明他们也在种植豌豆和小扁豆,还有谷类作物,如大麦、单粒小麦和二粒小麦(但是没有石头磨盘,说明他们还没有发展到拥有烤面包的技术)。

加泰土丘的居民采用混合食物供给的策略所带来的好处是毋庸置疑的。既不用完全依靠狩猎和采集,也不放弃它们而彻底从事耕种,他们从两方面受益,比只有单方供给得到更安全的食物保障。在加泰土丘之前的很长一个时期里,各地的人们都在采用这种策略,这些行动的合力自然而然地引导我们去理解是什么提高了植物类食品的产量。例如,在七万年以前的南部非洲,人们故意焚烧草木,以使可食用的根茎加速生长[23],而众所周知,在东加利福尼亚的印第安派尤特人(Paiute)拦河筑坝,使草地变沼泽,这样,结籽的草、野风信子和其他可食用的根茎植物能生长得更茂盛。[24]

相同的实践活动肯定先于加泰土丘,但是在这里他们和过去截然不同。在加泰土丘,这么多的人永久地居住在一起,而且在一块基地上,为什么?似乎没有特别的意义。和南美洲的卡拉尔一样,加泰土丘没有任何迹象表明战争促进了发展。同样值得注意的是,周边的自然环境富饶而潜力巨大,如果人们铺开分散居住在小的定居点,比起几千人拥挤在加泰土丘里更容易开荒。但是人们就是紧密地住在一起,以至于要回家都得通过屋顶上的洞。这样的聚居在食物供给上既没有明显的好处,也不是安全的需要。但这种不适宜的现象也许正是一条线索,考察对于从游猎采集到定居农耕的转变,是如何影响当时人们的思想和世界观的。

部分权威人士指出,这种从游猎采集到日益依靠种植和养殖的生活方式的改变,其意义极其深远,以致同时引发了心理上的变化,以及观点上的根本改变。专家认为,随着人们开始更有目的和选择地开拓其周边的环境,他们也以不一样的眼光看待环境。由于人们自身经历的生活供给方式的改变,他们对有关圣洁大地的基本信仰第一次产生了怀疑,于是重新改变观念,以适应他们和环境的新关系。这意味着在获取食物的实践活动(即农业革命)中发生的变化,可能同时也伴随着信仰体系、象征图腾和宗教仪式的变化。加泰土丘正是这个观点的主要证据的来源。[25]

符号在加泰土丘的生活中已是一个明确的元素,这一点通过在遗址上发掘的数量壮观的艺术品清楚地体现出来,这些艺术品,有用泥土捏成的小雕像,也有用蓝色石灰石画在墙上的画儿,宽达2米。多数的艺术品都容易理解,是带有宗教内涵的对大自然的象征性描述。

洞窟里和岩壁上的绘画是一门古老的艺术,早在人类从游猎采集向农耕生活转变之前很久,就已发展到精妙的极高水平。我记得有南部非洲的布希曼人(Bushmen)的作品,还有法国的拉斯科岩洞(Lascaux caves)里猎人画的巨幅壁画,但是加泰土丘的装饰艺术在整个画面的技术和理解力上非比寻常,出乎意料。他们所用的颜色比别的地方发现的都要丰富得多,他们主要用矿物制作颜料:红和棕色、粉红色、橘黄、浅黄和黄色都是来自于铁的氧化物;鲜艳的蓝色和绿色则是来自铜矿石;非常深的红是来自汞的氧化物;紫红和紫色来自锰,灰色则来自方铅矿;而且至少有一个实例使用美丽的云母打底子,给画面增加了一种闪闪发光的效果。[26]

在加泰土丘，绘画是普遍存在的现象，在它的每个发展阶段都有相应表现。詹姆斯·梅拉特指出，加泰土丘人随时随地都在绘画，他们不只画在墙上，也在灰泥浮雕、黏土小雕像、骨骼、木头、篮筐和陶器上画画。他假定那些花纹是染上去的，并相信当时的人也在脸上和身上彩绘。

出土的"一套化妆用品"包括一只小勺、小叉子和一块调色板；还有一些装满红色、赭石色颜料的贝壳。除此之外，一起找到的还有数量众多的珠宝首饰，包括指环、手镯、胸针、珠链、护身符和挂坠，证明这里对个人饰品的喜好。[27]并且不仅如此，还有证据表明当时的人们很爱观看自己的外貌，因为发现了大量的镜子——黑色的火山玻璃或者黑曜石的厚片，磨平、抛光，直到上面映出人脸。

对于上文提到的文化变革来说，镜子就是一个有说服力的象征符号。在这里，人类历史上第一次明确证实了人类开始追逐世界的映象，有能力既精确又可以一遍遍重复地反映这个世界。非洲和法国的岩石洞壁上的绘画，尽管也证明了天才的创造性和相当的技巧，但却不是对真实世界的精确描述，更像是远离实际而进入精神领域的一种有特殊目的的阐释。加泰土丘表现出这一传统的终止——这不仅体现在镜子上，也存在于墙上绘画中。在最下层有一间保护完好的房屋，其时间可以上溯到八千年以前，里面有一幅画是所有主要的艺术史书籍都要提到的（如吉尼斯世界纪录），在明确的风景中有人类出现的绘画，这是已知的最早的一幅。

这幅独特的壁画绝妙地表现了在城市环境中个体空间的意识显现。[28]画的前景是加泰土丘的地图，上面有75个单独的矩形房子的平面，展现在城镇层层升起的台地上，具有令人印象深刻的细节和更加抽象的感知。在背景里，隐隐显出哈桑达格（Hasan Dag）那明白无误的双峰，那是在加泰土丘以东120公里的一座火山。画面上用深朱红色描画火山，白色的火山弹沿山坡滚滚而下，烟灰形成的云雾在山峰顶上盘旋。[29]

可以肯定的是，加泰土丘的男女工匠们用从火山旁边收集来的黑曜石制作镜子、刀子、箭头及其他有用的东西，同时我们也不怀疑这幅背景中有火山喷发的画面，不仅是已知的、世界最早的有关城市及其周围环境的描绘，也反映了火山对于城镇经济利益的重要一面。

这幅表现城镇与火山的画，可以用来衡量加泰土丘功能和经济发展的程度，同样地，此地发现的其他艺术品也清晰地表达了符号学甚至精神领域的意义。其代表就是各种动物形象，暗示着从游猎采集到定居生活方式的改变过程中，不只是简单地驯化动物和植物，也要通过把它们带进屋里并加以控制的方式，将这一驯化过程符号化。[30] 公牛的头，尤其符合这一点。这些欧洲野牛的杰出子孙，其形象出现在人们建造的加泰土丘的房屋中，在所有野生动物的图像中最为显眼。

在梅拉特完全挖掘的 139 个生活空间中，超过四分之一的地方都显示出曾用于宗教或精神的目的。这些区域在屋子的一角或端头，用平台或矮墙划分出独立的地方，里面用牛头作一个突出物，给人以敬畏感觉。一些情形是牛的头骨和角被放置在柱子上，或成排摆放在高于地面的泥砖台子上；在别处，它们的形象被精心描画在墙上，或是雕刻一个黏土的牛头突出于墙面。黏土牛头中有一些块儿很大，还带有展开很宽的弯曲的牛角，另一些则是正常尺寸。多数上面都画着复杂的几何图案，并安着真的牛角。梅拉特注意到这些在遗址下层的装饰性的神殿（他是这么称呼它们的），时间上可以追溯至将近九千年到八千年以前，都遵循特定的原则：牛头只出现在北墙上，面对着托罗斯山脉[31]——那儿正是欧洲野牛的原始故乡。

牛头普遍出现在加泰土丘房屋特殊角落的装饰图案上，明确了其象征性意义，可以看做是野生驯化并带入城镇环境的符号，但是，对于这个精心安排的空间，意义还不仅于此。这里还埋葬着死者（考古学家在遗址的此类墓穴里依次向下挖出了 64 具人的骸骨）。这些骸骨都是四肢弯曲，多数裹着布或其他包裹物。对这些骨骼的初步检测表明，这样的埋葬方式，在一个大家庭中通常延续好几代人。希望能够进行更深一步的 DNA 分析，从而对加泰土丘的社会秩序这样的重要问题做出解答。例如，在埋葬序列里，如果 DNA 鉴定出是女儿的女儿的女儿，就说明这里的社会是入赘方式的，而且很有可能是由妇女领导。如果检出的是儿子的儿子的儿子，那就一定是嫁入男方家的习俗，结婚的妇女来自其他家庭。[32]

将死者葬在房子里的地面下，上面装饰着代表野性驯化的符号，加泰土丘的人们以此种方式，明确表达了和祖先联系在一起的深刻的感觉。但是，房子里的空间毕竟是狭促的，人们在里面生活、吃饭和睡觉，离他们地面下的先人只有一臂之遥。有一种看法认为，如此接近祖先，可以使祖先保护生者免受恶意幽灵的伤害；另外，平台上面摆放牛角的仪式，也是一种祈求方式，祈求的是从死亡中再生的积极力量。[33] 迄今为止，还有好多有待思考的问题。尽管如此，确定无疑的是，祖先埋在屋里地面下，给予居住者强有力的领土所有权的保证。墓地是神圣的地方。真实情形是只有死者才是永久的居住者。因此或许，这里存在着土地所有权的源头问题——没人能够和他争辩埋着他的祖先的土地的所有权。

但是不管怎样强化人的生存权利，在加泰土丘也不是每个人都生于斯死于斯。一代又一代，兴旺发达了一千年，肯定在某一时候人口的增长超过了它能养活和容纳的人数。这些过剩的人口，或是个人或是整个家庭，没有选择，只好搬走。一些人在别处新建或加入其他村落（这个地区有大量的考古证据表明了这一点，尽管那些定居点的规模都远远小于加泰土丘）；还有一些无疑又回到完全游猎和采集的生活方式；但是有一些离开加泰土丘的人，拥有另一种生活能力，使他们既不需要捕猎也无须耕种。

在此，我们开始接触到这个问题，即在有关城市先于农业大发展的争论中，加泰土丘虽然本身还不是一个城市，但却充当了一个支持的角色。

首先我们要记得，在加泰土丘的历史中，有很大一部分时间，都生活着大量的技巧高超的艺术家、手工业者、制造者（也许还有商人）。他们中有已知最早的纺纱织布的织工，有最早的陶器制造者和精美的木碗雕刻者，最初的金属加工者，还有燧石和黑曜石的打制行业，能够加工出上好的刀片、镰刀和箭头，还有镜子。这些工匠的才能不断发展，具有了相当高的专门的技术，制作物品的质量超过平均水平。一般村民做不了，但他们很愿意在需要的时候用食物交换这些物品。

一种相当合理的假设是，虽然单个村子的食品生产不足以支持全职的手工业者一整年的需要（村民们也不是全年都需要手工业产品），但是一组村落就可以集中供养一系列手工业者，各个村落轮流给他们提供食宿。不久以后，这里就出现了定期不断的巡回手工业者，挨村兜售他们的各种手艺。

自从巡回手工业者真正抛弃了对家和亲属的安全依赖，我们可以想象，类似的人群不断发展，使得他们之间也许就像一个手工业部落。孩子们无疑辅助他们的家长，学习技术和各自祖上传下来的秘密手艺；这样，世袭制度就出现了——制陶工人、金属制造者、纺织工人、建筑工人、木匠、小贩、商人等等。对他们来说，经济独立不仅是血亲关系和村落安全感的可靠替代品，同时也使他们从食物生产的职责中解脱出来，而这种职责将人类束缚在自然环境中上百万年。

与此同时，农夫们也不再需要自己制造工具和物品了，他们把更多精力投入耕作，凭其自身努力也成为农业技术高超的专家，并且不断努力生产更多粮食，以支付他们所需要的手工业产品。

一个新的革命性的社会形态出现了，它最终将会导向城市的建立。一旦对产品的需求超过一个关键点，工匠们就能够负担得起定居生活。比起单个工匠独自在村落间旅行，他们长期集中居住在一起，可以更好地在任何时间向任何人提供各种产品。村民们也可以去找他们，很明显，如果一个农夫需要一把锄头和一个罐子，他更愿意在一个地方同时得到这两件东西，而不想等着每一个单独的工匠上门兜售。另一方面，比起巡回做生意的方式，定居对于工匠们来说，更是可以提供大量的不同货品，而且可以建造大型的仓库来储存它们。

一旦开始启动，这种安排就会自身运转起来，生生不息，更多的专门人才加入到工匠社会，更多专门交易货品的商人涌现出来，有管理天赋的人开始提议如何为整体利益最大化而组织社会。在此之上，符号、信仰和庆典的需求经常化了，工厂、房屋和公共建筑也随意地聚集在一起，这一切使得城市很快地产生了。

到这一阶段得出的结论就是[34]，以往普遍认为，因为农业社会生产大量盈余足以支持手工业工人和其他不事生产的个体，而使最初的城市直接从其中发展出来。与此观点恰好相反[35]，尽管城市一直是由周边地区的农业盈余维持着，但是它们却不是由其创造的。事实上，推动力是颠倒的：就是因为城市的建立，才刺激了农业的过剩生产。不是农夫，而是相关的手工艺人、商人和管理者组成平等的部落，同时在观念和物质表达两个方面上，为城市和城市生活奠定了基础。在此之后，复杂的土地社会以及定期耕作、产生盈余的集中农业才出现，这是城市的结果而不是原因。

在人类从游猎和采集的生活方式转而创造了城市，并采用城市化的生活方式这一发展过程中，加泰土丘标示了一个有重要意义的节点。它是源头，从这里开始，故事又往哪里发展了呢？虽然很有可能在加泰土丘和苏美尔的世界上第一个真正的城市之间，通过它们之间的新月沃地，在时间和地理上存在着直接联系，但是确实可信的是，这是一个扩散传播的过程。这个过程起于加泰土丘，一个世纪又一个世纪，逐渐渗透整个地区。毕竟，苏美尔的社会、经济和自然环境是非常特殊的，十分有利于城市的建立。一位先哲这样写道："想要设定一套有益于早期城市化发展的条件……比起在古代美索不达米亚平原上已经获得的，要困难得多。"[36]

第 3 章
在哪儿开始？

美索不达米亚肥沃的冲积土壤，以及可以引水灌溉的河流，都支持着世界最初城市的兴起。这里的自然环境非常适合城市的需求，城市不断生长，规模巨大。经济和社会秩序也因此而发展，城市成为人类事务的核心，也适时地主导了社会、文化和自然景观等诸方面。

美索不达米亚位于古代的幼发拉底河和底格里斯河之间的两河流域，即现在的伊拉克。它是世界上第一个卓越的城市化社会的故乡，是"城市的大地"[1]，以其居住者——苏美尔人而闻名于世。这里的城市化的趋势开始于七千多年以前，开始的一千年，产生了许多确认无误的城市——有些很小，但多数都超过40公顷。要想从考古证据上推断人口数量是出奇地困难，但是可信的估算是[2]，四千年以前的苏美尔有90%的人生活在城市里。巴比伦就是这些城市中的一个，两千五百年前，它是世界最大的都市。亚历山大大帝怀有伟大的计划，要将巴比伦建造成为其巨大帝国的首都，但却在他的梦想完全实现之前死在了这里。

苏美尔坐落于新月沃地的东弯角，在阿拉伯半岛盾形的大地和扎格罗斯山脉的峭立皱褶之间，这块土地本身也是幼发拉底河（和底格里斯河）的创造物。几百万年以来，这些河流（以及它们的前身）夹带着从高地侵蚀下来的淤泥，定期冲灌着布满大地的深深的沟渠。这块土地因此而获得了深厚肥沃的土壤，而且土地又是那么平坦，幼发拉底河距海边有500公里，却只升高了20米。[3] 河水在缓坡上平稳地流淌，蜿蜒曲折，当春季河水定期涨起漫过河堤时，又冲蚀创造了新的沟渠。这块土地非常适于劳作，挖掘灌溉沟渠直接将河水引到田地，也不需要太多额外的努力。

幼发拉底河的河水给美索不达米亚南部的冲积平原带来了农业和定居的机会，也为世界最初的城市文明的建立奠定了基础。没有一条河流——无论大小——像它一样在人类历史上承担了如此重要的角色。依赖于它，岁岁年年，产出大量食物，足以养活更多的人口，而且只需一部分人在土地上劳作，就可以供给巨大数量的生命能源。人类天生的适应性，积极地响应了这种发展变化，以更有效的方法开拓和掌控新境况。几乎可以不夸大地说，幼发拉底河的河水是那些用以定义西方文明的经济实践、社会习俗、政治、宗教、行政管理、文学和艺术等的源头。

> ……城市还没有被创造出来，生物还没有被安置在那里。
> 所有的大地都是海洋。
> 之后埃利都被造出来，埃萨吉拉被建起来。
> 神啊，安努纳基创造了平等，
> 圣城啊，是他们心中的愉悦的居所，他们庄严地称呼它。
> 马杜克建造了一个芦苇大筐在水面上，
> 他造了泥土并从芦苇大筐里倾倒出来。
> 为了将神安放在他们心中的愉悦的居所里，
> 他造了人类。[4]

对于古代苏美尔人来说，城市就是世界的中心。创造者马杜克，建立了第一座城市——埃利都，以及巴比伦的神庙——埃萨吉拉。神庙建在小丘上，不会被冲积平原上的季节性湖和多变的水道所淹没。在永不稳定的自然环境中，城市是一个不变的固定点，是人类创造并供奉的神的居所。如果没有城市，什么都不存在了。在这里，在神庙中，在房子和花园里，人们建立了掩蔽所以抵御野外的侵袭伤害，有足够的饮食和亲朋好友。城市生活是文明的生活。在苏美尔人的信仰中，伊甸园不是一个花园，而是一座城市，也不是《圣经》里说的那样，人类曾被驱逐，这里的伊甸园为人类之所以存在创造了特殊的意义。只要市民确保他们的城市和神祇之间的融洽关系，他们就能得到繁荣和幸福。

在美索不达米亚的冲积平原上，最早的居民是散落的游猎和采集部落，但是到了差不多七千五百年以前，一些人就已经在种植谷物和灌溉田地了。[5]这时的定居点还很小，散布在南方，那里的平原被沼泽吞没，提供了现成的渔猎场所。就像北方加泰土丘的居民一样，这些人也占据了两个世界的好处，在磨炼他们传统的狩猎采集技巧的同时，开拓农业耕种所带来的新机会。几个世纪间，大自然之力不断摆布着定居地和水道。由于旱季和洪水季节的定期交替，使得蜿蜒的幼发拉底河道经常变化，日益偏向东南方（今天的河道距离古河道有25公里[6]），人们也跟着迁徙。

人类的力量逐渐开始统御自然环境。人们挖掘建造深的永久的水渠，把水从主河道引至更远处的不受洪水泛滥影响的安全地区。一张20世纪80年代早期著名的地图，是由卫星图像和大地测量结合重组的，上面显示了密如蛛网的古水道布满整个苏美尔地区，灌溉可耕种土地的面积将近1.7万平方公里。[7]有些水渠之间的距离非常小，就像人口密度极大地区的小路；有些又像主要的高速公路，延伸几十公里，像箭一样笔直，沿途间隔地分布着一些大型居住地。

当然，不是地图上所有的水渠都同时使用。一些水渠比其他的要古老得多，而且很有可能在新的挖好之后弃之不用，但是无疑，这其中体现了大型的人类活动。这个地区有两千多个定居地[8]，多数都很小，但一些大型的足以称为城市，并且在世界文明之林中也占有一席之地。这其中有乌尔、拉尔萨、乌鲁克、乌玛、阿代卜、舒鲁帕克、伊辛、尼普尔、启什、尼尼微和巴比伦。

　　城市社会持续发展到此时，早已超越了手工业者和商人的松散联盟，那是在上一章略述有关城市起源时，重点论述的情形。一千年前，这种转变不亚于一场革命，此时，历经多少代人的经济和社会的发展，已经成为生活的常态。家庭依然是基本社会单元，但是从属于更广泛的社会关系之中，这就确保了个体的身份和命运。个体（或家庭）履行互助补充的角色，并为全体的利益而奉献。正如一位著名人士所说："最早的城市景象就近似于一个有机的整体，其基础是功能的互补以及所有成员的互相依靠，就像一个生物体中所有的要素细胞之间相互依存。"[9] 换句话说，城市之所以兴旺发达，就在于其居民在一起工作。显然，最初城市就是人们聚集在一起齐心协力的结果，这个本质至今也没有减少。

　　但是，尽管城市给个体提供了巨大的安全保护以回报他们协同合作的努力，城市居民常常也不得不忍受失去充分选择的自由。有些人失去得更多。例如，在苏美尔的社会结构里是上下有别完全分开的，在酬劳和职责上逐步递减：宗教领袖和行政管理者在一头，工匠、商人和农人拥挤在中间，奴隶则在另一头。奴隶制度是苏美尔经济和社会的基本特点。所有的家里都有一个或更多奴隶，一些大财主家竟有多达十个到二十个奴隶——有男有女。奴隶所生的孩子也是奴隶主人的财产。在遗嘱和家庭账簿等文件上，奴隶和其他财产一起列出；他们反复出现在记录财产的写字板上、抵押书里、法律事务甚至是邻居们相互交流的便条里：

　　　……关于我们的奴隶，我给你说明一下——伊比（Ibi）可以进来让奴隶出去而不用问我。给（他）套上缰绳，用我留给你的铜链拴上。叫来伊比的侍女贝莱图（Beletum），对她说："这个奴隶就交给你看着，直到埃提鲁（Etirum）来。奴隶不许出大门。一直盯着他，不要让他捣乱。"[10]

也有一些记载是关于逃跑的奴隶,法律条文规定,丢了奴隶要由公共传令官当众宣告,公民们有责任抓住逃奴送交当权者。

获得奴隶的渠道是战争和抢劫,或者在奴隶交易市场上从专门贩奴的商人手里购买(一个时期,更为普遍的是从美索不达米亚东部的山里带来的奴隶)。无疑在大约六千年以前,他们的数量对于人口"格外迅速地大量增长"做出了意义深远的贡献,尤其在两个主要地区的永久定居——乌鲁克和尼普尔。苏美尔的人口似乎是在不到两百年的时间里成十倍地增长[11]——并且在随后的几个世纪中继续增长。意味深长的是,大多数的增长都发生在城市中心区域,因此在四千五百年之前,这个地区差不多有80%的人口都集中在大城市。[12]

居住在城市里的苏美尔人,每天食物的消耗总量十分巨大。一份综合不同来源的统计表明,一个拥有四万人口的城市每天需要3吨多的大麦,用来供给和分配。[13]当然大麦不是唯一的食物(大麦也不只用来做面包,麦芽还用来做啤酒)。还有树林中的椰枣,果园里的杏和葡萄,城市花园里的蔬菜,包括豌豆、鹰嘴豆和洋葱——很多的洋葱。在上千的泥板上揭示了全苏美尔的食物供应安排的规模和复杂性,一个大商人的记录中包括了一份订单,要15万串洋葱。[14]所以苏美尔词语中的"花园"(ki-sum-ma),字面意义是"有洋葱的地方"[15],也就不奇怪了。

苏美尔人是极其熟练的农夫,尽管从气象学的观点上来看,这个地区完全不适于农作物的生产。那时就像现在一样,降雨稀少,并且主要是在冬季的几个月份。这几个月多是肃杀的严寒,如果气温很低的话,即使强降雨也不会对提高作物生长有任何帮助。夏季月份的降雨少得可怜,而此时的温度,午后经常超过40摄氏度,也许高达50摄氏度也未可知。[16]这是一个荒芜的自然环境,几近于沙漠。本地的植被很稀疏,但是苏美尔人通过水渠将水从幼发拉底河引过来,将沙漠变成了粮仓。

一段约四千年前的文字,可以使我们洞察到谷类作物在美索不达米亚是多么重要。从这段被称为"农夫指导"的文字来看,是一个父亲对儿子说的话,目的是对儿子进行周期一年的农业活动的指导,从五六月份洪水泛滥淹没田地开始,结束于第二年的四五月份,进行新收获的谷物的扬场。在细节上,这份指导使人对苏美尔人的效率留下深刻印象。以下是部分摘录:

> 除掉野草并且确立田地的边界之后,用一把薄的锄头反复平整……用扁平锄头抹去公牛的蹄印。
>
> 你的工具都应准备妥当……
>
> 犁地的公牛要有备用的,犁也要有备用的。每张犁耕作的土地是(约65公顷),但是如果你的工具是按(约52公顷)准备,这项工作对你来说就会完成得很快……
>
> 每一尼达(ninda,约6米)的宽度要犁八条犁沟;大麦要很密地植入犁沟里。当你在操作播种的犁铧时,时刻注意那个撒种的人。种子应该埋进两指深,每尼达应播种一吉(gij,约18立方厘米)的种子。[17]

由此得知,他们不是扬撒播种谷子,而是点种的,即从安装在犁后的漏斗里,一个接一个地播种在等距的犁沟里,而像欧洲和其他地方直到相当晚近的时候才是这样播种的。农夫们准确地知道他们的田地有多大,在此基础上需要犁多少犁沟,种子之间的距离是固定的,就可以预先精确地计算出耕种一块田地,需要多少种子、劳力和时间。劳力的食物开销和公牛的饲料一般也包括在这些计算里。

农夫们有时也会改变下种比率和每排间距(也许因为时间、劳力或种子有限),但通常是为了获得最好的收成。所谓最好是与下种总量相比,而不是每块地的最大产量。[18]他们在细节上非常用心。

苏美尔农夫取得了卓越的成就。收获的总量是播下的种子重量的76倍(作为比较,欧洲封建领地的产量低到只有种子的两倍)。[19]为满足城市居民的需求而运送谷物的方式更有创造性,组织得更有效。大车和成群牲畜被最大限度地使用,而幼发拉底河则提供了最有效的交通运输方式。收获之后，大体积的帆船和驳船装载着大量谷物，从乡下的打谷场运往城市，那里是更好的储存地。例如，在舒鲁帕克城，砖砌的地下筒仓有4米宽8米深，储藏的粮食可以供两万人吃六个月。

接下来的分配是掌握在城市权威人士手中，自他们之下又有大量的人参与其中。例如，在四千年以前，巴比伦达到鼎盛期，当时每个符合条件的成年男人可以从城市得到每月60升的大麦配给，每个符合条件的女人是30升。全苏美尔，有成千的城市居民从这项安排中受益。大麦是免费的，但不是免费的午餐。对应这项配给制度，人们必须按照城市的决定提供劳动，而且很可能是艰苦的劳动。尽管后来，基于现金的经济受到青睐时，这项配给体系就土崩瓦解并被抛弃了。比起劳动换食品，人们现在锻炼得更独立了：他们可以挑选工作，由工资而得到所需品。[20]

那时也总是有一些人更喜欢供应餐食而不是配给，并且正好也有这样特殊的机会让人人赴宴大饱口福。想象一下，亚述纳西帕尔二世为了庆祝他的新首都卡尔胡的建成，在整整十天之内，宴请了69574位男女。没有证据表明这个惊人事件的后勤是如何管理的，只能凭这里的一份单子去想象了：公牛、小牛、绵羊、羔羊、鹿、鸭子、鹅、鸽子、鸟、鱼、跳鼠、鸡蛋、面包、啤酒、红酒、芝麻、绿菜、谷物、石榴、葡萄、洋葱、大蒜、芜菁、甘蓝、蜂蜜、酥油、干果、芥末、牛奶、果仁、椰枣、香料、食油和橄榄。[21]

第 4 章
共同的思路

最初的城市建立于几千年前,这么长的时间跨度,使得人们认为在古代和现代的城市居民的生活经验之间,会有一条不可逾越的鸿沟。事实上,构成城市生活的基本原则(以及人性)几乎一点也没改变,存在着很多惊人的相似之处,而那些差异主要是因为技术手段的进步,使得生活的方方面面更加轻松而已。

……洗干净一个大罐子并加上水、牛奶,然后加热。擦干鸟肉……撒上盐,放进罐子里。加入肥油……各种香料、不带叶子的芸香。等汤水滚开时,同时倒入磨碎的洋葱……韭菜和大蒜,并加一点清水。

……将粗粒小麦粉在牛奶里充分浸泡,当其完全湿润时,揉和成团儿(加一点辣味鱼汁)并且始终注意确保面团柔软,边揉边加进……磨碎的韭菜和大蒜、牛奶和烹饪时的剩油渣。将此面团分成两大块,一块放进罐子里发酵,另一块烤成若干小面包。

再揉和一些用牛奶泡过的粗粒小麦粉,并加入油、磨碎的韭菜和大蒜……取一个能装下鸟肉和装饰菜的扁平的大圆盆,用面饼作边围起来,并且要高出盆边。

拿出放在一边罐子里已经揉好的生面团,擀开铺在另一个同样形状的盘子上，预备用来覆盖鸟肉和装饰菜。先撒一层薄荷叶，然后用面饼做成一个薄盖子盖在上面。(放在)炉子前面……

烹煮时，把盖子从烹调容器上拿开……

当鸟肉和汤炖好后，加入压碎的韭菜(和)大蒜……拿来有面饼的盘子，把鸟肉放进去……肉汤……放在一边。用面饼盖子完全盖好后端上桌。[1]

这是一份写在泥板上的食谱，来自三千七百年前的美索不达米亚南部的一个城市。它可能在大约公元前870年，亚述纳西帕尔二世在新首都落成庆典上招待客人的宴会上出现过。同样的，它也可能是某个著名厨师提供给美食家的一份特殊版本的礼物。多么令人惊叹啊，尽管看起来是那么普通的一个东西。

菜肴中大量的洋葱和韭菜、大蒜，显示出一种口味上的偏好，此种偏好是不应该在拥挤的火车旅行之前纵容自己的。但确实，其他一些从厨房里得到的零碎证据表明，我们和古代美索不达米亚的居民有许多共同之处。虽然他们没有煤气和电力，没有不锈钢厨具，没有自来水和餐巾，但是很明显，他们和我们同样关心厨房的清洁，喜爱美味的食物，乐于装饰摆盘并且热气腾腾地端上桌，就像我们现在所做的一样。像这样的几千年前人们日常生活的片段，苏美尔提供了很多，把这些片段聚集在一起，就引起了一种感觉：生活的基本原则几乎没怎么改变啊。我们的生活和他们的可以互换，只是时间分开了彼此；我们能够在那边活动，他们也能够在这里生活。

这些似乎令人惊奇的事情是由另一种讲述历史的方式而引起的。多少年来，多数学者研究古代的城市和社会，都趋向于集中在社会高阶层上，暗中强调国王和统治者的出场，以及他们的绝对重要性。尤其是任何一个挖掘古代遗址的人，从来都把庙宇、宫殿和埋藏于地下的宝藏当成首要目标时，就更是不能避免了。甚至考古学家也是先找具有高等地位的宝藏，而在找到以后却几乎不再深入探究了。这种倾向至少延续到相当晚近的时候。如今，有更多的注意力正在投向来自社会低阶层的证物，这使得人们可以对古代大多数人的生活图景形成一个非同小可的有力判断。毕竟，底下阶层是构成金字塔形社会的最大众的阶层，这些下面的大多数支撑着上层的少数精英。而且，大多数人的生活方式也不能和上层精英的奢华方式相提并论。没有人会把英国王室的日常生活当作英国社会生活方式的典型代表。

20世纪20年代和30年代，考古学还是深陷传统的寻宝模式，此时，伦纳德·伍利（Leonard Woolley）在古苏美尔城市乌尔开始了他的发掘工作。他发现了国王麦斯卡拉姆杜格（Meskalamdug）及其王后普阿比（Puabi）的墓室，他们的死亡时间在四千六百年前到四千四百五十年前之间。但是即使我们是要提倡发掘平民百姓的故事及他们的日常生活，也不能硬着头皮否定伍利的发掘成就。并且无论如何，他后来也做了弥补，继续挖掘整个城市，出土了大量日常生活证物。但是我们首先还是要简短地提一下皇家墓葬。

墓室在坟墓深层，里面有国王和王后的尸身，还有穿着宫廷服装的侍者遗骸，以及大量的珠宝和金银器皿（大概是装食物和饮料的）。墓室由武士守卫，公牛拉着战车，官员佩戴着等级勋章排列成行，乐师拿着竖琴和七弦琴，妇女们戴着镶有玛瑙和天青石的头饰，穿金戴银，在朝向墓室的斜坡上排成一条直线；在另一部分，六十四个宫女有序成排地躺倒，每人都穿着正式的服装，佩戴着金银珠宝和天青石玛瑙。显然所有这些人都是放弃了自己的生命，来陪伴他们的主子死后的旅程。在这间墓室里发现了一个大铜罐，想必是用来盛致命药剂的，那些殉葬者在躺倒之前喝下它，镇静地等待死亡，填满墓室。[2]

伍利从乌尔的皇家墓地中发现的精美古器物，陈列在博物馆中公开展示，引起广泛赞叹。在宾夕法尼亚大学的博物馆中，藏有金牛头，其眼睛、牛角尖和胡须都是天青石做的；巴格达的伊拉克博物馆里有一副国王戴的黄金打制的头盔（以假发的形式，发卷用钉固定，并可替换，每个单独的发卷雕刻精美）。在不列颠博物馆，普阿比王后精致的头饰，以金叶和花作装饰，使王后的容颜栩栩如生……这里已经有太多的赞美,无须再强调了。但是有谁可曾想到,那个雕刻了这么美丽的天青石的珠宝匠人,似乎也应该得到赞赏,或者那个金匠,他的作品至今还在闪闪发光,就好像刚刚完成才离开他的作坊似的。还有那些为了死去的国王和王后不得不殉葬的人们,对他们又该当如何呢?

幸运的是,在苏美尔发现了足够多的证物可以平衡一下这种不公平。如同上文提到的那份菜谱,我们所需要的就是实物、文字还有想象,以此作为连接两个世界的桥梁。有些事物触到了生活最基本的规则,拨动着所有社会和文化的共同的和弦。古代的苏美尔城市里,到处充满着雄辩的图景,而同样的话题绵绵不绝跨过了几千年:

圣洁的歌声,如此甜美,他为我们而歌唱,
在甜美喜悦里他陪我们消磨时光;
月光盈满了我们的爱,
我将为你准备一张纯洁、甜蜜又高贵的床,
甜蜜的日子会为你带来满足和酣畅。[3]

伍利挖掘皇室墓地的那座城市乌尔,建在幼发拉底河一个转弯处的内弯边。河上有两个港口能到市里——一个在河湾的北河道,另一个在西河道。北港口最大,面向将近 2 公顷的水面,有 500 多米长的砌筑码头用来装卸货物和上下旅客。西港口差不多只是北边的一半大小。[4]

城中最古老的部分位于两个港口之间对角的高地上,这样可以避免洪水的侵害。也就是在这里,伍利发掘出了皇室墓地。这块区域因为有神庙和金字塔形的圣殿而被伍利称为圣地,面积相对而言并不大。地面以上不剩什么了,但在圣地的东边和南边,遗留下来长 2 公里多的城墙,这些与临河的另一段 1 公里的城墙,一起围合了总共 89 公顷的区域(相当于五十个北美城市街区),怎么都算是一个大城市了。事实上，在四千年前，⁵这个城市最兴旺时有三万五千人以此为家。更多有关他们生活的证据，还埋在数量众多的受侵蚀的砖石土堆下面，有待于我们的挖掘发现。

1930—1931年，伍利将皇室墓地的荣誉放到一边，开始着手挖掘圣地到城墙之间一半的区域，这里已被证实，有很多小路和死胡同，构成一幅杂乱无章的图景。这里曾经有过一条游行用的大道直通圣地，但是在城市的其他地方就没有这么大一块地预留下来。这里的布局完全是偶然事件的作用以及土地私有的结果。一些街区的领地是精巧而规整的，但另一些则规模巨大，而街区中心的房子只有一条死胡同出入。⁶

伍利绘制的古代乌尔地图，同样也可以用来描述那些存活下来的、或多或少还未接触现代的古老城市的片断，例如印度的焦特布尔。尽管在地图上，伍利用诸如"主祷文排屋""宽街""教堂路""老街""贝克广场"等等，来标记那些大路、小巷及重要部分的名称，但它看上去也许更像中世纪的英格兰城市。

街道没有铺整，但是很明显，房屋扫除的弃物和生活垃圾定期扔到街上，经过人们踩踏，使得街道的地面逐渐抬高，这是在所有老城市都有的现象。但是伍利发现，在乌尔这个过程异常迅速，例如在"主祷文排屋"的房屋使用期间，街道地坪升高了一米还多。他编列为十五号的一栋房子，就有一段六级的台阶从街上下到原房屋地坪。最后，当然，事态变得无法忍受，直到有一天房屋主拆掉房子，按照街道现有标高重新建一栋。就是用这种方式，那些藏着古代苏美尔城市传闻和秘密的一个个土堆，得以形成。

伍利的地图上显示出这里没有两栋房子是完全一样的。每一栋房屋，建造者都不得不调整其基底平面以适应各种尺寸和不规则的形状。但是建造方法是一致的。外墙是烧制的黏土砖；内墙分几步，基础是防潮的烧制砖，上面是便宜的未经烧制的泥砖。墙体厚达一米，因此有些情况下，墙体几乎占去了全部生活区的地板面积的一半；但是厚墙也有优点，它有助于缓和极端的气温。每家只有一个门开向公共大路，其他外墙是完整的。窗户和以往一样，向内开向私家庭院，这样安排，除了限制阳光的直接射入，同时多少也挡一点街上的风沙。

在一座典型的房子里，前门内开，门里是一个砖铺地的小门厅，有一条小水沟，可能是在进房子之前用来洗脚的。从门厅走几级台阶下到铺砌的中心庭院，院子四周都有房门开向各个独立的房间。盖伊街三号就有七间这样大小不一的房间；一间相当大，是会客厅；两间非常小，只能做厕所和盥洗间；还有一间里面有两个壁炉并且连着一个储藏室，无疑是厨房了。

在许多房子里都发现了写字板，以此作为证据，伍利得出结论说，居住在这块拥挤区域的人们是乌尔城的中产阶级——商人、抄写员、商店主等等。这里有住宅也有商店。例如，主祷文排屋十四号，就是一座私人房屋改成的小餐馆，在临街的墙上齐腰处开出一个窗户，里面是前屋改成的厨房。贝克广场一号，全部变成了有烧火间和炉窑的金属加工店，而宽街一号则变成了学校，伊格米尔-辛（Igmil-Sin）在庭院和客厅上课，同时还留有家居生活的房间。

在伊格米尔-辛的学校里找到了将近两千块写字板——其中一些是数学写字板和乘法表，另一些是有关宗教历史方面的文字，用于听写或默记。还有上百块显然和今天的练习本一样功用的写字板——上面都是现有课文和短文的誊写版，大多是类似于"我在假期里做了什么"的作文练习，使人感觉到一种明显的程式化，充斥着每一处、每一个年龄的学校生活。

有些研究者对伍利关于宽街上伊格米尔-辛学校的结论的正确性表示怀疑[7]，但只要考虑到教育在古代苏美尔的重要性，就不会否认它和学校的关联性。在苏美尔整个地区，发现了各个历史阶段的成千上万的写字板，涉及教育的方方面面。这其中包括了几百块练习板，上面写满各种各样的练习。字迹显示，既有一年级的小学生那紧张生硬的勾画，也有即将毕业的高年级学生的优雅字符。[8] 这些材料累积起来，展现了一幅苏美尔人教育的目的和方法的全景画面。教育的成效是重中之重。课程要求是过分严格的，小学生不得不忍受单调的教学方式和苛刻的纪律。[9]总之，上学的经历似乎是很沉闷而令人生厌的。所以毫不奇怪，有些青少年逃课、行为恶劣，这种现象普遍到在文字记录上都占有一席之地，也许和今天报纸上青少年的形象差不多。

下面是个例子，是三千七百多年前，一位愤怒的父亲，十分不满于他的儿子浪费太多时间在街上游荡，而不是在学校里勤奋学习，并且对自己所过的优越生活还没有感恩之心。因此这位父亲不得不将感情倾诉在写字板上，写给儿子看：

我，一生中从来没有，让你扛运芦苇到甘蔗林里去……我从来没有对你说"跟着我的商队去"。我从来没有打发你去工作，去耕田。我从来没有打发你去劳动开垦土地。我从来没有让你像一个劳力那样工作。"去，工作并养活我"，我一生中从没对你这样说。[10]

特别是这位父亲，对于他的儿子不太热心想子承父业成为一名抄写员而深感失望：

我的这种愤怒都有些反常，日日夜夜，我因为你而备受折磨。每天你都在享乐中荒废时光。你已经拥有了这么多的财富，而且已广泛扩展，变得富得流油、又大又强。但是你的亲戚们却等着盼着你倒霉……

但是一个父亲再忧虑担心也不会希望儿子不幸；他的愤怒在爱里缓和了，开始时的长篇激烈的抱怨，到结尾时已是一系列的祝愿：

愿你在神的面前得到宠爱，
愿你的天性提升你，

愿你成为城市圣哲的首领，

愿你的城市在受惠之地高诵你的名字，

愿你的神以美好的名称召唤你。

我们认为这些字句是多么理所当然，以至于也许只有当一段几千年前写下的文字告诉我们一个父亲对儿子的关心是如此深切时，我们才愿意停下来去考虑其中的非凡之处。书写，使这个父亲的情感保留了这么久，远超出他的想象，并且同样还使我们得以洞察几千年来的生活样貌。那么何时何地，这件人类文明不可或缺的事件产生出来？显然，公元前1700年左右，当这位愤怒的父亲写给他那个任性的儿子时，书写这项活动已经很好地实践了；事实上，已知最早的书写的证据，还要再往前追溯一千六百年——公元前3300年，在乌鲁克城，一座紧邻幼发拉底河的城市，位于乌尔城的上游西北方。

乌尔和乌鲁克都可以上溯到城市文明的源头，但是乌鲁克开花更早，并且相对于它那近旁的巨型邻居来说，一直占着上风。确实如此，大约五千年以前的乌鲁克"或许是全世界最大的定居地"[11]。据最贴近的估计，那时有超过八万人生活在城市里[12]，他们的住屋、庙宇和工作场所，由厚重的过火砖的城墙围合起来。城墙有近10公里长，上面间隔砌筑有将近一千座半圆形堡垒。[13]

在其顶峰时期，乌鲁克覆盖的区域超过了5平方公里——是公元前5世纪雅典城的两倍；甚至罗马，作为一个大帝国的首都，在100年哈德良统治时期，也仅仅是比它早三千年的乌鲁克城的两倍。[14]但是，乌鲁克的重要性并不只是局限在城市的规模上——甚至也不仅是在美索不达米亚地区。在五千五百年前到五千年前之间，乌鲁克的文化影响波及的地理范围相当巨大，在伊拉克和叙利亚的早期历史上都留下了印记，甚至还远达西边的埃及尼罗河三角洲。无疑，长距离的各种货品贸易是文化广泛传播的刺激因素，但是其媒介则是可以读写的文字。刚开始时，文字就是简单的一连串可识别的标签、数字的符号,刻画在湿泥板上,以此作为商业库存和交易的记录。文字根植于经济活动,但很快就作为交流和表达的有力形式蓬勃于世,现在依然如此。泥字板宣告了文字是文明的原动力。下面这首诗写出哪里是所有的起源——是乌鲁克:

> 触摸着奠基石——它来自古代。
> 爬上城墙,四处走走,
> 查看墙基,检视墙砖的砌筑,十分细致。
> 它难道是烧过的砖砌成的吗,
> 难道不是希腊七贤亲自规划的平面吗?
> 一平方英里的城市,
> 一平方英里的棕榈树林,
> 一平方英里的砖窑,
> 三平方英里……的乌鲁克完全被围住。[15]

这种字迹纤细瘦长的楔形符号(被称为"楔形文字",来源于拉丁语的 cuneus,是楔子的意思),表明这些字符是用削尖的芦苇刻画在湿泥板上。泥字板放在一边晾干,或是烘烤干硬。成千上万这样的泥字板,在乌鲁克和其他地方被发现,涵盖了苏美尔的各个历史时期。它们给了我们极其珍贵的那个时代的信息,更何况,这些泥字板中,从最古老的用简单圆点表示数字,到最近时代令人印象深刻的精美复杂图案,其本身就是一个有关书写体系在三千年历史长河中如何演变的独一无二的记录。早期字符的表达方法很明显是图形化的,表示鱼的符号就是一条鱼的形状,同样,犁、人的头、一条长面包等都是如此,但是随着时间的推移,符号变得越来越抽象了,并且采用了更加正规的笔画书写方式,即一头粗一头细的画线。这些发展消除了由于弯曲随意的符号而引起的误会混乱。同时,表示语法结构的符号加入进来,能够更多、更精确地表达记录口语字词以及含蓄的感情。

又过了一段时间，字母持续增加，更加复杂，因而具有非凡的能力，来记录和交流复杂的信息，恰与它所处的更加成熟和复杂的社会同步。苏美尔人生活和文化的各个方面都记录在泥字板上——历史、信仰和传说，法律、建造方法、农业实践、商业指导、工资、税收、教育，以及手工匠的训练。建造一栋房子、庙宇或者一条船的各种资料都能在这里找到。

例如，大约四千年前的某个时间，在乌尔的港口，受命建造一艘海船。需要购买178棵成熟的海枣树，1400棵大松树，36棵撑柳，310长度单位的棕榈纤维绳和418长度单位的灯心草，17644捆干鲜芦苇，951000升的纯沥青以及其他形形色色的东西。[16] 一艘这样的船可以装载大约90吨，能够航行到海湾富矿山区——即现在的阿曼购买黄铜。它还能够航行过海，到达印度次大陆，那里有香料和宝石一类的珍宝，以及其他有用的东西。这些都可以通过印度河谷的商人而得到。

这是大规模的、昂贵的工程，需要仔细准备及严格管理。商人安那希尔（Eanasir）确保他的商业细节都保存在家里——老街一号的架子上的泥板里。而这些泥板在四千年之后被伦纳德·伍利发现[17]，这比商人预想的要保存得久远得多。

在商业记录中，用得最多的还是列举的形式，这正和我们预想的一样。但是在苏美尔，数学的应用要远甚于算术。学校课程提供有倒数表、乘法表、平方及平方根表、立方及立方根表；计算正方形和正方体需要解复杂的方程式；使用指数函数和系数得出的数字，应用于实际的计算（例如2的平方根的近似值），以及计算矩形、圆形、不规则形状的面积等等。[18] 事实上，在苏美尔的学校里，要求学生学习毕达哥拉斯定理（又名"勾股定理"）的时间要早于毕达哥拉斯出生两千年。[19]

苏美尔人知道了这条著名的毕达哥拉斯定理，即一个直角三角形的斜边的平方等于其他两个直角边的平方的和，有助于他们测量计算土地面积；农夫掌握这项知识，可以计算出播种的数量，并且据此估算出收成。同样的，负责灌溉的官员也能够运用数学计算得出要挖掘的运河的体积，从而得出所需的劳工的数量，以及发给劳工的配给量。

值得一提的是一道给学生做的练习题，是一个指挥官发出攻占城池的命令。他计划建一座斜坡抵达城墙上，让军队从这里冲进去，问题是这个斜坡建多大？这个问题和答案的抄本出现在一份权威的课本上。这个题目的问题很容易理解，但是它的答案却是当今一个数学毕业生也容易搞混的。[20] 我们只能猜测这些做题的学生有多么优秀。至少他们是熟悉苏美尔的六十进制的数字体系（即基于60而不是如今十进位的10），同时也不会因为没有零而困惑（苏美尔人还一点儿也不知道这个概念呢）。虽然如此，对于四千年以前的那些没有准备好的学生来说，这道题一定给他们心里带来了郁闷和绝望的感觉：

> 我从土坡脚往前走32长。土坡的高度是36：为了攻占城市……我要前进多长距离？
>
> 你先获取32的倒数，得到1.52.30。用高度36乘以1.52.30，你得到1.7.30，土坡基础是6，其倒数是10，再乘以1.30（泥土的容积）得到15。将15翻倍，得到30。将30乘以1.7.30，得到33.45。33.45是谁的平方？是45的平方。
>
> 45是城墙的高度。那么城墙的高度45，超出土坡的高度36多少呢？超出了9。取1.7.30的倒数，得到53.20。用9乘以53.20，得到8.8，是你要前进的长度。[21]

在苏美尔的泥字板上，手工艺也被很好地记录下来。在这个制造业处于前工业化的文明中，零部件不是在各自独立的地方单独加工然后再组装成一体，相反，任何一件东西，从皇家战车到一件珠宝，一扇门或是一双靴子，都是在一家作坊里从零开始做起，这里面有各种专门工匠一起工作——铁匠、木匠、石匠、金匠、珠宝匠、皮匠……但是随后,事情逐渐演变,就像中世纪欧洲的行会系统,手工业者占据了各个城市的独特岗位,而且他们的职业名称和其家庭名字对等起来,例如坦纳(Tanner,制革工)、史密斯(Smith,铁匠)、波特(Potter,制陶工)等等。[22]

一个熟练的手工业者在苏美尔的社会中拥有独特而显著的地位,而且必须要经过一段适当的学徒期来获得证明——厨师需要十六个月,而建造工要八年。父亲把手艺传给儿子,在一些情况下,为了交易,甚至收家奴的孩子为徒。例如一块泥字板上所记录的,阿特卡 – 阿纳 – 马杜克(Atkal-ana-Marduk),是伊提 – 马杜克 – 巴拉图(Itti- Marduk-Balātu)的仆人,交给拜勒 – 埃蒂尔(Bël-etir),用五年学习织布。合同规定,伊提 – 马杜克 – 巴拉图提供学徒的全部食物和衣服,如果拜勒 – 埃蒂尔没能使学徒成为合格的织工,就不能得到 6 升谷物的酬劳。此外,如果终止合同,有过错的一方要交出 1/3 磅白银作为罚金。[23]

织工是一项受欢迎的职业。羊毛纺织品是苏美尔本地交易及长途贩运的主要货品,因为它分量很轻,便于运输,需求不断,因此价格公平稳定。在乌尔的皇家羊毛部的记录上提到,一个部门一年要处理新羊毛将近 2000 吨,是从总共超过 200 万只羊身上拔(不是剪)下来的。大多数的羊都是放养在远离城市农地的草原牧场上,由单独的牧羊人看管;不过也有文字记载,曾在畜栏里用大麦养了多达 52553 只羊,超过了三个月。[24]

羊毛产业雇用了大量劳动力。先不说那些照看羊群的牧羊人,以及拔毛、清洁、打包、运输羊毛的上千的劳力,只是纺织工人,在四千年前的乌尔最繁盛时期,就有 1.3 万多人,这个地区的其他城市也有相近数量的人在从事这项工作。

这些织工多数都是妇女,全天工作,报酬是配给的食品和衣物;她们似乎不是在家工作,而是每天往返于可以称之为纺织作坊的场所,类似于欧洲机械化时期前的纺织工业。孩子们跟随在妈妈身边,大一点的孩子往往还会干点活,例如给织布机穿线——他们拥有比妈妈更敏锐的视力。布匹是按订单纺织，有特殊的质量等级，因此每块布所用的时间也不一样。例如，三个妇女一天可以织出25厘米长的三级布料，或者36厘米的四级布料。这个生产速度，比起欧洲中世纪的大部分原始手工纺织，也是相当低的。这意味着技术能手的不足、效率的低下或糟糕的管理，但或许也可以认为是一种迹象，暗示着四千年以前的时间价值观念。的确，就像下文所引述的一样，似乎有足够多的时间为那些顶层阶级工作。在这个例子中，400个工作日被用于生产一件3.5公斤重的二级外衣：

> 三个月零六天：捻线
>
> 两天：清洁
>
> 两天：修剪
>
> 一个月：缝合
>
> 两天：压紧
>
> 一个月零二十天：起绒
>
> 四天：刮擦并擀平
>
> 一个月：缝制、起绒，并且最后六天：敲打
>
> 两个月：摘除前片儿的线头
>
> 二十天：摘除后片儿的线头
>
> 十天：拉抻和压实
>
> 一个月零十八天：蓬松
>
> 一个月零十天：吹风晾干[25]

但是，唯恐我们把四千年前苏美尔的城市生活想象成乌托邦式的田园诗——每个织布工、手工匠以及所有社会成员都在追求尽善尽美的喜悦，一封顾客写给金匠的抱怨信把我们带回到真实的世界。它所叙述的事情简直是太熟悉了：

> 致伊利－伊迪南（Ili-idinnam），巴拉图姆（Bahlatum）说：你

对待我的行为就好像你和我是陌生人,你还没有解决我的问题。早些时候,我给了你谷物订购项链上的宝石!我付账给你时是四年以前!……现在,如果你真的是像兄弟一样对我,我的神啊,赶紧给我那些石头。不要拖拖拉拉!如果我还没有立即得到,这个委托就不再有效了……[26]

等等,暂停一下。为了向金匠传递这个信息,这位顾客首先得准备一块湿泥板并且削尖一支芦苇,或者叫一个抄写员来记录口述(这更有可能,因为顾客是社会地位较高的一位女士);然后将泥字板放置一旁,等干燥后再送出去。而且,这个笨重又冗长的手续似乎可以保证,信息都是排除了一切零碎而剩下的要点。我们现在读来,感受到这位女士的愤怒和挫败感,里面夹杂着一些对任性的金匠的同情和无奈,穿越几千年的时空盘旋而至,清晰得就像刚用电话打过来。

但是,无论苏美尔是一个乌托邦的田园,还是再熟悉不过的庸常家园,它都没有持续下来。尽管如此,在四千年前的美索不达米亚平原上,苏美尔人成就了伟大的业绩,创造了文明世界。还有那些普通人的生活,我们至今还能分享他们的美食和笑话,通过这一切,他们注定会给我们留下任何城市和文明都不敢忽视的信息:熵的法则。

没有一种自然体系能够永远保持不变,无论是一块草坪或是一片雨林。城市及其支撑体系也是类似于这种自然生长和衰亡的循环方式,而且不管它们看上去多么有活力,或者已经持续了多么长的时间,其生命过程也像一棵树、一叶草。事实就是这样,起先,人们在一个地方建立城池,努力维持着,不让它衰落。但是这个进程不可避免地扩展出城市自身的物质结构范围,延伸到了周围的乡下,并且相当倔强地影响了人们的行为方式。

在以前的日子里,广大的(美索不达米亚)平原上物产丰盛,得益于复杂的运河水道系统遍布乡村大地,就像蛛网……一片片棕榈树林和美丽的花园,就像从谷浪涌动的金色海洋里升起的小岛。这一切都为那些游荡者和旅行者提供了让人感激不尽的可贵庇护。熙熙攘攘的旅客,沿着尘土飞扬的大路往来于繁忙的城市。这块土地盛产谷物和葡萄酒。而今天这个地区的面貌变化得多大啊!是啊,长串的土堆标示着主要大道,却已不见了昔日路旁茂盛的植被和到处可见的生活情景。运河现在被流沙阻塞,已快干涸,小的支流已完全被抹平了……所有古代文明的遗迹——那些"王国的荣誉""地球的荣耀"——只能在散布于平原上的巨大碎石土堆上,依稀可见。代替往日丰饶的田野、树林和花园而映入我们眼帘的,只有干旱的荒地。昔日密集的人口不见了,再没有人居住在这里。人们说话的嗡嗡声消失了,代之以深深的寂静……毁灭席卷了这块土地……

上述文字引自最早的欧洲旅行家之一,威廉·肯尼特·洛夫特斯(William Kennet Loftus)的文章。他对古代世界的崩溃怀有兴趣,在19世纪40年代和50年代去了美索不达米亚地区。[27] 在之后的世纪中,考古学家在洛夫特斯和其他人的早期研究的基础上,揭示了大量的证据以确定过去的辉煌岁月,但这辉煌却始终是被崩溃和毁灭所困扰,而最终崩溃和毁灭还是相继发生了。随着证物的增加,更加清楚地表明了美索不达米亚是西方文明的摇篮。对于那些聚集在乌尔和乌鲁克街头的人们的命运的猜想,比学术研究更有意义。那是一些我们可以单独对待的个体;他们生活在文明进程的上游,而我们正处在同一个进程的当下。你读了他们的信,你会乐意分享他们的美食,这时你会情不自禁地想到,他们身上究竟发生了什么?

在20世纪50年代,事情有了进展,答案即将得出。伊拉克政府远见卓识,颁布一条法令,将国家石油收入的70%投入一项需要巨额资金的计划,以此改变这个国家的经济面貌。这个计划认为,伊拉克的中部和南部，即美索不达米亚平原，是一个独特的宝库，埋藏着有关这个地区古代农业灌溉的有效性的证据，因而是设计发展规划的不可或缺的背景。因此，多学科的研究工作开展起来，涉及两河流域冲积平原上的全部六千年的灌溉农业的相关记录。[28]

这项计划包括研究从美索不达米亚平原出土的古代文本资料，这些资料广泛散布在世界各地的图书馆和博物馆中，以及进行气候学和经济学的研究，还有大范围的野外考古，以期阐明冲积平原上灌溉和定居的历史变迁。但是60年代后期到70年代，正当研究在进行，而且已经收集到了数量相当可观的有价值的数据时，革命和政变吞没了伊拉克。1979年，萨达姆·侯赛因取得政权，这项研究完全停止了。对于国家的石油收入，新的政权另有他用。虽然此项工作无限期停止了，但是至少还有一些值得安慰的事实，即那些考古遗址多少保留下来没有受到侵犯。但可悲的是，2003年3月，这个地区变成了战场。古代美索不达米亚居民的命运和现在居住者的困境相比，也算不上什么了。经过这么多年，几乎没有学者对于即将得出考古报告这件事还敢存有奢望了。

尽管在伊拉克本土的考古和调研被缩减，但是围绕着美索不达米亚文明的最后岁月和最终的灭亡，先前已知的证据已经够多了，足以刺激理论的产生和进行长篇大论的讨论了。在最广泛的观点看来，崩溃似乎是繁荣—穷困之循环的最后一次转折，在这个地区，这种循环交替发生，构成了早期历史上的一个特点。战争、饥荒、洪水、瘟疫以及政变重复发生，泥字板上的记录表明，人们对于社会秩序崩溃后接踵而至的灾难有极其敏锐的意识。但是当然，这些文件和考古证物都主要是来自于和平繁荣的稳定时期。对于"黑暗时代"的描写，不完全是展示一幅因果图景，而更多是倾向于警告言辞，训诫人们哪些活动会激怒神祇而引发另一轮灾难。因此显然，决定摧毁人类的是神，这种责难取决于城市规模和喧嚣程度：

当土地扩展，人口增加时，

> 十二个百年还没过完。
> 土地就像公牛一样咆哮，
> 神被他们的喧嚣所打扰。
> 恩里尔听到了他们的嘈杂，
> 向伟大的神祇们献词：
> "人类的噪音对我来说太大了，
> 吵得我都睡不成觉。
> 让这儿来场瘟疫吧（加诸人类）。"[29]

这和其他的泥字板都表明了，并不是城市的太多噪音激怒了神，而是人口的绝对数量过多。换句话说，美索不达米亚人口过剩了，神就会轮番策动战争、瘟疫、干旱、洪水和饥荒，作为控制人口规模的手段。但是也有其他方式达到同样目的。人们采取措施限制人口增长，以避免激怒神来发威；因此，计划生育就成了泥字板上一个内容：

> 哦，生育女神，命运的创造者，
> （让）生育的妇女和不孕的妇女，在人群（孩子）当中，
> 让一个……魔鬼，在人群当中，
> 把孩子从母亲的膝头带走吧，
> 建立（多个等级的）女祭司，
> 她们将是身有禁忌的，因而断绝生育孩子。[30]

杀婴、贞节、独身和避孕的交往方式都被提倡："最高级女祭司每年允许一次交往……"[31]——但是，所有这些都无法挽救美索不达米亚，使之最终成为它自身成就的牺牲品。持续发展的农业高生产力，使得城市生存和运转了几千年，这个成就给他们带来了难以解决的问题：人口营养充足，增长就不可避免，而对应着可以利用的空间及资源却是有限的。

对于人口增长规模超过食物供应的危险性，世俗的苏美尔人不像是不知道。但是正是他们意识到这个问题时，他们化解人口过剩危险的努力，反而最终使事情变得更糟。随着城市的增长，苏美尔农夫如果不是一直地，也是再三地遭受到提高产量的压力。几个世纪的泥字板，作为证据大量揭示了这一点，越来越多的实例是关于农田持续耕作生产，而不是每年轮替休耕；种子数量相同，而产量却降低了；还有一个凶兆是土地的含盐量上升了。

由于美索不达米亚平原是缓坡，所以很容易把水从河里直接引进田里，但因此，把水再次排干也极其困难，这对于农业来说，可真是一个不容乐观的事实。当水停留在地表，过分浸泡土地，地层深处可溶解的盐分就会被带上地表，土壤日益盐化并危害庄稼。土壤里的盐分可以追根溯源到底格里斯河和幼发拉底河，当其冲刷北方流域的沉积岩时，非常少量的盐分就进入水中。经过几千年，这些盐分积聚在美索不达米亚南部的地下水里，使水的含盐量增高。当由于反复灌溉、洪涝或者暴雨而抬高地下水位时，这便成了问题。这样看来，盐分是通过毛细作用，上升和积聚在上层土壤中，逐渐侵蚀土壤，使之无法耕种。[32] 当水一下去，盐分就留在地表，像皑皑白雪一样闪光。甚至就是现在，还有些当地农家收集和贩卖这些厨房里可用的土盐，当作额外的收入来源。

大约三千七百年前，在苏美尔南部地区，对于生产力和城市人口的灾难性的毁灭，土地盐化要负相当的责任。这个观点是有说服力的。[33] 泥字板记载道，付出相同的劳动成本，比起八百年以前，只有五分之一的回报。地区内定居点的数量减少了40%，许多主要的城市中心区都荒弃了。[34] 这里还出现了从小麦转向大麦种植的变化，因为后者能承受更高的盐分。在公元前1800年到前1700年，南部主要的城市已经差不多完全废弃了。"白色的田野"出现在苏美尔人的诗句中，描写那时的饥荒景象。[35] 而饥荒则被看做是神对于人类不断增加、需求持续扩大的最终责难：

他让磨出的谷物不足以供给人们,
蔬菜食物也填不饱胃肠。
天上的阿达德不肯多降雨,
雨水稀少,忽又变成地上的洪涝,洪水却不从源头上涨。
田地减少了产量,
拒绝谷物的生长,
(从)黑色的耕地变成了白色,
广阔的平原成为湿盐的产床,
大地的子宫起来反抗,
植物不再发芽,母羊也不再生育小羊。[36]

这个有关土地盐碱化的进程最终摧毁了古代苏美尔经济的理论发表于1958年,并且作为对此地区政治和经济最终灭亡的解释,被人们普遍接受下来。但是这个理论依然未经证实。从那时起,有关苏美尔农业的研究已经取得了更大的进展,而对原始证据更加深入的研究检查,并没有在细节上证实这个理论。[37] 有些问题存在于对文本的解释和不完全的分析上(当时的条件不允许对原始自然状态的文本记录进行彻底的分析和关联性证据的研究),涉及统计学时就是一个问题;土地盐化是否分布广泛得足以引发普遍崩溃,这还存有疑问。但在另一方面,也不能证明这个理论不成立。

未经证实,但也没有证伪,盐化理论还需等待进一步的研究。有一点是毫无疑问的,在当时当地,盐化的土地是个大问题,农夫对此都有清醒的认识,而且大概也知道如何应对。但是专家想了解更多,有关供水和土地利用的关系,盐化的可逆性,以及在局部的盐化问题汇集成整个南部的长期退化之前,大规模转移耕作区,在社会和技术层面有无可行性。[38]

这样的信息可能一时还得不到。在苏美尔的兴与衰之中,我们听到的是对脆弱的城市和制度的警告,还有喃喃诉说着的个体的喜悦和恐惧,在这里和那里,这是历经无数代的不变的人性。我们生,我们死:

抓住我,他带我下到黑暗住所,那是伊尔卡拉的屋,
这房子在那进去就出不来的地方,沿着不能返回的路,
这房子在那没有亮光的居处,
那里,灰尘是他们的饮料,泥土是他们的食物,
那里,像一只鸟,他们穿着羽毛的衣服,
看不到光,他们生活在黑暗中,
门和门闩上落满尘土。[39]

第 5 章
战争、希腊和罗马

充足和可靠的食物供给是所有城市的头等大事。在现代社会，这件大事运行得如此有效，以至我们都把它看做是理所当然的事情。古代城市，要对付各种各样的气候和运输问题，就没那么幸运了。为了保证食物供给，城市陷入了战争和掠夺，但同时也促进了农业技术、交通运输和政治管理的极大提高。

在世界历史上，苏美尔可以宣称占有很多重要的第一：最早的城市，最早的灌溉农业，最早的文明社会，最早的写下来的语言——并且这些事物影响深远，现在依然存在于我们身边（至少在过去的每一分钟、每一小时，就是体现着苏美尔的六十进制），但是有一项第一是人类宁可不要的，那就是：战争。

通常，战争本身并没有促使城市产生，而且也确实没有证据显示战争激发了苏美尔早期城市的建立。但是有足够的证据表明，城市一旦建立，其自身以及文明果实就成为发展军事力量的重要因素。苏美尔的故事就很有说服力。有组织的战争大概出现在人口增长而农业产量下降的时期，就是第 4 章结尾所描述的，在美索不达米亚平原上各种问题的混合造成了严重的食物短缺，而一座陷于绝望的城市就会想到抢夺别的城市的储藏。此外，由于苏美尔的水利工程，在其地理和技术上已经接近极限，灌溉水渠越来越大，越来越长，每个新的引水工程都会对下游的城市供水造成影响。在旱季，水权成为关乎生死存亡的大事，其紧迫性甚至大于土地盐化的问题。当争辩已不能和平地解决问题时，战争就在相邻的城市之间爆发了，而最终是两个联合阵营之间的争战，这在苏美尔的生活中，已经成为可怕的而又一再发生的特征。[1]

早在苏美尔文明之前几千年，就出现了人类的自相残杀[2]，但是城市的建立和新获得的青铜工艺，更为此增加了在规模上扩大的可能性。有了青铜的武器和护盾，便抛弃了石斧、木棒和燧石做的箭尖，而且，新的军事装备可以大规模生产。在这样的技术和管理经验之下，苏美尔人首次将战法和效率运用到战争中。

证据表明，六千年前的苏美尔就有武士阶层间的战斗。但是随着城市和集权机构的发展，人类的好战倾向第一次被组织起来，创建了一个控制权力和野心的工具。管理文件记录表明早期的城市维持有军队六七百人；他们是被供养的专职战士，配有武器装备，进行常规训练。在将近五千年前，苏美尔地区到处都出现了完全意义上的按现代序列组建的军队。这些由职业军人组成的常备军，成为社会的固定部分，享有特殊地位，受到尊敬，拥有特权。从那时起，这就一直伴随着我们。[3]

战争在乌尔地区几乎年年都有[4]，尽管缺乏明确的解释，但可以想到，有关农地边界和水权的争端是引发美索不达米亚全境战争的首要因素；[5]

> 我对待你就像是父亲和兄弟，而你对待我却像是幸灾乐祸的外人和敌人。对于用阿达德（Adad）和雅里姆-利姆（Yarim-Lim）的武器拯救了巴比伦城，并且给了你生命和土地的人，你回报的是什么？……当然，辛-盖米尔（Sin-gamil），迪尼图姆（Diniktum）的国王，也像你一样以敌意和阻挠来报答我。我曾经在迪尼图姆的码头停泊了五百条船，十二年来我一直支持他和他的国土。现在你

也像他一样以敌意和阻挠报答我。我以阿杜——我的城市的神的名义,以及我自己的神的名义,向你发誓,不摧毁你和你的土地,我决不罢休!我将在春天开始的时候出击,而且必将前进到你的城市的大门口,让你尝尝阿达和雅里姆-利姆的武器的苦果。[6]

正如所料,只有很少一些描述(例如上文)告诉我们导致战争的详细情况,而几乎所有的苏美尔史诗都涉及战斗中的英雄和胜利。例如,一段公元前2525年的文字表明,拉格什的安纳图姆(Eannatum)攻击并且打败了乌玛城的军队。他"向敌人猛地投掷大网,(他的军队)在他们之上,并且将他们的尸体堆积在平原上……那些幸存者转向安纳图姆,跪倒投降,为乞求活命而哭泣"[7]。为了纪念此次胜利,安纳图姆令人制作了一块石碑,上面刻有秃鹰和狮子撕扯战败者倒在荒原上的尸体的恐怖画面。这就是著名的秃鹰石碑,现存于巴黎的卢浮宫。

经过两百年以及多次战争,萨尔贡(Sargon),北方阿卡德(Akkad)的统治者,率领军队进入苏美尔,横扫一切,所向披靡。史料记载他有一支5400人的军队,进行了34场战斗,摧毁了很多城市的城墙。乌尔、拉格什、乌玛、乌鲁克以及许多规模更小一点的城市都臣服于萨尔贡。他以军事力量征服了全部苏美尔地区,即幼发拉底河和底格里斯河的整个盆地,创立了一个大帝国,疆域横跨托罗斯山脉至波斯湾,甚至可能到达地中海,这是世界上第一个军事专政政权。

亚里士多德有关文明和理想公民的行为方式的思考已是西方哲学的基础内容,他认为以萨尔贡的方式,一群人征服另一群人的行为是完全正确的。不过,他当时所处的社会还是依靠奴隶劳动才能运转。尽管"民主"(democracy)这个词来自希腊语demos,意思是平民大众。而如今,人人都有民主权利的概念已是主流政治信仰的核心准则。但是当时,在公元前4世纪的雅典,和亚里士多德一起享受这个民主特权的人只是男性公民,不包括女人和别的城市的居民,以及他们所拥有的平均每人2.5个奴隶,而这些人的数量要多得多。那些少数人的自由和文明化的活动,完全依赖于被压迫的大多数人的经济生产。

在古代希腊,奴隶十分便宜。例如,公元前5世纪晚期,两个强壮奴隶的买价等值于一个工匠一年的雇佣价(作为对比,在19世纪中叶的中美洲,一个奴隶的价格通常是一个工匠年工资的至少四倍)。[8] 大多数奴隶是野蛮人——野蛮人在当时的希腊是指所有不讲希腊语的人,用船运进来,都是在地中海东部征掠的战利品。公元前335年,紧随亚历山大洗劫底比斯(Thebes)之后,据说有三万人被大批地卖给了奴隶商。一条原始资料写道,公元前240年的大规模远征,捕获了五万个奴隶。另一项记载提道,公元前165年,在远征中捕获的犹太人的价格,甚至在战役开始之前就确定好了。

虽然买卖人口在古代希腊的经济贸易中占有显著地位,但是最大宗的贸易项目还是至关重要的日用品——也就是维持奴隶和城市基本社会运转的动力之源:谷类粮食。

由于在公元前8世纪到希腊古典城邦时代,定居的社会形态遍布爱琴海沿岸,他们很快就用尽了自己直接的农业资源。如果说和苏美尔人有什么区别的话,那就是希腊的城市统治者面临的形势更加严峻。在最初的城市建立时,美索不达米亚是一块冲积而成的深厚的沃土。与此相对照的是,希腊的土壤通常是浅而贫瘠的;几乎没有大河,因而广泛灌溉也是不可能的。农夫尽力而为,收获大量水果和橄榄,放养更多绵羊和山羊,但是他们只能生产有限数量的主食——谷物。

随着人口增长,城邦不得不越来越远地离开家园去寻找粮食供应。那些财富有限或是居于海岛的城邦,改善这种困境的机会太稀少了,只能屈服于更强大的城邦。这些强大的城邦位于海岸边,有获取木材的途径和造船的专业技能,跨越海洋寻找各种各样的供给,互相代理各种所需品。灵活性结合主动性,不久就建立起一张贸易网，交易路线横跨爱琴海及更远的地方。这是当城市作为功能实体而发展的一个关键时刻。从此时起，它伸展到前所未有的广大范围——尽管这并不意味着是一个慈善影响力的起源，而仅是保护自身生存的需要。

在公元前5世纪期间，雅典人从黑海沿岸运回谷物，依托的是俄罗斯西端大片的小麦产地。到了公元前4世纪，雅典城已控制了整个地中海东部的谷物贸易。在公元前3世纪，亚历山大大帝的伟大扩张，已将希腊的力量延伸至尼罗河，以及近东、南亚。

谷物供应在雅典议会每次召开的主要会议中，都是常规议程中的必备题目，其重要性和防御问题相同，列于最高地位。[9] 确实也是，建立一支坚固的海军力量并长期稳定，都是为了保护海上运送谷物通道的畅通。议会对于确保国家的粮食供应问题是如此关注，所以人们很有理由猜测，在这项生死攸关的日用品贸易中，它也控制了批发买卖和零售分配。但是不然：古希腊的谷物贸易，包括在国外的收购以及本地的贩卖，全部都掌握在私家商人手中。这是一个有启发性的实例：私人开始主动参与迎合公众事务了。

当然，可能议会更愿意自己掌控谷物贸易，但是很少或根本没有议会成员肯于承担责任，冒着把事情做砸的风险，积极热心地去做这件事。但是无论怎样，把贸易交到私人手里都有相当重要的优势。第一，可以使议会节省大量的资金。第二，可以为贸易人才搭建更大的舞台。无论如何，在一定范围内的管理比直接插手控制更能使才干发挥作用，谷物贸易吸引了社会大量的资源和人才，创造大量钱财。任何人只要有足够的钱和足够聪明，都可以挣到一份。

谷物交易成功就会得到丰厚的回报，而失败以致破产的可能性又很小，在此促进下，有力地激发了雅典和更远地区的其他私人贸易企业。要想定期得到国外的谷物（这比一次性地攻击掠夺要好），商人就必须拿出一些值钱的东西去交换。制造业和货物出口就应运而生，由此而构成本土的多种经济基础。地主可以拿出水果、橄榄、油和葡萄酒去交换谷物；制造业者创造新款式的陶罐、衣料和金属制品——所有这些不仅为出口贸易添砖加瓦,同时也为城市的经济和文化的发展做出了贡献。

色诺芬在大约公元前400年写道:

> 他们对谷物的热爱是如此之深切,以致一得到某地物产丰饶的报告,商人们就出发去那里寻找;他们穿过爱琴海、黑海、西西里海;他们尽可能多地获得谷物,然后装船并亲自驾船,跨越大海运回来。当他们想要变现时,他们并不是随便在什么地方抛售,他们打听到哪儿的出价最高,就带着谷物去那儿……[10]

到了公元前2世纪,希腊的文明之花凋谢了,而罗马强盛起来,成为地中海地区继雅典之后的最强大力量。古罗马对西方文明的影响,是基于希腊文化遗产之上的。这体现在我们城市中的建筑里(带有柱式的公共建筑和广场,装饰有统治者和征战英雄的雕像),造就了如此之多的古典范式,以提醒我们不要忘记希腊和罗马的光荣。但是罗马人为了确保人们有充足的食物而采取的技巧和智谋,却很少进入我们的视线,即使看到在货币上刻画的麦穗图案。其实,这正是说明了谷物的重要基础地位。[11]

饥荒或者是饥荒的威胁,对于古代社会的大多数人来说,永远是生活中一个残酷的事实——尤其是在城市。强大的社会政治体,如雅典,完全依靠私人企业来保证持续和充足的谷物供应,政府很少参与。但是对于罗马,人口增殖的绝对规模,将这个问题放大了许多倍。如希腊一样,私人企业是罗马供应安排的核心组成部分,但是当城市成为越来越多人的家园,它的统治者和管理者就深信首都的食品供应不能交给商人来管,他们只会在事情顺利时变得更加富有,而在运转失败时却不承担责任。因此元老院日益卷入其中。谷物供应成为一项极其重要的政治内容。确实如此,历史学家杰弗里·里克曼(Geoffrey Rickman)在他的罗马谷物供应的研究中指出:

如果在此事上有一条应该予以强调的线索,那就是为了支持罗马的粮食供应,国家缓慢地但持续性地、越来越多地卷入大范围的行动。在这个领域,也和罗马历史上的其他许多事情一样,显示出国家和个体之间关系的一个基本变化,无论这个个体是一个农夫、发货人,还是面包师或者大都市的谷物受纳者。供养罗马不仅仅是一个经济问题,更是一个政治问题,它比仅把食物放进居民肚子里要复杂得多的多。[12]

罗马坐落在一片广大的火山灰平原上,土壤非常肥沃,很适合耕种谷物庄稼,因而天生具备养活比希腊更多人口的能力。事实上,在罗马发展的早期,一直延续到公元前4世纪的引水渠的建造就表明,比起食物来,水才是城市供应方面的更紧迫问题。然而随着人口的增长,食品供应问题也不可避免地增大,于是城市的位置显得不是很有利了。据估计,在公元前2世纪中叶,至少有五十万人居住在罗马,养活这么多人,可就是城市关心的最主要问题了。

公元前123年,在保民官盖乌斯·格拉古(Gaius Gracchus)的统治下,提出法律,规定每个罗马公民享有以低于市场价格的固定价格,每月定量配给谷物的基本权利。其目的在于平抑由于供给不同而造成的价格波动。但是用税收来支付补贴的政策,需要得到供应者的支持,这就在其后的六十年中成为一个政治热点问题。一份有关扩大谷物配给受益人的法律在公元前62年通过,并且,在克洛迪乌斯(Clodius)成为保民官的四年之后,完全废止了谷物配给还要付钱的做法。从此以后,每月定量供应谷物(完全免费),面向每一个有资格的公民,就成了罗马管理机构的职责(私家商人还可以继续供应给那些不符合条件的居民以及城中大量的奴隶人口)。不仅如此,克洛迪乌斯的法律涉及比谷物配给更大的领域,涵盖了所有有关公共和私人的供应,以及农田、订约和谷物的储存。很明显,克洛迪乌斯试图以公权控制的方式,来阻止私人贸易者在损害公民和国家的情况下投机获利,但是他的行为造成了国家和个体私权空前的冲突。[13]

克洛迪乌斯的法律受到了罗马公民的普遍欢迎，但是却带来了严重后果：至少是在免费谷物诱惑下的人口增长。大量的乡下穷人涌进罗马，希望得到好处，对于那些居住在周围社区的人，这个城市忽然变得有极大的吸引力，他们或是拥有或是创造出一个证明来表明自己的罗马公民身份。整个家庭迁往城市以获得配给。更有甚者，城里许多有钱的大户开始解放他们自家的奴隶，因此可以将养活他们的费用转嫁给国家。这就使得这些前奴隶主获得双重利益：由法律机制所限定的奴隶在获得解放的时候，仍然继续从事各自的服务和劳动，前主人也仍然保留了奴隶生产出来的利益，但同时却把维持他们生活的大部分开销转移给了国家。[14]

西塞罗声称，公元前58年废除的谷物配给收费制度，花掉了罗马全部收入的五分之一强。[15]学者们提醒到，这只是浮夸的说法，但毋庸置疑的是，城市极大的精力和财力都投入到保证足够谷物供应和向合格公民分配这件事情上。这个体系努力迎合不断增长的需求。只要配给一时跟不上，麻烦就蔓延开来，政府随之更加深刻地认识到，他们的权力和罗马公民的免费谷物是紧密相连的。

这是无处逃避的。在22年，提比略皇帝（Emperor Tiberius）在一封给元老院的信中，心情忧郁地陈述了这个问题的分量以及皇帝的最后责任："这个责任，元老院的议员们移交给了（皇帝）；如果它被忽视，就会造成国家的毁灭。"[16]

自然，有关谷物配给的花费及安排，总是这个城市里政治阴谋的强大因素。公元前46年，尤利乌斯·恺撒企图限制合格受益者的数量来减少开销，但是有关谁是谁不是合格者的争吵，使他的计划难于进行。三年之后恺撒被暗杀，他的计划也随之灭亡，而广泛的免费谷物配给却持续了几个世纪——后来还变得比恺撒时期更加慷慨。塞维鲁（Septimius）在位时间从193年到211年，除了免费粮食，还分发一定量的免费油；奥勒良（Aurelian, 270—275）在配给单中又增加了猪肉和葡萄酒。[17]

现已查明，免费的谷物配给大约一直是每人每月45千克，贯穿谷物配给历史的始终。这足以提供每人每天3000—4000卡路里[18]，很充裕地符合现代所推荐的，每个成年男性每天2900卡路里的定量。每月45千克，一天不到2千克，在单个人获取和搬运的层面上似乎不是什么难事，但是要和几个世纪以来罗马的人口增长同步，把它放大十倍百倍千倍。如此规模的重担，被克洛迪乌斯压在了国家权力机构身上，就完全不是一回事了。月复一月，年复一年，需要获得和分配的谷物总量十分巨大，而且不能有半点闪失。

学者们相信罗马的人口增长开始于公元前3世纪，并在随后的几个世纪中飞速增加。其中的主要因素是上层阶级的财富增长，进口更多的家用奴隶，而为他们服务的手工匠人、小商店主和劳工的数量也在增加，而且，从贫困乡村到城市的流动人口持续不断，所以这一切都促成了人口的迅猛增长。数量上不断增加的公共建筑和实用的房屋、柱廊、市场、码头，都证明了这种增长，同时清洁用水的需求也一再加大。在公元前390年高卢人攻占了罗马之后，这座城市就稳定下来，持续增长。当局既无意重新建设，也不打算控制其增长。[19]

到了奥古斯都成为皇帝时（公元前27—公元14年），罗马已经是一个拥挤的地方（偷工减料的房屋、混乱不堪的街区，为了自家安全而建造高墙），却很容易受到火灾和洪水的侵害。其中只有一两处公共场所具有不同的建筑风格。城里大约有100万人口——所有人都要吃要喝；多数还得由国家掏钱。一份确定为公元前5年的记录表明，奥古斯都自己报告说，他当年要分配免费谷物给32万个合格公民，这意味着其他那些人（包括48万个妇女和儿童，以及20万个奴隶和其他居住者）都要从公共市场上获得供给。假设这些无资格的居住者的需求比免费配给的人均定量少一些，奴隶得到的定量和有详细记录的其他时期相同，就能够估计出来，那时的罗马一年要消耗掉272800吨粮食——每星期超过5000吨。[20] 今天，5000吨的谷物可以铺满一艘散装货轮的底舱，可以装满一百年前的一百辆火车货物车厢。在罗马时期，维持如此巨量的供应，日复一日，完全依靠人力和最原始的机械工具，确实是一个了不起的成就。没有什么能和这个相比。事实上，如果城市的粮食供应有哪怕一点点的不安全或是不稳定，无论罗马还是它的权力机构和帝国，都不能长久存在。

　　罗马人极其擅长规划和修建道路。从公元前4世纪开始，先是在意大利，之后是帝国的各省，都修建路网联结到罗马。这些道路经过精明的勘测和完美的建造，许多罗马时期的道路结构都经久耐用，有些路线一直沿用到近现代。他们最初是为了军事目的——给罗马军团提供最为迅捷和直接的路径到达各个地区。贸易通常紧随着战旗之后，尽管有分布广泛的军队、堡垒和要塞，罗马人也倾注了大量努力，确实吸引了当地的贸易，但是道路系统并没有在沿途产生高水平的稳固的贸易活动。罗马每星期需要5000吨粮食（还有好多别的东西），可以想见，在通向这个城市的所有道路上，该是怎样的繁忙景象。尽管一些本地谷物和其他一些产品确实是从道路运抵城市，但要供养整个罗马，仅以道路运输的方式简直是不可能的。这是个明显的事实，无论道路建得多么好，在上面运送货物（尤其是又大又重的货物）是非常慢而且极其昂贵的。

　　这里有几个因素。首先，尽管罗马的道路测量和建造得无与伦比，但是却通常不够宽，不能并肩走两辆货车，因此，单列行走是唯一的选择，常常是一个方向的车队要离开道路，等待另一个方向的车队通过。第二，罗马笨重的四轮牛车只能装载半吨谷物，而且一小时走不到3公里（古代一直用牛这种又慢又稳的动物拉车，直到发明了适当的马具，才用上马力）。第三，每辆车都要两头牛拉车，一个人赶车，由此带来了人和牲畜的食物及水的每天供应，以及夜晚沿途的宿营地问题。因为罗马每星期最少需要一万辆车，所以这就意味着，在这上面的花费要比他们运进来的谷物的价值还要高。此外，在城市周围合理距离内的谷物种植区，产量不够规模。最终，罗马不得不投入大量精力和资源去建设和维护道路，比建立一个帝国所投入的要多得多。

事实上,在罗马,对于粮食供应这个生死攸关的大问题,水路运输是唯一可行的方式。台伯河在某种程度上有所帮助,谷物从上游产地用船运到城市,但是量太少了。城市不得不去远方寻找,并且实际上,在它控制欧洲和地中海地区的几个世纪以来,一直是依靠从国外运进粮食来养活。

罗马军队在公元前146年征服了迦太基,使得罗马不仅获得了北非地区的农产品,还得到了迦太基所控制的西西里、撒丁岛和西班牙的农产品。为了加强粮食供应,6000名罗马公民被安排到北非高产的农地上定居,最终罗马从这些北非殖民地得到的谷物,每年至少20万吨。与此同时,在公元前30年征服埃及之后,尼罗河三角洲富饶的谷仓也在罗马的掌控之中了,在其后的几十年里,从这里每年用船运到罗马的谷物超过10万吨。

年复一年,这些外国土地上的粮食收成是如此巨大,又是如此可靠而有规律,这就要求有一个强大的行政机构进行管理。安排谷物的耕种和收获是一个相当大的挑战,而送往港口的车辆及驴子和骆驼队的运输安排就更是一个艰巨的任务。此外,因为收获谷物是在夏天,不管多么迅速地收割和运送到港口,也不能当年用船运走全部收成,所以,有很大一部分谷物不得不储存过冬,以待来年装运。

谷物散装储存本身就是一个问题,更不用说还需要有守卫人来保护不受啮齿动物和小偷的破坏。要装下这么多的谷物,需要足够大的筒仓,还要十分坚固,能经受住散装谷物各个方向的相当大的压力。温度和湿度的控制也很关键。如果温度升高到15摄氏度以上,就有可能遭受象鼻虫和甲虫侵害;如果湿度超过15%,谷物就会发芽和腐烂。[21] 在亚历山大港,谷物储存在巨大的谷仓里,由罗马官员掌控,一直到装船去往罗马的那一刻。

在运行的各个阶段(从田间到打谷场,到运输、储存和最后装船去罗马),负责的官员都要签发和接收收据,以保护自身免于法律追究并防止受骗。在装船沿尼罗河运往亚历山大时（大概也是一个长途航程，就像去往罗马一样），习惯的做法是将散装谷物的样品封装起来，随船一起递送。这些样品被称为"迪格马塔"（digmata），有时是以小罐的形式，有时是扁皮袋，上面贴着标签，详细记录装船过程和负责人的情况。在杰弗里·里克曼的罗马谷仓的研究中，提到一个公元前2年的实例，是用一个罐子做样品（迪格马塔），在它的一边不仅写有两个船长的名字，船的徽章、名称、等级，以及担任护卫的士兵部队，并且陈述了罐子里的样品是一船货物中特定年份指定品种的谷物，是由特定管区的谷仓官员称量出来的，为特定时期税收的一部分。在这份陈述的结尾处，声明货物封装是同时由两个人的印章加封，并且有一个证人确认封装的样品（迪格马塔）和日期。[22]

但是如果最后船没能到达罗马，所有这一切努力（包括谷物生产、良好保存及装船）就统统白费了。船队横跨地中海是供应事业中最伟大的成就。想象一下吧：仅仅是要在木船中保持谷物干燥（没有现代的包装条件）就是一个充满挑战的命题，而且航行本身（没有机械条件）也绝不是现今人们所享受的那种地中海的巡游。

有些船能装1000多吨，有些只能装不到100吨。平均看来是在340—400吨，这就意味着最少需要800艘船的货物才能满足公元前5年罗马的需求，也许实际数量更高些。这是充满挑战的航程。船只失事、海盗抢劫和损毁都会导致损失惨重[23]，但是罗马的谷物供应必须保证。有一个故事讲的就是公元前57年，全罗马的谷物供应的总指挥官庞贝（Pompey）督促在大风暴面前踌躇不前的船长们起锚离开非洲。他亲自在甲板上领航，用鼓舞人心的话语下令开船去罗马："航行重要，生命不重要。"庞贝的名言流传很久。在中世纪，这一名言被镌刻在了不来梅的商业同业公会的大厦上。[24]

从台伯河口到非洲的航程，有记录表明的是两天——这是已知最快的。很可能相反方向的行程也差不多。有一次老加图（Cato the Elder）给罗马的元老院看一个三天前在迦太基捡的无花果；这一切都说明，就算考虑到跨海的航程，谷物从非洲运到罗马还是很容易的。最坏的情况也不会超过一个星期。在意大利和东地中海之间的航行就完全不同了。埃及港口亚历山大距离罗马大约1500公里。地中海的主导风向是北和西北风，使得出去的航程是相当轻松的一个星期，但是顶风回航，还有沉重的负载，而且横帆船在风力不超过七级时才能出发，因此这是一个充满艰辛和危险的航行，要花费十个星期或者更长的时间。圣保罗于公元62年在亚历山大登船前往罗马时，就经历了如此险恶的情形。[25]

那条船上装载着小麦和276个船员及乘客，沿着一条北向航线行驶到土耳其海岸的米拉，之后沿着克里特岛南岸缓缓地扬帆西行。船长和领航员决定在这里的一个小港口过冬，因为这时已经是深冬季节了。可是还没等他们实施这个计划，一股合适的微风刮过来，他们便动了心，要找一个条件更好的港口。结果证明这是一个大错误。当他们航行在两个港口之间时，船只遭遇到了一场猛烈的东—东北方向的大风暴，在此大风面前船只毫无抵抗能力，只得落下篷来，任由摆布，总共十四天。"太阳和星辰多日不显露，又有狂风大浪催逼，我们得救的指望就都绝了。"[26]

船员砍断缆索，用这些绳子捆绑船外壳以防止船体的裂缝崩开，最后投弃粮谷货物以减轻重量。风暴咆哮，船只飘摇；后来，在第十四天的午夜，碰裂的声音预示了陆地就在近旁。他们于是抛下四只锚，将船固定在岩石上。拂晓，他们做出决定，得救的唯一希望就是砍断锚缆，让船冲向陆地搁浅。在保罗的鼓励下，这个策略奏效了，尽管船断成了两截，但船上的所有人都生还了。这块陆地就是马耳他，保罗从这里坐船去意大利是在三个月之后——在岛上的港口里过冬，这才是谨慎之举。

总的来说，在冬季的恶劣天气里，乌云会遮挡用以导航的太阳和星辰，航行就会受到限制，比起盛夏时节，航行要多加小心，比起春到秋的那些月份就是更大的冒险了。因此，大多数情况下，一年中只有八个月（3月初到11月初）是可以航行的，只有四个月（5月下旬到9月)对于航行是有安全保障的。所以毫不奇怪,当从埃及来的谷物货船抵达时,塞尼卡(Seneca)如此激动地写道:"亚历山大的快速帆船……今天突然驶过来。坎帕尼亚为此而欢呼:普特奥利(Puteoli)的所有人都涌上码头……我周围的人都在急速冲向水边……"27

航程结束了,粮食船安全抵达了。船队经常是大规模的,每次都有几十条。但是现在,进口商面临着运输和管理问题,而这些所有的问题也曾经困扰过出口商。如果有什么区别的话,就是罗马的问题要更甚于在亚历山大和北非所遇到的问题,因为罗马缺乏合适的可抵达的港口。

罗马坐落在七个山丘之间,当它还是个小城市时,台伯河很容易满足它的需求。人们在距市中心不远的河岸边的码头上装卸货物。但是大型的运粮船就不行了,他们只能将船锚定在台伯河口的开阔的碇泊处,然后用驳船转运到罗马。哈利卡纳苏斯(Halicarnassus)的狄奥尼修斯(Dionysius),在公元前1世纪末写到台伯河口的优势和劣势:

> 台伯河在到达大海时相当宽,形成大海湾,像是最好的海港。然而,最令人奇怪的是,它没有一个隔绝海砂的屏障,这一点甚至也是许多大河的命运。它倒是没有变成湿地和沼泽而在入海前消失殆尽,而是始终适于行船,并且通过单一个河口流入海中(以其自然的河水涌动力),赶退海浪,尽管西风定期刮过来,具有一定的危险性。船不论多大都是用桨划行,商人们和相当于三千双耳罐(大约等于78吨)的货物航行入河口,然后划行或者被拖到罗马;但是大船则要抛锚在河口外面,用河船装卸货物。28

小镇奥斯蒂亚坐落在离河口不远的一个河湾边,为那些小船提供庇护地,自从公元前123年,大量廉价谷物潮水般涌入,奥斯蒂亚的设施对于罗马城来说就变得越发重要了。河岸几百米长的地方都被宣布为国有财产,码头和货栈建造起来。但是这些设施对于后期谷物贸易的大型船只的使用就有限了。台伯河流经奥斯蒂亚时只有100米宽，而河水流速很快，对于只有帆和桨作动力的大船来说，要想安全地操作，水面还不够宽。[29]

从亚历山大起航的谷物船是当时最大的海上漂流体，容量可达1000吨。而货物要送到罗马，它们的转运方式就很有限了：一是可以锚固在台伯河外的没有遮蔽的碇泊处，用驳船转运货物去奥斯蒂亚，之后再到罗马；二是航行去那不勒斯海湾的普特奥利，那里有绝佳的海港设施在等着它们。大多数都选择了后一种，这使塞尼卡激动，但却留给负责的权威人士一道难题——运送谷物到250公里之外的罗马。无疑，一些是用牛车装运或是用成群的牲口驮运，但是绝大部分还是换成小船运往台伯河口的岸边和奥斯蒂亚。

很明显，无论是台伯河口的设施还是普特奥利的换船转运都不能令人满意，只有建设大型公共工程（如为罗马建一个新港口）才能使事情有所改观。普鲁塔克（Plutarch）写到尤利乌斯·恺撒曾有这样的想法：

> 他……提议将罗马下游的台伯河直接改道，挖掘一条深的运河，绕过西卡恩（Circaean）海岬在泰拉奇纳入海。用此方法可以提供一条驶往罗马的安全又简便的通路。此外他还提议排干波米提亚（Pometia）和塞提亚（Setia）的沼泽，这样就能为几千人提供生产土地。在罗马附近的海面上，他计划建一道环绕的防波堤，并且在奥斯蒂亚的岸边海面下，挖掘疏浚危险的暗礁沙洲。如此一来，他就有一个可以停泊大型船只的港口。这些计划已经开始准备了。[30]

计划在准备中，是的，但是恺撒被暗杀了，计划搁置起来，直到近一个世纪之后，由克劳狄乌斯（Claudius）皇帝恢复。根据塞尼卡记载，在克劳狄乌斯成为皇帝的那一年，即41年，罗马只有八天的粮食储备。[31] 因此，虽然他肯定受到众所周知的恺撒计划的影响，但是饥荒的威胁更是他强有力的动机，使他必须解决船运粮食到罗马的问题。

关键时刻有紧急措施应对，但是具有长远眼光的克劳狄乌斯，下令在奥斯蒂亚建一个新港口。在台伯河以北 3 公里处，修建了两座弧形防波堤，伸入海中，构成一个近似圆形的约 81 公顷的盆形海面，短距离运河连接着海面和台伯河。这个计划只是在初期部分成功。不幸的是，海岸的潮汐和主导风向，带来了不仅仅是海里的沙子，还有从台伯河带来的相当数量的淤泥，所以克劳狄乌斯的港口也是易受淤泥堵塞的困扰，就和建在台伯河口的情形一样。此外，围合的海面也太大了，无法给其所容纳的大小船只提供庇护。[32] 事实上，塔西陀就提道，在 62 年的一场强烈风暴中，两百艘装满粮食的船只遭受重创而沉没于此，造成了罗马的粮食短缺，而使情况更加恶化的是，同一年，就在罗马本地的码头上，一场大火烧毁了一百条装满粮食的驳船。[33]

这样，在奥斯蒂亚的新港口，船只停靠的条件，并没有改善到克劳狄乌斯所希望的程度。这里仍然有相当大的危险，而且就像塞尼卡所指出的，从亚历山大来的大型谷物船继续在普特奥利停靠卸货。后来，图拉真在他于 98 年当上皇帝之后的十年内，终于理顺了事情。他开挖了新的较小的内港，是六边形，面积约 33 公顷。这是克劳狄乌斯港口的三分之一大小，但是比起克劳狄乌斯的不切实际的雄心，图拉真的这个部分并不缺乏远见。新港口足够大，而且比例适合（今天仍可看到的是重新挖掘的）；六边形的每边长 357.77 米，最大直径是 715.54 米。[34] 终于有了一个切实可行十分安全的港口，甚至可以供当时最大的船只使用。在 2 世纪，从非洲和亚历山大来的粮食船队，停止使用普特奥利的设施，直接航行到奥斯蒂亚。

尽管粮食被安全和直接地运到了奥斯蒂亚，而运往罗马的问题依然存在。这从来就没有轻松过。从始至终，谷物都是用驳船拖往台伯河上游的城市商业区码头，码头恰是在城市的第一个桥梁的下游。虽然罗马和奥斯蒂亚之间的河流适于大船的航行，但是强大的水流和弯曲的河道，使得扬帆逆水而上行不通，所以只能拖船，虽然费劲儿，但这是唯一的选择。

顶风逆水拖船到罗马，水路只有 35 公里，却要用三天时间（从陆路走只用两到三个小时)。沿着台伯河一边的拉纤道,一队队的纤夫和公牛源源不断地跋涉着……而这个行动的后勤也成为一件令人瞩目的大事。如果说一条驳船的平均装载量大约是 68 吨,那么每年运到罗马的粮食供给就要超过四千五百船。当然罗马不是只进口粮食。在其历史上的多数时间,罗马都是世界最大的消费中心。除了谷物,这个城市还进口大量的葡萄酒、油、木材、布匹以及奢侈品——不用说还有用于公共建筑工程的大理石。

拉一船货从奥斯蒂亚到罗马要用三天,显然,即使交通管理得很好而且全年都在运行(粮食储存在奥斯蒂亚随时装船),还是需要准备数量巨大的驳船。台伯河及其岸边的拉纤路上交通量相当大,日复一日,周复一周,月复一月,年复一年。而且,对于粮食的供应保障,罗马面前的挑战并没有到码头为止;粮食还要从船上卸下、储存以待分发。每年至少要有 600 万人次走跳板,将粮食从船上搬到岸上。[35]

罗马帝国在其鼎盛时期,控制了整个地中海和其余已知地区,从哈德良长城到幼发拉底河。超过 60 万人的军队驻扎在帝国的 119 个省内;3 万名公职人员在国外管理事务。罗马的公民持续由国家殷勤地供养。但是从 4 世纪开始,罗马只是帝国的首都之一了,君士坦丁堡成了竞争对手并且将会比罗马存续得更久。随着在地理政治舞台上的此消彼长,埃及的谷物分配给了君士坦丁堡,罗马只能完全依靠北非的粮食供应了。生活在罗马城里的人少了,它的重要性也在降低,维持城市几个世纪的粮食供应规则也在土崩瓦解……这恰是衰落和崩塌的一个因素,正如爱德华·吉本(Edward Gibbon)所总结的:

> 罗马的衰落是不适当扩张的必然结果。繁荣催熟了腐烂;伴随着征服范围的扩大,毁灭的因素也在叠加;并且,一旦时机合适或者发生偶然事件,撤掉虚假的支撑,这个庞大的结构就会在其自身重量的压力下坍塌。毁灭的故事是简单而直白的;我们不需要问罗马帝国为什么毁灭,而是应该更奇怪于它居然活得这么久。[36]

第6章
巨人的伟业逐渐倾圮

城市一直在建造着，但是有很多却已消失不见，更没有一个城市存活到今天还和它当初刚建时一模一样。大多数现存的古老城市，都是由领导阶层的政治野心或经济实力而培育壮大，再生的天赋是它们的特征。在中国，一个理想化的城市概念一直存在并且超越物质的现实。在欧洲，废墟则唤起对往昔荣光的想象。

三千多年的时间，隔开了罗马帝国和美索不达米亚平原上的苏美尔城市——乌尔、乌鲁克和埃利都，它们有很多共同之处。它们都是成千上万人的家园。不难想象，如果一方的居民采用另一方的生活方式是很容易的一件事。甚至今天，把国王和英雄的传说放到一旁，我们会发现有太多的记录表明，两千五百年前日常生活的情形是那么符合我们现在的思想感情。当然也有巨大的差异，但是大体上，在科学自然界，在普通人类存在的层面，我们和他们的联系多于区别。

但是这里有一点很有意思：当我们生活在城市时，这些城市在极大程度上都像是长盛不衰。而事实是，不仅乌尔、乌鲁克和埃利都没有做到，雅典和罗马也没有。无论它们多么有天才，无论取得了多么大的成就，它们兴起，然后又衰落了。苏美尔的城市大范围崩坍了，只剩下大地上的伤疤，留待后来的考古学家探究；罗马萎缩了，变成了一个前身的空壳。正如爱德华·吉本在他的权威著作《罗马帝国衰亡史》中指出的，"为永世长存而建的私人和公共的大厦，衰弱地倒下了"。因为食物的供应失败导致了苏美尔的城市走到尽头；而罗马的情况则是由经济和管理部门的过度扩张负主要责任，而从东方来的邻居的贪婪入侵，更加速了它的灭亡。

兴起和衰亡，这种生死循环在某些情况下非常迅速，另一些则延续好几代人。一些繁盛和崩坍都十分彻底，就像在苏美尔的城市。还有一些像罗马，崩坍了，然后过一段时间又重新兴起。对于上下几千年遍布全世界的城市来说，这只是少数样本。事实上，这样的例子是如此普遍，以至于伟大城市的历史都因此而起伏不定。城市的出现就像是地球表面冒出的泡泡，涨大，破裂——一些彻底死亡，另一些休养生息然后再次崛起。在开始的时候，世界上的大城市似乎是以一个来取代另一个，好像必须维持某种程度的平衡。但是19世纪以来情况有所变化，多个城市一起生长——而且是以加速度的方式，有点像是癌变。

地理学家特提乌斯·钱德勒（Tertius Chandler）在他的一项先驱性的工作中[1]，追溯了世界范围内城市的兴衰轨迹。故事的开始当然是在美索不达米亚，之后转移到埃及的尼罗河地区。此后，最大城市的头衔在世界上变来变去，并以一种显著的方式改变着大地景观。起初只是在埃及和中东，之后到了印度、中国，最后到了欧洲、美洲和远东。

根据钱德勒的研究，五千多年前，埃及尼罗河上的孟斐斯（在现今的开罗之南）已经有差不多4万人了，这在当时已超过了苏美尔的城市。但是乌鲁克很快赶上，四千八百年前就有8万人[2]，可以说是当时"世界上或许最大的定居地"[3]。但是，在之后的一千年里，巴比伦，这个在幼发拉底河上乌鲁克北边的城市，以10万的人口拔得头筹。当公元前1595年，巴比伦陷落于侵略者之手，第一的黄袍又转回到孟斐斯身上，这一次它将世界最大城市的头衔保持了长达近一千年。之后是亚述人的城市尼尼微超了过去，然后又是巴比伦，在尼布甲尼撒的统治下，于公元前 6 世纪，达到了光辉灿烂的新高峰，当时的人口有将近 20 万。

印度的舍卫城和王舍城，在公元前 5 世纪时，和巴比伦竞争第一的头衔，但是当亚历山大大帝在埃及建立新首都亚历山大城时，它就超过了所有对手，终于在公元前 320 年成为世界最大的城市家园，容纳超过 30 万居民。可是不到一个世纪之后，亚历山大城又被印度的另一个城市巴特那超过，而且还有更多的人生活在其周围 30 公里的范围内。

与此同时，中国的城市也在快速地生长着。这个过程要稍晚一些，但是记载表明咸阳城（即现在的咸阳，距北京西南 1000 多公里）在公元前 220 年有 12 万个家庭。保守地估计每家有四口人，咸阳的总人口就将近 50 万——轻松地领先于其他城市了。当时的中国总人口差不多有 6000 万，对于世界大城市来说，它的领先地位无人能敌，直到罗马帝国的崛起。罗马自己的人口，在公元前 57 年有 48.6 万人，到了 180 年就有 80 万了。但是，随着 330 年罗马帝国的首都迁到君士坦丁堡，罗马城迅速衰落了，而新首都则取得了领导地位。巴特那，是统治半个印度的笈多王朝的宫廷所在地，从 410 年到 450 年短暂地领先于世。之后又是轮到君士坦丁堡，从 450 年到 650 年，有人口 50 万，之后开始衰落了。

世界最大城市的头衔这时又回到了中国。根据钱德勒的研究，在 618 年到 907 年之间，唐朝长安的人口超过 100 万，几乎是一个顶峰。而巴格达此刻正作为穆斯林的首都而崛起，似乎是已经拥有了超过 100 万的人口，直到 935 年再次萧条。那时的长安（已不再是中国的首都）也同样萧条了。而这时西班牙的科尔多瓦正在随着穆斯林的侵略而扩张它的贸易版图，从 935 年开始，科尔多瓦和君士坦丁堡分享了最大城市的头衔，各有人口 45 万左右，但是在 11 世纪它们的命运发生了戏剧性的变化，地位陡然下降。此时，开封成了中国的首都，到 1102 年，它成为世界上最大的城市，有居民 44.2

万人。

到了12世纪,轮到摩洛哥享受繁荣了,从1160年到1180年,非斯是世界上最大的城市(当时中国首都的变动使得它的大城市都衰败了),尽管它只有25万居民。同样,这时斯里兰卡的波隆纳鲁沃(Polonnaruwa)也足够巨大,在1180年至1200年间获得短暂的辉煌。因为其时世界已有的大城市不是停滞就是衰落了。但是一百年之后,世界最大城市又确定无疑地出现在中国。马可·波罗在1276年至1292年间广泛访问的基础上,记录下杭州及其郊区有人口数百万。1273年中国人口普查的数据表明,当时的杭州仅市区人口就有43.2万人。

当时的杭州是世界上最繁忙的港口和贸易中心。它和(当时的)北京都是横跨欧亚的蒙古帝国的重要城市。这是一个世界有史以来最大的连续陆地的帝国——太大了,事实上无法维持太久。当它分裂时,首都就萧条了,因而使开罗成为顶级城市,其1325年的人口是50万。但是没过多久,中国的城市再次领先。南京和北京,在之后的250年里交替领先,直到1635年,印度莫卧儿王朝的首都阿格拉以66万人口取得领先地位。接下来,又是君士坦丁堡,有70万人口;之后是德里,保持这个头衔直到1684年,这一年莫卧儿的皇帝奥朗则布(Aurangzeb)迁都并迁移人口到印度中南部。这是一次元气大伤的迁移,无论是帝国还是城市,都再没有恢复过来。

钱德勒的研究表明,巴黎是排在下一个的,但是在1685年它丧失掉了机会,因为这一年路易十四驱逐胡格诺派教徒,城市失去了相当数量的人口。这时,君士坦丁堡又一次排到了前列,但是没想到(在1700年)又被中国的首都北京超越。当时北京有人口高达100万以上,一直保持着第一的地位,直到1825年被伦敦超越。

工业革命集中引发了欧洲城市的生长,并且步伐越来越快。在成为世界最大城市之后不到二十年,伦敦就成为第一个拥有200万以上人口的城市,1841年的人口普查记录是2235344人。到了1900年,有超过600万人住在伦敦,但是纽约增长得更快,并且在1925

年成为世界第一大城市,人口达800万之多。纽约一直保持领先,1950年1230万,1960年1420万;但是到了1970年,最大的增长移到地球的另一边,东京以1650万超过纽约的1620万;纽约世界第二的位子保持到1980年,但是1995年滑落到第四,2000年则落到了第五。[4]

到了2000年,东京的人口显著增长,达到2640万,远远超过其他城市,确保它在以后相当一段时期内,都是世界最大的城市。第二的位置由墨西哥城占据,它有1810万人口。这也体现出一个明显的趋势,即经济优势不再是人口增长的首要决定因素。巨型的城市,出现在世界各个地方——既在最富裕地区,也在贫穷的国度。1970年只有三个城市(东京、纽约和上海)人口超过1000万;30年之后,这样的大城市有19个,其中14个是在发展中国家。这种趋势仍在继续:2015年将有23个城市越过标志性的1000万,除了四个以外,其余全部都在发展中国家。到那时,孟买、达卡、拉各斯和圣保罗,每个城市的人口都将超过2000万。此外,可以预料,到2015年,世界上人口在100万左右的城市将会达到564个,其中,425个在发展中国家。[5]

钱德勒提出的统计学上的起伏更替,作为一堆五色杂陈、令人眼花缭乱的事实,自有它的有趣之处,但是其潜在的作用却是引发了更深层次的疑问。首先要提出的问题就是:为什么?对于那些大城市,什么因素决定了它们的兴起和衰落?我们可以谨慎地假设,在它们兴起之初是仰仗于某种社会和经济的发展,就像前几章所描述的。但是兴起之后呢,是什么因素使它们继续存在、获得成功——或者走向失败?

在基本的层面上,起始地理位置的选择是最明显的因素。苏美尔地区高起的土坡,可以使河水蜿蜒流过,这就刺激了经济和社会相互发生作用,并且土坡的重要性还在于当幼发拉底河及底格里斯河发洪水时,给人们提供坚实的安全之处。孟斐斯尽管建立时间晚于苏美尔的城市，但是位置更是出色，就在尼罗河三角洲的顶头上。从这里开始，河流变浅了，并且漫溢开来，形成杂乱的河网水系，穿过冲积平原到达地中海。尼罗河提供了充沛的水量，每年的洪水都会带来新一层肥沃的沉积物覆盖在低地农田上。孟斐斯本身离上游并不太远，这里的地面较高而且坚实，是一个不受洪水侵害的稳固城池。

沙漠扩展到孟斐斯城市的东西两边，对于那些从陆地攻击城市两翼的任何图谋，沙漠就是主要障碍；而它的位置离公海有150公里，这就使得侵略者从外海登陆时，至少还有一段距离（并且还可以使城市预先得到警告），因而城市受益于此。

如果钱德勒的推断正确的话，那时的孟斐斯是世界上最大的而且延续一千年的城市——长过历史上任何一座城。但是，尽管它的尼罗河三角洲顶头的地理位置奠定了它卓越的长期存在的基础，但是当亚历山大大帝的雄心开始在这个地区发挥作用时，孟斐斯也没能保住它那位于前列的地位。

其实，当公元前331年亚历山大大帝抵达孟斐斯时，城中的人民是欢迎他的，并且还在十二个月之后加冕他为埃及的法老。但是，又过了一年，这位新的统治者决定亚历山大城应该建在三角洲临海的一边，孟斐斯的命运就此急速下落。新城市的建立是服务于埃及和地中海的综合政治，所以相对于位置，政治因素是最主要的，因而促使亚历山大城的兴起，提升其优势地位。孟斐斯降到次等地位，而且随着等级的减低，它的规模也在缩小。今天，只有可以忽略不计的考古学痕迹存留了下来。

孟斐斯的遗址距离现代的开罗很近，足以让人联想前者是后者的前辈，但事实上二者之间没有直接的联系。也许很奇怪，开罗不是一座古代的城市，它是建于969年的埃及的开罗，是作为穆斯林军队西征非洲的基地。[6]因此，在邻近尼罗河三角洲的土地上，清楚地表明，环境的优势引发最初城市的建立（孟斐斯），大多数中心城市后来的发展，则是由政治和经济因素（如亚历山大城）以及宗教

(如开罗）所推动的。

确实，正如简·雅各布斯（Jane Jacobs）在《城市经济》（*The Economy of Cities*，1970）一书中写道："城市不能简单地'解释'为由于它们的地理位置或是其他所能得到的资源。它们的存在以及生长的源泉都来自于它们自身……城市不是由谁来规定的，它们是整体的存在。"[7]如果位置是主要的决定因素，她指出，就可以预料主要城市都会是围绕着天然良港，如英国的金斯林、肖勒姆和其他许多地方，或者美国长岛的萨格港和北卡罗来纳的朴次茅斯。相反，为什么有那么多成功的大城市，例如东京和洛杉矶，都在次等的地理位置呢？

20世纪初叶，洛杉矶所处的地理位置使它有充足的阳光，这有利于新生的电影产业（当时的电影都是在日光下拍摄），但是却在城市发展的其他方面存在严重障碍。1920年代，当洛杉矶市请求政府提供资金为其建一个港口时，一位联邦参议员直截了当地阐述了这个问题。"你们在城市选址上犯了一个大错误，"他对请愿者讲道，"你们应该在一个已有的港口旁边建设城市，而不是请求联邦政府给你们那些大自然都拒绝给予的东西！"[8]但是，无论是参议员的诘难，还是它的次等位置，都没有阻碍洛杉矶繁荣昌盛的脚步。（谁又能说不正是位置的问题促使洛杉矶人民取得了更大的进步呢？）

仅用地理位置来解释为什么有的城市繁荣昌盛而有的则衰败湮没，是不充分的，有关这一点，希腊诗人阿尔凯奥斯（Alcaeus）在两千五百年前写道："不是房屋完美的屋顶，也不是建造精良的石墙，不是运河也不是造船所，不是这些构成了城市，而是人们能够利用它们的时机。"[9]确实，这是结论的一小部分。在一个城市自身灭亡之前的很长一段时间里，城市都是机会主义者实现野心的工具：例如，加泰土丘的手工业匠人、苏美尔的国王、亚历山大大帝、雅典和罗马的统治集团，甚至那些洛杉矶的开创者。部分野心赢得了比其他更多的荣誉，但是所有野心都具有经济、政治或宗教的权力特征。

经济、政治和宗教这三个因素是城市历史的主要激发力量，这已被广泛认同，但是对于三者比较而言相对的重要性，观点上有尖锐的分歧。[10] 实际上，多数城市都包含了所有这三种类别，而且它们之间相对的重要性是混合在一起的。尽管如此，还是有相当多的实例（既有古代的也有现代的）表明，其中的一个最突出的类别可以被明显辨识出来。例如，有大教堂的城市结构明显就是宗教性的，有皇帝宝座的城市是政治性的，而自由港则是经济性城市的特点。

但是在现代世界，即使那些大城市建立和兴起的决定因素是十分明朗的，它们仍然和往昔的日常生活经验息息相关。现代大城市远远不是被单一决定因素所驱使，它们的兴旺发达，取决于对各种矛盾利益体的容纳接受程度。我们不用花费过多时间来想这个问题，但是城市生活确实自相矛盾。我估计我们比同住在一个小村庄里的人更加疏离，但是却与很多人定期密切联系。尽管我们可能不太清楚谁住在隔壁，却和完全陌生的人前胸贴后背地挤在地铁里，或者在超市擦肩而过。我们只是在他们的活动和我们相遇的那一刻知道他们，而他们在其他时间的所作所为，我们一无所知。然而他们的野心对于我们生活的影响，却比任何一个村民的都有力得多。例如，我在自家种小胡瓜，而诺曼·福斯特（Norman Foster）却把他的"色情小黄瓜"（指福斯特设计的瑞士再保险公司大楼——译者注）种在了伦敦的天际线。城市因个人野心的物质表达而引起大众的目瞪口呆，这种事愈发变得明显起来；这些体验有时是愉悦的，偶尔是蛮横的，但很少是乏味的。

当然，每个城市都有一个规划部门负责掌控城市的发展趋势。但是这项工作从一开始就是妥协的。只要城市是个体机会主义者实现野心的工具，修改变化——毁坏和重建、投资再循环，就是他们的实施保证。而且修改变化，实际上使预测和提供长期的城市规划失去意义。因此，我们的城市就是一个各种矛盾和利益经年运作、妥协而混乱的结果。而且我们似乎也乐享其成。这也许是因为，尽管我们不断地探求持久和安全，但是我们的世界观却已然接受了变化的不可避免性。带着这个想法,对比一下中国的城市历史,就是十分有趣的事。

中国城市的发展,以及由此而孕育的文明,从一个缓慢的开端渐次展开。当美索不达米亚的城市蓬勃兴旺时,中国(和欧洲一样)仍然在石器时代的黑暗中。青铜在公元前3000年的美索不达米亚已经被当作工具和武器使用,而出现在中国则是公元前1600年左右,稍晚于不列颠。炼铁技术,在公元前1000年中东和地中海已广为人知,中国则是直到公元前5世纪到前3世纪才发展起来。在中国现存的古建筑也不多——没有像雅典卫城和帕特农神庙那样古老的,而且令人惊讶的是,也几乎没有和索尔兹伯里大教堂同时代的建筑。甚至原始的长城,在不断的修建下也降低了原始的价值。

但是相较于中国古代丢失的东西,它的延续更有价值。正如建筑历史学家安德鲁·博伊德(Andrew Boyd)在他有关中国城市发展的报告中所指出的[11],中华文明的兴起没有被打断过,极其与众不同并且极其世故老练。从公元前1500年左右青铜技术的出现开始,一直延续到现代纪元,这种非凡的连续性,导致创造出具有同一世界观的一个民族、一套伦理观念的体系、一个艺术和文学的传统、一种书写语言、一套建筑和城市规划样式。

这并不是说中国从一开始就是一个纯粹统一的国家实体,努力追求一条通往精神和物质尽善尽美之路。远非如此。早期的中国历史充满了诸侯之间残忍的征服与反抗的故事,这些诸侯统治着中国辽阔而差异巨大的各个地区。但是值得注意的是,单一性文明的一些至关重要的方面,在各处已经培育出来。在一个历史关头,这些优势被强化了——终于,一个中央集权的君主政体在公元前221年的中国,由秦始皇建立起来,他的名字的意思就是第一个皇帝。秦始皇统治了不到二十年,但是他建立了一套皇权体系,其基本原则引导中国的历史走过了两千多年。

时至今日,秦始皇在中国留下的最著名的可见遗产,也是最吸引旅游者的,就是长城和位于西安的复杂的地下陵墓及兵马俑,但是他的短暂统治也赋予中国更多延续下来的实际资产。例如,他标准化了国家的货币制度、度量衡,甚至规定了大车轴的标准宽度。一项修路计划被提出,原有的国界被废止,帝国被划分成有层级的地区单位,每个地区都由指派(而非世袭)的官僚管理,而这些官僚最终是对中央政府和秦始皇本人负责。然而,最有意义的也许是中国的书写字体也被统一标准化了,其结果就是成了帝国贯彻始终的全能管理工具。

在秦始皇时期之前一千多年,中国就有了书写文字,他只是使其更有用。这种文字是象形的,就是说它是用符号来传达意思(而不是用字母来表达声音)。这个体系的劣势在于它要有一个巨量的符号库(总数超过5万个,尽管"只"需要2500个就能读懂一份日报),但是它最有优势的一点就在于,它不是口语的转达。那些讲互相听不懂的方言的人,却能够阅读和理解相同的中文字符。他们可以用文字交流,甚至连对方所说的一个字听不懂也没关系。这一点,对于从差异巨大且长期争斗的多个小集团统一成一个帝国,就算不是必不可少,也是相当重要的一个方面。还有一项法则是为所有有前途的投考者提供教育,以及雇用毕业生服务于行政事务的实践,这超出世袭的权利,提倡才干。因而,广阔帝国的中央集权统治成了实际的事实。

当然,这些都不是一夜就发生的。事实上,大可怀疑的是秦始皇在他的有生之年,有没有看到他的法令产生效益。中国在"文化大革命"中,赞美他为伟大的改革领导者,但是更审慎的观点[12]则揭示了他是一个野蛮残暴、具有妄想狂般的怀疑和极端轻信,但是能力一般的人。他的宰相李斯是中国统一的首席设计师,但是这过程也一直延续到他身后——经过战争和混乱以及一连串的王朝。那么在这一切当中,控制中国历史两千多年的皇权体系的基本规则在哪里呢?世界观是在哪里产生、培育和延续的?答案是:城市。野心勃勃的统治者在这里发出命令,调配资源产生壮观的影响——但是仅在业已存在的规则的约束之内。这里有巨大的权威,甚至统治者都对此感恩戴德。

这里有趣的一点是,尽管皇帝是绝对的统治者并且拥有神圣的地位,被他的臣民认为是人和天的中介(上天所具有的美德和适当采取的手段,是江山稳固世界和平的保证),但是仍然不断地把他和以前理想的统治者相比较。任何一种改变都被认为是对已经确立的理想的挑战。较好的方式是坚持试探和试验。而皇帝能够合理合法地拥有作为统治者和传统护卫者的地位,最主要的保证手段就是都城的形式。这一条甚至被第一个皇帝,即秦始皇所采纳,他很快承认之前的统治者的成就。"我听说周文王的都城是丰邑,武王的都城是镐京。像丰和镐这样的城市是皇帝的皇城。"他宣布道[13],并且着手沿用它们的样板。他的皇城和宫殿大到足以招待十万人,"喝酒要坐大车来,烤火暖手要骑马去",他是自夸,但是它的平面是全部符合那些先例的。秦始皇在他的都城和宫殿完工之前就死了。在他死时已建好的那部分,在一场大火中烧毁,而那场大火据说连烧了三个月。

> 徒观其城郭之制,则旁开三门,参涂夷庭。方轨十二,街衢相经。廛里端直,甍宇齐平。北阙甲第,当道直启。程巧致功,期不陁陊。木衣绨绵,士被朱紫。武库禁兵,设在兰锜……尔乃廓开九市,通阓带阛。旗亭五重,俯察百隧……瑰货方至,鸟集鳞萃。鬻者兼赢,求者不匮……郡国宫馆,百四十五……缭垣绵联,四百余里。(张衡《西京赋》)[14]

这篇赋描写的是长安,秦朝之后汉朝的首都。它坐落于现在咸阳东南方向几公里处,距离秦始皇的城池不远,但是现如今地面以上,什么也看不到了。正如前面提到的,今天的中国,没有几座建筑拥有几百年的历史。虽然如此,很多城市的平面却是可以用于详细研究——在考古挖掘的切实结果上,以及十分明确的绘画和文字表达里都有所反映。

在中国,最古老的城市的证据几乎可以上溯到中文书写的源头。在时间已测定为公元前 1500 年的甲骨文和青铜器的铭文上,找到了带有城市意象的符号。这个符号惊人地直白易懂,而且对于理解象形文字的概念表达,这是一个极佳的样本:一个方形,上下各有一个屋顶简单的建筑(见图 30 附近)。用罗马字母来表示这个字符的发音,它就是 ch'eng(城)。"城"的意思是城市,在中文里这个字符实际上也有墙的意思,那么这就在表达城市概念的同时,指出了城市的一个重要方面。

你或许会想到,既然中文里的城市和城墙的字符相同,那么中国城市的起源一定在于防御——也确实如此,有关部落争斗的证据和城市的起源一样古老,但是意义却深远得多。安德鲁·博伊德提道[15],不仅仅是城市有围墙,城里的主要部分也都是墙,就像北京,皇城在内城之中,有墙围合,而在皇城之中的宫殿又有墙围护。每个重要的建筑和空间,都被墙整体围合,如果太大了,就分别用墙围合后,再组合起来。故宫就是由墙组成的迷宫。不只是宫殿、庙宇、藏书阁或者陵墓——甚至家庭的房屋建筑,也用墙围合起来。

这里没有一点儿随意性。古代的文字和绘画(一些来自于考古研究)揭示了理想的中国皇城就是完全按照最初的模式,从外墙开始建起。有时也会在外围护墙还没完成时,就开始内部建房了,但是围墙的规模和构造决定了城市的规模,这一点鲜有例外。一些帝王都城是巨大的,确实,在王朝鼎盛时期,多数的中国首都都是当时世界上占地面积最大的城市(人口也是最多,如钱德勒所指出的)。例如[16],7 世纪的长安,外围的城墙加起来有 36.7 公里长;北京在 17 世纪时,围合了一块 62 平方公里的区域,大小相当于圣马力诺这个靠近意大利北部边界的、世界上最古老也是最小的共和国。

在中国古典文学作品中,有不少文字都清晰地反映出有关首都建制的意识形态,早已在秦始皇统一全国之前就有了。举例来说,一个公元前12世纪的统治者,自视担负上天的责任,并且在大地的中心尽职尽责,建造一个伟大的城市,他理应是上天的化身和中央的统治者。"如果你的统治发自于中心地带,"他说道,"无数的国家就会喜爱和平及你本人,君主将会取得完全胜利。"[17]另有一段文字详细说明了建造这样城市的程序:

> 匠人营国,方九里,旁三门,国中九经九纬,经涂九轨,左祖右社,前朝后市。(《周礼·考工记》)[18]

这些事情在这里或是别处,都是事先规定好的并且一再重复,即城市必须是四方形的,因为这具体表现了中国人相信世界是方的,并且天之子要居其中,周围以墙作界,严格依照南北轴线布置。每边墙(和那个方位的地区)都是根据太阳角度和季节联系在一起:东是春,南是夏,西是秋,北是冬。

虽然文字上和绘画中的理想城市一直存在于中国人的世界观里,从未被打断过,而且经过了好多世纪——确切地说,好几千年相当大的动荡和剧变,一直延续和重复着本质上同一的形式。但是城市的实体存在却没有那么长久。早期的一些皇帝决定另外选址建造他们的都城,而不是利用前辈的原址,这反映了一个重要的事实,即中国皇城短命的首要原因就是他们所使用的建筑材料。中国一直缺少石头,城墙(甚至是最初的长城)都是夯土建造;城中的房屋主要是用木头来建造。火灾是一个永远存在的威胁,并且总是不断地发生;许多城市被夷为平地,只剩下夯土堆在风吹雨打中慢慢腐蚀。

因此我们发现,虽然中国的世界观认为,城市的性质和形式早已在三千多年以前就建立了,并且延续几千年,在实质上没有变化。但是它更持久的表现还是在文字和绘画中,在竹简、丝绸和宣纸上,或仅仅存在于权威负责人的大脑中。这就使人产生有意思的想法:

理想比现实要活得久。确实,这里有一个具有启发意义的实例,其显著特点在于,它早期的平面就是一个现实中的理想版本,这个城市就是:杭州。杭州在12世纪时确立为帝国的首都,它的出名是因为马可·波罗造访后的记述(他称之为Quinsai或者Kinsai,可能是中文"京师"的含混的发音,意为"首都")。

杭州坐落于丘陵地上,西边紧挨一个淡水湖,一条大河从东侧流过,地理环境十分优美。马可·波罗夸张地描写了这个城市绵延几百英里的宽阔大道、运河以及一万两千座桥梁。他说道,在贴近城市的湖面上,"可以看到远方所有庄严宏伟和可爱之处,庙宇、宫殿、寺院和花园,大树的枝条垂荡在水面。湖里是无数的船只,满载着愉快的探游者"[19]。

在马可·波罗时代,这是个大城市,而且确实履行了作为帝国首都的角色;但是杭州却是一个被植入的都城,是在一个原先的商业城市中添加嵌入的,不是按照帝国都城的式样设计建造的。而且,它所在的地形地貌也不适合一个完整的四方形城市。因此,这个城市挤在了河湖之间的不过2公里宽的条形土地上。主要大道是根据需要,沿南北和东西方向布置,但是城墙就不得不顺从迂回曲折的自然地形,在其全部25公里的周长中,几乎没有完全横平竖直的段落,也没有直角转弯。

因此杭州的现实和理想差距很大,但是没关系。和凡人聚居的街道、建筑和城墙的式样相比,被上天认可和延续传统的皇城的平面才是最重要的。中国的皇城肯定是完美的几何形,而这个城市的实际布局,实在是为难那些为子孙后代做记录的人。因此,他们绘制的画,显示的是一个矩形的宫城包含在一个完美的矩形外城之中,围墙、惯有的建筑以及大道都是按照古典规则而布置的。

在中国的世界观中认为,对于理想的表达要比对现实的精确描绘重要得多。有关杭州的绘画将会确保即使城市遗留下来的实体不再存在,而城市的平面图画,尽管是不真实的,却将一直作为理想的皇城被记录、感知和验证。[20]

虽然中国皇城的绝对理想和现实形态可以很方便地用二维表达方式统一起来,并且还因此而获得了不朽的信仰和世界观,但它总是实用主义的,用以维护帝国统一并使之持续两千多年。我们可以看到,杭州地图对于其实际情况是变形失真的,这本身就是实用主义的一个实例。如果没有实用性,中国就没有什么了。连续性并不需要立足于全面绝对的统一。在这两千年中,任何一个特殊时期的绘画和文字都给人一种不变的一致性的印象,但是事实上,唯一持续不变的是内容和式样的循环往复,艺术家、作家和绘图员都不得不遵从它们。杭州的地图再一次成为古代实例。

但是,如果简单地因为其基本理想和结构持续存在并且长期不曾更改,就认为中国社会是"静态的",那就大错特错了。尤其在记载之中,当帝国兴衰剧变时的那种猛烈程度,甚至连"稳定"都说不上。但是这种基本的东西肯定是"起作用的",在这种意识形态下,在这两千多年的时间里,帝国发展技术,并且成功地增加了产量和财富,而这又反过来促进了人口的迅速增长,而且是相当巨大的拥有高生活水准的人口。

这里,技术是关键因素。在这个帝国历史的至少四分之三的时段,中国的技术和经济水平都是领先于欧洲的,而且产生了很多有重大意义的发明创造。这些发明的范围很广,从基本的辅助劳动的手推车,到复杂的铁索吊桥和运河水闸、有效地运用空气动力学的船帆、艉柱舵、磁铁罗盘、黑色火药和炸药、造纸术、活字模、印刷术和瓷器。在医学、外科学、病理学、天文学和数学等领域,也和欧洲并驾齐驱。[21]

所有这些都不免引起我们和世界其他帝国及其城市进行比较。罗马当然是第一个映入脑海的对象,确实也是,罗马帝国的影响至今仍清晰可见,遍及欧洲、北非和中东。不过,罗马人比中国人使用了更多的石头。石头是耐久的,但是罗马帝国却没有这么久——仅几个世纪而已,而对比中国,则是两个千年。

罗马帝国的始创可以上溯至公元前3世纪,但是它却没能延续到 2 世纪，在哈德良及他的继任者安东尼努斯·比乌斯和马可·奥勒留的统治下，帝国到达了一个成就顶峰，获得了长时期的经济增长。人口也大量增加；农业加大在森林和荒地的开垦。"农田已经胜过森林，"昆塔斯·特土良（Quintus Tertullian）写道，"在沙地上种植，劈开岩石，排干沼泽；多少处以前的小木屋，如今已成了市镇。"[22]

这个时期罗马帝国的版图，从不列颠北部的哈德良长城起始，穿过中欧、法国和西班牙到达葡萄牙的大西洋海岸；南边穿过意大利和西西里，到达北非和埃及；东边至希腊和土耳其。估计其人口数量不少于 3100 万（很有可能高达 5600 万）。此时的帝国，在几个世纪的间歇或持续的战争之后，总算享受到了一段和平时期。和平给欧洲的风貌和文化带来了变化。数百万人成为"罗马化"的人，这主要意味着更加频繁地出入城市以及享受城市的文化娱乐——事实上，不管如何在文学上表达对乡村简单生活的热爱，城市生活才是罗马人的最爱。在他们的观点看来，城市生活是文明和不文明的分水岭。罗马元老院议员卡西奥多鲁斯（Cassiodorus）概括这种主流情感："让那些野兽住在田野和树林里吧，人应该在城市中团结起来。"[23]

在罗马帝国出现以前，从欧洲北部到西边的希腊和意大利，都没有城市的概念。在这些"未开化"地区，主流的定居形式还是分散的小村落和农庄。大多数的定居点只有两三户农夫家庭，很可能还不及一个村落大。一些定居点是设防的（通常是建在山顶的），但是多数情况下，只是简单围上木栅栏，似乎本意就是防止动物误闯进来。[24] 但是当然，所有这一切都不能阻止罗马人的进攻和侵略。

一旦征服大业完成以后，罗马人就通过整合行省（结果是城市）联邦，来加强其统治权。这样，所有管理命令均发自于一个城市中心，在城中建造特殊的房屋给政府和军队使用。这些城市中心由广泛的道路网连接在一起，道路路面平整、施工精良，在重要的路线上，在马换人不停的情况下，军官一天能跑 320 公里。[25] 就像谚语里说的，条条大路通罗马，但也并非都是如此。罗马是统治的最高权力中心,皇帝控制军事力量的调动和驻扎,并且是由皇帝和元老院共同任命各省的最高长官并口授政策。虽然如此,那些远离罗马的地方政府的日常管理,基本上还是分散的,多数都是由指派的省和地方的权力机构进行管理。帝国基本上是一个非正式的城邦联盟:"地方自治政府的大量实验",这是一个权威人士对此的描述。[26]

整个欧洲由罗马人建立的城市和市镇的数量难于精确统计,但是确实有几百个,罗马历史学家普林尼就在单独的一个行省里列举了175个城邦。在远离意大利和地中海沿岸(在这些地方,罗马人或多或少地将城市生活和原有的城镇连在一起),行省政府将他们的城市建在处女地上,按照规则的方格网设立街区和街道,布置神庙、广场、会堂、剧场和公共浴室。罗马网格形式的城市规划痕迹,一直遗留到今天,无论它们是不是被罗马人持续占有的;这些很容易被识别的城市相隔很远,例如科尔多瓦和卢布尔雅那;尼姆和约克。[27]

但是持续占有的情况相当少见,尤其是2世纪末,罗马帝国无可挽回地衰落了,撤走军队,停止行政职能,废弃公共机构,城市变成了一个空壳,街道和精美建筑也无人照料。在罗马人曾经追求的城市生活的最后,帝国的城市失去了它大部分的功能。没有其他的团体能够搬进来占用这些地方——根本不是一个规模水平。无疑,一些老百姓试图拿走罗马人留下的东西,或是占据空置的房屋等等诸如此类,但是罗马的城市和市镇实际上还是完全被抛弃了。总而言之,在从苏格兰到多瑙河的广大欧洲土地上,罗马人留下了成百上千的城市、市镇和其他文化残迹,但是在帝国崩塌以后,几乎没有城市中心能够以有效的、自立的形式存活下来。

罗马人看上去非常善于将石头有序摆放,确保它们两千年都不倒塌,但是却不善于建立一种城市生活,使城市在建筑倒塌以后还能持续繁荣。我们总是认为罗马人是杰出的城市建造者,但这只是有限的事实。他们是伟大的工程师和建筑师,但是面临要维持他们设计的城市的生活时,他们就无能为力了。

这个问题在于帝国的主要城市都是依靠城市所控制的地区供养,

直到无法支持的程度。所有的城市都是寄生虫，依靠内地的农业维持，但是最繁荣的城市却和内地逐渐发展出了一种超乎寄生的共生关系。也就是说，他们给出了一些回报，如制成品和服务等等方面，除此之外，那些供养他们的乡下社区得不到其他更多的了。罗马人在这方面做得非常少。要注意到罗马人的世界观，不像中国人一样把功利的实用利益当做一个重要的要素。罗马人的道路就是一个例子，修造得非常美观，但是对于行车就太窄了，因而就不能作为基本的贸易通商网络。无论如何，商贸都被罗马人认为是一种降低身份的职业，富人更愿意将钱投到农业资产里。

由于粮食供应是罗马生活最为基本的方面，所以罗马城市的经济被深度榨取。当帝国扩张的时候还好，但是一旦衰落到来时，这就无可避免地成为棘手的问题。而且在城市和城市生活问题上，罗马人的世界观是如此短视。他们是有先锋精神和创造性的人民，是有创造性的土木工程师，但看起来却没能发展出先进的技术提高粮食产量，也没能制造出有助于此的工具和消费品。事实上，尽管在罗马的统治下欧洲的政治面孔已变得面目全非，但是大多数人的实际生活并没有多少改变。只有很少的人住在城市里，乡下地区的生活一如既往。耕作技术没什么变化。耕作的土地一直在扩大，以养活增长的人口，但是 2 世纪时的农业实践却没什么进展，让公元前 5 世纪的农夫看到了也不会太陌生。在劳工或提高产量方面，几乎没有做出认真的努力，部分是因为当局者显然没有看到提高产量的好处，另外则是因为有充足的奴隶输入当劳工。

因此，随着需求的增长，捕获更多奴隶做廉价劳力，使得农业和制造技术停滞不前，这样一直延续了两个多世纪。税越征越高，但是什么也阻止不了无情的衰落以至完全崩塌。外族攻占了罗马城，而前帝国广大地区的城市生活也日渐衰落。许多省府城市只比小村庄强点儿，已经大量减少的人口，居住在一个崩溃的伟大文明之中，而很少用到那些公共建筑，除非当作加工好的石头的便利来源。在随后的几个世纪中，许多就这样完全废弃了。今天，这些石头废墟唤起对往昔荣耀的想象，这里有一首盎格鲁—撒克逊人的诗，提到遗留的那些残迹：

> 巨人的伟业逐渐倾圮。
> 屋顶塌落，塔楼碎裂，
> 一片残迹。劫掠一空，墙上的门已被打破——
> 灰泥上显露着白霜的痕迹。它那破碎的壁垒
> 已被夷为平地，所有的一切
> 都被岁月侵蚀，成为废墟。[28]

在欧洲的黑暗时代——黑暗是我们现在的看法，我们很难了解到其中的细节究竟是怎么一回事，但是从中还是清楚地透露出一丝亮光，事情在发展运行，导向政治和经济体系的建立，由此引发强大而又有生命力的城市在整个地区的兴起。政治上，这个时期开始是查理曼大帝的神圣罗马帝国统治，之后，伊斯兰教爆发了，他们从阿拉伯半岛兴起，向西穿过北非，跨过地中海进入西班牙。但是在这些伟业之间，在各地本土有一些重大进展。在基督徒控制区，国王和王公们很好地担当了政府职责，贵族在建造城堡，商人建造围墙来环绕他们正在发展的城市和公共机构。在欧洲大地上，从一端到另一端，大教堂、修道院以及简陋的教区教堂正在建造起来。

总体来说，这个时期充满了巨大的创造力——在艺术领域，也在技术领域。农业在重犁、马蹄铁和马轭具等方面的革新，结合着土地所有制度及耕作管理方式的变革，几方共同作用，加强了农作物的生产，并且因此而产生了定期的可用于销售的粮食盈余。扩大的粮食生产，催发了人口的增长，而且，将盈余转化成利润的动机，促使自给自足的经济转向一种更广泛的市场货品销售的体系。

虽然如此，旅行的困难和不安全，以及交通方式的缺乏，都限制了货品买卖场地的数量。市场（就算是吧）都是在城堡或者修道

院的大门口,并且在早期的商业活动中,由于重量、尺寸和货币的各种差异引起的混乱,在相当大程度上限制了物品的流通。实物交换是靠得住的方式,但是要得到你想要的却绝非易事。一个农民带来他家产的剩余物品(鸡蛋,也许是一只鸡、一些羊毛甚至是一块家里织的布料),带走的是一个凳子。更富裕的人"以一匹马交换一袋(谷物),一块布换一些盐,一磅胡椒换一双靴子"[29]。钱已经存在了,工匠和工人都是接受现金酬劳,但是货币的使用,在大多数人的日常生活中还是很有限的。例如在12世纪早期,一个仆人工作一天,能挣一个银便士。这些钱能买四分之一只宰杀好的羊,但却买不到一磅带骨头的肉。[30]

但是最终,买卖简单化了,而且对于制成品的需求增长以及更好的流通方式的出现,为社会各个阶层打开了大门,提供了参与的机会。市场常常是一个核心,围绕着它发展成为小镇,继而成为城市。布鲁日就是这样的一个例子,在当时的记录中有所描述:

> 为了满足城堡里人们的需要,商人们开始聚集在他(也就是王公)的大门前,挨着城堡的吊桥,贩卖昂贵的物品。王公也时常在此出现。然后客栈主来了,给这些与王公做生意的人提供吃住;他们建造屋舍和客栈,给那些不能进入城堡食宿的人们提供方便。这些房屋增加迅速,以至于很快就形成了一个大市镇,而在下层普通老百姓口中,这里仍然叫作"桥"。[31]

雄心勃勃而又具有天分和新思想的人们纷纷汇集到市镇,创造经济活动中心,以服务于形形色色的需求。甚至最穷困的农民也会到市镇上寻求布匹、盐、家用器具和工具,这些都是在他们本地买不到的;而那些上层人士奢侈的需求和心愿,只有在远方的生产者那里得到满足——这就依次打开了商人长途贸易的潜力。贵族们都渴望购买珍贵的纺织品和稀有的香料。在孤立城堡里的骑士们想要盔甲和武器,还有战马和马具。

市场和贸易以自身内在的动力发展起来，培育催化了商业市镇以及城市的成长。当这种趋势变得不可阻挡时，有远见的统治者就着手运用其权力对此加以保护。例如，在1227—1350年，英格兰的国王们给1200个城市社区发放特许的市场权利[32]，并且，作为这个特权的回报，要从每个市场抽取所得税和关税。相似的情形到处都是，从此数以千计的市镇迅速发展成为服务于商贸需求的社区，遍及欧洲的海岸、河边、田野、森林和草原。在地中海沿岸，冒出来一批港口——阿马尔菲、热那亚、纳博讷位列其中。城市在法兰西、英格兰和伦巴第地区显著地复兴了，许多市镇就在罗马人抛弃的定居地旧址上生长起来；西班牙南部的摩尔人城市，规模巨大而且欣欣向荣。佛兰德地区也迅速城市化，尤其是在这个地区纺织工业正蓬勃发展起来。[33]

到了1200年，一个真正的城市网建立起来了，承载着大多数的欧洲工业及其大部分产品的贸易往来。在意大利北部、佛兰德以及邻近法兰西北部地区，发展出主要的城市中心，并且这些城市已经从旧秩序的领土制统治下独立出来。沉稳的德意志在13世纪也戏剧性地产生了一批城市，而英格兰的主要城市，作为佛兰德布料贸易高质量羊毛的供应者，获得的利益日益增长，城市也随之而扩大。[34]

很明显，当欧洲从黑暗年代浮出时，经济是决定城市发展的首要因素，但是还有另外一个起作用的重要原因也不应该被忽视：即宗教。一神论的信仰体系起源于中东地区，逐渐发展，为信徒提供统一的信仰庇护，使信徒不再因为不同的种族和文化而互相争斗。当然，这也不是完全真实的，信徒们还是经常争斗——在和别的团体之间，也在他们自己内部。但是这里要阐明的观点是，不管这些与仁慈长期背离的争斗如何，宗教实践确是和经济相互作用，推动了城市的快速发展，这比单独一方的作用要大许多。

修道院是宗教卷入欧洲经济发展的最深刻的体现。修道院在最初时是作为一个自给自足的宗教农业公社，能够拥有具备奉献精神的劳动力，而且往往数量较大。这使得其在时事艰难时更容易战胜困难，并且在世道转好时，也能够比世俗社会获得更大的成就。简而言之，僧侣的不动产在土地的使用、定居以及地区事务的进程方面，都产生了深远的影响。他们增加和整合其财产，接受世俗信徒遗赠的土地，交换或变卖远处的或价值小的地块，换回更加便利的本地土地。他们成为欧洲最大、最稳固而不易改的土地所有者。他们在很多情况下都极其富有，同时他们——如果不总是严格的追随者——也是作为神的信息的翻译者，对政治施加影响。并且当然，由于教堂全知全能的权威，僧侣个人的影响力也得以加强。

到了1100年，大多数的欧洲基督徒都分成了各个教会组织团体，其中主要部分是主教教区和教区。一块区域的土地可以供养一座教堂及其牧师，就可以成为一个教区。此时的中、西欧遍布着这样的教区，如同一张密密的网。教区教堂作为教会组织的焦点，通常是建立在一个主要的村庄里，它的影响力遍及四周各处。能够不去教堂并且免除为教堂的维修、兴建、管理而捐款的义务的教区居民，即便有也是少数。每个教区也要依次轮流为维护上一层的教会权威——即主教教区而捐款。这里，在使城市成为欧洲世界观的核心部分的过程中，教堂扮演了一个至关重要的角色。其中最大和最重要的主教教区，借着久远的古代荣耀的威望，在罗马人曾经建立的城市的废墟上划定了自己的势力范围。

如上面曾经提到的，在帝国衰落以后，罗马城就没有什么实际功能了。教堂几乎是唯一还有使用功能的公共机构，其原因倒也不难推断。教堂毕竟还是由罗马创立的，是富有的，并且前罗马皇帝的城市象征着一种确定的权威，教堂在重建过程中可以要求回归这种权威。此外，在教会权威方面，可能更重要的是帝国的罗马语言，即拉丁语，这也是教会的语言。和中国一样，在罗马帝国，语言也传达着信息，依然强调理想的景象，用以粉饰现实的情况。

这样，从倒塌的废墟中，城市又重新崛起。科隆、特里尔、图尔、纳博讷、里昂，以及许多较小的罗马城市和市镇，成为强大的主教大人的宝座所在地，而这些主教大人除了对他们自己掌握的教堂有影响之外，还日益卷入长期事务——有时甚至成为其所在城市的领主，并且也插手商业活动。确实，作为当时最普遍的公共机构，教堂自身就产生了极大量的贸易活动。此外，瞻仰遗迹和朝圣活动都促进了旅行，沿着朝圣路线的停留地，都渐次成为市镇。因此总的来说，教堂对城镇所起的经济作用，要超过村庄和城堡的大门，并将最终导致大城市的产生。[35]

此时的教堂，对欧洲的世界观及其物质表达做出了双重贡献。对此，我们是不可能比大主教堂做得更好了。在这里，会集了宗教决心、政治意愿和经济力量，共同创造了一个时代庄严的象征。让·然佩尔（Jean Gimpel）在他的《大教堂的建造者》（*The Cathedral Builders*）一书的介绍中，暗示了这种努力以及信仰：

> 在三个世纪中（1050—1350），几百万吨的石头在法国被开采出来，用于建造八十座大主教堂、五百座大型教堂以及成千上万的教区教堂。这三百年中，在法国挖出的石头比古埃及任何时候开采的都要多，尽管一个大金字塔的体积有250万立方米之多。大主教堂的地下基础深达10米（这是巴黎地铁站的平均深度），而且某些时候，其地下的石头要多于地上可见部分。
>
> 亚眠主教堂，占地7700平方米，可以使全城的人——大约一万，同时出席一场仪式……
>
> 教堂中殿以及塔楼和尖顶的高度令人吃惊。博韦主教堂还没有到达拱顶的唱诗班席位，就有48米，等于十四层楼的高度。为了和12世纪的沙特尔人建造的105米的尖顶竞争，现在的市政当局就要建造三十层的摩天大楼；而斯特拉斯堡的142米的高度，就要四十层的摩天楼才能比肩。[36]

但是尽管教会和商业促使城市和市镇遍地开花，12世纪和13世纪的欧洲人口多数还是绑在土地上，大部分的城市中心在14世纪初叶时还只有很少的人口。一份权威的调查[37]所提供的证据显示，欧洲总人口中不到3.5%是完全工作和生活在城市的中心区，其余的都在农村。这份调查中包括3267个市镇，其中只有九个居民超过2.5万人，38个人口在1万和2.5万之间，220个居民数量在2000到1万之间，其余的3000多个欧洲市镇（这是总数的将近90%）是不到2000人的家园，这在今天只比一个村庄大一点。但是在随后的200年里，城市将爆发式地增长。

到1500年，欧洲的城市网里包括了101座人口超过两万的城市，其中21个的人口在5万和10万之间。[38]当时的欧洲总共有5000到6000个市镇，处在经济、政治和宗教的相互作用之中，但是它们分布范围的扩大，则取决于对制造和销售的考虑。它们在低地国家、莱茵河地区、德国中部和意大利北部分布密集，所有这些都是制造业和商业活动发达的地区，并且一直有延续性：事实上，通过14世纪中期的欧洲城市地图可以看出，那时已建立的城市基本保持其核心样貌不变，直到19世纪。[39]

大量的城市在14世纪和15世纪期间建立起来，其人口增长迅速，而且这种发展的速度很不平常，但是同时也要想到，这期间还有四分之一到三分之一的欧洲人口死于瘟疫——多数是死在城市里。很明显，这个事实充分表明，在那个可怕的年代，城市在欧洲的社会和经济生活中具有多么强大的力量，甚至战胜了黑死病的威胁。

这就是城市，综合了行政管理、宗教、教育和经济的功能。许多都有大教堂，一些还有大学。它们的经济是多种多样的，涵盖了一个很广的范围，包括工匠、服务行业人员和商人。确实，大城市应该将其现有的规模和未来的繁荣归功于这些人，因为他们培育了城市功能的多重性，并且在商人的协调之下范围得以逐渐扩大。以前，城市的命运起起落落，取决于非宗教或宗教的统治者的一时兴起或战略动机，而现在商人们是城市事务的重要参与者。有了他们的参与，城市就能兼得财富和荣光，没有他们就会失败沉沦。商人们在权威的旧制度之上经过各种开拓、改造和建设，创造了一个社会和经济的动态平衡。在此社会中，对未来前景的考量（如果不是更多）也是等同于对过去遗产的尊重。教会和国家的王公们仍然维持着对事物发展进程的决定性的影响力。但是商人们的城市，已经自然而然地把人性从市场交易场地带进了市场经济制度。

第 7 章
以上帝之名谋取利益

中世纪正是世界秩序变革时期，商业领域成了一个竞技场。在这个竞技场上，衡量才干的标尺是物质的成功，而不仅仅是声望、势力或者世袭权利。商人们在和教会做生意时得到了利润，同时也学会了提防贪婪的高级教士。大城市因教会势力或者商业成功而崛起，这两种力量同时共存，但是二者都不能肯定另一方的存在是否能够增进其自身的利益。

马可·迪·达蒂诺（Marco di Datino）是普拉托城死于黑死病的上千人中的一个，1347—1348 年的一场瘟疫横扫了这座意大利佛罗伦萨附近的城市。他的妻子莫娜·弗米格丽娅（Monna Vermiglia）也死于这场瘟疫，还有他四个孩子中的两个。有关马可的事情我们所知甚少，只知道他是一个小旅店主，在普拉托附近有些土地，是他们家族至少从 1218 年起就拥有的。还有一份记录，记载了他在普拉托的集市上售卖自家畜栏里养的牛的肉，他的儿子弗朗西斯科帮着招呼顾客。这就是全部了，仅仅是三个瞬间的一瞥——小旅店主、小农和兼职屠夫，如果不是因为他的活下来的大儿子弗朗西斯科·迪·马可·达蒂尼（Francesco di Marco Datini）的成就，这些记载将会沉睡在市镇档案的角落里，无人注意。所以，是弗朗西斯科的事迹引发了后来的研究者去寻找并记录了他们家庭历史的点滴细节。[1]

现在普遍的看法是弗朗西斯科·迪·马可·达蒂尼一手创立了普拉托的经济环境,使之成为中世纪意大利最富裕的城市之一。他本人在这个过程中也变得十分富有,但是却在身后将其全部财产,包括世间的所有物品和普拉托的豪华房产都遗赠给了城市的穷人——"因为我热爱我的城市胜于世间一切"[2]。弗朗西斯科·迪·马可·达蒂尼是一个与众不同的成功的商人。他的雕像至今仍矗立在这个城市的广场上,头戴平顶圆帽,身披14世纪的长袍,手里抓着一沓商业票据。在他遗赠给穷人的那所房子的墙上,依稀还留有一些灰泥壁画的痕迹,是在他死后画上去的,记述的是其生平事迹。这是一个极高的荣誉,也是与过去大为不同的重要转折。在那以前,人们只是针对王公、圣人和主教才习惯于用这种方式纪念,但是一种全新的英雄概念在弗朗西斯科时代浮现出来。一个小旅店主的儿子也有了同样的资格,而且一个城市更愿意选择去描述一个商人的生平传奇,而不是一个圣徒的朝圣事迹或者是君主的建功立业,所以说时代变了。

弗朗西斯科生于1335年,一直活到1410年。在他一生的75年中,历经动荡不安的战争、瘟疫和饥荒,当时的欧洲,由于人口的减少而缺乏生产者和消费者,使得经济陷入萧条和停滞。旧时代的专制制度受到了威胁。那些早已扩散到社会、文化和经济各个方面的宗教和封建权威,之前并未受到怀疑,而现在也让步了,也需要一些新的事物——就像一种重生、一种复兴。此时商业作为理想和现实之间冷静的仲裁者,引导了这场伟大变革的潮流趋势。依仗宗教和世袭身份,已不足以获得权威,尤其是对于那些身份不够的人更是如此。王公们和主教大人的财富,随着他们任性多变的才干,忽而盈余忽而亏损,导致商业潮流也随之涌动,逐渐成势。在这其中最有进取心和最能干的参与者,得到了最丰厚的奖赏。毕竟,一旦假定出身或者地位可以无足轻重,那么在世界新秩序下的市场里,农夫和王公没什么两样,而小旅店主的儿子也就和主教大人一样了。

　　但是，怀疑来自世间的权威，也包括他们自己。商人们致力创造新的经济环境，但仍然信仰超验的权威，那将决定他们死后的命运。信仰是一种强大的力量，当面临着冲突和内战的动荡、天灾人祸以及萦绕不去的黑死病的威胁时，甚至当其自身衰落时，这种力量只会更加抓紧旧秩序。在过去的很长时间里，基督教的信仰已深深烙刻在从摇篮到坟墓的全程之上，其中伴随着一系列令人激动的虔诚行为。这些行为至少可以使人有机会在此生受到神的护佑，而且在另一个世界得到上帝的宽恕。对此，没有人怀疑。

　　弗朗西斯科不是这样，也不认为自己是一个品德非常高尚的人。他的天性是怀疑而不是虔诚。但是即使是一个总是想着钻空子的商人，也从不怀疑基督教义要求他做奉献的必要性和有效性。和大多数人一样，他早晚祈祷，出席弥撒，定期去忏悔；作为一个有钱人，他建了圣殿和礼拜堂，心甘情愿地施舍和及时交纳教区的什一税。一幅圣克里斯托弗的绘画守卫着达蒂尼府邸的前门；在四旬斋期间，弗朗西斯科和他的妻子遵守斋戒十分严格，以致朋友们都拒绝他们的社交邀请。

　　按照当时时髦的方式，弗朗西斯科的信件（包括私人的和生意性质的）都以尊称开头和结尾。"十诫"被写在达蒂尼分类账的衬页上，账簿记录页的抬头是如下文字："以上帝之名谋取利益"。现在看来，这种虔诚和趋利的联系是很可疑的。确实，这冒犯了我们所坚持的宗教应该和政治行为及商业活动分开的原则。但是这是现在的想法，在现代西方日常生活中，对神权的信仰已变得不比幕间的串场演出多多少；而在14世纪，这种信仰是普遍深入的、义不容辞的，并且是毋庸置疑的。因此，在分类账簿上题词献给上帝的同时也写明牟利动机，正是单纯地认为上帝是全知全能的，并且是人类事务——也包括商业活动的最终裁判者。每个商人、每家商业企业，都以这种形式作为他们交易记录的序言。这是惯例。如果不这样，其目的将成为问题，还远没到那一步，那将是颠覆性的。

但是信仰不是盲目的，在上帝和他的世间代理——神职人员之间，二者还是有区别的。早期，从来没有人怀疑过神权，但是后期神职人员的行为和动机能够被公开质疑。这也是14世纪生活的真实一面，并且反映在菲利波·利皮（Filippo Lippi）的绘画中，画的是弗朗西斯科跪在圣母玛利亚脚下。这幅画在弗朗西斯科去世后四十多年才完成，虽然它描述的是一个真正基督徒的虔诚举动，但是也暗示了纯洁无瑕的神和生而卑贱的人类之间的区别。普拉多的四个好人和他一起脱帽跪着，他们的手举在胸前祈祷，他们的眼睛向上凝视，充满慈祥和崇敬。弗朗西斯科也向上凝视着，但是却皱着眉，表情是忧虑多于崇敬。他的头上戴着帽子，他的手不是合拢祈祷而是保护性地伸向那四个人（这四个人画得小了一点）。他或许在说，上帝是一回事，教堂则是另一回事。

上帝将是我们的救赎，但是"大地上和海洋里到处都是强盗"，弗朗西斯科曾经对他的合伙人说，"而且人类的大部分是有邪恶倾向的"。[3] 这个带有诅咒意味的评价里也不排除上帝在世间的代理人。事实上，他经常嘲笑教士和僧侣的行为举止，凭他一生的经验，使他在遗嘱里规定，神职人员没有丝毫机会染指在他身后建立的慈善机构。

这个机构[4]不仅继承了他的财产和他的企业持续经营的收入，还继承了他在普拉托的房产：达蒂尼府邸。这份遗嘱的本意是"为了上帝的爱，所以把从他那里得到的，作为他的仁慈的礼物，再交还给他的贫穷的子民"。但是尽管遗产是作为上帝的礼物还给穷人，弗朗西斯科的遗嘱里还是坚决地规定，它应该"完全不是在教堂或官方或教士或任何神职人员的权力掌控之下的"，而且，"不能有祭坛、讲坛或小礼拜堂"建在这所房子的墙内，"因为这样（机构）就会被认为是属于（教会）的地方，有邪恶倾向的人就会进来占领它，说它是一个圣俸；这一切都是违背立遗嘱之人的意愿的"。

立遗嘱人的意愿表达得再清楚不过了，并且从那时起，弗朗西斯科·迪·马可·达蒂尼的慈善机构在没有教会卷入的情况下运转得十分令人满意。

历史学家指出，在中世纪早期，有两处经济活动之火被点燃，从而引发了欧洲大城市的生长，它们是佛兰德地区和意大利北部。[5] 在每个区域里，市镇在旧制度下已经很重要了，这时更是随着其制造业者和工匠的大量生产而增长，并且得益于商人极大规模的贸易活动，这也是为了响应整个欧洲的市场需求。在这些中世纪的商人中，弗朗西斯科·迪·马可·达蒂尼不是第一个，也不是最重要、最有名或最富裕的一个，但是他却在欧洲早期经济发展的历史上占据着显著位置，这是因为他的一生具有两个特点，由此我们得以了解到大量的生活细节和时代风貌。

首先，达蒂尼的事业一直是成功的，没有间断。大胆冒险只是偶尔有之，大多数情况都是小心谨慎，所以他的买卖通常都是获利的。不像他之前巴迪（Bardi）和佩鲁齐（Peruzzi）的家族，他们在14世纪40年代背负着150万金弗罗林的债务破产了，动静极大（这些债务常被归因于爱德华三世为百年战争开始阶段筹措经费，最后却无法偿还的借款——这个观点也是有争议的[6]）；还有在他之后著名的美第奇家族，他们的生意也常常遭受不光彩的失败的打击。而弗朗西斯科·迪·马可·达蒂尼的财富却在他的一生当中始终都是稳步增长。这其中的原因不是一连串好买卖的幸运，或者是高额利润和什么操作天分——即在正确的时间和正确的地点等，不，不是；尽管达蒂尼确实有过一两次因莫名的好运而获利，但是他的成功主要还是来自于他对细节的勤勉和关注，以及在生意的方方面面实行紧密的个人控制。

达蒂尼有合伙人，但是生意里没有家族关系，也就没有人觉得有资格要求特权地位，或者期待超出法定协议之外的报酬，这些协议都是他和他的合伙人字斟句酌共同拟定的。没有兄弟，没有堂表亲戚，甚至没有子嗣由他亲自养育教导并在他年老的时候接手生意。一般情况下，像他这样一个大富之人，一定会希望他的名字和财富在后世发扬光大，但是达蒂尼摒弃了这样的自我满足。他的妻子没有生孩子。这样，他一生的事业（"以上帝之名谋取利益"）只能幸存于慈善机构。这正是他生活和生意成功的第二个特点。

弗朗西斯科·迪·马可·达蒂尼在他一生当中，收集了每一封收到的信函和商业文件，那些发送出去的信函文件，他都留有副本，并且也如此苛刻地要求他的分店经理们——因此，所有信件和商业记录都被仔细地保存下来。在他的遗嘱里，他留下指令，要求把这些文件汇集一起，保存在他普拉托的房子里。确实也这么做了，但是却被后人遗忘了，直到1870年，机构职员从楼梯下一个又黑又脏的凹室里拖出一堆袋子，这些捆扎的纸张才又重见天日。这些纸大都完好无损，只有很少几页被老鼠和虫子给咬坏了。这时距达蒂尼去世已经过了四百六十年。但是从另一方面来讲，这个忽略并不完全是坏事，正如艾丽斯·奥里戈（Iris Origo）在她的《普拉托的商人》（*The Merchant of Prato*）一书中指出的，至少盗贼和傻瓜也没有意识到这些文件的存在。这些储藏是多么令人惊奇啊，既在于其数量之多，又在于其中所包含的内容之广，共有：15万封信件，超过500本账簿和分类账，300份合股契约，400份保险单和几千份提货单、发货通知单、汇票和支票。[7]

这里是一个人的历史，奥里戈在她书中完美地讲述了出来。丈夫和妻子，家庭和朋友，他们的房子、衣服，他们所享受的食物饮料，以及生病时服用的药物，他们从瘟疫中逃生的经历。弗朗西斯科在35岁时和玛格丽塔（Margherita）结婚，当时她16岁。艾丽斯·奥里戈相信，没孩子的问题困扰着他们的婚姻。在弗朗西斯科长期因生意外出时，两口子的信件往来就说明了这一点。弗朗西斯科写回家的信里流露出暴躁的语气，玛格丽塔一开始是防御性的，使性子甚至发怒，但是最终，在她的信里流露出顺从和悲伤。她同意收养一个女儿，吉内娃（Ginerva），是弗朗西斯科和一个奴隶生的（这不像听上去那么令人惊讶。在中世纪，一个男人和一个奴隶发生关系是很平常的一件事，没有人会皱眉头。而且，这些孩子作为家中一分子而被养大也是惯例[8])。1406年当吉内娃结婚时,他给了她1000弗罗林做嫁妆。她穿的结婚礼服是交织着金线的深红色丝绸长袍,拖着长长的裙裾,镶着白貂皮的领子,头饰上是金饰镶边,并且装饰着金色的叶子和珐琅花。多数普拉托的上层人士都出席了婚宴。

这些通信显示出弗朗西斯科有多么慷慨,都到了引起朋友诉苦的地步:"你别再让我见到你的山鹑了",一个已收到一批这种昂贵佳肴,又将要收到另一批的朋友写道,"……上帝啊,请把我从你的送礼名单上划掉吧,把这些鸟送给别的朋友吧"。对这些像是省小钱却是吃大亏的事,玛格丽塔很不以为然:"你一会儿算计灯芯数,可是一会儿又在完全不需要的时候烧起整个火把。"他可能是挺古怪的,定购了什么长尾猴、豪猪和孔雀(假设是为了家庭娱乐),还不厌其烦地向代理商咨询一些诸如"它们怎么饲养,从出生到长大什么食物适合它们"的事情。

他招待王公们并送他们奢侈的礼物:彩色玻璃和绘画、装饰着昂贵刺绣的外套、教堂里用的银蜡烛台。他送给博洛尼亚红衣主教一条品种优良的大獒,戴的颈圈是镀银的,还雕刻着主教兵器的花纹,一条带缨穗的镀铜链子,一件深红色布料的罩衣,"就像一匹赛马,踏上山冈",一条用麂皮编的胸带,外罩红色天鹅绒"防御野猪的攻击"。这些装备的价值超过50弗罗林,而付给中间人(他负责将狗转交给红衣主教)的好处是,给他妻子一个蓝宝石戒指,价值是狗装备的两倍。弗朗西斯科希望这个礼物能够请到红衣主教来主持吉内娃的婚礼,但是只得到了一封向"高贵而杰出的普拉托的弗朗西斯科·迪·马可,我们好心的朋友"热情致谢的信。此时他71岁,作为一个拥有财富和怀疑精神的人,一个把主要精力都投入追逐利益而不是崇拜上帝的人,他相信这些出自红衣主教的友善词语,其价值相当于一套昂贵的猎狗装备。

《圣经》中的格言"贿赂能叫智慧的人的眼变瞎,又能颠倒义人的话"[9],可以描述作为商人的弗朗西斯科慷慨背后的动机。相反,他怀疑有些人企图蒙蔽他或是歪曲他的原话,这是基于他常常和不太熟的人做买卖。"当你活得像我一样长而且和很多人打过交道时,"他在晚年写给一个年轻的代理商,"你就会了解人是多么危险的一种动物,并且这危险就存在于你和他的交易当中"。弗朗西斯科既不相信人的诚实,也不相信政府的稳定。尽管他确信人死后会得到上帝的拯救,但是也看到人类制度的缺点——宗教的和非宗教的,这使他小心谨慎保持警惕,并且将这个特点保持终身。他有意将利益范围尽可能地扩大,不向任何一家公司投资太多,不交给任何一个合伙人太多的责任;总是准备着,如果运气像要转换时,立刻抽身。

拥有敏锐的嗅觉,对事件潮流以及可能后果的商业敏感,使弗朗西斯科在任何时代都会是一个成功的商人(在美索不达米亚交易小麦,在古希腊贩卖奴隶,在现代证券交易所交易股票),除非他生活在一个十分特殊的动荡年代,天天害怕听到坏消息:战争、瘟疫、饥荒或者起义。贸易和商业渐渐地建立起一个坚韧而有弹性的利益相关的网络,社会各个部分不管痛苦也罢,对抗或是联合也罢,统统都依赖于这个网络。这种活动立足于城市,当商人对社会供需的压力做出回应时,逐利的商业已将政治效忠推到了第二位。

当"中世纪城市化的浪潮"被强有力的商业驱动的滚滚潮流所取代时,新城市的建立,就很少是仰仗于国家或者教会的兴致所至或战略安排了。[10] 商人们到可以赚钱的地方去。城市的兴衰取决于它们在经济版图上的位置,而不是在政治环境中的地位。正如12世纪的诗人兼哲学家——里尔的阿兰(Allain of Lille)所预见到的:"现在不是恺撒,而是金钱,主宰一切。"[11] 弗朗西斯科·迪·马可·达蒂尼正是这成千上万个弄潮儿之一,只不过特别之处是留下了如此完整的有关他一生私人生活和商业活动的记录。

当他父母和同胞兄弟死去的时候,弗朗西斯科·迪·马可·达蒂尼只有13岁。他16岁之前跟着佛罗伦萨的商人做了一段学徒,之后他将从父亲那里继承来的一块土地卖了150弗罗林,便动身去了阿维尼翁，是为了自己的买卖去交易。

罗讷河是连接南北欧洲的交通要道，阿维尼翁就坐落于河边，可以非常方便地服务于两大经济活动中心——也是大城市的策源地：佛兰德地区和意大利北部。沿着罗讷河谷下来的是佛兰德和英格兰的羊毛布匹，翻过阿尔卑斯山，带来的是伦巴第的小麦、大麦、亚麻和盔甲；西班牙的羊毛、油、皮革和水果，跨过比利牛斯山脉带过来；来自黎凡特以及更远地区的香料、染料和丝绸，通过普罗旺斯和朗格多克的港口抵达阿维尼翁。

如此之多的商业活动也引起了宗教势力的注意。当弗朗西斯科在 1350 年去阿维尼翁的时候，这个城市是基督教徒的首都，克雷芒六世（Clement VI）在他的教皇宝座上统治着这个欧洲最富有的朝廷之一。这个先前的小省府，由于教皇的来到而膨胀到无以复加的地步。一份 1376 年作的人口普查，列出了将近 4000 名官员和服务员，包括教皇的 30 名私人随从牧师，各式各样的骑士和护卫、马夫、保镖和狱卒、仆人以及商人。另外，教廷中的每个红衣主教都有个大庭院，也必须保障供应。[12] 除了教皇的庄严宫殿及其周边区域，其余都是拥挤不堪、恶臭和危险，令人毛骨悚然。大使们在抱怨，诗人彼特拉克发现这个城市难以忍受："从这个不虔诚的巴比伦，从所有这些可耻中逃走……我，也已逃走，去挽救我的生命。"[13]

不虔诚、可耻——这些词句意味着在 14 世纪的阿维尼翁，虔诚和神圣的行为举止并不是日常生活的主要方面。确实也不是。尽管教皇表面上是耶稣基督在世间的代表，但是其贪婪的一面也和常人一样，这些人里有艺术家和手艺人，有行商、坐商，都想在因教皇的到来而引入和分发的利益当中分得一杯羹。宫中的宴会厅和接见厅里，悬挂着来自意大利、西班牙和佛兰德的羊毛及丝绸挂毯；桌子上的餐具不是金的就是银的；奢华的宴会频繁举办。一年两次（每个春季和秋季）发放新衣服给所有教廷成员，这一项花费，每年不少于 7000 或 8000 弗罗林。还有更惊人的数量花在毛皮上，尽管只是供给教廷梯次中的上层享用。宫廷账目揭露，克雷芒六世在他的个人衣橱里曾经拥有不下 1080 张貂皮；一个继承者，约翰二十二世（John X XII），甚至他床上的枕头都是镶貂皮的。

在阿维尼翁工作的工匠和手艺人当中，意大利人是突出的一群。一份 1376 年记录的名单表明，在汇集了各类泥瓦匠、雕刻匠、木匠、珠宝匠、金匠、织工、皮匠和盔甲制造者的 1224 名兄弟会成员中，意大利人就占了 1100 名。意大利的商人和买卖到处都是，有一个由 600 家组成的团体控制了城中的奢侈品交易和广泛的日用品买卖，诸如小麦、布匹、木材、奶酪和葡萄酒。这些人中多数都是从托斯卡纳来的，而那些来自普拉托的人很满意，因为有自己的红衣主教关照。这位红衣主教是普拉托的尼克洛（Niccolò da Prato），因为他拥护克雷芒六世当选教皇，在选举中尽了力，所以在教廷管理机构中拥有很大权力。

弗朗西斯科·迪·马可·达蒂尼在 1350 年到达阿维尼翁之后，在此生活和工作了 32 年。这个怀揣可怜资金的 15 岁的小店主的儿子，早期取得的成就中，大部分没被记录下来，因为留存的信件极其稀少。但是达蒂尼的档案揭示了他在 1361 年已经与另外两个托斯卡纳人合伙了，并且他们的生意利润很好，因此在两年之后他们能够投资 1200 弗罗林，开设另一家商店。合伙关系在 1367 年更新了一次，每人投入 2500 弗罗林。现在他们拥有三家商店，都有可观的投资回报，这使弗朗西斯科很受鼓舞，他又建立了另一家合伙买卖，共同投资 800 弗罗林——经过八年，带回给他和他的合伙人不少于 1 万弗罗林。

在达蒂尼早期的生意中，武器和盔甲是贸易的主要方面——他毫不犹豫地同时向交战双方供货，而且敏锐地盯住事态的转变：当 1382 年，利古里亚的一轮反抗结束时，弗朗西斯科迅速指令他在热那亚的代理人，去把所能买到的军事装备都买回来。"因为一旦缔结和平，他们就习惯于卖掉所有的武器。"而且弗朗西斯科知道或早或晚，他们或者别的党派，还会需要这些。情感在弗朗西斯科的生意活动中是没有位置的。随着达蒂尼网络的扩展，分支机构在各地开张,有巴塞罗那和巴伦西亚、佛罗伦萨、比萨,最后在马略卡和伊维萨,所有都是由常驻的合伙人管理,但是都没有脱离弗朗西斯科探究的双眼,全都在他那不知疲倦的笔下控制着。

尽管在14世纪交通是困难和局限的,但是通信却是非常迅速和可靠的。例如,威尼斯共和国把持着威尼斯和布鲁日之间的邮政服务,门到门地递送一个包裹只需七天时间。小商号将信件委托给大商号装入邮袋运送,或者雇用专业送快信的人,这种人在各个商业城市都能找到,他们时刻准备启程去往任何方向。[14] 达蒂尼在巴塞罗那和巴伦西亚的办公室,基本上每天都要和马略卡分支及西班牙其他城市的代理人交换信件,同样频繁的通信也存在于巴黎、伦敦和布鲁日、尼斯、里斯本、罗得岛、亚历山大城、突尼斯和非斯。信件的语言有拉丁文、法文、意大利文、英文、佛兰德文、加泰罗尼亚文、普罗旺斯文、希腊文——甚至有几封是用阿拉伯文和希伯来文写的。

艾丽斯·奥里戈指出,这些信件除了生意还报告其他的事情,如战争或者休战,瘟疫、饥荒或洪水的传言,但是无论如何,总是着眼于对贸易的潜在影响。当托斯卡纳地区恰好在收获前遭到了袭击,那么肯定随之而来的就是饥荒,托斯卡纳的商人才不去关心后果,而是赶快去购买热那亚的小麦。当和平协定签署时,在传达这个好消息的信里,并不是因为从残暴统治下获得解放而高兴,他们高兴的原因是"感谢上帝,又可以安全旅行了"。同样地,当百年战争由于一个三年休战协定而暂停时,达蒂尼在布鲁日的代理人赶紧报告:"现在有很多英国商人等候在这里,我们要和他们多做生意"。可是休战没能持久。两年后,战争突然再次爆发,对贸易产生灾难性的影响。"这是第七次了,但是从来没有这么惨;都是因为那些英国人不执行约定,他们曾在这个市场上花了大钱却不愿来此看看,就是因为他们和法国人之间的战争。"[15]

在弗朗西斯科对每个环节的亲自监督之下,达蒂尼商号掌握了复杂的贸易操作方式,比起现代程序下由自动化系统控制的销售和采购细节，其效率并不差多少，这简直令人惊异。弗朗西斯科和他的合伙人没有方便的圆珠笔，更不用说打字机和电话了。但是虽然如此，却事无巨细——记录，并且完整保存钱财的收支账目。例如一份报告，关于获利8.92%的投资机会是在马略卡买进29包羊毛，卖掉一半给佛罗伦萨的客户，在普拉托把剩下的羊毛纺织成六匹布料（每匹大概33米），再在巴伦西亚、北非伊斯兰地区和帕尔马卖掉。从开始定购羊毛，到最后销售完成，整个操作过程延续三年半。相关的每一单独交易的每一项支出，都是独立记录。从购买生羊毛，到船运费用和保险费，骡子驮运费，税款、通行费和关税，挑选、清洗、梳理及纺织羊毛的96名妇女的工资，还有支付给特殊的织工、漂洗工、染工和为销售作最后打理的人的酬劳。这些只是同时进行的十几个商业冒险中的一项而已。

这样的交易常常是有好几个达蒂尼商号参与其中——尽管每个都是独立企业，各自管理利益和委托交易。艾丽斯·奥里戈引用了一个例子，达蒂尼在普拉托的商号将布料交给佛罗伦萨的商号在威尼斯销售，然而，威尼斯的代理自作主张，没有卖掉它们而是用来交换珍珠（每串74颗共108串），然后（适当地保了险）发给巴伦西亚的达蒂尼商号，卖给了一位加泰罗尼亚的客户。在最后交易完成时，佛罗伦萨的商号将收入记入普拉托的商号。这样，弗朗西斯科有三家商号和一家威尼斯的代理参与了同一场交易，每家都是单独委托货物流向下一家，而收益则反向流动。[16]

这些活动背后的动机，就是希望在各个阶段都赚钱，不管当初是怎么想的，最后的结果就是利用单个商号去运作。但是，在马略卡剪下的羊毛，转运到普拉托去纺织，再运到巴伦西亚和其他地方去销售，如果说货物的运输和转换是一个大挑战，那么相反方向的钱币的流动，就几乎是不可能的任务了。先不考虑安全和货币价值等麻烦事，单就重量来说，就可以否决这种流动方式了。因此，就有了汇票和支票，和我们今天的一样。在这项极其重要的发明上，弗朗西斯科值得一提——在普拉托的主广场上，他的雕像手里就攥着一卷这样的票据。虽然更广泛的研究表明，他的功劳并没有这么大。但是达蒂尼的档案确凿地表明了他在真钱和支票中，更多地使用方便的后者——在所有文件中超过5000份是这样的票据。一份典型的样板如下：

> 以上帝之名，1399年2月12日，在准许付款的期限内（通常是二十天）付款，第一次兑换给乔瓦尼·阿索帕多（Giovanni Asopardo）306镑13先令4便士。关于巴塞罗那，在那里收到巴尔托罗米奥·加佐尼（Bartolomeo Garzoni）的400个弗罗林，每个弗罗林是15先令4便士。付款并记入账目以及回复。上帝保佑你。弗朗西斯科和安德烈亚，自热那亚致意。3月13日收到。[17]

因为人总是要怀疑人类最坏的一面，而贸易的国际运作又迫使他不得不将巨大的财富和责任委托他人，所以他就要对细节一丝不苟地关注。14世纪，在国外有买卖的商人，所面临的基本问题和他的现代同行一样——要找到能干的、可信任的职员，并要给出足够有吸引力的薪资而使其留在岗位上，但是当时所采取的控制措施却远远说不上严格。盗用侵占和犯代价昂贵的错误，构成了一系列的商业冒险，引发的后果不容忽视：在佛罗伦萨一地，13年当中有350家大商号倒闭了，恰好是在弗朗西斯科做商人学徒之前。[18]但是，帮手即将到来，这是一项有创造性的会计程序，有助于管理者防范欺诈、错误和消极行为，而且被歌德认为是"人类大脑中最棒的发明"[19]。这就是复式簿记，即要求将每一次交易记录两遍，同时记录在分类账目的贷方和借方，这样记录下来的资产和负债是平衡的，如果不是，则将揭露出错误或者不恰当的行为。

以前，交易条目只是记录在单一栏目下，用一小段文字描述顾客、销售和购料的细节，贷出的款项出现在相关的借入栏目下；在新体系中，会计账目对所有客户（无论买或卖）都一视同仁。贷出和借入分别列入相反的栏目，或许在同一页，也可以在分类账簿的对面页。[20]

我们和歌德也有同感。在中世纪早期，商业变得越来越复杂，对一种可靠又有效的簿记系统的需求，也因此而变得更加迫切。[21]复式簿记的出现，正是对应了处于萌芽阶段的资本主义的需求。一份发表于1494年[22]的相关文章指出，威尼斯人早在两百多年前就已经使用这种方法了[23]，一些权威人士在争论这种复式簿记是否就是意大利商人在欧洲早期经济发展阶段处于领先地位的原因，其论点是这个系统允许他们委派更多的职权，可以做更大的生意，去更远的地方，并且比其北方的同行冒更少的风险，当时北方人的商业冒险受制于老式单一记账方式的局限性和不透明性。[24]

传统观点认为，复式记账是资本主义生长和管理远方代理的先决条件，现在这个观点已打了折扣。[25]但是值得注意的是，这种类似于"中途客栈"的双面体系，在运行多年之后，弗朗西斯科·迪·马可·达蒂尼于1386年首先将他的主要商号改成复式记账，之后在14世纪90年代，将所有分支（佛罗伦萨、普拉托、热那亚、阿维尼翁、巴塞罗那、威尼斯和马略卡）都改了过来。随着引入复式簿记，各地经理也被要求定期给弗朗西斯科发送一份资产负债表的副本，这些多数都被保存在达蒂尼档案里。这些账簿是平衡的，对记录的分析表明，"毋庸置疑，这些账簿一直是以最严格的复式记账标准记录的。"[26]

关于复式簿记是否对达蒂尼的全面商业成功做出了贡献，是不可能确切知道了，但是有一点毫无疑问，就是这个体系使得弗朗西斯科更加容易地对各个商号进行监控，并且评估他的远方经理的所作所为。

到了1382年末，弗朗西斯科在阿维尼翁待了33年之后，他决定将家和主要商号搬回他的家乡普拉托，把阿维尼翁的生意交给两个已在一起工作多年的合伙人打理。他们之间订立的契约是，弗朗西斯科留下3866弗罗林作为资本金，合伙人可以利用来做"他们认为最好的"交易,利润的一半归弗朗西斯科,合伙人分享另一半。达蒂尼的家庭用品打包用船运回,途经阿尔勒和比萨,弗朗西斯科、玛格丽塔和他们的仆人骑马翻越阿尔卑斯山,一行共 11 人。此时正值深冬,他们的旅行用了一个月——翻越阿尔卑斯到达米兰用了两周,在那里休息了一周,之后又走了十天,取道克雷莫纳抵达普拉托,到达那天是 1383 年 1 月 10 日。[27]

这时,弗朗西斯科 47 岁,已经是一个机敏、经验丰富并受到广泛尊敬的商人,但是却没有子嗣。欧洲在经历了死亡惨重的瘟疫及社会动荡和饥荒之后,此时是一个世纪当中最好的时期。在 1386 年春,他将佛罗伦萨纳入其业务网络。从此以后,他如果没有及时往返于普拉托的家和佛罗伦萨的办公室之间(这段距离只有 20 公里),他就采取一种在两地都保持绝对影响力的生活方式。他几乎天天给玛格丽塔写信——表达爱意或者有时责骂;偶尔暴躁,但经常是苛求:"记着用热水给骡子洗脚,一直到蹄子,好好喂养、精心照顾……还要尽快售出贝利酒窖里的两桶葡萄酒……记着当你早上赖在床上时……把那袋忘在一边的谷子送到磨坊去……还要记着给橘子树浇水……还有要切记关上厨房的窗户,这样面粉就不会受热了……"[28]

玛格丽塔抱怨被当作"一个小旅店主的妻子"对待,但她却是不知疲倦地关注他的需要,洗烫他送回普拉托的衣服和亚麻制品,从普拉托的农场和果园源源不断地送去食品。他们是优秀组合。油和酒、面粉、鸡蛋、蔬菜、水果、家禽和肉类,甚至在普拉托烤的面包都要用骡子驮送到佛罗伦萨(有时一次送 30 条面包),玛格丽塔偶尔会亲自做一些特殊的食品,并且仔细地包好送出去,以免在路上弄坏了。

尽管生意一直占据了弗朗西斯科大部分的精力——甚至在他晚年也是如此,但是同时,他也在越来越多地思考着,如何才能使他所获得的利益(他看做是上帝的礼物)能够返回上帝而不受那些贪婪之徒的侵害。为了上帝并且为了利益,这是弗朗西斯科的座右铭,也是人类行为的两个动机，由此而引发的大量事情可以阐明历史进程以及欧洲城市网的发展。无论是教会还是商业，都是中世纪任何一个大城市生长的因素，二者经常是共存的，但是任何一方又不能肯定另一方的到场可以更加促进其利益，互相之间并不信任。所以相互的支持常常是短命的，当分歧出现时，商业是更为严格的裁判者。弗朗西斯科生涯的一个方面就说明了这一点。他在1350年去的阿维尼翁，寻求分享由教皇及其教廷所带来的贸易盛宴，他于1382年离开这个城市，主要是因为政治因素影响到他个人。其时，教皇和教廷已经在1378年搬到了罗马。这次搬动剥夺了阿维尼翁的奢侈品贸易，引起一些不安，但还留下了贸易资产的核心，没有危及城市地位。达蒂尼在阿维尼翁的生意，在他留下来的合伙人的管理下，继续盈利和繁荣昌盛。阿维尼翁享用了几十年的奢侈品贸易，随着教皇也移去了罗马，但是尽管如此，1450年，罗马这个城市仍然是"倒塌废墟中的荒凉之所"[29]。达蒂尼从来没有在罗马设立商号。

第 8 章
君主之都和商人之城

经济和政治交互作用，产生两种城市：一种是强权统治者的创造物；另一种则是迎合商业和社会规则的产物。利益冲突十分普遍——暴力催化剂存在于城市内部，也同样存在于它们之间。在专制统治者占上风的地方，常常抑制经济的发展。要不是因为他们的势力强大，工业革命或许可以更早一些发生。

弗朗西斯科·迪·马可·达蒂尼在 1382 年回到普拉托，主要是因为阿维尼翁的政治环境已经使得托斯卡纳的公民很难在此经商了。1386 年，他将业务中心从普拉托搬到佛罗伦萨，也同样是出于政治上的原因。但是这次他是被政治环境所吸引，而不是遭到迫害。因为这次他搬入的城市的掌权者，是少数几个有势力的家族，这些人本身就是银行家、商人和专业人士。弗朗西斯科相信他们的法律和判断，能够使他这样的人获得更多利益。

佛罗伦萨在经过了半个世纪的社会剧变和经济动荡的不幸与痛苦之后，一个强有力的、正是弗朗西斯科所欢迎的政府掌握了权力。瘟疫和饥馑，断断续续战争的破坏，以及三家佛罗伦萨大银行的轰然倒塌（还连累了许多和它们有关系的小银行），这一切都使城市里有钱的精英们——"肥人"（popolo grosso）的不安全感日益加深,而那些穷人——"小人"(popolo minuto)则更加悲惨。这是一种全民的不安状态。原先的情形是,工人们对权力不加疑问地遵从,在极其恶劣的条件下以极少的报酬完成定额。但是此时却随着城市的逐渐富裕而发生了变化,工人们要求更好的雇用条件的呼声日益尖锐起来。这是一个黯淡的时代。雇主顽强地维持企业运行(以及他们的财产);工人们组成手艺行业联合会,希望以人数众多的优势讨价还价,还有一些私下传播的预言在推波助澜,或许工人们也深信不疑。这些预言说总有一天:"地球上的虫子将会更残忍地干掉狮子、豹子和豺狼;山雀和小鸡也会吞下贪婪的秃鹰。在那一时刻,普通而渺小的人们将消灭所有的暴君和背信弃义的叛徒……"

虫子一定会转变的——在某一天。而其间饥饿的威胁,使得工人们无论怎样差的工作和工资,都只能接受,没什么选择的余地。不满情绪在积累、沸腾,经常爆发激烈的抗议和骚乱。直到1378年,有关工作和工资的问题最终成了佛罗伦萨的头等大事。在那一年,一次大规模的暴力起义(由穷人中的最穷者领头)向城市当权者毫不妥协地提出了代表权的要求,并且要求保证最低水平的生产,这将保证他们有一个合理的工资。

起义很快被制服了,随后进行了报复——这是不能原谅的。但是事件最终也说服了城市领导者着手解决"小人"的委屈。三个手艺行业联合会合法化了,并且成为联合政府的一部分——"佛罗伦萨已知的最为诚实的'民主'",这是艾丽斯·奥里戈在她的弗朗西斯科·迪·马可·达蒂尼的传记中所描述的。[1]尽管新的民主政府对"小人"寄予了更多的同情,但却不能恢复城市的繁荣,一点也不能,因为许多有钱的商人眼见着政府的变化,并将其视作一种对贸易和利益的威胁,对此的回应就是关闭在佛罗伦萨的业务机构。联合政府挣扎了将近四年,直到1382年,一场反革命将"肥人"又送回来掌权为止。

此后又过了四年,弗朗西斯科·迪·马可·达蒂尼确信他的商业利益将会在这样一小撮反动的寡头政治家控制之下的政治气候里繁荣昌盛。他们在其后的42年间，掌握着佛罗伦萨的政治大权。

艾丽斯·奥里戈从达蒂尼档案里找出的证据表明，弗朗西斯科对政治和政府不感兴趣，除非影响到他的生意。早期，佛罗伦萨的公民都是兼职的士兵，他们自己也期望扛起武器为城市的利益而战，但是自从找外国雇佣兵去打仗以后，他们必须贡献给佛罗伦萨的就是用于防卫和公共开支的税赋和强制性贷款。当然，税和贷款的征收依然使人不满。虽然每一个商人都毫无疑问地能够比现任官员更好地管理城市的财务和税收，但是仅有极少数曾经被选出来，接受这个高位并且有机会去这样做。多数人都看不起政治和公共职位。事实上，不太重要的政府岗位都是由抽签选出的人担任，但却很难填满空缺，对于那些胆敢拒绝指定的人要强迫处以大笔罚金，但仍没人愿意干。弗朗西斯科似乎从没被挑中。在普拉托的时候，他是地方官员委员会的主要成员，这是事实，但是在佛罗伦萨——他商业业务的控制基地，他却能一直完全远离政府和任何层面的政治。

弗朗西斯科与佛罗伦萨的关系（以及和其他有业务的城市）都是取决于他所得到的自由经商和获利的范围空间的大小。从多数成功的贸易行为来看，实用主义决定了他在哪个城市建立业务基地。对他们来说，城市是有经商可能性的场所以及安全保障的提供者，而城市则把商人看作是必不可少的收入来源——以税收和强制借款的形式。例如1401年，当托斯卡纳受到邻居的入侵时，日耳曼皇帝答应提供防御军力，佛罗伦萨转头要求它的商人公民拿出50万弗罗林的费用给皇帝。为了应付这笔巨大的费用，除了以前几年征的税款，在1401年又单独征收了十五次强制借款。"想到你，我多么快乐，"弗朗西斯科写给一位朋友，"自从我成为一个公民以后，六年当中我交了6000弗罗林，而现在(税)又翻番了……我想我已经到了这个地步，如果一个人刺我一刀，我都无血可流！"[2]

弗朗西斯科无论怎样都要避免交出城市所要求的全部税款和借款，这是由来已久的风气，大家都这样。而且，他似乎也不太在意这种偷漏税行为是否会偶尔偏离法律所允许的范围，而陷入故意逃避的非法境地。举个例子，当他在博洛尼亚逗留期间，一轮征税评估正在进行中，要求商人们将账簿上交给税收官员，双方据此讨论应纳税的财产范围。因此，弗朗西斯科逃避上交账簿。他的公证人去协商这份评估，写到他为了雇主的利益要去"说或者不说，赌咒发誓讲道理，住在地狱，是魔鬼中的一员"。公证人把诚实放在一边，为了委托人的经济利益而征战。他起草了一封信陈述弗朗西斯科在国外的生意没赚到钱，所以才被迫撤出阿维尼翁和加泰罗尼亚，而他的动产最多才值 2500 弗罗林。其实当时，和这些穷困的借口正好相反，弗朗西斯科拥有一处富丽堂皇的住所以及二十多所小一点的房屋。最后，征收了他 775 弗罗林，另外的 106 弗罗林，下一年春天再交上。[3]

这里不言自明的一点就是，14 世纪的达蒂尼和他的公证人所做的事情，和 21 世纪之初巨型公司如安然及其会计师事务所——安达信公司所做的如出一辙。达蒂尼和安然都是纵容了公证人和会计师，以非法的方式增强其财务地位。唯一不同的是安然的诡计比达蒂尼的花招规模要巨大得多，再有一个事实就是安然和安达信被抓到并且被起诉了。除此之外，道德的问题（或者说道德缺失）是一样的，并且持续经过了七个世纪，这些世纪的文化和经济的历程表明，商人和城市、商业和政府的关系，天生就是对立的，甚至是敌对的。每一方都需要对方来促进自己达到目的；但是他们的动机并不总是一致的。

城市在此扮演了一个奠基者和帮助者的角色，因为它提供了行动的舞台，并且培养着人类逐利的天生倾向。城市的绝对规模削弱了人与人亲近的纽带，否则这种关系可以控制任性的胡作非为。在一个小型社区里，一个人际交流紧密的网络和及时共享的观点，使得犯规而不受惩罚是十分困难的；反之，城市的制度和规则都是非个性化的，它们事实上在引诱人犯规——尤其是看上去有侥幸逃脱的机会时。换句话说，就是逃税比起欺骗邻居，在良心上更过得去。

确实,全社会都是默许(如果不是事实上的宽恕)那些成功打败任何一个面目不详的大型组织机构的人们,同时却会轻蔑一个在琐事上滥用邻居信任的人。

从最早期的时代开始,地方权力的某些形式,就是用小型社团来掌管社会行为。英格兰的十家连保制[4],就是强迫人们进入十户邻居组成的小组并且互相作保。这个制度的历史,最早可以追溯到阿尔弗雷德国王(King Alfred)统治时期(871—899),而且在13世纪仍然广泛存在。十家连保制的本质就是,如果小组中的任何一个成员违犯了法律,其他九家也负连带责任,必须将其押上法庭。无疑,在其他地方也有相似的体系,但是其有效性不断受到城市发展的侵蚀。在城市里经过几个世纪的交易,显现出一种邪恶的倾向,就是不公平地胜过他人的机会,而且多数都是在匿名的掩护之下,无法被追究。这是城市政府的一个顽症。当一个多数人同意的规章没过多久就不灵时,那这个社会如何才能保证游戏公平呢?

"讨价还价"(horse-trading)这个词无疑在很久很久以前就具有了轻蔑的含义——也许甚至在城市建立之前,从古代美索不达米亚到现代的休斯敦(安然公司所在地),历史记录上充斥着相关事例,是关于不道德交易以及社会努力揭露、控制和惩罚这些犯罪者。下面举几个例子:在古希腊有一条"规章"是这样宣布的,一个不认识的人买下了所有最好的鱼,如果他不能证明钱是自己诚实挣到的,就有责任逮捕他甚至立即处决[5];在罗马时期,法理学家经常在葡萄酒交货问题上大伤脑筋,这些酒在葡萄园品尝的时候味道很好,可是到了交货地点就更像醋了[6];在哥伦布发现美洲之前的墨西哥,犯罪行为是用一种狡猾的方法,伪造可可豆——阿兹特克人习惯使用的一种货币形式[7];在中世纪的伦敦,香料批发商的名声很坏,因为其中一些人在货物里掺了价格低廉的东西,因此1393年颁布了一条法令,规定每一批货在销售之前都必须由官方检查和清除,一个商人如果被发现违犯了这条法令,他就会被处以枷刑示众,并且在他脚下焚烧伪劣产品,另外还要交50镑罚金,这相当于今天的8.5万镑。[8]

图1

图2

一个私人的视角。对于作者那一代的伦敦人来说,城市生活的印象就是战时的紧急状态。防空袭的阻塞气球(图1)是空中的好邻居。污染和烟雾(图2和图3)的现象,在生活中已经习以为常。

图3

图 4

威尼斯在中世纪是一个繁荣的商业城市（图4），有大约20万人口。今天，这个城市的繁荣依靠旅游，每年吸引上百万的游客。但是，在为旅游者铺设穿过圣马可广场的木栈道时（图5），威尼斯也在失去它的永久居民。现在的人口，大约是6万。

图 5

图 6

对比威尼斯,纽约(图6)和温哥华(图7)为其永久居民提供的生活基本条件,等级要高得多。

图 7

图 8

在世界最早的城市型定居地,例如秘鲁的卡拉尔(图8),以及土耳其的加泰土丘(图9),发现其居住者们既能够灌溉培植农作物,同时又继续捕猎采集自然的食物来源。

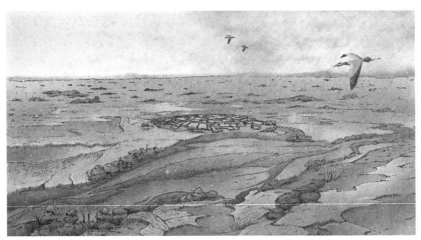

图 9

图 10

在公元前 5700 年之前,加泰土丘延续了将近一千年。只有通过屋顶上的洞,才能进到这些紧紧挤在一起的房屋(图 11)。这幅壁画(图 10)展示的是加泰土丘的平面,背景上还有一座正在爆发的火山。这幅画的时间可以上溯至八千年以前,是已知最早的描述市镇和风景的图画。

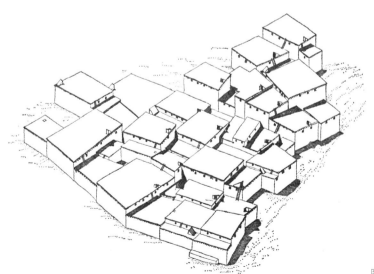

图 11

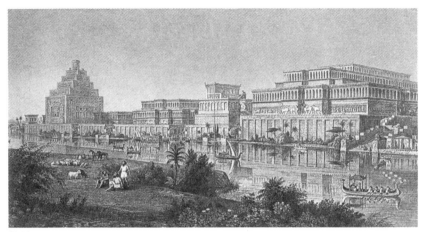

图12

当代的测绘（图14）揭示了密如蛛网的灌溉水渠。在此支持下，农业经济获得长足发展，世界第一批真正的城市，于六千年前在美索不达米亚的大地兴起。19世纪的报告激发了戏剧化的重构（图12），20世纪的考古挖掘所披露的街道平面，使人想起中世纪的欧洲市镇——并且街道也据此命名（图13）。

图13

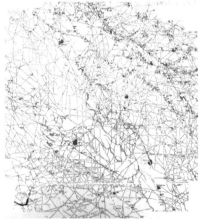

图14

图 15

图 16

图 17

带字符的泥字板（图16）作为了解古代美索不达米亚人生活情形的来源，可谓是无价之宝。这种楔形文字可以上溯至五千多年以前，是已知世界最早的文字形式。一幅用贝壳、宝石和天青石镶嵌的细密画（图15），表现的是一幅和平的场景：侍者带着各种供应品去往皇家宴会。2003年，美索不达米亚——城市的摇篮，变成了一片战场（图17）。

尽管战争并没有激发城市最初的建立，但是它还是成为各地历史进程的一个特征。苏美尔的统治者，早在五千年前就已经拥有一支职业化的军队。一块纪念石碑歌颂胜利（图18），并且描绘了战败者被秃鹰当作食物（图19）。

图18

图19

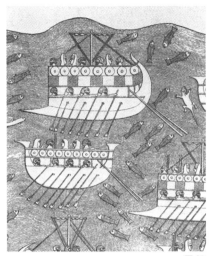
图20

图21

地中海产生了大量帝国并维持其存在。这幅早期的镶嵌画（图20）是腓尼基人捕鱼和海战的船只，令人赞叹。古代雅典（图22）和罗马（图21）在各自的顶峰时期，都是依靠从国外用船运进至关重要的资源。

图22

图 23

没有非洲的粮食产地,罗马就不能存活,它于公元前 146 年征服了迦太基,公元前 30 年征服埃及。突尼斯的一栋别墅里的镶嵌画(图 23 和图 24),表现的是季节的轮换。在突尼斯中部的阿尔泽姆(El Djem)的圆形竞技场(图 25),几乎与罗马角斗场一样大。

图 24

图 25

图 26

图 27

图 28

一支坚实的商船队维持罗马的供应,携带着货品横跨地中海(图 26)。驳船(图 27)再将货物从台伯河口的港口,摆渡到城市码头(图 28)。随着整个帝国的衰落,罗马倒塌了,到了 18 世纪,成为一个废墟景观的城市(图 29)。

图 29

马可·波罗离开君士坦丁堡前往中国,开始他那史诗般的旅程(图30)。中国人具有理性化的城市概念,北京的紫禁城就是一个最佳范例(图31),但是周边就大不相同(图34)。同样地,马可·波罗的杭州地图(图32)很好地表达了地理状况,但是同时期的一份中国地图,描述的是这个城市的理想状态——有围墙而且是方形的(图33)。中国的象形文字"郭"(古代在城的外围加筑的一道城墙,字形如下图)表示"有墙的城市"。

图30

图31

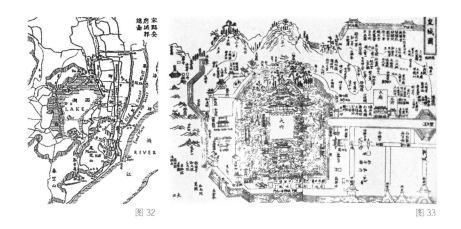

图 32　　　　　　　　　　　　　　　　　　　　图 33

图 34

图 35

尽管一幅14世纪的壁画有代表性地描述了欧洲理想城市，比例均衡，组织良好（图35），但是真实的情况往往是源于基本的需求。布鲁日，就是从城堡桥头的市场发展起来的（图36）。

图 36

图 37

圣吉米纳诺的高塔(图 37)是暴力飞地的遗迹。马略卡的帕尔马诺瓦(Palma Nova)是 1593 年出于防卫的考虑进行计划的(图 39),但是其结构一直保存完好,直至 20 世纪(图 40)。哥本哈根的房地产开发(图 38)模仿了这个搭车轮的平面布局。

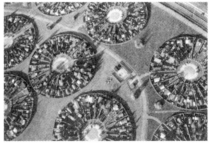

图 38

图 39

图 40

图 41

图 42

14世纪的意大利商人弗朗西斯科·迪·马可·达蒂尼,首先使用了汇票和支票。在普拉托的主广场上,他的塑像(图42)手里就抓着一沓这样的票据。从其富丽堂皇的府邸(图41),他操控着横跨欧洲、环绕地中海的商业网络。有关达蒂尼生意及生活的大量记录,至今还保存在普拉托。

这部 1393 年颁布的审判和惩罚不良商人的法令，是由伦敦杂货商同业公会起草的。同业公会的模式是在行会的基础上，在贸易中发展起来的。行会在 12 世纪首次有文件证明，并且在 14 世纪和 15 世纪非常普通，遍及欧洲全境。因此，通过行会这种形式，经济学为城市政府建立了基本的原则。有专制倾向的王公和教士们，在他们的势力范围内更愿意在方方面面保持统治，但是他们要依赖城市生产制造物品（尤其是武器）、提供金融设施以及其他许多东西，所以使得他们别无选择，只能磋商，并且在权力机构和行会之间相互达成一致的安排。[9] 例如伦敦，早在 1067 年这个城市得到威廉一世的特许状之前，同业公会就已经存在了。[10] 巴黎在 1260 年有 101 个；13 世纪末，纽伦堡的金属制造工人内部就已经分成了好几十个独立的手工艺和贸易的同业公会。[11]

随着商贸范围的扩大，行会相继产生，这在欧洲各个城市都类似，并且这种对劳动的细分也创造了更多有相同目的的小团体，其个体成员都渴望保护自身生计的完整性和排他性。威尼斯在 17 世纪有 130 个同业公会，罗马至少有 75 个[12]；佛罗伦萨也差不多，但是附近的普拉托，在弗朗西斯科·迪·马可·达蒂尼时代却只有 15 个——法官和公证人、货币兑换商和金匠、医生和药剂师、羊毛商人、羊毛工人、杂货商、铁匠、皮匠、屠夫、葡萄酒商、裁缝、面包师、磨坊主、理发师和木匠。

普拉托和别处一样，行会的影响是无孔不入的。每个男人到达成人年龄时就要缴纳一笔费用加入一个适当的行会，发誓遵守会内的法律并且支持他的同伴。只有通过行会，人们才有希望赚钱或是参与城市的管理。事实上，要成为一个城市公民，就必须属于某一个行会。[13]

行会的目的就在于将同一行业的成员聚在一起，这样就可以为共同的利益而战斗。他们的注意力尤其集中在城市市场里的行为上，在那里自然地，每个交易者都希望获得并保持公平地分享商业利益。歪门邪道是被禁止的。举个例子，14 世纪埃克塞特打了一场持续的战争，就是针对那些"半路截取的人"，这些人在货物进城之前就截取到手，然后到市场里高价卖出；还有"囤积居奇的人"，这些人在早上市场里货物充足时大量买进，稍后在货物短缺时抬高价格再卖出。[14] 这样的行为十分普遍，打击的成功率很有限，这主要是因为以这种方式获得的利益，远大于为此受到的控告和罚款的代价。确实如此，同样的名字反复出现在法庭记录上——这意味着那些违犯者把罚金看成是为他们的行为交纳的税款，而不具有什么威慑力。

在行会内部为了维护成员的良好道德标准而努力时，在行会之间，他们的贪婪本性最终不可避免地暴露了。一些行会及其成员比其他人更强势，尤其是在城市政府的广阔平台上。

从一开始，行会运动就带入了社会地位的等级观念和影响。最富有、最古老和声望最高的是商人的行会，如弗朗西斯科·迪·马可·达蒂尼所从属的。整体上，他们更专注于长途批发贸易；杂货商行会（他们的名称指明仅是针对那些交易种类很多的商人），就是生意本性的最佳例子：他们经手大量的资金，买卖任何他们估计能够赚钱的东西。下一层级的行会是当地的贸易商和零售商（面包师、屠夫、桶匠、制造马车的工人和小店主），他们都是从杂货商那里购买所需。最后是手艺人行会——纺织工人、染坊工匠、铁匠、制作马鞍的工人、油漆匠、制陶工人、裁缝等。

在达蒂尼时代，一个人、一个劳动力身上所体现的价值，与进口商品的价值之间存在着巨大的鸿沟，例如，一个艺术家一天挣一个弗罗林，而同样的钱只能买1盎司他工作用的颜料；达蒂尼档案中的一张收据表明，弗朗西斯科做一件长袍，给裁缝付了一个弗罗林，而这件长袍用的丝绸和天鹅绒就花了他100多弗罗林。[15] 所以毫不奇怪，商人公会比起那些依靠劳力和手艺谋生而非金融资本的行业公会，将会在稳固地积聚财富的同时，也会积聚更大的势力。埃克塞特也是一样。

在12世纪的埃克塞特有一个商人公会，规定它的成员只能在这个城市及近郊做买卖。此外，在互惠的补偿安排下，埃克塞特的商人在英格兰和诺曼底全境免交通行费和海关关税。在13世纪,埃克塞特成为英格兰西南部最重要的商业中心,商人公会功能的加强和城市管理范围的扩展,有力地促进合成一个单一的公共机构——由商人牢牢掌握控制权。市长这个职位于1205年被引入,并且不久,商人公会控制之下的贸易和城市政府,则通过称为城市"自主"的方式来运作。[16]

圈子很快闭合了。城市的自主变成了一个自私自利的机构,由商人公会的成员控制,并为他们服务。只有那些承认城市自主的人才能成为公共办公室的候选人,那些轮换的城市公共官员,也只能是为城市自主提供满意的特权的人,这些特权有:垄断贸易、免除税和关税、为城市提供服务的合约、城市财产出让的最先受让,甚至还有法庭上的宽大处理。由此,商业精英在经济活动的同时,获得了城市政治事件的掌控权。这毫不奇怪,玛丽安娜·科瓦列斯基(Maryanne Kowaleski)在她的中世纪埃克塞特的研究中指出,在这里"政治机构、财富和商业特权之间高度相关……在14世纪晚期的埃克塞特,常常是政治力量、经济特权和私人财富手拉手,齐头并进"[17]。

在14世纪和15世纪,埃克塞特是英格兰经济增长最快的地区的中心。其他的省城都没有这么快的增长——人口从1377年的仅仅3100人,增加到16世纪20年代的7000人。[18]但是如果将一个国家的大城市的规模和数量作为衡量经济和城市发展的指标时,在欧洲商业国家之间明显出现了差别。英格兰在16世纪初有四个城市人口超过一万,荷兰有12个,法国有13个;而在意大利,当时有不下29个这样的大城市,而且到了18世纪初,数量增加到45个。与此同时,荷兰、英格兰和法国的数量加在一起却减到了22个。因此,尽管当时的伦敦、巴黎和阿姆斯特丹已经发展成为非常大的城市(人口分别是57.5万、51万和20万),但是在欧洲,到目前为止,意大利是城市化最广泛的国家[19]——拥有无可比拟的最大、最富有和最辉煌壮丽的城市。

法国散文作家蒙田于1580—1581年在意大利的旅行中，注意到了这个趋势。他访问了意大利北部和中部的主要大城市，写到它们大量的人口以及为数众多的富裕公民（和他的祖国作对比）。[20] 财富和炫耀性消费，是意大利城市的一个特征。这里当然有建筑师为建筑的铺张浪费做道德上的辩护（自然是足够多的），有些商人也偶尔感到必须为他们的奢靡提供正当理由："我觉得花钱比挣钱带给我更多的荣耀，"佛罗伦萨商人乔瓦尼·鲁切莱（Giovanni Rucellai）解释道，"花钱给我带来深深的满足感，尤其是将钱花在我佛罗伦萨的房子上。"米开朗基罗也持相似观点，他曾经说道，"城市里一所高贵房屋所带来的是相当大的荣耀，比其他所有财产都要一目了然。"[21]

荣耀、社会知名度和财产是15世纪和16世纪意大利城市和政治发展的主旋律。以佛罗伦萨所发生的事情为例，"肥人"占据了有利地位，精英行会日益排外，越发成为贸易保护者和保守派，并且比起赚钱的肮脏生意，他们更加关心的是其社会地位和政治身份。确实，许多顶层的行会最终完全失去了其经济功能。克里斯托弗·布莱克（Christopher Black）在他的有关意大利现代早期社会历史的著作中，提到佩鲁贾的"上层贵族家族"，在商人和银行家公会的会员之间，他们只承认那些可信的相称的贵族人士——这清楚地表明，他们的身份更多是和城市社会及政治事务密切相关的，而仅在于其商业和金融活动。[22]

一般来说，可信的相称的贵族家族已经拥有了足够的财产，可以从独立的收入中获得支持。他们当中包括拥有乡下大量地产的有头衔的地主——王公、伯爵、公爵，但是多数还是以城市为基础的家族，其财富最初是来源于商业和金融。但是金钱不是获得贵族地位的自动通行证——新钱当然更不行。例如米兰，任何人直接或者间接地卷入商业是明令禁止的：

> 必须考虑……只有那些血统起源于古老的家族而且是一个古老的贵族；当一个家族延续了（既是贵族同时也在米兰居住）一百年

以上，就可以被认为是古老的，并且除此之外，它还要避免任何贸易、生意，也不能有各种性质的肮脏的利益，无论是自己亲力亲为还是通过中间人……[23]

这样，在意大利北部的大城市——威尼斯、热那亚、佛罗伦萨、米兰等，贵族政体正式建立起来，由有钱、有势、有特权的少数人控制。特别显著的是威尼斯，它的做法是列出正好符合条件的家族清单，从中提出政府大议会的成员。这个城市著名的"金谱"（Golden Book）开始于1297年，显示出一种明显的连续性：一些相同的姓一次又一次地出现，贯穿几个世纪。事实上，四百年里几乎没有新鲜血统得到承认，直到1646年，议会才决定承认一份扩大社会谱系的名单。这不是自动做出的，而是由那些没有候选资格的贵族家族迫使议会做出的决定。

1646年，当进入"金谱"的资格问题缓和下来时，威尼斯的困境就高度聚焦于贵族的世袭规则这一基本问题上：时间造成了可用之人的流失。不是每一个家族都能生出一个合格的男性继承人；瘟疫消灭了整个家族序列；一些人因为和地位低下或从事过不光彩事情的人家通婚，而使其家族丧失资格；一些合格家族移民或是选择长期居住在国外时，水池进一步被抽干了。因此，城市权势的继承（经过一代又一代）在家族和个体的数量上逐渐减少。例如，热那亚，1621年有289个贵族家族，但是到了1797年只有127个。在威尼斯，16世纪中叶有总共大约2500个合格贵族供大议会选用，一百年后缩减到1660个，此时"金谱"开放以补充存量。[24] 在佛罗伦萨，受益人（benefiziati）的数量在15世纪有大约3000人，但是到了18世纪只剩800至1000人了，因此当1737年哈布斯堡-洛林（Habsburg-Lorraines）成为托斯卡纳大公时（在美第奇家族禅让后不久），他们不得不创设新的贵族。[25]

社会历史学家费尔南·布罗代尔（Fernand Braudel）发问道，是否有"一个阴险的规律"在起作用，既持续保证地区和城市的人口增长、经济繁荣，又使得那些享受特权和繁荣的人总是不成比例的极少数，无论是何种社会、哪个时期。作为例子，他引用了一封写于1531年的锡耶纳居民的信：

> 在每一个共和国，甚至是伟大的一个，在每一个国家，甚至是人口众多的一个，通常都不会有超过五十个公民上升到发号施令的岗位。无论是古代希腊还是罗马，无论是在威尼斯还是在卢卡，都没有公民被召集去管理国家，尽管这些国家都在共和国的名义下实施管理。[26]

无论是否有这样一个阴险的社会经济学规律，确保那些少数特权阶层享受到社会权力和财富的绝大部分，但是这里确实有一条社会生物学的法则，保证在无论哪一个排外的特权社会里都会有竞争——为提高等级地位，为分享更多的可以利用的物质资源，甚至为保存一个清白无瑕的繁衍血统而竞争。莎士比亚的浪漫悲剧《罗密欧与朱丽叶》戏剧化地表现了这一点。维罗纳的凯普莱特家族和蒙太古家族也许是戏剧性的创造，但是家族之间的长期不和及仇杀却是文艺复兴时期意大利最普通不过的一个特征。剧本就是在传说的历史事实上加工而成的。确实，在11世纪的意大利城市中，家族间的仇恨和争斗被米兰的编年史家注意到了，他们观察并评述那些势力强大、代表城市的公民"……缺乏外在的敌手（他们）就转回头彼此互相憎恨"[27]。到了弗朗西斯科·迪·马可·达蒂尼时代，流血的复仇被看成不仅是神圣的责任，而且还是快乐的源泉——与弗朗西斯科同时代的保罗·达·塞塔尔多（Paolo da Certaldo）在其《良好行为手册》（*Book of Good Manners*）一书中列出了五项主要的悲伤和快乐，他写道："最大的悲伤是受到伤害；最大的快乐，就是报仇雪恨。"[28]

当不得不在政府的公正性和有效性之间进行选择，并且往往是强烈倾向于有效而不是公正的时候，现实的暴力在文艺复兴时期的意大利成为流行风尚,就不足为奇了。一些学者把这看成是专制政府的一个不可避免的结果——因为只有这样,才能实现政治变革。没有暴力,政治就没有意义,社会历史学者劳罗·马丁内斯(Lauro Martines)如此写道,并得出被他称为"令人惊讶的结论,即暴力已经成为政治潜在的建设性力量"[29]。

19世纪,雅各布·布克哈特(Jacob Burckhardt)持有的观点更具有心理学上的意义,要早于尼采对力量的尊敬,尼采写到意大利个人主义者"放肆的自我主义",刺激了每个人对暴力充满热情。"暴力无法自我控制,因为它诞生于软弱,"布克哈特写道,"但是在意大利,我们看到的是强大本性的堕落。有时这种堕落呈现出一个巨大的形态,犯罪就像是获得了个人存在的理由。"[30]

克里斯托弗·布莱克,在他2001年出版的意大利现代早期社会历史的书中强调,地理形态是一个对暴力流行起重要作用的因素。许多意大利城市的高密度(建在小山顶上,或是攀上悬崖,如热那亚),使得在城市内部维持秩序十分困难,他提道,当险峻和遥远的地形地势为逃亡者提供了撤退的根据地,法律和秩序就处于相当不利的地位。事实上,乡村盗匪横行,他写道,许多人都可以被雇用去参加上层家族间的报复和仇杀。在有些情况下,某些在当地商人兄弟会中出身高贵的强势人物,实际上走得更远,他们支持盗匪在贸易路线上对骡子驮队进行攻击。因此强盗行径横跨了仇杀和商业、合法和非法。[31]

另一个历史学家戴维·赫利希(David Herlihy),从社会形态和城市人口的年龄结构[32]中寻找这种现象的根源。这种现象,文艺复兴时期的意大利人自己称为"托斯卡纳城市的'暴躁'和'喧嚣'——它的公民的暴脾气以及经常被骚乱和派系争斗所打断的社会和平"。赫利希发现一条线索,男人和女人结婚时的年龄差距很大。有钱人家的儿子经常在三十多岁才结婚,而女儿却在很年轻时就出嫁了,许多都是在15岁之前,85%不到20岁。没有足够嫁妆或是姿色欠缺的女孩(哪种情形下她们找到丈夫的希望都很渺茫),就会被匆忙送进女修道院。这就造成了性别比例的不平衡,在城市中剩下过多独立而富裕的年轻男子有大把的时间,却无所事事。

在 1427 年佛罗伦萨最富裕的家族中,年龄在 15 岁到 30 岁之间的未婚男子数量占成年男性的一半以上。城市社会中充满了大量这样的年轻男人,不能或不愿在青春期后的 20 年内结婚。他们没有家庭责任的拖累,积极地响应家族的召唤(极少受年长者约束而且他们父亲那一代人也在迅速地减少),强烈期盼着他们中间的紧张状态升级。赫利希写道,所以就一点也不奇怪,这种紧张状态经常在暴力犯罪中得到释放。[33]

这时的城市是一个真正的大杂烩,充斥着相互冲突的利益。不和的家族以及敌对的小团体,并肩生活在被小詹姆斯·万斯(James E. Vance Jr)形容为"愤怒累积一触即发的状态"[34]之中。精英家族之间的憎恨持续不断,直到爆发的那一刻,商人们为权力和财富争斗,"小人"在不堪忍受"肥人"的过分盘剥时,就会诉诸暴力和骚乱。因此城市成为自私自利的少数人迫不得已的联合,形成几个互助的小团体,以保证城市作为一个行政和经济实体,还可以正常运转。但是另一方面也互相猜疑地保留了各自的独立性,这在某种意义上赋予了意大利文艺复兴时期城市独特的形式和特征。

那些最有势力的家族在城市中建立自己的飞地,由家族中高级支系的房屋或宫殿组成(大概有五十个关系最密切的亲属住在一起),其他的远亲穷戚住在相邻的街上。这块飞地可以是一组房屋沿街道一字相连,或者是围着一个广场。但是无论哪种形式,都很好地包括了各种需求,以维持家族的独立存在——住宅当然是有的,还有商铺和仓库、公共洗浴设施、一所教堂或礼拜堂、花园,甚至可能还有一个市场专门供应家族及其家臣。这样的飞地是强有力的社会单位,自身具有防御功能,建立在财富和家族谱系之上,支持那些依靠他们的人——从次要的家族成员到熟练的工匠、店主和仆从,也从这些人那里获得支持。[35]

这样的飞地应该是具有防守功能的——潜在的敌人更多的是来

自于城市内部而不是外部，这就促使更富裕些的家族建造坚固的建筑，并且在战略位置建立塔楼，这样当危险来临时可以撤退进去，而且还可以瞭望到潜在的攻击，做好应敌准备。许多意大利北部城市"到处是塔楼"，万斯的报告，引自一个12世纪的旅行者对比萨的描述："一个伟大的城市，有大约一万座带塔楼的房子，为战争时期的争斗准备着。"[36] 一万座，或许有些夸大，但是在比萨和其他地方至今仍在的塔楼（其中一个是斜的），就是当时城市布局中飞地和派系现象的一个明证——在佛罗伦萨、博洛尼亚、曼图亚和维罗纳，这只是一少部分。现存的例子中，令人印象最为深刻的，或许是圣吉米尼亚诺（San Gimignano）了。这是一个佛罗伦萨以南56公里的小城，现有14座高高的塔楼，勾勒出城市优美的天际线。圣吉米尼亚诺今天人口大约只有7000人，更像是一个小镇而不是城市，但是在全盛时期是非常富裕的。因为它在贸易和朝圣路线上处于战略位置，而且还控制了旁边德埃尔萨谷地（Valle d'Elsa）藏红花的收成，当时有人口1.3万之多，控制城市的贵族家族，总共建了72座塔楼——有些高达50米。[37]

为了保护互相猜疑的独立飞地的完整性，建了太多的防御要塞，已经到了过分的地步。这时，一个稳定的时代出现了，政治接管了争执，将家族间的不和及仇杀推到了公共关系的后台；此时发挥作用的是严格的社会礼仪，各个家族提炼自己内在的差异性，不再常用暴力喷发来表达了，而是更多地显摆自家财富。因此，由于物质保护需要的降低，塔楼和附属建筑被重新设计为更丰富的样子（尽管仍然很严肃，以阻止任何一种对家人及扈从的伤害企图）。就是在此阶段文艺复兴的宫殿诞生了，小詹姆斯·万斯断言，这是为了保护大规模的家族飞地，为人数众多的家人随从提供住所，但是同时也成了更高雅的寓所，并且更认真地对待建筑创作。"佛罗伦萨的宫殿就是这种转变的明证，"万斯说道，"高塔身上体现着往昔独裁的权力，和宫殿交织一起，混合着令人敬畏的优雅。"[38]

与此同期的经济却是蹒跚不前的。精英家族、教会和城市权力机构花费大量的钱财在建筑、绘画和雕塑上，给文艺复兴时期的意大利赢得声誉，但是给这个地区带来如此巨大的财富的商业轴心却在转移。欧洲北部的城市现在占优势了——阿姆斯特丹、伦敦和巴黎是其中最主要的。随着这些城市的崛起及其经济影响力的扩张，佛罗伦萨和米兰、威尼斯和热那亚，在许多市场上失去了至高无上的地位，例如胡椒和其他香料的国际贸易，以及在造船和资本投资方面。当意大利粮食歉收时，荷兰和英国的商人，带着谷物从波罗的海来到地中海，并且从此在这个地区建立了有利的联系。

尤其是英国人，最愿意通过里窝那港口接手意大利船运货物的进出。但是，意大利生产的货物，如羊毛纺织品和金属制品，出口量有所下降，因为荷兰和英国的产品更便宜。与此同时，商人们还运进假货以扰乱高质量的意大利布料、玻璃和肥皂市场。法国人在贿赂引诱威尼斯吹玻璃工人移民法国失败之后，试图用仿造的威尼斯玻璃欺骗世界。[39]

蒙田在16世纪晚期曾经因财富和活力而称赞不已的城市，在18世纪的大陆旅行者看来，已经很少有值得夸耀的地方了。罗马、威尼斯和佛罗伦萨，仍然是令人愉快的城市，但是意大利城市制造业经济活跃分子的资格到此为止了。[40]意大利城市作为欧洲城市领导者的地位有如此巨大的衰落，小詹姆斯·万斯指出，其原因在于其内部矛盾。他把这个结果比作"侵蚀肌体基本活力的一种内部的癌症"。因此他说，专制的教皇使16世纪和17世纪的罗马美丽起来。但同时他们高度不民主的实践，也使得它只剩一个可悲的外壳。[41]

经济和政治相互作用，在16世纪的欧洲，促成了两种截然不同的城市类型的发展，两个分支分别导向万斯所描述的"极端"的"君主的首都和商人的城市"。前者是强大的精英们的创造物，他们希望城市是他们绝对权力的物质载体。后者的产生仅仅是迎合商业、工业和市民的需要。罗马和伦敦，就是各自的典型例子。教皇们以古典风格重建了罗马,将城市优雅地安排在古代的七个山丘上,重新创造了一个伟大的城市,拥有纪念性建筑、端庄的广场,以及包罗万象的景观。但是他们的罗马在经济上却是软弱无力的,只能由教会王国的贡品来建设和维持。而伦敦,早在那个远方的皇帝对这个城市有所企图之前,它就已经成为一个经济帝国的首都了。

虽然伦敦为财神效劳,但它也没有抛弃基督。到13世纪和14世纪时,伦敦城墙里的教堂数量超过任何一个欧洲城市,总共有126座——其中16座献给圣母玛丽亚——基督的母亲;此外还有一些修道院和女修道院。[42] 因此伦敦人的虔诚从来没有动摇过,并且也很明显,他们随时准备支持宗教机构。但是,使城市得以建立和维持的是商业。伦敦从来不是教会权力的宝座所在地。英国教会的象征中心是坎特伯雷大教堂,位于距离伦敦东南100公里的市镇上。其首领坎特伯雷大主教,在位于伦敦上游几公里的兰贝斯宫管理教会事务,他对这个城市的影响力仅限于教堂的范围,以及从布道坛上发出的话语。

皇室的影响力也同样被伦敦城所排斥。甚至由征服者威廉建造的伦敦塔,这个皇权的象征(叛国者和其他令君王不快的人被关在这里,有些被处死)从本质上来说是一个城防工事,而不是一个皇权可以由此任意干涉城市自身发展的中心。事实上,皇室的宝座最终设在了威斯敏斯特宫,与坎特伯雷大主教的兰贝斯宫隔泰晤士河相望,并且只有在得到特殊的许可下,君主才能获准进入伦敦。伊丽莎白一世在1580年善意地试图限制伦敦的增长,宣布一项命令:

> 各色人等,无论出身,在被称之为伦敦城的各大门3英里之内,终止和克制(建造任何新的)房屋和出租公寓……[43]

这或许是不列颠第一次依法确定城市绿化隔离带,但是指令还是失败了,仅仅是因为商业利益坚持将建筑和港口的功能及运转结合起来,以利于扩大运输货物。因此,这就促进了伦敦商业事业的扩张，并且直接导致城市的扩张，而这正是已经由女王宣布禁止的。

伦敦既没有君主的约束，也没有教会的规定，凭着财富生长起来。它雄心勃勃地扩展边界，现在的大伦敦地区距1580年的城门，在各个方向扩展了岂止3英里，而是20英里。威斯敏斯特的皇宫最终成为议会所在地，宫廷搬到了白金汉宫，现在的君主更多的时间是住在温莎城堡，以及大不列颠联合王国其他各处的王室产业。伦敦这个城市，保持着一种独立的姿态——在抽象的世界金融市场上不为人左右，拥有很大的发言权，在实际的地理位置上也是如此。这个城市的独立性一直被严格保护着。甚至到了21世纪，在伊丽莎白二世女王庆祝她登基五十周年时，还不得不在古老的城门口走下镀金马车，向伦敦市长正式请求准许进入城市——她是被要求这么做的唯一的大不列颠公民。

那些和伦敦一样的其他城市，在君王、教皇或者主教的统治缺席（或是从中解放出来）的情形之下，蓬勃发达起来。当时的荷兰君主政体在海牙建立其永久住所，阿姆斯特丹得到允许作为一个自由贸易中心而繁荣兴旺。巴黎直到波旁王朝（在红衣主教黎塞留的帮助和支持下）强制实施严酷的中央集权统治时，才开始繁荣起来。"L'état, c'est moi"（朕即国家），路易十四强调这一点，并且尽管他在17世纪退出巴黎，将宫廷搬到郊区凡尔赛，也依然如此。只有到1798年的革命，才将这个城市和法国从君主对商业愚蠢的影响下解放出来。

另一方面，马德里是作为一个皇家首都而建立的城市，而且业已成为一个世界范围内的政治和行政的中心，控制并且得益于一个巨大的商业活动网络，但是它从来就不是一个重要的商业中心。同样的，在现代，华盛顿特区，规划和纪念性建筑都从属于一个为政治服务的城市，完全缺乏纽约那样由商业带来的生命力（和高耸入云的纪念碑）。堪培拉是澳大利亚的首都，但是企业都偏爱悉尼；巴西利亚落后于里约热内卢，在非洲，政府决定将多多马作为坦桑尼亚的首都，阿布贾作为尼日利亚的首都，以继续保持奢侈的政治形象,与此同时,达累斯萨拉姆和拉各斯则继续支配各自国家的经济活动。

君主的首都和商人的城市,这两种极端的形式,概括了政治和经济学研究中一再重复的理论,即专制统治会抑制经济发展,因而限制了城市的生长发育。例如,法国的哲学家孟德斯鸠比较了共和的荷兰和宪制的英国经济的飞速发展,以及在波旁专制统治下法国经济的萧条,并得出结论:

> 在帝王那里找不到伟大的商业企业家,而在共和国政府那里就可以……更伟大的事实是关于在这些国家拥有财产(鼓励商人这么做)保证了每件事……确保他们已经获得的,为获得更多而大胆地去冒险……普遍规律是:在一个奴隶制的国家,劳动的目的,更多的是保护已得到的而不思进取;在一个自由的国家,则更多的是进取而不是固守已得到的。[44]

孟德斯鸠的这段文字写于1748年。亚当·斯密在1776年脉络相似地写道:

> 在那些有相对安全的国家中,每一个具有常识的人都会努力使用他自己能够支配的任何资源……而在那些不幸的国家,人们一直被上层阶级的暴力恐怖所笼罩,他们常常是隐藏自己的大部分资源……在他们受到各种灾难的威胁时,他们认为自己一直暴露在灾难面前。[45]

孟德斯鸠和亚当·斯密所描述的现象可以简单地归结为:专制的君主(和政府)相信只有他们才能保证王国的繁荣;维护他们的地位是头等大事,并且在对付反对其专政方面花费了大量资源,和他们所掌握的资源不成比例。他们在国内限制自由,又在战争上为所欲为;他们建造矫饰的宫殿,过着奢华的生活,这一切都依靠苦不堪言的税收来付账。虽然商人们和弗朗西斯科·迪·马可·达蒂尼一样，对赋税能躲就躲，但是持续不断的超多的课税不可避免地阻碍商业事业（如果收益导致惩罚性的缴税，为什么还要进行商业冒险？），也就因此而熄灭了经济发展之火。

但是在自由主义政府掌权的地方，他们或者是由起源于商人的中产阶级领导（这些人更感兴趣于维持商业流通，而不是什么庄严的力量和堂皇的宫廷），或者他们受制于独立的议会。任何一种情形下，自由主义政府都认为繁荣是经济活力的结果，而不是由绝对统治保证的结果，并且在经济上制定目标，将国家的干预以及税收的不利影响最小化。

在20世纪90年代早期，来自美国国家经济调查局的经济学家布拉德福德·德隆（J. Bradford de Long）和哈佛大学的安德烈·施莱弗（Andrei Shleifer），对于这种绝对专制的统治抑制了经济发展的论点，增加了一些过硬的统计数据资料，他们分析的是工业革命之前八百年间欧洲的专制统治，以及城市的生长和繁荣。[46]

至今历史学家仍然倾向于赞美打江山的高贵权力，例如称颂路易十四为法国的"太阳王"；腓特烈二世为普鲁士"大帝"；以及西班牙的斐迪南和伊莎贝拉，因为他们建立了专制主义国家的核心，周围是19世纪形成的单一民族国家。但是德隆和施莱弗的发现却导出了相反的结论。他们指出，从公民的福利评估或者长期经济增长的角度来看，"专制主义政府的兴起和高贵权威的建立，都是值得悲哀的事情……不值得称颂"[47]。

德隆和施莱弗把波旁统治下的法国作为一个专制政体的范例，英国和荷兰的宪法政府作为非专制的典型，将欧洲主要城市的变化规模和增长率画出图表，相对于它们所处的政府是专制，还是非专制的连续政体。

到了1800年，西欧有56个城市的居民人口超过4万，16个超过了10万；伦敦和巴黎的人口都有50万之多。但是在此之前的几百年中，商业和城市发展的节点是变来变去的，而且德隆和施莱弗的分析表明，经济繁荣期的盛衰和政府的构成形式有直接关系。他们断定"专制统治时期的衰落是意味深长的，并且对城市的发展起消极作用"。换句话说，在专制政体控制了商业利益的地方，城市就发展缓慢，只是因为商人回应对其的种种限制，而将他们的事业中心搬到可以更自由交易的地区（如达蒂尼搬离阿维尼翁）。他们搬入的城市因此而迅速成长起来。

总之，哪里是君主统治，哪里的经济就步履蹒跚；哪里的商人蓬勃涌现，哪里的城市就兴旺发达。因此，坚持绝对统治的地区如意大利和西班牙，以及在此问题上失败了的荷兰和英国，共同成为这样一个事实的决定性因素，即欧洲1800个城市文明更多地聚集于英吉利海峡和大西洋沿岸，而不是在地中海周边。

此外，经济学家的推断还表明，如果欧洲在专制统治下再延续150年的话，城市人口将会减少200万。相反，德隆和施莱弗认为，如果欧洲当时全部都从专制统治下解放出来，将会增加40个人口超过3万的城市，并且城市总人口将接近800万。这样的商业和城市文明的发展水平，将足以推动工业革命更早地发生。[48]

第 9 章
复杂的运转系统

工业革命，使城市在一部分人的生活中具有更多正面的意义，同时也对另一些人造成了更多负面的影响。工业和制造业产生了巨额的财富，但是也产生了大量的贫穷。在社会真实的场景和乌托邦理想的幻象之间，富人和穷人互相依靠，永生共存。这一切赤裸裸地呈现出来。

1800年，世界处于工业革命的前夜，仍然保持着平衡稳定。在即将到来的经济、社会和文化的剧变中，首当其冲的是城市人口的大量增长。非常幸运的是，为其提供食物已不成问题。当然这是极其重要的。那时的农业生产为商业提供货源，在商业利益的引导之下运行良好，其本身已经成为事实上的产业化——持续从事供养城市的生意，并且使制造厂商和城市管理者可以专心管理他们的工厂，保证城市的正常运转。

自从世界上第一批城市哄着美索不达米亚的农夫离开他们自给自足的简单生活，进入到剩余产品的买卖中以后，时间过去了五千多年。有了犁和灌溉系统以及满腔的进取心，农夫们找到了如何能增进农业生产的方法，收获的粮食多于自己的需求。这就是农业革命。

从农业革命到工业革命，用了五千年。这期间，城市在总体数量和所容纳的人口数量上一直都在增长。这里值得注意的事情是，农夫们在控制着增长的步调——生产的粮食越来越多，供养的城市就越来越多。农业生产是如此有效率，只有在某些困难时期才让城市感到压力。粮食供应对于一个城市来说，从来不是什么理所当然的事情，但也极少成为需要迫切关注的问题。但是当然其内在的驱动力，可不是利他的人道主义，它才不费心去保证人人有饭吃——它的动机是利益。这里有钱可赚。人们总是需要食物，这门生意永远不缺消费者。

到了工业革命时期，城市周围的乡村出产极其大量的粮食，这也许只是整个食品产业中最为平常的一个方面。采购和包装的规模，运输和分发的网络，才是更为显要的。往城里送食品，新鲜的，日复一日，需要调动的人力和设备的规模，相当于军事行动。但这不是由将军和军官们命令那些训练有素、一切行动听指挥的士兵来完成的。相反，一个城市的食品供应完全是由那些渴望在每周末的账簿上看到利润的人来运作的。他们也渴望和供应者及消费者保持良好的关系，以使他们的生意持续到下个星期，以及再下个星期。

伦敦，在1800年时人口超过80万，到了1850年，人口数量翻番。按照碳水化合物来计算，这样规模的城市，每天至少需要40亿卡路里。如果假设都是以面包的形式被消费掉的话，城市每天的需求达到700万个1公斤的大面包。除了做面包所必需的——粮食、磨坊主、面包师、烤炉和烧火的燃料以外，还要有人、马、车运输。而且除了碳水化合物，人们还需要蛋白质、新鲜水果和蔬菜，这样才能保证健康。还得加上啤酒、杜松子酒、威士忌和葡萄酒，这主要是因为人们喜欢饮酒。

保障城市供应是一件极其巨大的事业——但是没有人在中央操控或预先计划，而且增长的速率也无法预见。它是有机地发生发展，以城市自身的经济动力来推动，由供需机制来调节，凭企业家逐利的商业本能来驱策。还要记住，尽管蒸汽动力带来了工业革命的大步前进，但是人力和马力还是劳动的主力。蒸汽火车只是解决了长短途的大容量运输的问题，但是却没有相应的货车将货物运进运出火车站。在比灵斯盖特（Billingsgate），搬运工匆匆忙忙地来来去去，头上顶着一摞装鱼的盒子（他们戴着平顶的木制帽子）；在卡文特花园（Covent Garden），搬运工扛着一袋袋土豆；在史密斯菲尔德，工人们则是搬运着整扇的牛肉……

古罗马的粮食供应，是城市供给有资格的公民免费的面包，在当时确实使人印象深刻，而19世纪50年代伦敦的食品供应，也很惊人，一点儿也不输于罗马。有一个未署名的作者在《季度评论》(The Quarterly Review) 的一篇长文中，将供养城市的规模及复杂性，以修饰的辞藻抬升到一定高度：

> 在夏季的清晨，当炉火还没有升起，无边的烟尘还没有笼罩大都市的地平线，如果这时，一个观察者爬上圣保罗大教堂的顶部，倚立在阳台上……他将会看到在他的脚下，沉睡着的人类最伟大的营地，正沐浴在初升的阳光里……
>
> 在他的眼光扫过之处，展现的是250万个他的同类的聚居地——但是在表达如此之众多人数的概念上，言辞又是多么空洞贫乏啊……瑞士，在她的上千的山谷里，也召集不到这样数量的一支军队；甚至在繁忙的荷兰，在她的桅杆林立的港口和闹哄哄的城市，以及人烟稠密的草原上，也几乎没有能够相提并论于这些正在他脚下拥挤一团的可以听到大钟之声的几百万人。当这个观察者凝望着这一片非凡的景色时，城市正在从沉睡中醒来，刚刚有些动静逐渐侵入他的耳朵。车轮的隆隆声，锤子的叮当声，还有清晰的人声……宣告这个强大的城市再次醒来，正要投入一天的忙碌之中。缕缕青烟爬上天空，早餐就要准备好了。这时，一个想法自然而然地浮出脑海……是怎样一些复杂的轮系使所有的机械运转起来，由此而使这250万人能够日复一日地坐在他们的餐桌前……他陷入了沉思，思考着有关如此大量的人群的供需方式所带来的协调

一致……蒸汽的细线,明确地标记出这个时刻:它们从地平线上涌出,一趟接一趟,向他汇集过来,预示运载大量补给品的火车的到达,储存货品……在这个使伦敦成为地球关键点的庞大网络中,他的眼睛能够分辨出新添的细线吗?仔细看上一眼,他就能够注意到两股力量(蒸汽和电力)在伦敦的供需之间保持真正的平衡。[1]

这首献给伦敦的平滑运转的赞美曲,继续描绘着这个城市消费掉的肉、鱼、蔬菜、水果、面包和啤酒的数量,以及运到城市并且散发到各个角落的手段方法。例如,在12月和5月之间,一支由240条快帆船组成的船队,从葡萄牙和亚速尔群岛运来6000万个橘子和1500万个柠檬;每年从巴哈马群岛运来的菠萝有20万个。牛和羊较少从外国运来,每个星期五的夜里,在邻近的史密斯菲尔德市场,都要宰杀1200头牛和1.2万只羊,以供应全城的星期六晚餐。新鲜的青鱼、鳕鱼、鲽鱼、黑线鳕鱼、欧蝶鱼以及其他各种食用鱼类,每天成吨地运进比灵斯盖特市场。一年有2亿条腌鱼和熏鲱鱼,以及超过100万只的龙虾和5亿只牡蛎被吃掉。

在格林威治、切尔西、巴特西、帕特尼、布伦特福德及其他地方,共有1.7万英亩的商品菜园为全市提供蔬菜和水果。这些菜园畦垄整齐,"犁沟就像是用铅笔而不是犁铧划的"。整个田地上面都盖有玻璃暖棚。一群群鸡散养在里面以对付虫害,鸡脚上戴着套子,防止它们刨坏作物;用6先令可以买一打蛤蟆,它们是用来关照那些吃菜叶的蛞蝓和蜗牛的;20万根腌菜用的小黄瓜,每天早上被摘下来送到酱菜商手里。每天,马车运到卡文特花园菜市场成吨的产品,并且"同一辆车早上运走一车卷心菜,几小时后又见它运回满满一车肥料"。田地广泛使用肥料和深耕细作,一年可以收获四次到五次。

这篇文章试图得出结论,"对于……每年养活首都的巨大量的食物供给,在头脑中形成一个恰当的印象"。数字本身已足以令人印象深刻,但是"让我们想象一下,"作者建议道,"看一看我们的胃口获得满足时的景象吧":

如果我们决定把海德公园作为展示场所,将伦敦喝掉的啤酒的所有酒桶堆在一起,就将形成一千个垂直高度1英里的圆柱体。想象着自己站在这个塔顶,我们可以瞭望到将要赶赴的盛宴。从这里我们发现北大街一直延伸到远处大地尽头。看哪!一群强壮的公牛,伴随着阵阵大声的咆哮,在我们的目光里从北方逐渐走近。大量的牛角在路上纠结一起,绵延数英里。即使十头并肩一排,牛群的队尾仍将在72英里之外,而在侧翼挥舞着刺棒的赶牛人离彼得伯勒还远着呢。在公园的另一边,当烟云散尽,我们看见西大街,在目力所及之处,聚集着一大群咩咩叫的羊,在羊群(十只一排)的最后面的牧羊人,还有正在焦虑地跑来跑去,唯恐队尾的羊落在布里斯托尔郊区的牧羊犬,都在我们啤酒桶柱的121英里以外。沿着皮卡迪里大街、摄政街、斯特兰德街、舰队街、齐普赛街以及向东的迈尔恩德路一线,7.5英里长的街道和堤道上挤满了小牛,仍然是十只一排;在平行的贝斯沃特路、牛津街和霍伯恩大道上,我们只会看见9英里长的哼哼着蹒跚行进的猪群。正当我们观看这些从地平线处走过来的动物群时,天空忽然暗了下来,像是从天而降一个黑罩子,其实是一大群鸟禽。有野鸟、家禽、野鸡……它们翅膀挨着翅膀、头尾相连形成一大片乌云,面积绝不小于整个的圣詹姆斯公园,或者说不少于51英亩。这巨大的飞禽群飞走之后不久,我们脚下的公园就被野兔和家兔淹没了。给它们喂食,一排两千只,要从大理石拱门一直排到肯辛顿花园的圆形水池旁——至少1英里。让我们把这个大都会一年消费的面包全部堆砌起来,就会发现它们可以堆成一个大金字塔,底座200英尺见方,伸向天空的高度可达1293英尺,几乎是圣保罗教堂的三倍。现在去听听水流的声音吧。我们发现有七家水务公司负责每天的供水。如果允许它们流入圣詹姆斯公园附近的区域,他们就会用24小时将整个地区注满30英寸深的水,全年的供水量将会完全淹没(1平方英里范围内的)城市,深达90英尺。坦白地说,对于鱼类我们说不了什么:当数量达到10亿以上时,任何计算都是在考验我们的耐性。无论如何,我们都不怀疑它们将形成十分庞大的蜿蜒的实体。还有火腿、熏肉、咸肉,以及所有各种各样的食物,我们都还没有计算,事实上它们的数量之多,一点也不少于……天上的星星。

从 1851 年人口普查的资料,这篇文章的作者计算出至少有 50 万人直接或间接地从事供养城市的工作。是什么能让他们如此有效率地协同工作?这位作者断言:

> 这架伟大的分配机器运转平滑,应归功于竞争的法则,它是如此之精细地调节生活所有的各个方面,并且在本质上,这种供应方式对整个社会可能是最好的,而且完成的情况,要远胜于任何一个单独的大脑所能设计出来的最聪明的中央集权系统。

伦敦是当时世界上最大的城市,其多样性的网络维持着有史以来最密集的人口。《季度评论》非常赞赏这种竞争策略。但是这种竞争也使得为构建上述网络而尽心竭力的上百万人陷入不同的境地,富有或者贫困,甚至是完全被诱骗掉入陷阱。竞争造成了伦敦居民的高度分化,一些人十分富有,一些人相当走运,但是大多数人是贫穷的,甚至是赤贫如洗。对于这种社会现象,大多数人持宽容的态度。

这是英国社会剧烈变革的时代(这种变革也遍及发展中的世界)。工业革命的起始迅猛促进了城市地区的发展,并且也催生了新秩序。发明创造和金融产业代替土地所有关系,成为国家的经济支柱。内陆的煤和铁矿石开采容易,因而催生了那里的工业城镇,此时,伦敦作为金融首都而兴旺发达。纸币代替了实物黄金或者土地,成为财富的衡量标准。投机者在股票、债券和保险上交易,可以一夜暴富(或者破产)。在英国军队追着法国人横跨欧洲时,富人们发现借钱给政府(以战争贷款的形式)是一件有高额回报的事情,但是最终的结果却是让政府破了产。

国有资产被卖掉用以抵债。当初属于国家的房地产（例如伦敦的马尔伯勒住宅）现在转移到私人手里。新概念的税种引入以减轻国家债务，但是负担分布得不均匀——不是每个人缴其应缴的部分，许多人上缴的超出他们能够承担的数额。例如，对所得收入和所有财产征收的直接税，相对于人人都必须缴付的货品和服务的间接税，税额就很少。而且，富人们还想尽办法逃避税赋。因此穷人比富人缴的税多。

贫困普遍存在于城市中，更是广泛存在于乡村的人群中——他们就快要撑不住了。工业革命所带来的巨大变化，导致了农业耕作方式上的机械化。从长远观点来看，这场农业革命使得农作物获得极大的丰富，种类更多，产量更大，并且使得家畜更有利用价值。这些发展带来的是重大的利益——确实，没有它们，这个国家就不可能在二十二年的战争以及随之而来的进口封锁中生存下来。但是短期来看，这些改变给许多人造成了无法承受的困苦，农业工人被迫失业，村民公共放牧的草地被圈占了，租地农民的财产被地主所霸占，因为地主想要将地产改造成一个大型农场。许多独立的农夫只是因为没能跟上潮流而破产。社会评论员威廉·科贝特（William Cobbett）报道说，1823 年 6 月，有 260 个债务人被收押在舰队街监狱，其中 120 个是农夫，他们已是一无所有了。[2]

威廉·科贝特 1763 年出生于农业家庭。那时的生活方式不是依靠钟表，更多的还是日出而作、日落而息的生活。他于 1835 年去世，经历了工业革命的第一次浪潮。科贝特的早期生涯是在土地的劳作中度过的。他在父亲的膝头上受到了基本教育，怀着明辨世间善恶的一种不可磨灭的信念长大成人。他是一位作家，但是一生都在心底保持了农夫本色——天生的言辞激烈、大胆甚至是不计后果，敢于无情地揭露在高层中看到的坏人坏事。

科贝特的出版事宜在伦敦，农场在汉普郡、萨里和肯辛顿，因此他同时对城市和乡村都有深入的了解。但是也毫无疑问，他的同情心倾向于哪里。他深切关注大城市的生长给乡村人们的生活所带来的影响。同时代的狄更斯、雨果和左拉在有关城市剥夺乡村的主题上，创作了具有伟大文学价值的有力量的小说，作品中描述的当时欧洲城市中极大财富和一贫如洗比肩而立的现象，令人难忘。科贝特留给我们的是一份独特的记录，记载了乡村中正在发生的一切。在那里，人们缺乏甚至已经熄灭了生活的希望，被迫在城市街道上做乞丐，一次又一次地伸出他（或她）的破帽子。他笔下的乡村和其中的人们都是聪明和富于感情的，但是对城市就没什么好话了，并且更进一步，保留了他对伦敦的极大愤怒。他的激情燃烧在字里行间（经常用大写字母表示）："这个畸形的瘤子。"他在1823年写道，"这个腐化堕落、贪得无厌的瘤子，（它）吸干了乡村的血脉。"[3]

"（城市）吞掉了集镇和村庄，商店吞掉了集市和货摊……"科贝特指出，加上在城市社区中"几乎没有人想到自己动手为需求做准备……去买现成的东西已是当下的时尚。主妇们买来加工好的晚餐：没有什么比借乳给婴儿吮吸更普通的事情了……"[4]甚至是在切尔滕纳姆的令人愉快的科茨沃尔德温泉小镇，也令科贝特感到不快：

> ……他们称之为"水之地"；就是说，这样的一个地方，东印度的掠夺者、西印度的挥鞭者、英国用税收喂饱的人，以及那些贪吃暴食者、醉鬼和各类浪荡子，男的女的，为这些人准备的疗养地，他们在安静的提示下大声喧哗、吹嘘欢笑，希望摆脱因为他们的种种罪恶和不公而造成的身体上的恶果。[5]

政府还没有意识到土地的问题，而且所关注的事物更多的是和发展生产有关，而不是提高社会福利，但是还是委任了一个农业委员会去调查研究国家的此类事物。科贝特不相信这些委员们的动机和能力，决定自己亲自去看看。在19世纪初期，他用了十年的时间走遍了英格兰南部——在马背上。这些旅行当中的调查报告，定期发表在他的《科贝特每周记录》（Cobbett's Weekly Register）的专栏上面，并且在1830年集结成书出版，名为《骑马乡行记》（Rural

Rides）——这是科贝特的名著。

虽然《骑马乡行记》这本书留给读者的印象是科贝特热爱乡村而厌恶城市，但是它确实是一本最早和最重要的社会记录。其内容庞大、叙述精确、生动有力，十分杰出。科贝特事无巨细地描写了土地所有、土壤品质、农场管理、谷物的播种和收割、家畜的饲养和屠宰——事实上他给出的足够多的细节显示，科贝特时代的一个前工业化的典型农场，在能量的输入和产出方面，其效率是现代版本的二十倍。[6]

科贝特是一个对事实和精确性十分执着的人，但是也还没有走到极端。在他的19世纪早期农场生活的记录中流露着一缕乡愁，他为逝去的年代而忧伤。在那个年代中，地主乡绅对土地以及托付给他照顾的人们都担当着责任：

> 这里是教育之地。最初的兴起是在这里，这里有产业和美好时光，有清醒的头脑、庄重的语言、清洁的个体、正当的服从……这就是英格兰……从这里激发了人们之间最好的竞争，世界有目共睹。国家应该感激这种优秀习性……这里养育了冷静和有才干的工人；而且为军队和战舰提供了坚强的男人，他们的这种品性，应归功于幼年时的教养。[7]

在19世纪20年代，英格兰还是默默无名的。迫于土地的压力，开始进行一些道路的基本建设，以使全国的交通（不仅仅是从农场到城市的产品运送）更加便捷。但是工人的工资很糟糕。"你怎么能够靠半克朗过一星期呢？"科贝特问一个正在萨里的大路边敲石头的年轻人。"我不靠这个，"年轻人回答，"我到私地去偷猎，就算绞死也总比饿死强。"[8]穷困使得许多人加入偷猎的行列，因此针对任何一个被抓住的人，政府制定了严酷的惩罚规定。一个人要是被抓住并被证明偷猎了一只野兔甚至一只鹌鹑，就会被送到澳大利亚流放七年；如果是攻击猎场看守人，他就会被处以绞刑。

一些土地所有者在领地里设置捕人陷阱（甚至一直到 1827 年宣布为不合法之后仍存在）。科贝特在一次骑马穿过肯特时，经过一片名为"天堂"的私人土地，围栏上面有警告词："这里安有弹簧枪和铁夹子。""这可真是一个有关天堂的好想法，"他怒斥道：

> 知道这里安了弹簧枪和铁夹子！这无疑是那些股票经纪人的地盘……他们一进入这个国家，怎么看他们都是一群好战分子，向周围的一切开战。他们总是把每个劳动者都当成贼看待。[9]

怀着对乡村穷困潦倒而城市兴旺发达的痛苦认识，科贝特于 1826 年 9 月写道：

> 从我自己来说，当看到这些悲惨的同胞时，实在是耻于自己骑着一匹高头大马，吃得饱饱的，还穿着干净的衬衫；当我看见他们虚弱地蹒跚走过，当看到出现在我面前的穷苦的脸上只剩下了皮包骨……看到这些贫穷的人们，我很羞愧，想到他们也是我的同胞啊。

几天之后，科贝特赞赏一群在汉普郡的田野里养的肥肥的公牛，但是无情的事实使得愉悦的场景减退了光泽：

> 这些优良的公牛，人类食物中的精华，是啊，它们吃的每一口，都是为了运往那个狼吞虎咽的瘤子般的城市，而且，那里的大部分食客是犹太人、贷款和股票经纪人、侵吞税款的人，以及他们的卑鄙又下贱的追随者……这些人，如果生活中还有痛苦的话，应该就是没有分得好肉，只有下水了，或者是来晚了，就只剩下一块，后面还跟着一群猫狗！

在科贝特看来，城市里的暴发户、金融家与政治家、贵族和神职人员共谋,颠覆了长期以来已确定的传统习俗,以牺牲那些祖祖辈辈努力在土地上获取诚实生活的人们为代价,增值自己的财富。他还注意到一个有意思的趋势:当城市居住者的财富增加以后,他们产生出一种迫切的愿望就是住到乡村去。科贝特在他的报告中评论了这种现象及其后果,写于1823年5月当他骑马从肯辛顿去南部海岸之时:

> 布赖顿镇在萨塞克斯,离那个瘤子50英里,位于海滨,被股票经纪人挂念着,因为它可以提供有益健康的空气……股票经纪人的家当以及女人和孩子留在了布赖顿。他们在兑换巷跳上跳下四轮马车,居然随身带着股票经纪工作,但他们却是住在布赖顿……每天有不少于二十辆的四轮马车离开这个瘤子去布赖顿;而且有三四条不同的道路可走,这就有了竞争。因而使得人们努力缩短和平整道路;在这里你可以看到几百人和马匹在不停地劳作,以使犹太人和股票经纪人愉快而迅速地旅行。当然犹太人和股票经纪人要交过路费;但是,他们更是从土地和劳工身上榨取钱财。他们榨干所有这些,从南到北,一个也不放过,还计划着在布赖顿的路上赚些钱![10]

《骑马乡行记》中饱含了科贝特对乡村的热爱,致使农村生活的严酷现实在他的描写中往往被忽视。这本书是关于英国社会主要变迁的唯一纪实报告,文字中倾注了深深的感情,并且显现出一个新闻记者的敏锐目光——看到从农业和贸易买卖的经济无情地转变为以工业和制造业为基础的经济所带来的影响。但是被引用得最多的,还是科贝特反对罪恶城市的激昂说辞。通过比较可以推断出科贝特时期的农村一定是美好可爱的地方。在一些地方确实如此,正如约翰·康斯太布尔的美丽油画所显示的那样。但是,对于大多数地方,普通劳动人民在乡村谋生,甚至比经济不确定时期生活在城市里的人们还要艰难。这就是为什么有这么多人放弃了努力,涌入城市去谋取一份工作、一张床和一块面包皮。从城市的角度来看,他们的行为是有好处的。因为没有这些源源不断地从农村来的移民,城市就不能持续发展壮大。

人们要是阅读了城市生长的有关内容,就会推想是人类的繁殖能力对于城市人口的持续增长做出了有意义的贡献。即使移民的输入完全停止了,城市自身的人口也会充分自然地增长。真实情况不是这样,事实是直到最近(只是在发达国家)城市里还是逝者比生者多。因此,这是城市寄生在乡村身上的另一种形式,和供给食物一样,乡村还供给人口。城市生长和生存的基石在于其周围的乡村地区。城市居民不能生产自己所需的食物,他们也不能养出足够多的孩子来顶替那些死去的城里人。并且真正令人惊奇的是乡村的出生率一直设法跟上城市的人口需求。确实,农业革命不仅推动了工业革命,它还为填充城市的人口革命添砖加瓦。

我们将伦敦作为这个不平常现象的一个例子。1551年,这个城市的人口是8万。250年后的1801年,它达到了86.5万人——增长了十倍还多。这些人都是从哪儿来的?当然一些是出生在这里,但是大多数还是从乡村来的,因为乡村地区比城里更适于生产和养育孩子直至成年。在这250年间,伦敦的平均出生率是13%,低于英国乡村,而死亡率要高出50%。[11] 实际结果就是乡村的出生率和存活率持续超过死亡率,产生的人口剩余就能够补充城市的不足。幸好就补给了伦敦。

这些事实似乎意味着农村生活是较好的选择,但是没有这么简单。城市的基本问题——贫穷、疾病、堕落和犯罪通常都是社会问题,不能归结于城市或者乡村的环境状况,是人们制造了问题,而不是环境。但是这种在性质上区分城市和乡村的倾向,总是不离我们左右。无论是拔高乡村还是痛惜城市,威廉·科贝特和他那类人所弹奏的和弦,都在现代的灵魂中引起深深的共鸣。这里有个例子,2000年,当布赖顿和霍夫这两个相连的市镇申请成为一个城市时,专栏作家(也是布赖顿的居民)朱莉·伯奇尔(Julie Burchill)居高临下地呼喊道:"想要成为一个城市,就感觉是要成为一个赘疣。对于这种荒唐的自我牺牲只能说一句——杀死城市。"[12] 但是从本能的水平上来看，或许乡村和城市就像是直接对立的两方面——前者天生就是好的，自然地生长更替、不断循环；而后者天生就是坏的，有无限的需求用以维持和重建。

进化论生物学家或许会指出，这样的本能是有其遗传基础的，是由到目前为止在我们人类进化历史中占据大部分的狩猎采集模式，即直接从大地获取支撑的生存方式所赋予的。在定居社会里生活，只是一个最近的现象，所以可能是基因在告诉我们，城市里的个体的和集体的病症，都能在重返乡村时得到有效治愈。

另一方面，适应性也是物种遗传得来的特性。毕竟，适应能力是人类最大的天赋，表现在无论是远古人类在外貌和行为方式上配合环境的进化过程（即三百万年前在非洲热带大草原上所发生的），或者是适应环境以求人类所需（即一万年前农耕出现以来所发生的）。人类文明就是这个过程的一个结果，并且从单纯的生物学观点来看，这种适应性也取得了极大的成功——现在活着的人数要比前人多。

了解尽可能多的有关城市如何建立和成长，社会如何在城市环境下组织管理事物，这会很有趣——甚至可能很有用。这些问题纠缠了多少博学的大脑，从古希腊人到后现代主义者，这是不言而喻的。书架上塞满了这方面的书籍，还有杂志，每年各种发表的文章，甚至还有一门学科：城市及区域规划学（ekistics）——一门研究人类定居以及发展的学科。但是研究并没有达到直白易懂；数量没有带来清晰明白。

在19世纪，世界范围内当技术加速了城市化的步伐之时，科学给人类事物的研究蒙上了一层假象，不仅使得这个研究本身令人误解，也使得研究在很长时间里逐渐衰弱。

在1798年出版的令人沮丧的《人口论》（*Essay on Population*）一书中，英国牧师兼经济学家托马斯·马尔萨斯断言，根据他的推论，人口的增长是几何级数的，而同时粮食的增长是算术级数的，最终前者肯定会超过后者。只有战争或者悲剧（例如饥馑和疾病），或者"道德上的克制"（例如计划生育），才能控制数量的增长以及当时城市里到处可见的贫困。这个主张得到了许多贤明之士的首肯，它的重点在于缩减要养育的潜在的贫困人口数量，但是却激怒了威廉·科贝特。他写了一封公开信给马尔萨斯，宣称："牧师，在我一生中讨厌过很多人，但从没有一个人像你这样令人恶心！"[13]

其他人从牧师的文章中获得了更有眼光的观点。例如，达尔文就开始思考这个问题，即无论人类人口怎样，野生的动植物确实是生活在一个与"自然的"世界的平衡之中。一种天然的机制控制着它们的数量规模，他推断，而且从这个观点出发，他发展出了自然选择的概念——这正是他的进化论的基本原理。

通常都认为"适者生存"这个词是由达尔文创造的，作为他对自然选择原理的一个解释方式。但这不是事实。这个词出自于赫伯特·斯潘塞的笔下，发表于1852年，比达尔文的《物种起源》早六年。但是斯潘塞和其他人都认为，"适者生存"巧妙地混合了达尔文的更加严谨的科学之后，产生了一个社会演变的概念——社会从原始的起点到维多利亚女王时代的客厅，其"进步"是选择的过程，这个过程只允许"适者"生存下来并且繁衍他们的种类。这样，可憎的社会达尔文主义诞生了。这里的"适者"事实上是指富人——现在他们有了一个"科学"的分类以支持他们的短缺的同情心，他们对城市中大量的贫困人口视若无睹。穷人在这样一个世界秩序里是不适合的，这里的财富和势力都集中在金融和工业中心。他们不可能竞争，无法生存，最后只有死掉：这就是社会达尔文主义者争论的要点。

此时，社会科学纷纷显现，满怀着自以为是的信心，解释19世纪城市的社会失败；小说家则是以一种白描的手法描写现实生活；一帮精选出来的思想家，追随着乌托邦的传统，不仅仅描写事情有多么的坏，而且还要告诉人们它们应该是多么的好。"乌托邦"一词

第9章 复杂的运转系统

是托马斯·莫尔发明的,他在其1516年出版的著作以此为名(以及主题),但是这个理想世界的概念可以上溯到更早时期(一些样本来自近四千年前的古埃及),而且可以假定,传播得也很广泛。它还以另外一种形式存在,天堂的想象,或者伊甸园,将理想世界的概念牢牢地放进信仰的核心,有了它就可以使每天的生活过得相对容易些。

所有门类的宗教信仰都承诺那些得到祝福和行为端正的人,在死后可以获得乌托邦的天赐福佑——一般都是在天上的花园里,那里有永远的好天气、枝头累累的果园和汩汩清泉。中世纪的农民梦想着安乐之乡(Cockaigne),在那里,他们将从短缺的食物和繁重的劳动中解脱出来。同样著名的"天堂"(Schlarraffenland),即德语的"奶和蜜的土地"(land of milk and honey),以及荷兰语的"懒散甘美的土地"(Luilekkerland),安乐之乡许诺的是一种宴会、睡觉和享乐的生活——你睡得越多就得到的越多。

一幅老勃鲁盖尔的画显示了安乐之乡的居民各种过分放纵的情形。一张虚构的15世纪的地图显示了安乐之乡的碎奶酪山漂浮在葡萄酒的海洋上,天空中像下雨一样坠落着烤熟的鸟,树上的成熟果实一年四季都可采摘,猫头鹰分发着毛皮大衣,人们会因为工作而遭到逮捕。[14]

没有人起死回生来确认天堂的存在,也只有少数农民真的相信安乐之乡不全是幻想(可是它也激发了18世纪那不勒斯的库卡纳[Cuccagna]狂欢节的灵感,人们搭起一座由肉、干酪、面包、水果和蔬菜组成的拱门,当做礼物献给国王。当国王一声令下,人们蜂拥而上,毁坏拱门,尽可能多地抓抢食物,为国王和宫廷上演一场娱乐大戏[15])。

柏拉图在公元前360年写的《理想国》中所描述的城市,是西方现存最早的设计乌托邦的尝试。其中并没有什么幻想的成分,他是以此来解决人类和现实世界所面临的问题,而不是不切实际的梦想。确实,柏拉图的设计十分彻底地处理了人类的需求、野心和行为的现实问题,以至它不仅自身获得了乌托邦的资格,同时也成为西方思想史的奠基石。[16]

柏拉图的乌托邦文本揭示了人类的力量和弱点的残酷现实。他强硬地鼓吹法律和秩序，以及严格地压迫。确实，他的多数主张不符合现代读者的思想：奴隶数量超过公民，三比一；社会严格地分为三个阶级，由保护者统治，私人财产和家庭是被禁止的。妻子们是共有的，生养是严格控制的，并且人为设计产生聪明强壮的孩子；战争是一种光荣的追求。但是柏拉图的目的不在于过多地创造"理想的"城市，而是在于描述"公正的"城市，在其中他更关心的是处理人类关系的现实问题，而不是强迫人们去往一个完美的梦境。因此，正是他确定的原则，而不是他设想的解决办法，使得柏拉图的乌托邦尤其有意思。

一个被描述为"公正的"城市，其建立的条件是什么？为了探寻这些条件的定义，柏拉图开始首先承认了城市的存在，主要是因为不同的人都发现了城市的有利条件，可以使他们在紧密的范围里操持不同的手艺、进行交易和追求。之后，就是多样性，在柏拉图看来，这是城市基本的和不可或缺的特性，他相信一个城市只要公民完成分配给他的任务——仅在这时多样性才有共同点，这个城市就兴旺繁荣。当然，城市本质上的差异性广泛存在于整个价值观，从最上层贵族到最底层的人们，从最有权势的人到最缺吃少穿的人——就是这样；柏拉图的设想并不是期望每个个体都是公正的——他要求的仅是公民里有权有势的一群人，要理解不公正并且保护普通的好人可以正常工作。[17]

柏拉图强调了多样性是能使城市繁荣的特性，这很有意思。两千多年以后，达尔文同样注意到，一块地上播种种类各异的植物，比播种单一种类的植物能产出总重量更大的草本[18]，之后，生态学家阐述了在所有生存体系里多样性的重要性。柏拉图走在了所有人的前面，并且他还有效地提供了应用于人类系统的生态学基本原理：城市的繁荣依赖多样性。或者可以说，城市是一个含有互相支持的活动和交流的复合体（multiplicity）。

在柏拉图的陈述中，城市是中心。实际上，设想中的乌托邦似乎总是坐落在城市的环境里，好像城市自身暗示着在强大自然之下的人类统治，里面的几何形的房子和图案化的街道，下意识地重复着他们的社会形态和政治组织的设计构成。

托马斯·莫尔在他的《乌托邦》里创造了54个城市（乌托邦是一个岛，周长500英里，位于远离已知世界的某处），规则分布在整个领土上，"任何一座城市与其相邻城市的距离都不超过行走一天的路程"[19]。首都城市是亚马乌罗提（Amaurote），但它和另外的53座城市没有什么区别，因为它们都是一样的规模并且按照同样的图纸建造。"谁都认识谁，认识所有的人，他们都如此相像，"给莫尔提供消息的人说道，"房子都是整洁而华丽的，沿着街道的一边，连在一起一字排开，从头到尾延伸整个街道，中间没有打断或分隔。街道有20英尺宽。"每过十年，屋主都要再次抽签，根据结果交换房屋。[20]

每个人都有一份职业（木匠、泥瓦匠、铁匠、裁缝），并且，因为一个城市里每年有一定数量的居民，要和相等数量的乡村居民交换位置，所以每个人也都是有经验的农夫。规定每天工作六小时，能够给每个人充分供应所有物品。食品和必需品储存在仓库里，每个区指定的官员可以自由地从中提取发放。家庭成员允许在家吃饭，但是通常都愿意去公共食堂吃饭，那里的食物极好（都是由妇女按值班表轮流准备的），大厅里还播放着音乐和有教育意义的朗诵。闲暇时间贡献给了园艺、讲演会，或者是锻炼头脑的棋类游戏。这里没有酒吧或酒馆；"没有偷偷摸摸来的人，也没有任何地方提供给不好的委员会或者非法的集会使用"。每个人都是8点上床睡觉。[21]

在乌托邦根本没有钱的概念——甚至没有物品价值的概念。那些从海边收集来的珍珠，以及从岩石上采下来的钻石，都是用来打扮婴儿的，而且当孩子们长大时他们自己就会扔掉。贵重金属的价值仅限于它们的实际功效："金银常被用来制作普通的夜壶和其他卑微用途的容器，不仅用于公共大厅，也用在人们的私人房间。"尽管私密性是相对的。在乡村,每家或每个农场的人数都不少于四十人,他们共同生活,"服从家族里的好男人和好妻子的管理和差遣,他们都是德高望重的人"。在城里,每家都有一个前门和一个后门,但是他们从来不用门锁或插销,用一个指头就能推开。任何人都能随便走进一所房子,而不用担心被当成小偷,"因为房子里没有什么东西是属于私人的"[22]。

莫尔的乌托邦是一块幸福安康之地,这里的人们彬彬有礼、热心公益,他们分享一切,而且绝对忠于掌控他们生活的规则。每个人都为公共利益而放弃个人的利益。这种主张存在于每一个已经设计出来的乌托邦之中——从柏拉图到马克思。人人都高兴地遵从严格规章的管理,没有竞争,在所有事情上,人人平等。如果真是这样,那些人性的问题、城市的问题将会在一次冲击之后消失不见。但是当然,在乌托邦理想的核心有一个矛盾:严格的规则和强迫的平等,需要有一个权威去评判什么是对的,什么不是。就像奥威尔指出的,一些人总是觉得他们比别人更胜一筹。

在拥有了发展进化、人类生物学、社会科学和政治等的相关知识的现代情形下,那些遍及所有乌托邦神话的非现实感觉也快要被遗忘了。它们是有趣的,很有娱乐性,但却完全不现实。而且除此之外,每件事都是组织好的、完美的、事先预知的,那么乌托邦的生活岂不变得极其沉闷乏味?人们可以得到如此之多的好事吗?肯定有人在某时某地就是要晚睡,偷一个金夜壶或者干点儿什么别的越界之事——只是想要排遣完美的单调。正如维多利亚时期浪漫的威廉·莫里斯在其乌托邦神话《乌有乡消息》(*News from Nowhere*,1890年第一次出版)一书中,允许一个不满的祖父谈论道:"我想,一个人除了坐在一片湿云彩上高兴地唱赞歌,还能做很多和他生活有关的事情。"[23]

第10章
城市出现短缺

19世纪后期，城市提供了大量就业机会，因而也促进了城市的迅速增长。食品的生产一般也能跟上城市人口增长的步伐。但是在那些坚持前工业化的农业和市场行为的地区，在关键时刻供不应求。德国及其城市越来越依赖进口，以维持基本日用品的供应——这在第一次世界大战期间造成了灾难性的后果。

现在的德国北部是一片开阔的沙质平原，上面有湖泊、欧石楠丛生的荒野和松林、白桦林。这里不可能是托马斯·莫尔的乌托邦和柏拉图的公正之城，或者任何别的类似的城市的所在地，但是，就是在这里，以"铁齿"闻名的霍亨索伦大公（Hohenzollern）在1443年占领了施普雷河岸上的两个12世纪的村庄，为欧洲最大城市之一打下了基础。村民们并不欢迎大公的到来。他们奋起抵抗，非常猛烈。但是"铁齿"不容违抗。他建造了一个城堡并设立了基地，目的是开拓那一片巨大的、可以从中索取并不断扩张的自然之地。从此以后，这个不为人知的乡下小地方，既没有自然资源也不占有特殊位置，但却因其他的因素而获得重要地位，成为一个国家的管理中枢，控制着一大片日益扩展的中、东欧的广阔区域。它在1450年发展成为勃兰登堡的首都；从1701年开始是普鲁士的首都；成为日耳曼的首都是在 1871 年；1990 年成为重新统一的德国的首都，并且在 2004 年当欧盟向东扩展包含之前属苏联的国家时，它成了欧洲的地理上的首都。它就是柏林。

柏林是一个非常人工化、政治化的产物。在霍亨索伦王朝的腓特烈大帝的统治下，在拥有"君主的首都"之头衔的城市中，它当之无愧地位列前排，这在第 8 章结尾已叙述过。它是专制主义政府的宝座，是德国建立单一民族国家的核心。工业革命使德国更加强大，19 世纪末的柏林，在各个可被评估的方面——规模、人口、经济、财富、文化等，都是一支不能轻视的力量。但是野心被证明是柏林最强大的力量，君主的野心——皇帝的雄心。

1870 年，普鲁士侵略法国。1871 年 1 月，他们包围了巴黎及法国国王。在路易十四建造的凡尔赛宫中，威廉一世庄严地宣告成为德国皇帝。[1]这是第二帝国的开始[2]——庄严伟大的幻想不仅反映在举办庆典的镜厅，也体现在威廉所得到的头衔上。迄今他所拥有的称号是 König，即来源于古高地德语"chunig"的一个词，意思是"家族"或"种族"。在镜厅，他们授予他皇帝（Kaiser）的称号，源自古罗马最著名的皇帝——尤利乌斯·恺撒。

威廉一世皇帝及其政府认为，德国皇帝就是恺撒的皇权在工业时代的再生。皇帝之鹰是国家的象征；首都柏林市内，装点着古典主义风格的大厦，以及海外殖民地的战利品，这表现出德国的全球帝国野心。

但是，罗马帝国统治了几个世纪，而第二帝国只维持了四十七年零十个月。不是因为它缺少人力和才能，也不缺乏追逐帝国野心的工业生产能力和财富，最终是因为它加入并打了第一次世界大战，却没有对粮食问题给予足够重视。正如 22 年，提比略皇帝对罗马元老院强调他的职责时指出的，如果供养罗马的任务失败，"国家将随之而崩塌"。[3]德国最终不是因为军事失败而结束战争，真正原因在于其城市人口的困境——饥馑。柏林更是深受其苦。这是一个令人深思的故事。

1871年，当柏林成为统一德国的首都时，兴起于一个世纪之前的各项激励措施——其中最主要的是教育，这时已经显现出成效了。腓特烈大帝颁布命令，柏林应该成为"施普雷河畔的雅典"。但是命令并不能产生许多如柏拉图和亚里士多德一样的哲学家，更多的意义还是在于实际的目的。腓特烈大帝希望德国在技术领域获得先进地位，尤其是在那些可以用于打造普鲁士工业和军事强大实力的领域。因此，柏林的矿业学院成立于1778年，1799年是技术大学，柏林大学成立于1808年。

从这时起，柏林就成为欧洲最大的研究中心之一，许多在自然科学和社会科学各个领域最杰出的人士都居住在这里。地理学家亚历山大·冯·洪堡，病理学家鲁道夫·魏尔啸（Rudolf Virchow），诺贝尔奖获得者罗伯特·科赫（Robert Koch，他在肺结核和霍乱病菌方面有重大发现），基尔霍夫（Kirchhoff，他发展了分光镜），赫兹（Hertz，无线电波），伦琴（Röntgen，X射线），贾斯特斯·冯·李比希（Justus von Liebig，化学），以及大量的历史、哲学、语言学、社会学和考古学的领头学者，他们不仅在柏林工作，而且影响了这里的学术生活。此时的柏林处于一个充满智慧和科学成就的辉煌时期。1890年，德国学院里的科学家是英国的两倍。[4] 按照腓特烈大帝的计划，柏林在教育上的投资，最终都会以工业发展的方式得到慷慨的回报。

举个例子，当沃纳·冯·西门子（Werner von Siemens）1834年从北部小镇梅克伦堡搬到柏林时，只有17岁。作为一个佃农的14个孩子中的一个，他没有足够的钱去大学注册一门技术课程，只好去参军，上了军队主办的联合炮兵工程学校，获得了和大学同等的教育。1846年，军队推荐他去学习新发明的复杂技术——电报，普鲁士总参谋部对此项发明有极大兴趣。但是沃纳·冯·西门子比军方看得更远，他看到电报将会使工业、商业和人们在各地保持联系。因此，他和一位平民同事一起建立了一个公司，开发它的商业潜力。

西门子和哈尔斯克的公司不久就接到大量来自军方、铁路和普鲁士电报委员会的工作,但是他们也没有忙晕了头,公司仍然在电子应用的其他技术领域里投入资源不断探索。1866 年,一台实用的发电机发明出来,解决了用电力驱动机器的问题;随着工作的进一步深入和细化,导致柏林在 1879 年诞生了可以实际应用的电气化铁路,并且在 1881 年,城市第一部电车投入使用。[5]

与此同时,一个柏林出生的工程师埃米尔·拉特瑙(Emil Rathenau),拓展了他在电力装置和供电方式上的兴趣,成立了通用电气公司,简称 AEG,其至关重要的发明使得世界的电力应用从此发展起来。AEG 解决了直流电转化成交流电的问题,这个连同 AEG 其他重要的发明一起,最终实现了在一个大型中心电站发电,然后分配到广泛的用户电网中的可能。第一条长距离的电力电缆,由 AEG 于 1891 年铺设,在劳芬和美因河畔法兰克福之间,长达 175 公里。[6]

这样,AEG 全神贯注在电力工程的繁重一面,而西门子和哈尔斯克则在通信技术上领先,这就使得柏林成为欧洲领先的工业城市,以及世界的电力首都。这是进步城市的最终样本:"电力大都会",柏林人这么称呼自己的城市。

但是进步是一个相对的字眼。柏林的工业发展是步伐领先,但同时的社会发展却远远落在后面。19 世纪,城市遍及欧洲,每年有成千上万的人涌进柏林。沃纳·冯·西门子是被城市欢迎和需要的幸运的少数,大多数移民都是一个负担,他们来到城市希望解脱困苦,而这困苦正是工业革命带给普鲁士乡村的。例如,在 19 世纪早期的普鲁士,有 50 万台小型的亚麻和羊毛织布机,以及数万台纺线机,但是工业化规模的纺织厂一旦建立,对于这些传统的农舍工人来说,由于定价过高而无人问津,他们的生活就成了一场生存的挣扎。他们只能像无助的羊群一样涌入柏林。

巨大的棚户区迅速出现在城市边缘,里面塞满了渴望找到工作的人。开始的时候,城市权力部门试图不理睬这些城门外的游民,希望他们待待就走。但是他们当然没走,最后普鲁士政府要求城市为新的住房发展做计划。年轻的建筑师及土木工程师詹姆斯·霍布雷希特（James Hobrecht），在1858年领受了任务。任务书附有一份指导意见，上面明确要求避免盛大和激进的计划，并且照顾地形和私人财产边界，以及控制成本。

四年后，霍布雷希特递交了他的发展规划。历史学家亚历山德拉·里奇（Alexandra Richie）将这份建议描述为"有才气，小心翼翼，考虑周全，然而有根本缺陷"，认为霍布雷希特要为把"施普雷河畔的雅典"变为"大陆上最大的工人阶级贫民窟"而负责。[7] 有些权威人士更极端，他们要控告他把柏林变成"世界最大的出租房的城市"。[8]

霍布雷希特开始创建一个社会学意义上的"综合"城市。围绕着特定的城市区域画了一个圆环，在其中将可用的土地划分成400平方米大小的街区，由格网状的道路分隔。城市的作为和影响就到此为止。之后，由投机者和开发商分别拿走地块。霍布雷希特的规划设想在街区里穿插通风的小巷、停车场、人行道和花园，建造大规模的公寓建筑，各种社会地位的人混合居住，前面是高档公寓，后面是廉价的宿舍。但是开发商从没做过这一类的事情。

开发商拒绝了所有草坪和小巷的请求，也没有受到任何强制措施的限制。他们迫不及待地在街区里塞进大体量的七层矩形房屋，只用狭窄、黑暗和邋遢的铺砖内院相分隔。在十年之内，这些红褐色的兵营式的廉价砖砌房屋像癌细胞一样遍及城市。房间很小，采光极差，空气恶劣，设施糟糕。但这种地方总是满满当当。一份1870年的官方记录显示，平均五个人占有一间房，一些公寓甚至有二十多人住在一起。超过六万人住在"官方"安排的潮湿、不通风的地下室里，这里本来是为储存燃煤而建造的。国际紧张状态的加剧，使条件改善的希望落空；这里比先前更加压抑。结果到了1914年，柏林有太多的人口，却有太少的工作，还有大量房屋问题，以及战争爆发所面临的粮食供应问题，这些都到了完全难以解决的程度。

随着德国的工业化向前迈进，国家的人口从1872年的4000万，增长到1914年的6700万（不算从德国移民到美国的200多万[9]），人口结构也发生了戏剧性的变化——从三分之二的农村人口变成三分之二的城市人口。[10] 一代德国人目睹了他们的国家从农业经济走向工业经济。确实，在此期间，居住在城市的人口比例，在德国增长迅速，超过了任何一个欧洲国家。[11]

1871年，德国只有八个城市的人口超过10万；到了1910年，达到48个。[12] 并且没有一个城市像第二帝国的首都——柏林这样，增长得如此巨大而迅速。柏林的人口，从1871年的82.7万，增加到1910年的超过200万（柏林占地63.4平方公里，在当时，是世界上人口最密集的城市），在战争爆发的1914年，达到400万。[13]

从乡下移居到德国东部，可以使人们提高生活标准，增强生活期望，这解释了全国作为一个整体的人口增长的原因，但是城市社区的增长则完全是工业化本身的结果。一方面，就业的希望吸引着人们涌入城市；另一方面，机械化也减少了田地里的劳力人数。但是食品生产状况并没有随着这种人口统计学上的改变而变化。严峻的事实是，工业化将柏林打造成新型单一民族国家的首都，并且在国家各处建立了其他的城市——埃森、不来梅、斯图加特等，而此时，国家农业的核心要素还仍然处在前工业化的生产状态。

机械化连同化肥的加大使用，导致农作物大量增产，如土豆和制糖用的甜菜（战前的德国是世界最大的食糖生产国之一），这是事实，但是基本的谷物和肉类的生产却几乎没有什么增长。为了弥补不足，国家从国外进口。1914年，德国从国外进口的食物占供应总数的三分之一，其中包括27%的蛋白质需求、19%的碳水化合物和42%的所有脂肪类消费。[14] 为了衡量这些进口是多么重要、多么生死攸关，看看下面这些数据：在1871年和1914年之间，德国的人口增长超过60%，而这期间，食物进口的增长是500%。[15]

问题是不论怎样，随着农业经济向工业经济的转化，三分之二的人口居住在城市，三分之一的人口仍然留在土地上。在战争爆发时，德国仍然主要是由供应本地市场的小农场来供养。1907年的人口普查纪录表明，当时国家有570万独立农夫[16]，438万人每人拥有的土地在 5 公顷以下——刚够维持一家人的耕作。其余的，不到 30 万人拥有超过 20 公顷的土地，只有 2.4 万人的农场超过 100 公顷。到 1914 年情况也没什么改观，而且战争爆发之后，形势更加无助，因为战争阻断了每年从俄国和波兰流入的农场工人移民潮，致使德国东部大型粮食产地的收成暴跌。

在敌对开始后不久，协约国发动海上封锁，但是由于（双方的）军事专家都相信战争将会在几个月后结束，因此这并没有引起德国政府太多警惕。当战争打响时，他们有 3000 多艘商船，占全部 550 万吨位的三分之二，仍然在海上或是在国外港口里。但是战争拖延下来，除了和环波罗的海的中立国家仍有持续点滴的贸易以外，德国的海上国际贸易在 1914 年 8 月完全停止了。[17] 在可怕的战争持续期间，德国的食品和日用品极其匮乏，而这些都是和平时期最基本的物品。

随着战争的需求进一步加强，德国的情况只能更加恶化。的确，封锁成为协约国的最有力的武器。英国经济学家约翰·梅纳德·凯恩斯在战后分析其即刻有效性，得出结论，这场封锁"是白厅（英国政府所在地——译者注）最大的功绩；它唤醒了英国人品性中最狡猾的一面……"两次战时的首相都是比较迟钝的。赫伯特·阿斯奎思（Herbert Asquith）写道："英国海军控制海域……成功地使敌人的生命之血枯竭，最后赢得战争。"劳埃德·乔治（Lloyd George）告诉议会："用更多的军事手段进行封锁，德国几乎要崩溃了。"[18]

更不用说，德国之前的进口物资里并不全是食品。硝酸钠（炸药的一种基本成分）三个月内进口缩减，就导致西线的德国炮兵每天只有四发炮弹。[19] 但是德国的科学（来自柏林的诺贝尔奖得主多于任何地方[20]）和军队组织的有效性，很快找到方法，解决了生产的关键问题，克服了供应短缺。可是，由封锁造成的食物供应的突然下降，却被证明是更加难以克服的。当化肥的主要成分硝酸盐不能再从智利进口时，全国的农业产量就因此而下降了——战争期间，谷物的收成直线下落，从战前的 3000 万吨，到 1918 年只有 1600 万吨[21]。牲畜的产量也受到严重影响,因为缺乏进口的大麦和苜蓿,以及之前作为添加饲料的玉米和油渣饼。[22] 总之,封锁使得德国的农业产量迅速滑落了25%,这还不算失去的进口食品。此外,再先进的农业技术、收获和分配方式,也不能保证在已有的但却总量不足的物品中,每人都得到公平的一份。

一份1914年10月的委员会报告,对国家的食品供应做出评估,认为全国短缺了四分之一的卡路里和三分之一的蛋白质。[23] 很明显,如果国家要在战争中存活下来,就必须勒紧裤腰带——他们勒紧了,但是感觉到最严酷后果的,则是那些住在城市里的中下阶层,而其他许多人继续享受和战前差不多的消费水平。

例如,1915年有800万男子在军中,他们能够得到全额配给,还有相当数量的老人、妇女和儿童住在农村,他们立刻显现出优势,可以通过劳动获得食品,熬过战争。这两部分人只占总人口的四分之一,但是却至少消费掉了全德国农产品的一半,剩下四分之三的人只靠着另一半生活[24]——如果他们能够得到的话。

军队后勤部门大量采购囤积食品,转运军队又堵塞了铁路运输,城市里的供应立刻发生了短缺。人们感觉到了真实的饥饿的威胁,恐慌性的购买使情况更加恶化。价格飞涨,一些人想尽一切办法维持食物标准,但是官方估计至少有一半的城市人口做不到。城市当局试图保证向全体市民提供基本食品,对诸如面包、牛奶和土豆等主要产品实行最高限价。但是收效甚微,如果有,也是使事情更糟糕。

农夫们立刻联合起来,抵制官方控制的市场,而将其产品运往可以卖出更高价格的其他市场。当所有的市场都在价格管制之下时,农夫们就停止生产受价格控制的供应品(因此更加恶化了短缺状况),转而生产价格依然放开的产品。举例来说,牛奶的价格被冻结了,农夫就去生产黄油和奶酪(还未被管制),或者把牛卖给屠宰场,使得牛奶的短缺立刻加剧。同样地,面包的价格控制也造成了短缺,因为农夫们发现将谷物喂牲畜,比卖给面粉厂更合算。[25]

在几个月之内,后果就显示出来,价格控制仅仅是扭曲市场的力量,并没有达到有效规范食品供应的目的。政府得出结论,唯一能做的就是完全消除市场力量,采取配给制,控制从生产到消费的每一个环节。他们从面包开始。在内政部里成立了帝国谷物公司,有权在全国以一定的价格采购谷物粮食。全国的地方政府按照其人口规模获得定量;行政部门再在注册的面包房中进行分配,消费者在这些面包房以控制价格购买每日定额。[26]

柏林的面包配给制度开始于 1915 年 1 月,六个月后扩展到全国其他地区。行政上的官僚主义是相当大的一道难关——并且随着战争的发展只会增加。柏林的面包供应办公室初期只有 12 名公务员和 65 名助手,努力去满足城市近 400 万居民的基本食品所需。到了战争末尾,办公室雇用了 22 名高级公务员,1800 多名职员,以及 245 名志愿者,志愿者负责核对袋装面粉的重量、分发配给卡和检查面包的纯度。[27]

战前的德国家庭平均有两个大人和三个孩子,每年收入 1000 马克,收入的 12% 花费在面包上。[28] 和许多国家一样,面包不仅仅是填饱肚子的主食。刚刚烤好的面包出现在早餐桌上,还带着烤炉的热乎气;旁边是随时都有的奶酪和冷肉,共同构成一天中主要的一餐。在这里,面包就是美好生活的象征。尤其是在柏林,这里每条街道上都有好几家面包房,每家都有来自邻近的忠实顾客。一天至少烘焙两次(星期天除外),早上在四点之前就开始烘烤了。每天,新鲜面包的诱人香气将顾客拉进店里,货架上堆满了十几种不同的面包,篮子里满满的是脆壳面包卷,旁边的玻璃柜台里是蛋糕、水果馅饼和小点心。

奢侈品是最先消失的,这没有引起什么抱怨,因为只是放弃了奶油蛋糕等,为战争做的牺牲还不算太大。但是,当柏林面包供应办公室建议用一种"标准长条面包"取代以前供应的各式各样的面包时,人们不干了。柏林人甚至被要求放弃他们的"小面包"(Brötchen)——他们珍爱的早餐白面包卷,这也太过分了。一封写给当局的信,就表达了民众的普遍感觉:

> 市政府取消"小面包"的想法使我惊恐。因为健康的原因，我已经吃了53年的白面包。如果城市执意要实行"标准长条面包"计划，那么，我的肚子饿得难受，我却再没有办法缓解了。[29]

当局犹豫了一下，柏林人又继续享用了"小面包"一些时候，但是不久，任何种类的面包都将作为另一种奢侈品，必须为战争而牺牲掉了。

在战前年景，小麦面粉的很大一部分依靠进口，而战争爆发，进口急剧下降，政府发出指示，要求面包师傅加工爱国的"战争面包"（Kriegsbrot）——里面加入20%的土豆粉。可是，随后1916年的土豆严重歉收，使得这种掺杂水平也不能维持。在1917年初，"战争面包"的成分是55%的黑麦面粉、35%的小麦面粉和10%未说明的代用品，而且随着供应形势的进一步恶化，磨碎的干芜菁替代了黑麦面粉。甚至，这种硬的、味道差的并且还不容易消化吸收的每日配给面包，每个从1915年的225克，缩减到1917年的160克。[30] 其他食品和基本日用品的情形也好不到哪儿去。

一旦看见帝国谷物公司的运转正常有效，它就成了配给制的典型，影响到德国农业和消费供应的各个方面。1916年，甚至成立了一家战时公司制作德国泡菜。食品工业的方方面面都包括进来：从生产到分配和消费。规定了"无肉日"，建立了公共食堂，宣布有浪费嫌疑的烹饪方式是不合法的。成千上万的指示发布出来，表面上看是针对全国的，但是常常有特定的意图——改善柏林的状况。规章的泥沼实际上滋养了政府官僚主义的倾向，但是它为解决足够食物的问题所做的一切，却很难评说。到处是无尽的排队，还有严重的骚乱。

在1916年早期，警察的报告中清楚地表明，柏林人比刚从前线回来的人更有兴趣去搞点儿什么（任何的）东西来吃。[31] 在1916年到1917年的冬季，当时在全德国，只有芜菁是自由供应的食物，战争使得前线士兵的家属不得不去垃圾箱里翻找食物。柏林人带着一种扭曲的幽默性格,自嘲为"Hamsterfahrt"——不停地排队、搜寻,就像仓鼠(hamsters)一样,为着找到一些东西来补充官方的配给。结果,这场战争催生了一条新的战线,对阵双方是妇女们和试图加强配给制度的警察及公共管理机构。

> 在夜色的掩护下,每一次勇敢而成功地走私回来一磅黄油或一袋土豆,都会在他们的家里引发一场欢乐,完全不亚于两年前军队取得胜利时的兴奋之情……一次抢劫火腿的事件,比布加勒斯特的陷落更让人们揪心。一蒲式耳的土豆,看起来比俘虏全部在美索不达米亚的英军更重要。[32]

伊夫琳·布吕歇尔(Evelyn Blücher)是一位德国人的英国籍妻子,整个战争期间居住在柏林,她在日记中写道:

> 我们日渐消瘦,而德国的版图却涨到了过去传说中的范围。我们都憔悴不堪、瘦骨嶙峋、眼窝深陷,我们的主要思想都集中在考虑下一顿吃什么,以及梦想着那些曾经有过的好东西。[33]

土豆是战前德国能够自给自足的主要食物,这时也变得愈加匮乏了,只有芜菁作为替代品,要么接受,要么放弃。这种供应短缺时期的无奈选择,导致某些词汇如"Ersatz"(人造的代用品)和"stricken"(扩展),都有了轻蔑不满的含义。咖啡是用树皮制造的,牛奶用水"扩展"了,这只是战争期间十分普遍的1.1万种代用品中的两种,还有800多种各式各样的无肉香肠。[34]但是,不管是官方配给还是售卖代用品,都不能为柏林人和德国公民普遍提供甚至是表面上的充足食物。

1916年,波恩大学的一名卫生学教授拿自己做实验,只吃官方平均配给每个人的食物。六个月后,他的体重下降了三分之一,身体也不适合再工作了。恢复以后,教授就此撰写了一份报告准备出版,但却被检察员扣押下来,也许因为政府也知道教授说的是真相,但是却无能为力。[35] 无论如何,配给量的不充分是人人皆知的赤裸裸的现实。

为了强调这一点,一个在战争期间驻柏林的美国报纸的通讯记者,在申领食品的队伍中,寻找看起来还没有被饥饿过度折磨的人:

"四条长队,逐一仔细观察,"他报告道,"但是在这300个申领食品的人当中,没有一人在几个星期以来吃饱过。妇女和儿童都是皮包骨,面无血色。他们的眼睛深深地陷入眼窝。嘴唇没有一点颜色,乱糟糟的头发垂挂在干枯如纸的前额上,模样呆滞,像是极度饥饿——这是一个信号,表明生命的强健活力正在随着肌体的能量而离去。"[36]

德国当局完全清楚,维持健康和体力,平均每人每天需要摄入大约3000卡路里,但是他们所能做的很少,几乎没有。到1918年,公民生存所依靠的配给,每天只有1000卡路里。与之成对照的是,战争全程,英国的成年男性每天平均消耗3400卡路里。[37] 英国也有食品短缺和价格升高的现象,但是不像德国,也没有任何配给制度,直到1918年2月才出现(甚至那时,面包也不是配给的)。[38] 但是在战时的德国,卡路里并不是唯一供应短缺的基本营养要素,脂肪的定量跌落到刚够战前的十分之一,而肉类则是不到五分之一。[39]

这种剥夺的后果简直就是一场灾难。营养良好的男人在前线送死,平民百姓忍受着饥饿、疾病和痛苦的折磨——尤其是在城市里。有能力完成日常工作的人,倒下去一半还多。死亡率高升,一到五岁之间的儿童,死亡率高达50%,五到十五岁的竟是55%。此外,德国存活的孩子的健康状况也令人震惊。举例来说,申请入学的儿童中,有20%不合格。还有,寻找工作的青少年,三人里面才有一个身体健康,可以胜任体力工作。由于缺乏维生素D而引发的佝偻病随处可见;晚期肺结核也很普遍。一个慈善团体,在1913年到 1914 年照顾的肺病患者有 8892 人,在 1917 年到 1918 年,就有 20669 个病人在他们的看护之下。⁴⁰

在德国百姓——尤其是柏林人受苦的时候,有两拨儿人仍然吃得好。一拨儿是军人;另一拨儿是有办法或有势力,能够越过官方的配给和分发体系获取食物的人。对于军队,大家普遍同意前线的士兵应该得到足够的供给。但是,巴伐利亚工程公司第八公司的埃德温·舒斯特(Edwin Schuster)认为,普通步兵得到了相当多的食品,尤其是面包,超过了他们的需要。

> 家里只有极少量的食品,而战场上却在浪费,没有什么比这个更触目惊心的了。浪费是马上开始的,在运输途中,男人们就能吃到一定量的热乎乎的肉,刚一到前线,每个士兵得到 4 磅的面包、香肠,以及另外 1.5 磅的肉类。这些供应完全是多余的,因为事实上每个人都有从家里带来的仔细包好的食品,以供他们充饥。对于这些得到的面包,我们一点办法也没有,这可是后方最重要的食品啊。当我们刚一到达战场,我们就又得到一星期的面包配额。许多人扔掉了变硬的面包,另一些人拿去喂马。⁴¹

另外一拨儿营养充足的人中包括农夫和拥有土地的士绅,他们有权在收割或是屠宰的第一时间得到农产品。他们很少陷入短缺——就像伊夫琳·布吕歇尔在 1916 年 7 月所发现的,当时因为她的公公从马上摔下而不治身亡,她的丈夫继承了家族财产和地产。经过之前很多年的疏远,这次死亡给家庭带来了和解,也使伊夫琳·布吕歇尔的生活方式发生了突然的改变,她在日记里写道:

> 想要描述突然发生在我们生活中的改变,不是一件容易的事。在一间卧室兼起居的旅馆房间里过了两年多以后,我们忽然发现我们居然拥有几处美丽的城堡和房产、柏林的一所宫殿,以及大片乡村富饶的土地。事实上,这一切都好像是《天方夜谭》中的新故

事，因为在布吕歇尔家族成员之间存在的不同寻常的关系，我们直到现在都没有以任何方式分享过这些可心的事物。忽然某天早上，一觉醒来，发现自己成了这一切的所有者。这太不可思议了。

动身去柏林东南280公里的克利布洛维茨（Krieblowitz）领地时，她写道：

> 这就像有一层看不见的帘幕垂下来，将柏林那动荡不安的生活永远隔离在我们之外了，随之而去的是政治的困惑与烦恼……以及不断令人气愤的日常匮乏。在这里我们养尊处优，就像僧侣在他们年老时，在与此类似的修道院里所做的一样。我们实际上是自给自足的，这意味着我丈夫和管理人给我们提供各种猎物和野味，诸如野鸭、野兔、山鹑和野鸡。我们不去屠户那里买肉；农场提供我们牛奶和黄油、面粉和面包，菜园保证我们的蔬菜和水果的供应。和别处一样，这些物品或多或少都是禁运品，但是在有了濒临饿死的体验之后，我们心满意足地感激所有这些奢侈之物。[42]

伊夫琳·布吕歇尔的心情很容易理解，正当城市里的人们忍饥挨饿时，她发现美好生活正在农村等着她。她的幸运改变也清楚地表明，食物对于那些有手段或有影响去获取的人来说，是充分提供的。人人都知道这一点，这就更加剧了城乡人们之间的紧张对立。城里人确信可用的食物分配得不公平，而农民们则怨恨加在他们头上的需求重担，每一边的人对对方都没有什么同情心。伊夫琳·布吕歇尔就在她天方夜谭式的转变的六个月之前，曾经写道："农民现在嘲笑城里人在面包上抹代用蜂蜜（Kunsthonig），而他们呢，这些农民，举着一块抹着厚厚黄油的面包，居然上面还盖着一片火腿！"[43]

虽然这种在乡村获得良好供应的行为被公开谴责为缺乏爱国心，但是这个责任追究起来，最终还是应由政府来承担，因为其中很大的原因是政府没有严肃地考虑封锁的可能性和后果。长期的战争似乎是不可想象的,实际上没有人希望这场冲突持续一年以上,不会到两年、三年甚至四年。他们尽力打破封锁,从国外进口基本物品,设法供应军队,但是在给城市一份自己国家的农产品的公平份额上,却被证明是无能为力的。没有现成的替代品可以代替复杂的自由市场网络。和平时期就是通过这个生产者、批发商、囤卖者和零售商组成的网络,面包和其他生活必需品到达了城市人群的手中。政府干预(以配给的形式)只会使城乡关系更加恶化。正如历史学家罗杰·奇克林(Roger Chickering)所指出的:

> 供应者是大量的,而且头脑灵活。农民对于入侵他们生活的规章制度,有一大批的应对手段,从简单地囤积到精心地计划去谎报产量……农民只是对简单的事实做出理性的反应:农产品市场没有消失。配给制只是将自由市场打入地下,成为黑市。[44]

结果,黑市的作用就是作为一个竞争者,和官方管控的食品供应相互较量——官方为供应支付的越多,贩卖到黑市上的就越多。还是供需的力量更大些,几乎任何东西都可以得到——只要你付得起钱。"那时……烹调太困难了,"伊夫琳·布吕歇尔在1917年10月写道,"因为胡椒、月桂和肉豆蔻的价格高得离谱。它们的价钱都快赶上和它们等重的黄金了。"[45] 但是黑市提供了这些奢侈品,也提供了充足的食品,随着战争的拖延,它越发重要,已不仅仅是官方配给的附属物了——甚至来自权威的估计,到战争末期,德国人食品的三分之一是从黑市上购买的。[46] 所以,地主、农夫和做买卖的园丁后来都赚了大钱。布吕歇尔家的园丁有一块分配给他的一公顷自留地,在1916年一年就赚进一万马克——是1914年德国中等家庭年均收入的十倍。[47]

在第一次世界大战期间,德国一共动员了超过1100万男人参战,其中有1691841人阵亡,4247143人受伤,772522人或是被俘或是被宣布失踪。[48] 自从 1917 年美国军队加入协约国，德国取胜的希望就更加渺茫。但是城市民众的困境更是一种强大的动机，迫使德国在 1918 年 10 月要求按照威尔逊总统的提议停战。在对德国内阁的讲演中，部长用了几个词来解释问题的关键："这是土豆的问题……苦痛如此巨大，这就像一个自问自答的谜语：北柏林靠什么活着？东柏林怎么生存？"[49]

那时的德国是一个病弱而绝望的国家。一份由国家健康办公室于 1918 年 12 月发出的备忘录显示，76.3 万平民的死亡，是战时封锁所造成的直接后果。[50] 在城市尤甚，许多活下来的人都是营养不良和虚弱，对疾病缺乏免疫力。肺结核的感染率翻番，当世界性的流感传染到德国时，仅柏林一地，一天（1918 年 10 月 15 日）就死亡 1700 人。[51]

停战协议于 1918 年 11 月 2 日签署，但是当士兵们回到家，他们发现食品供应简直就是一团糟。又过了六个多月，封锁才解除，国外食品才开始到达这个国家的病弱和饥饿的民众手中。此时的柏林，只有极少量的面粉和芜菁，而其他必需品的供应，还不到所需数量的三分之一。[52] 到 1919 年 6 月，情况甚至更加悲惨，事实上当时现有的产量，距离需求遥不可及。这真是一个凄惨的时刻，德国代表团正在凡尔赛宫签署和平条约。德国皇帝退位并流亡荷兰，第二帝国的继承人退出了镜厅，他们的首都正在挨饿，他们的国家摇摇欲坠。

第 11 章
数量的冲击

在工业革命的过程中以及之后,城市的增长是和经济的增长有直接关系的。但是这种趋势在最近完全颠倒了。现今世界上增长最迅速的城市,是在那些经济停滞或者下降的地区,它们甚至还在为供应最基本的生活物品而苦苦挣扎。在这些城市中,"城市农业"不仅是许多居民食物和收入的主要来源,甚至还是一种主要的产业。

1914 年柏林是欧洲增长最快的城市,也是世界上人口密度最大的城市地区,但是它在第一次世界大战中所遭受的食品危机,并不都是人口数量造成的,更多的还是管理不称职的后果。城市人口大量增长,遍及发展中的世界,随之而来的是食品供应的增加。这个数量是巨大的。例如,在 1880 年至 1920 年这 40 年间,欧洲人口从 3.56 亿增长到 4.87 亿,这块大陆每年平均多出 327 万张嘴,要吃要喝[1]——相当于今天的柏林[2]每年的城市供应规模。

人们从乡下的村庄和小镇涌入城市,数量的增长引起人口统计学的变化,这发生在 19 世纪晚期。由于经济扩张以及简易健康方式的普及,致使死亡率降低,而同时出生率依然相当高。一代又一代,更多的婴儿活下来,长大成人;更多的人活得更长久——这意味着城市里居住着更多的人口,农业产量也在扩大以供养城市居民(以城市为基地的工业，造出农业机械，有助于提高产量）。

在到 1910 年的 30 年间，维也纳的人口增至三倍，为 200 多万；巴黎的人口，从 1875 年的 225 万，增长到 1925 年的 480 万，翻了一倍还多；伦敦在此期间，增加的居民数是 350 万（增加了 80%），跨过大西洋，对面的纽约，从 1875 年的 190 万人口的城市，到 1925 年成长为将近 800 万人的家园，四倍多的增长，使纽约成为世界最大的城市。[3]

此时，在欧洲大陆上兴起了一股移民北美、寻找更好生活的热潮，幸亏如此，否则欧洲的供应预算将会是十分巨大的。在 1880 年至 1920 年这 40 年间，有超过 2000 万的欧洲人收拾箱子离开了欧洲大陆，去往美国——平均一年是 50 万人，差不多一星期是一万人，一天 1400 人（平均数在这里容易引起误导——在某些年份，多达 150 万移民抵达，每天有成千上万人通过艾利斯岛）。移民们为城市和遍及美国的定居点的增长，做出了积极的贡献。确实，这个期间，美国人口增长的一大部分是来自于移民，人口数量翻番，从 5000 万直到近 1.06 亿。[4]

所有这些欧洲和北美所增加的人口，都要找到地方生活和工作。城市就被撑大。这里总是会有一些掠夺和饥饿的陷阱，这是事实，但是在这延续一个世纪的人口增长中，随着人数逐年以一种空前的规模增长，日常供应也跟上了步伐。在别的年代，这个成就要归到神的身上，也确实是有一点偶然事件的奇迹在里面，正当越来越多的人需要越来越多的食品和其他基本用品的时候，工业化促进了这些物品的产量提高。更多人需要更多东西，反过来又需要更多人去生产和分发，以应对这些需求。因此，人口的增长，如果没有工业革命就不能持续下去，而工业革命，如果没有人口的大量增长，也无法持续进行。这就是一个完美的配合工作，两股互相依赖的力量共同强化了经济，养活了比以往更多的人口，其主要的动态表达就体现在城市的迅速增长上面。

世界从来没有见过这样的由工业革命所引发的大城市的扩张和

增殖——在1875年,世界上只有五个工业城市人口超过100万,它们的人口加在一起,只有1000万多一点。到了1925年,工业化已普及开来,有31个城市的居民人口超过100万,它们的总人口超过7200万。[5]因此,这些证据表明,大城市的增长一定和工业经济的增长紧密相关,[6]最富裕的城市就是增长最快的。确实如此,繁荣的工业经济如果缺席,城市的增长似乎就会停滞。但是并不总是这样。在20世纪的后半段,世界上多数增长最快的城市位于最不发达的地区。在这里,一些城市的扩张速度,甚至超过了工业革命时期的城市增长,即使它们国家的经济几乎一点也没有增长。

结果就是,在21世纪开始的时候,居住在欠发达世界的城市居民比发达国家城市人口多了两倍;而且,他们的人口数量还在迅速增长,几乎接近六倍。这种增长的规模惊人,有必要缓缓了。这里是一份历史比较:在1875—1925年的50年间,发达世界的总人口还没有增长至3亿。在1950—2000年间,欠发达地区仅仅是城市人口就增长到了16.82亿(同期的发达地区的城市人口,只增长了四分之一强——4.57亿)。[7]

在非洲,这个世界上最穷的大陆,城市人口数量在这50年内几乎翻了十倍,从1950年的3270万,到2000年的3.096亿,而且到2025年很有可能再翻一倍,到那时,将会有超过一半的非洲总人口(估计那时将达到14.95亿人)居住在这块大陆上的城市里。[8]实话实说,这就意味着一个城市,例如赞比亚的首都卢萨卡——它在1950年时人口大约为2.6万人,2000年时则已达到169万人,每年都得接收额外的7万居民,这是列支敦士登全国人口的两倍还多。至于列支敦士登或者是其他发达国家的公共行政机构,是否能够(或者愿意)几十年来年复一年地为这么多额外人口提供足够的住房、基础设施和公共服务,是值得怀疑的,而这也正是这些发展中国家的城市一直努力去做的事情。

在这期间,尽管非洲的国民生产总值始终在缓慢地增长,但是人均收入却是自从20世纪80年代以来持续下降。在平均水平上,个体的非洲人变得更穷了,他们中最穷的人是在大陆上最大的那些城市当中,这些地方很少有能力应对提供基础服务的压力,更遑论健康医疗和工作了。

人们涌入城市,对更好的前途充满着希望——工作、教育或者任何改善经济状况的机会。发展中国家的一个主要问题是,他们的政府都趋同一致地认为,城市是经济增长的启动中心。他们以为这种增长更容易获得外国投资者的青睐。许多国家的发展计划都致力于优先投资建设大城市的环境,力图吸引跨国公司的注意。大量的钱财花在政府办公楼、会议中心、豪华旅馆以及其他面子工程上,而像卫生保健、安居工程、水电供应或适当的下水系统等基础需求,却只得到极少的关注。

例如,超过一半的内罗毕的人口,住在连最基本的生活条件都不具备的聚居点里。这些聚居点(如果用更诚实的字眼,就是贫民窟)距离奢华的城市中心只有一个来小时的路程,但是却没有资格分享到城市的良好设施,因为它们被认为是"非法的"。[9]在达累斯萨拉姆,一次有关市政设施的勘察发现,甚至在城里"合法的"居住区内,只有20%多的住处有自来水。另有一个例子,显示出达累斯萨拉姆的居民和那些发达国家纳税人的预想有多么地遥远:一份摘自于20世纪90年代的调查表明,全城十五辆消防车中,只有一辆能够正常工作。[10]

在达累斯萨拉姆、内罗毕、亚的斯亚贝巴、金沙萨或拉各斯,以及其他发展中国家的城市中的大多数人的生活质量是绝望地低下,他们住在擅自占用的地块上或者贫民窟的破房子里,在这里已是常态,而非例外。那么为什么人们还大量涌入城市呢?答案是,在西方理想中,认为乡村是避难所,城市居住者都向往去隐居,而这里正好相反,在农村地区情况甚至更糟糕。城市或许是贫穷的,但是农村则更贫困。

例如,在莫桑比克,确实有32%的城市人口生活在贫困线以下,但是和生活在农村地区的人们比起来,他们还自感幸运,因为在那里只有30%的人口生活在贫困线以上。这种城市和农村贫困人口的相似的比率，还可以在世界其他发展中国家中找到：在菲律宾，有40%的城市人口以及超过50%的农村人口，生活在贫困线之下；巴西，城市中的近40%和农村中的超过60%是穷人；还有乌干达、印度、巴基斯坦、墨西哥和秘鲁——这里引述的只是一小部分。[11]

印度尼西亚是个例外，城市里的穷人比农村地区的多3.6%。[12]印尼的城市也具有那些常见的问题，这些问题的清单包括：一直存在的住房短缺，严格限制使用的新鲜饮水及其他公共服务，污染程度令人震惊的空气、噪音和水质，以及很少的工作机会。但是即使这样，一份有关城市的权威研究仍然得出结论，"尽管普遍贫穷，但是城市里的印尼人的平均境况，在社会和经济安康的各个方面，都要好于他们乡下的表兄弟"。[13]

"安康"这个词对于那些挣扎在贫困线上的人们来说，是高不可攀的。对于那些发展中国家的城市里的人们来说，它首先和主要的意思是不再挨饿。饥荒和饿殍大多发生在农村地区（经常是自然灾害、战争或社会动荡所造成的后果）。当他们储存的粮食吃完以后，饥荒在向他们招手，农村家庭没有别的选择，只有等待救济援助，或者跋涉到最近的分发中心（难民营），或者加入城市里的百万大军。

他们知道，在城里总有机会可以找到能吃的东西，不需要有固定的成分，也不必是一样的，甚至不在乎质量，只要是可以果腹的。实在不行，还有最后的手段。每个城市总是有一批有钱人，可以试一试去向他们乞讨点小钱买块面包。再不行还有旅馆的厨房和餐馆施舍的食物，以及市场里定期处理的过期食品，这些食品被认为不再适合售卖，但却仍然可以食用。但是乞讨和捡食垃圾都是最不得已的选择，多数人还是愿意努力挣到自己的生活。虽然在发展中的世界里，大多数城市居民的生存要比生活更是一个问题。

许多家庭将其收入的一半多用于食品。一份对津巴布韦的首都——哈拉雷的低收入家庭的调查，发现三分之一强的调查对象，家庭开支中超过 70% 都花在了食品饮料上面。[14] 而伦敦的中等收入家庭，用在基本消费品上的花费不到其收入的 7%。[15]

但是人们活下来了，甚至包括那些发展中国家的城市里生活在贫困线以下的人们。不管有没有任何看得见的规划，这些城市都随着自身的生长发展，设法养活了自己。这个现象很是令有些观察家感到惊奇。一份报纸就非洲国家的粮食买卖和调配，以一种适度惊讶的语气称赞这个"非洲调配系统的成功，以不引人注目的高效率实施了货物和服务的转运调动"，并且评论道："如果非洲的基本食品市场运作得稍差的话，我们或许就会知道大量的有关它们的事情。事实是，他们在此第一要务上干得十分漂亮，为城市和城镇提供物品……"[16]

只要市场力量继续以这种不引人注目的方式有效运作的话，政策制定者就不会自找麻烦地陷入城市供应的困境当中。而且，随着时间的推移，在城市加速发展过程中引发的其他所有问题，也会给他们造成更多压力，都会使他们觉得承受不起。今天，尽管找到足够的食物是发展中国家大多数城市居民（即生活在贫困线以下的人）的首要问题，但是由政策制定者发出的政策却是模糊不明的，而其背后则是芸芸众生更加尖锐的需求，以及破败的基础设施、大量的失业和衰落的公共服务。

在农村发生的饥荒会迅速引起当权者的反应，因为大量人群同时受影响，将会动摇政治信任度；但是对于城市里的饥饿状况，只有当主要供应出现问题，或者价格突然抬升，引起大量愤怒的城市居民涌上街头要求采取行动时，政策制定者才会做出反应。然后，问题就会浮出政治的水面，并受到关注。但是当然，这些情形都是那些过得相对不错的、坦率直言的城市中产阶级所引起的，是他们在抱怨。出于政治考虑，迫使当局关注他们抱怨的是什么——虽然，当局的回应是否有助于减轻城市贫困的问题，那就是另一回事了。

残酷的现实是，挣扎在贫困线上的城市居民虽然在人口统计上占了大多数，但是他们没有一点政治影响。政策制定者并没有觉得

第 11 章　数量的冲击

必须为穷人解决吃饱肚子的问题。此问题背后没有挑明的假设是，城市食物供应的困境，会在额外的工作机会的冲击之下很容易地解决，而当局正在努力地改善基础设施和提供服务，促成事情的发生。其间，寻找食物被认为是个人的事情，每个人（甚至包括那些穷困潦倒的人）都被指望着自己解决个人或家庭的生活问题。

这样，那些困苦的城市居民中最穷的人，那些被公共当局忽视的人，只能自行其是了，他们的反应是，在多数发展中国家的城市里，创造出最大的行当：农业。[17]

城市里的农耕（城市农业）听上去像一个自相矛盾的词汇，城市习惯上被认为是为工业预备的（里面有点儿小花园以供消遣），严格意义上的农业还是完全的乡村活动。但是，在城市里种植粮食作物已经成为上百万城里居民的生命线，同时也带来一定数量上的自给自足，甚至是那些最穷的人家。每个来内罗毕的人，都不会看不见精心照管的玉米、木薯、豆类、甘蓝、西红柿、菠菜和其他农作物，茂盛地生长在路边、交叉路口的环岛里以及各式各样的小块空地上。

在20世纪90年代，针对第三世界国家中的一百个城市作的调查[18]指出，有三分之一的城市家庭种植农作物，或自己食用，或贩卖，也有二者兼顾，并且这个数字还在增长。在肯尼亚和坦桑尼亚，每五个家庭中就有三个从事城市农业。马里的首都巴马科，其自给自足的园艺产品甚至供应到了都市圈以外的地方；加德满都，城市农业供应的蔬菜，占被调查家庭的需求的三分之一；卢萨卡，擅自占地的非法居住者，他们的全部食物的三分之一来自于城里的小块耕种。曼谷地域的60%种植着农作物。[19]

这种生产性的城市农业不仅限于发展中地区：在莫斯科，三分之二的家庭中有大量的食物是自己生产的；伦敦自产的农产品，粗略算下来一年有1.6万吨蔬菜（而且，有趣的是，其中10%的蜂蜜消费，是源于城市里大量种植的花卉而得到的意外获利——因此城市的蜂房普遍比乡下的同行多产）。[20]甚至世界上最富的国家——美国，美元价值中所含的农业产值的三分之一强，是出自于大都市圈的地域内。[21]

当然，城市农业并不是新东西。出土于苏美尔的世界最古老的文字记录，就很明确地提到了近五千年以前，在乌尔、乌鲁克和埃利都城墙里有花园菜园存在。并且，因为在苏美尔人的词语里"花园"还有"洋葱"的意思，这就可以很有把握地想象这些园子里不仅仅有装饰性的花床。中国在城市农业上也有悠久的历史，并且事实上，今天中国18个大城市的蔬菜和肉类家禽的供应，有一半是由城市地区提供的[22]——无疑这是扩张性的城市规划方针的结果，这种方针在中国的早期历史上，已成为标准。

中国人以高度集中的农业体系而闻名，但是最为关键的一点是在中国的城市规划中，粮食生产占优先地位；在城市管理的整个区域中，土地是大量的，但是建设用地尽量紧凑，工业被限定在城市的特定区域，因此留出尽可能多的土地用于农业。北京现有人口超过1200万，直接管理的农业用地规模相当于比利时的国土面积。在上海（1420万居民），只有20%的土地实际用于建设；其余的是农田，使得这个城市的蔬菜自给自足，还出产大量的稻米、猪肉、家禽以及池塘养鱼。[23]

中国在单一行政部门的管理下，通过城乡结合的方式，解决了城市供应的问题。在西方，伴随着工业革命生长起来的大都市，则使二者分离，将城市的食物供应留给市场，完全依赖市场力量和牟利动机——这就使得城市居民相信，种植粮食作物，照字面上来讲是农民的事，完全和他们无关。

在19世纪的大不列颠，由于大量的人口涌进工业城市，地方当局是否应该提供小块土地给那些想要自己种菜的人们，一些政治家就此争论不休，这个建议引起争议，甚至在有些地区被解释为一种保持劳动力低成本的迂回的方法。例如，约翰·斯图亚特·密尔（John Stuart Mill），就责难这个主意是"补偿劳工不足工资的一项发明……让人们种出自己可怜的费用的一种手段"[24]。

然而最终，众所周知，"分配"的规定在 1908 年的《自留地法案》(Small Holdings and Allotments Act) 之下强制施行了。许多城市居民在第一次世界大战当中获得了分配（尽管官方很不情愿，因为他们认为鼓励人们种食物会不利于士气民心），到 1918 年（当时政府最终发动了一场运动）共有超过 130 万的分配地块，每年生产出 200 万吨蔬菜。[25] 分配地块在德国历史更悠久，最早于 19 世纪就已出现。在第一次世界大战爆发时，柏林一地就有 4 万块分配地产。这些小块土地多少能弥补一下官方配给的不足，使得各自家庭的蔬菜需求得到满足，也帮助减轻了城市供应的紧张问题，但是在依靠进口的其他日用品的短缺问题上，这种方式就没有什么贡献了。

当 1939 年第二次世界大战全面爆发时，德国政府更加慎重地维持食物供给，英国政府也对人们自己种食物是否会降低士气的问题更加不在意。当敌对开始时，英国就在"为胜利而开垦"的口号下，开展了一场运动。农业大臣通过广播对全国讲演：

> 50 多万块自留地，适当耕种，就可以在一年中的八个月，为 100 万成人和 150 万儿童提供土豆和蔬菜，那么，让我们行动起来，"为胜利而开垦"，对于每一个……有能力在空闲时间耕种自留地的男人和女人，这都是一件重要的事情。

地方政府将公园和废弃地划成分配地块——甚至还征用私人的草坪花园。"为胜利而开垦"的展览，有组织地进行，确定展示地块，分发数以百万的传单。赞成与反对自留地的人在电台里讨论；鼓励教区牧师在布道中强调种植食物的优点；还有一些权威人士在其社区中提倡竞赛，并为最好的蔬菜——甚至也为最好的堆肥提供奖金。

这场运动取得了巨大的成功，根据最贴切的估计，战争期间在符合条件分配有一小块地的人当中，有超过一半的人一直在耕作。美国、加拿大、新西兰和澳大利亚的捐助者送来种子；肥料有补贴；1944年，在12万公顷的自留地和花园里，总共产出130万吨的食品——足够供应英国全国一半的蔬菜和水果、四分之一的鸡蛋，以及大量的猪肉。[26]

和1939年的英国不同，古巴在1989年12月并没有战争，但是有长达三十年的美国贸易禁运，这意味着，当布什和戈尔巴乔夫宣布结束"冷战"时，古巴（尤其是首都哈瓦那）将面临沉重的食品供应问题。[27]

直到那个决定性的一天之前，古巴政府一直能够实践其公开宣布的理念，即吃饱饭是基本人权，它将保证给每一个公民供应主食，并且有价格补贴。古巴的经济捆绑在苏维埃集团里超过了三十年，已经形成了资本高度集中的农业生产，使用大量化肥和杀虫剂，以确保食糖和其他作物的高产丰收，但是这些农产品是用来出口换取外汇的。

这期间，用于国内消费的食品种植没有受到国家的重视。在20世纪80年代中期，古巴的食品消费的一半以上需要进口——这种过分依赖外部供应的危险，在苏维埃联盟倒塌时暴露出来。事实上，古巴在一夜之间失去了直接进口食品、便宜的燃料、拖拉机、化肥和杀虫剂的权利，这些都是其集中的生产系统所高度依靠的要素。出口收入急剧下滑，堵住了古巴从其他市场购买的出路，因此进口直线下落。食品供应缩减，配给制度被采用，美国更进一层的封锁，使这种危机雪上加霜。据估计，1991年至1995年，哈瓦那的食品供应在数量上缩减了60%。

这个国家的1100万人口中，有超过四分之三的人住在城市地区——仅哈瓦那就有210万，他们要采取行动了。以前这里的城市居民，甚至是那些最穷的人，都不需要自己种吃的东西，但是现在，到处都开始出现菜园子了。政府受到这种情绪的感染，放弃了对农业生产的严格管控。种植食物，无论自用或销售，都受到积极的鼓励。人人都能得到园艺工具、种子和指南；原先被禁止的街边市场，现在也受到欢迎。卡斯特罗宣布,任何一块地(不管多么小)都应该被开垦出来(在适当的时候,农业部前面的草坪也由职员改种成庄稼)。

此外,因为不再供应进口的化肥和杀虫剂了,所以古巴的城市农业是完全有机的——这也是无奈之举。"在没有原料、化肥或燃料的情况下,我们也必须解决问题",卡斯特罗在1991年这样说道,把必须做的事情说成好意为之。古巴的这种"可替代的模式"目标是可持续的,成为以科学为基础、低投入的城市农业产业。这将在历史上留下深刻一笔,并且也是最大的发明之一。

自从革命以来,教育就成了古巴的一件头等大事。这里有一个证据说明此项政策是有益的:古巴的人口只占拉丁美洲总人口的2%,但是却有这个地区11%的科学家。由于粮食危机迫在眉睫,农夫们不得不重新捡起祖父们一直沿用的技术,用耕牛代替拖拉机。科学家被派下去以推动可持续发展的农业,刚毕业的"赤脚"农学家(他们以此闻名)去从事发展有机肥料和杀虫剂。不久,二百多个生物技术中心开始生产和分发无毒的、基于本土微生物的生物肥料和杀虫剂。

到2000年,哈瓦那721平方公里的城市区域里,有超过40%的面积用于种植蔬菜和水果,供应这个城市60%的需求。一份1996年的城市法规规定只能使用有机的方法,因此在里卡多·桑切斯(Ricardo Sanchez)的园子里,没有一样东西是需要从外面输入的。他用厨房的废料堆肥来培育蔬菜,保护作物的杀虫剂是自家制的。他用虫子喂鲶鱼,给兔子吃叶子和块根。在他和邻居的房屋间的棕榈树下,西红柿、番石榴、鳄梨、芒果以及香草挤挤挨挨,争抢着空间。

这就是精耕细作的城市农业,很费心思但也确实高产。桑切斯的园子只是哈瓦那6.2万个庭院菜园子中的一个,这些私人地块都不到800平方米,所有的都得到官方的支持,并且遵守经济合作组织有关生产的规定。并不是所有的地块都像里卡多·桑切斯的这么大,有些就是很小的后院，甚至敞廊、阳台和屋顶，都被利用起来并且也得到官方的认可。在古巴全境，总共注册有超过一百万个类似的庭园。

庭院菜园是私人或家庭层面上的事情，下一步就是市场了。这都是由邻居们组织起来，共同合作，其中较大的就会在征召合作社成员志愿服务的同时，雇用全日工作的职员。在城市农业运动之初，政府将没用的地块交给任何一组想耕种的人，现在城市里有了二十多个"有组织的"（organoponicus）菜园——如他们所称。这些菜园面积大于一公顷，所有都用架高垄床的方法精耕细作；一些甚至铺架在小块空地上和没法利用的贫瘠退化的土地上。这些有组织的菜园的产品一般都在固定场所出售，主要是卖给合作社的成员，但是也卖给任何找上门来的人。产品价格低于城里的自由市场，但高于政府控制的卖场。对于合作社成员和偶然过来的消费者来说，它的质量是最令人满意的——有机又新鲜。

哈瓦那在城市范围内解决了60%的蔬菜需求，仅就这一点，古巴人就应该为他们的农业革命感到骄傲，而且他们也将此视为照亮未来的灯塔。某一天，美国的禁运解除了，古巴又可以自由进口化肥、人造杀虫剂、拖拉机和燃料；经济也会更快发展，城市空地将再次变成花园。但是古巴人通过从事城市农业，更加有信心保持这种可持续的有机实践，虽然这项实践最初是迫不得已。"美国人也需要好食品，"人们说，"我们可以出口这些东西给他们。"一位政府圈子里有影响的人物说道："我们在可持续发展上投入极大的教育努力。当美国的禁运解除后，将会有艰苦的谈判。政府的政策可不是获得什么便宜的进口货。我们更要吸引投资，而不是廉价货物。我们和美国斗争了40年，到现在他们也没有打败我们。"

哈瓦那在城市农业上取得的成就是巨大的，这表明一旦认识到城市的需求并采取措施，城市就可以做那么多的事情来供养自己，而且由此产生的好处又是那么迅速。但是，使哈瓦那获益的一种因素是其他发展中国家的城市所不具备的：它的食品危机并没有混合着一股大量的移民潮。在1990年到2000年之间，哈瓦那的人口从210万增加到230万。实际增加的只有20万，而且大部分还是城市家庭中自我增殖造成的，是因为儿童的死亡率降低和人们活得更长的缘故。

作为对比，内罗毕的人口在相同的十年内，从140万增长到230万；墨西哥增加了300万，从1510万到1810万；拉各斯1990年有居民1020万，2000年时有1350万，增加了330万——这比拉各斯25年前的人口总数还要多。[28] 相似的增长率发生在发展中世界的各个地方。当然，其中一些来自于城市人口自身的增殖，如哈瓦那；但是更多的增加人口，还是来自于没有一点城市生活基础的新移民。

随冷战结束而到来的世界新秩序，也使其他许多城市痛苦不堪，不只哈瓦那一个。世界银行将所谓的"结构调整计划"强加给发展中的债务负担沉重的国家：国际货币基金组织（IMF）意图使发展中国家摆脱受资助和附庸的文化，进入独立自主的经济领域。这项计划，就良好的财政管理方面是有意义的，但是现实却是严酷的。政府被要求平衡财政预算，这样做的唯一方法就是通过大幅削减在社会需求和服务——如教育、健康等方面的资金分配，才能达到。这些行动或许最终建立了一种合理的经济增长基础，能使所有人都受益；尽管如此，但是同时，这也使得大多数人的生活更为艰难。只举一个例子：内罗毕在1989年至1997年，人口增长了51%，而正式部门的工资水平则只上涨了15%。[29]

在内罗毕所有的就业人口中，只有三分之一有正式的工作；其余都是依靠现已出名的"非正式部门"来谋生。现在，已经认识到非正式部门是发展中国家大城市的整体经济的一部分[30]，包括的范围十分巨大，从捡垃圾、擦鞋到写信服务或修汽车等各种事情。它可以代表一个城市全部经济活动的一个坚实的部分，但是却完全没有以税收、执照费等形式为城市收入做贡献。在肯尼亚，这种非正式部门被叫作"jua kali",是斯瓦希里语,意思为"猛烈的太阳",这就直接说明这样一个事实,即这些活动都在露天进行,风吹雨淋日晒,无所遮蔽。

对于内罗毕一项最为广泛的非正式部门的活动——城市农业来说,"jua kali"是一个恰当的字眼,在这里,城市农业十分显眼,数量众多(尽管不是有意为之)。这个城市有许多空地适合耕种,而且城市也恰好需要。这里有些自相矛盾——城市里挤满人,但是却优雅地留有大量空地。这源于当初的城市规划者对于欧洲工业城市的肮脏悲惨景象做出的反应:新城市,尤其是殖民地的首都,要按照规划建设,消除脏乱差的危险。

针对世界工业城市的城市面貌和社会结构的悲惨状况,早就有人想到必须做些什么来改变现状,这种想法由来已久,几乎和这些城市本身一样古老。人们不由地想到狄更斯和左拉,他们将公众的注意力带到了城市规划者和建筑师早已知晓的情况上来。但是这又有什么用呢?事实上在已有的城市里作用不太大,但是至少他们提出的这些问题,在关于如何设计一座新城市的问题上引发了很多讨论。在19世纪后半段,出现了"城市美化"运动。这里有一些是对古典理念的共鸣回响,也有一些后维多利亚时代的文雅诉求。"美化"不只是一个放在"城市"边上的单词。当1871年芝加哥大火之后重建市中心时,就为实现头脑中的想法提供了一个独特的机会。

芝加哥大火摧毁了6公里长、平均1.2公里宽的一大片区域(将近800公顷),包括超过45公里长的街道和200公里长的人行道(以及2000多个路灯杆)。1.8万所房屋和相当于2亿美元的财产化为灰烬,差不多是全市价值的三分之一。重建这座城市本身就是一个故事,尤其是在广泛应用的"城市美化"的理想之下,芝加哥成为第一座这样的城市。为了庆祝它的新生,芝加哥举办了1893年的世界博览会,它变得以"白色之城"而闻名,吸引了上百万的游客。对城市规划有专业兴趣的评论员赞叹这种"显示出建筑师、景观建筑师、雕塑家和画家那令人激动的力量,唤起了大众的快乐和愉悦",因为此前这个城市主要还是以屠宰场和谷物船等设施而被认知。芝加哥精心打造的市民中心、林荫大道、朝向水面的广场和公园,以及所有均衡而优美的设计,都显现出了世上"理想城市的面貌"[31],有灵感的城市规划随处可见。

在欧洲,城市美化运动的理想由埃比尼泽·霍华德(Ebenezer Howard)继承下来,体现在他的"花园城市"的设计里,是在广大的开阔区域里,综合考虑各个方面,将居住、工业和商业按功能进行分区。霍华德的《明天:一条通往真正改革的和平道路》(*Tomorrow: A Peaceful Path to Real Reform*)1899年出版(1902年以《明日的田园城市》[*Garden Cities of Tomorrow*]为名再版),同年,花园城市协会也成立了,他们一起开创了在20世纪流行于英国和海外的城市规划新潮。事实上,随着殖民地遍及全球,"海外"就成为英国城市规划者的真实的实验场。"我们不仅希望英国,而是帝国的所有部分,都被花园城市所覆盖",一篇发表于1907年的《花园城市》杂志的社论这样宣告。[32]

确实也有足够多的地方(尤其是在非洲),行政管理中心一一建立,建设铁路终点和港口,以便于殖民地货品的运输和出口。这样的中心,一些是在原有的本土市镇上直接改造的,诸如拉各斯和坎帕拉。这里至少有一个例子,说明花园城市理想的应用甚至早于这个词组提出以前,1893年,当杰拉德·波特尔爵士(Sir Gerald Portal)在乌干达建立英国使团时,写道:

> 我将总部搬离拥挤的、对健康有害的、总而言之是肮脏可恶的坎帕拉,去往湖边一个可爱之所;两座巨大的绿茸茸的山丘,就像金斯克利尔高地,几乎从水面直接升起;湖上的景色就像一片大海,点缀着十几个小岛。我将欧洲人的住处安在了山丘最高处,苏丹人的军队在下面。我们规划了所有的街道和分区,给每个人一片带篱笆的小院,并且设立了市场,在每个方向都开出宽敞的马路。

在我离开之前，这里已经是一个十分整洁的有大约一千居民的市镇，比坎帕拉要健康十倍。[33]

在别处，规划者获得全权委托。北罗得西亚（现在是赞比亚）的首都及政府中心——卢萨卡，其名来自于当地的一位酋长，在伦吉（Lenje）语中意思是"荆棘灌木"[34]，对于英国顾问（也是埃比尼泽·霍华德的狂热信徒）阿谢德（S. D. Adshead）来说，这个词精确地描绘了这块场地。1931年，阿谢德被委托来此设计一座城市。"这几乎很难被描述成一个生动的场所，"阿谢德坦率地说道，"但是盖上建筑，就会在相当远的距离内，尤其是沿着铁路线，看出它的优势来。"[35]

索尔兹伯里（现为哈拉雷，津巴布韦首都），布拉瓦约和布兰太尔（现为利隆圭，马拉维首都），选址同样都是为了方便殖民统治，但是在英国人规划的所有非洲城市中，内罗毕是对20世纪中叶的花园城市梦想的最佳图释，而且还留给五十年之后的城市穷人一个从未想到的有利条件。

皇家工程师埃里斯（Ellis）军士是首位住在内罗毕的白人。1896年他在这块地上建立了一座分段运输的站点，设有仓库和马厩，饲养着殖民政府用于运输的公牛和骡子。三年后，当从蒙巴萨通往乌干达的铁路修到内罗毕时，公司决定在此设立总部，并且适时建造一座车站以及商店和膳食处，以方便来往的经理和雇员。

内罗毕差不多在铁路全长的中间位置，前方经过40公里的上坡，是吉库尤断崖的峰顶，紧接着是陡峭的下坡直达东非大裂谷（在另一边又是长长的上坡，才能出山谷），所以，内罗毕是一个合适的地点，在此可以为前方的艰巨任务作一个准备基地。用一个负责铺轨的工程师的话来形容："一种荒凉的、潮湿的景色，全无任何人类居住的迹象，是成千上万的各种野生动物的栖息乐园"。[36]

"Uaso Nairobi"在本地语言中，意思是"冷水"，马赛人（Maasai）以此来命名一条从山上流出、在此处注入阿西平原的溪流，这个名称精确描绘了此地的主要特征。内罗毕在赤道以南不到 200 公里,但却常常是凉爽和潮湿的。由于溪流不断地冲刷平原,扩展成为一大片纸莎草的沼泽,这里海拔 2000 米,并且北部地形高起,存留了上升的水汽,因此,这里曾经是(而且仍然是)经常被低温云层所笼罩。"市镇建在低洼潮湿的场地上。供水问题不太重要,但是状况通常是不利于健康的,"温斯顿·丘吉尔在 1907 年访问内罗毕之后写道,并且总结道,因为"现在太晚了,一切都无法改变……缺乏长远和全面的眼光,导致一个崭新国家的容颜上,留下了永久的疤痕"。[37]

在丘吉尔到访前一年所做的人口普查表明,当时住在内罗毕的有 559 名欧洲人,3582 名亚洲人以及 7371 名非洲人。到了 1944 年,这个 11512 的人口总数已经膨胀了将近十倍,达到 108900 人,其中欧洲人 10400、亚洲人 34300、非洲人 64200。[38]内罗毕成为东非最大的城市中心,并且希望保持它在英国三个东非殖民地——肯尼亚、坦噶尼喀和乌干达中的领先位置,因而被推向经济独立。但是政治独立尽管事实上已经提出了快二十年,并不在当时的议程里。英国人的目的就是让它自给自足(尽量减少英国纳税人的负担),这意味着要大力发展殖民地的出口潜力——主要是农产品,如茶叶、咖啡和剑麻等。

合适的应征者被鼓励从英国移民去东非做农场主。政府为此发展计划投入了相当数量的资金。例如,东非花生计划开始时花费了 2500 万英镑,并被树为改造帝国的投资典范(此项计划损失惨重,彻底失败了)。与此同时,还委托专家解决内罗毕的问题,即如何从一个铁路工人和先遣定居者的"前哨站"般的小镇,转变为对大英帝国有价值的首都城市。

《作为殖民地首都的内罗毕的总体规划》发表于 1948 年。它是由三位在南非有长期工作经验的作者共同完成的。桑顿·怀特教授(Professor L. W. Thornton White)是一位有经验的建筑师,并且是开普敦大学建筑系的主任;西尔贝曼先生(Mr. L. Silberman)是约翰内斯堡的威特沃特斯兰德大学的社会学讲师;安德森先生(Mr. P. Anderson)是一位城市规划工程师,负责设计了弗里尼欣的钢厂镇,其规模为20万居民。

内罗毕和其他现代的非洲城市一样，就是为了欧洲人的利益而建造的，容纳非洲人，只是在为欧洲利益提供服务的范围之内。当然，尽管他们很清楚这一点，总体规划还是宣称"在种族隔离问题上完全中立"。但是做到却不容易。那时的非洲，种族隔离问题可是一个烫手的山芋。作为一项政策，英国政府正式否认它，但是如果这有什么用的话，就是使得在内罗毕的白人居住者变得更加强硬了，他们热切希望目睹种族隔离在城市中成为现实。种族隔离在南非成为官方政策，东非的许多白人都认为这是一个好主意。他们谈论一些事例，不祥地预感到那些人为的融合将会导致"种族和公共骚乱"。[39]

在种族隔离的问题上，《总体规划》的作者采取了他们所形容的"人文主义的倾向"，结果在规划里做出结论，将此事最好留给经济来决定，暗示当足够多的亚洲人和非洲人都变得十分富有时，内罗毕将会成为一个完整的城市。同时，其分区建议规定，在欧洲人居住区，现有的一栋房子占地1英亩的密度予以保留，亚洲人聚居区是每英亩两栋房子，非洲人聚居区为每英亩地上有12栋房子。[40]幸运的是，这里空地倒是不少，足以保证此项计划的实施。

内罗毕的市属区域共有85平方公里，平均人口密度为每公顷12人——用《总体规划》中的词语来说是"极其低"，正好为应用花园城市的理念提供了充分的余地，作者们都是埃比尼泽·霍华德的坚定信徒。"（花园城市概念）认为城镇规划的首要方针是花园式景观，"他们写道，"它希望通过控制密度，在城市地区尽可能多地保留田园气氛……"[41]

对于内罗毕人口增长的预测，估计到1975年总数不会超过15万人，当时的想法是不太可能增长过快（而且也不希望这样），在此思想下，《总体规划》的设计保证内罗毕将总是"持续提供户外生活以及开阔的感觉，这是肯尼亚高地的特殊的愉悦之情"。[42]确实，其中有一整章都用来说明"户外空间"的主题，强调说"健康很重要，

第11章 数量的冲击

户外休闲正在不断加强,越发成为现代工业和商业生活中必不可少的一部分",他们为《总体规划》而特别指出:

> "户外开敞空间"意味着更多地保护植物生长的大片土地,并且阻止房屋建设和工厂的扩张。它意味着清醒地对待受保护的空间、景观和用之于享乐。如何利用户外开敞空间,人们早已知道,许多文化也有体现,每个都表达出这是他们生命的一部分,是对文明的真实贡献,同时也凝聚了许多其他方面的积极意义。[43]

为了追求花园城市的理想,《总体规划》要求,将内罗毕的居住、商业和工业分成独立的区域;大片公用场地和森林保护区被保留下来供大众使用;沿着内罗毕河以及其他穿过城市的自然水道两边,修建宽阔的绿色滨河路;排除居住区的过境交通的干扰,在审美和功能上具有双重意义的是,将主要大道转变为林荫大道,中间有草地安全岛,交通景观些微曲折,不是一通到底,道路边缘很宽,利于交通顺畅。在这里,用地宽大是关键,如果不是预先留下的话,就不会有这么大的空间了。这还是一位早期的殖民地官员约翰·安斯沃思(John Ainsworth)促成的,他当时坚持内罗毕的主要大道必须够宽,可以让一辆长距牛车调头。[44]

内罗毕的《总体规划》还规定了城市及郊区的设计布局,但是它的人口在2002年时已经超过了规划者在1948年设想的最大数量的十倍。他们估计的最大数量是25万人,只用了十年多一点儿就达到了;到1975年,人口是67.7万;2000年已经达到230万,而且预计在2005年时将近300万。[45]

但是这几十年来,尽管内罗毕的人口呈戏剧性的增长,城市里的贫困人群仍然没有得到重视。20世纪70年代中期的调查发现,居住在内罗毕的家庭中,只有近3%生活在贫困线以下。[46] 但是从那以后,由于石油危机、结构调整计划和冷战的结束等因素综合作用拖累了经济,使得内罗毕的大多数人生活得更为艰难。

许多内罗毕的城市贫民转而从事城市农业。对于他们来说,《总体规划》留给内罗毕的开敞的户外空间不是什么"有利于健康的户外休闲"场地,而是维持生活的重要的零碎土地。内罗毕多数的城市农民是极其贫穷的,他们中的四分之三耕种的都不是自己的地,近一半利用的是公共土地。许多人手里也没有什么工具,只有一把最基本的jembe(一种传统的铲子),或许还有一把弯刀;个别的甚至只有一个水罐或水桶;多数人形容他们的动机只用一个字:饿。[47]

一些在《总体规划》之下建立和保护的户外空间,现在不可避免地被重新划分。不久前还是支撑"猛烈的太阳"和城市农业事业的大片土地,现在被转变为整齐的一排排中产阶级的连排住宅。此外,在内罗毕种植农作物是非法的。地方政府法令授权给城市委员会,"禁止任何未经许可的个人在任何未封闭的空地上耕种,无论土地是属于私人所有还是政府所有,或者是公共道路边的预留地"。[48] 于是,能够用于城市农业和"猛烈的太阳"的土地变得越来越有限,这种行为也越发醒目了,因此要求法律严格执行的声音也更加刺耳了。

特别是一些有影响的肯尼亚上层人士,以及移居海外的商业和外交团体的成员,认为城市农业和"猛烈的太阳"是城市景观上令人难堪的污点——一种讨厌的暗示,即在城市努力进步迈向现代化时,贫困人群的基本需求却被忽视了。城市官员总是作为这些少数集团的热心代表而出现,只要有国际会议在此召开,涌入大量外国访客,他们就会对不美观的"猛烈的太阳"和城市农业进行强力打击。"将来会怎样?"一位非正式部门的支持者问道,感觉城市官方似乎更关心展现一幅现代化的繁荣景象,而不是直面这么多的内罗毕居民挣扎在贫困里的现实。一位肯尼亚的国会议员对此评述道:"因为客人要来家里,你就得把自己的残疾孩子藏起来吗?"[49]

第 12 章
建在水上的城市

没有适当和可靠的水源，城市就无法生存。阿兹特克的首都特诺奇提特兰，坐落在一个巨大的淡水湖中的岛上。现在的墨西哥城就位于此地。湖已不见了踪影，城市用水泵从别处抽来大量的水。对于世界上急速增长的大城市所面临的环境问题，墨西哥城是一个极端的例子。

水和食物、阳光、空气一起，都是生命得以存续的至关重要的资源。事实上，水是生命的溶解剂，负责运输养分到全身（或植物体的各处），并排出废物。一些生物体需要的水分要更多些，人类就需要大量的水。例如，一个65公斤的人，身体里所含的水差不多有50升，每天平均一人还要失去2.5升的水分，这必须得到补充，否则难以保持健康。因此，人类必须获得优良而可靠的补给资源。这些不言而喻的事实，导向如下的要点，即筹划、获取和维持足够的淡水供应，是增长中的城市所面临的最大的挑战，这同时也使相关的先进技术、工艺得到发展。

对于供水，我们首先想到的是罗马人的输水槽，历经近两千年，至今还有残留部分屹立不倒。在第三个千年曙光初现时，伦敦有了另一个奇迹，虽然还未引人瞩目——这就是主环管道（Ring Main）。这是一条80公里长的供水管道环绕城市，宽得足以容纳伦敦的出租车，埋深要比多数管线深得多，而且总是注满可以饮用的洁净的水。泰晤士河水网站骄傲地报道说，主环管道每天供应伦敦13亿升水——足以灌满阿尔伯特大厅八次还多，并且还拥有强大的泵水能力，能够在50秒之内注满一个标准尺寸的游泳池。[1]

但是伦敦的主环管道尽管有着巨大而令人惊叹的尺度，历史却不长，是城市为跟上居民的用水需求，最近才建设的。自从17世纪开始，伦敦以有组织的方式解决其供水需求以来，城市在街道下共铺设了8万公里以上的主管线，以及1800多万条联络线。像所有城市居民一样，伦敦人用掉很多水。人体基本所需的2.5升水只是日常消费的一部分，还有洗浴和冲厕所、洗衣机和洗碗机、浇花和洗车——这一切加起来，平均每人每天消耗的水量大于250升。直观地说，如果你是从井里提水，这么大的量，一次搬运两大满桶的话，你要往返12次到13次。

尽管如此，比起美国人来，伦敦人的水消费还算是适度的，在美国，每天250升是最小的，最大值达到1100升，平均是每人每天660升。在美国边界以南，墨西哥城的居民平均用水量是每天364升[2]——对于一个现代城市，这不是太过分，但是已经将这个国家的水资源和工程技术的使用绷到了极限，并且给未来造成了严重问题。

在1950年，墨西哥城只是280万人的家园。在随后的五十年间，这个城市的人口剧增至1800万人，而且预计到2015年将超过1900万人。[3] 水的需求量是一个令人生畏的数字：1900万人每人每天用掉超过300升水，计算下来，等同于一个深1米、宽1公里、长5.7公里的湖——这可是每一天的量啊。找到有如此大量水的水源，并把水送达消费者，这是一个巨大的挑战，从未有一个城市遇到过。因此毫不奇怪，来自全球的水文学家和供水工程师，都将墨西哥城看做是在城市供水领域里的供应和管理上的一个试验案例。

墨西哥城坐落于阿兹特克帝国的首都——特诺奇提特兰的原址上。这个帝国的统治者，在15世纪和16世纪早期控制着一片广大的区域和上百万人的命运。这个城市的现代历史始于1519年11月,一支西班牙远征军的分遣队,在埃尔南·科尔特斯(Hernán Cortés)的带领下,离开丘鲁特卡尔(Churultecal,今天的乔卢拉城),在当时的活火山波帕卡特佩特尔(Popacatepetl)和伊兹塔奇瓦特尔(Iztaccihuatl)的山脚阴影下,找路去往特诺奇提特兰。科尔特斯有意会见阿兹特克的统治者——蒙特祖马(Montezuma),[4]打算劝说他臣服于西班牙君主,信奉基督教。他的野心不仅是征服墨西哥,还要将它殖民化,因此,为了这个目标,他在墨西哥海边下命令捣毁了远征队的船只。这就没有退路了。

阿兹特克帝国的心脏地带是一个高山峡谷,即为人所知的墨西哥盆地。盆地海拔大约2250米,是这个地区最高的山谷,四周群山环抱,其中三面是连续不断的雄伟的火山山脉,第四边是一系列的小山丘和浅山区,这就在7500平方公里的区域内,形成了一个连续的分水岭和封闭的生态群落。水从四周的山上瀑布般地落下,流进盆地,而且没有流出的渠道,所以在阿兹特克时期,形成了一串儿五个浅湖,占有1500平方公里的盆地面积。湖里有许多岛屿,水岸也不规则,到处是水湾、岬角和沼泽。数量众多的村庄和市镇坐落于湖岸不远处,特诺奇提特兰就在最大的湖中的东南角一个大岛上,离岸边8公里,用一道长堤道连接。

考古学家估计,在1519年有150万人生活在墨西哥盆地,分布在100多个市镇当中,这使得它成为当时世界上人口密度最大的城市型定居区域之一,[5]也许只有中国的某些地区可以相比。在特诺奇提特兰,连续的居住区域在12—15平方公里之间,住着大约15万到20万人。[6]科尔特斯和他的手下在1519年11月8号到达特诺奇提特兰之前,从来没有见过如此的景象,正如其中一位军官迪亚兹·德·卡斯蒂略(Díaz del Castillo)写的报告中所描述的:

> 早晨,我们到达宽阔的堤道……当我们看到这么多的镇市和村庄建在水里,另有一些大市镇建在陆地上,一条笔直而平坦的堤道

一直通向特诺奇提特兰，我们惊奇万分，都说就像阿马迪斯传奇中所描述的魔法，巨大的高塔、庙宇和建筑物直接从水里升起，因此所有的都是用石头砌筑。我们的一些士兵甚至问到眼前的这一切是不是在梦里……我们所看见的景象，是我们以前从来没有见到过或听说过的，甚至都不曾梦见。[7]

蒙特祖马最初十分友好地对待西班牙人，安排他们住在他父亲的宫殿里，并且自豪地邀请他们登上大庙的顶层，欣赏湖面和城市的全景。在这里，蒙特祖马拉着科尔特斯，迪亚兹·德·卡斯蒂略写道：

> 并且指点着他的伟大城市和湖里所有其他的城市，以及环湖的陆地上的许多市镇……我们站在那里四处瞭望……我们看到有三条堤道通向特诺奇提特兰……我们也看到了供应城市的淡水（沟渠），还有三条堤道上的多处桥梁……湖水在桥下流进流出，我们还看见大湖上有数量众多的独木舟来来往往，来的船上载着上贡的食品，去的舟里装着商品货物；我们看到这个大城市和其他所有市镇的每家每户都是直接建在水上，从一家不可能走到另一家，除了用可开闭的吊桥……或独木舟；我们还看到这些城市里的庙宇、祭坛、高塔、城堡都是白色的，闪闪发光，一切都是那么令人惊奇，不可思议……
>
> ……我们转过来看大市场和里面熙熙攘攘的人群，有买有卖，嗡嗡的声音和叫卖的吆喝，在一公里以外都能听见。我们中间的一些士兵去过世界上的许多地方，如君士坦丁堡、意大利全境和罗马，都说这么大的市场，这么满满当当的人群，而且管理和安排得这么好，他们见所未见。[8]

科尔特斯在一封写给西班牙国王的信中，描述特诺奇提特兰的规模和塞维利亚或科尔多瓦一样，有宽阔的主要大道和许多广场——其中之一是：

> 两倍于萨拉曼卡的广场,四周是拱廊,每天有六万多人来这里做买卖,各个岛上生产的每样货品都可以在此找到;还供应装饰品,有金银、铅、铜、锡、宝石、贝壳、骨头和羽毛……这儿还有一条街卖野味和各种禽鸟……他们卖野兔、牡鹿和阉割过的小狗,是用来养大再吃的。
>
> 有些街上都是草药医生……商店就像是药店……这里有许多种蔬菜……和许多种水果,其中的樱桃和李子与西班牙的一样。他们售卖蜂蜜、蜂蜡,还有用玉米芯榨的果汁,和甘蔗汁一样甜……这里还有许多种类的棉纱,一种颜色捆成一卷,就像是在格拉纳达的丝绸市场,但是这里的数量更多……[9]

这个货物清单继续罗列下去——木柴和木炭;小地毯和床垫;皮革;染料;谷物和面包;新鲜的或是盐腌、煮熟的鱼;鸡肉和鱼肉馅饼;鸡蛋和鹅蛋。事实上,任何一种阿兹特克城市居民想要的东西,都能在特诺奇提特兰的市场里和大街上得到。科尔特斯和迪亚兹·德·卡斯蒂略的报告中根据亲眼所见的事情,得出有关特诺奇提特兰的生活的结论,最终被来自其他资料的考古学和历史学的证据所证实:阿兹特克人实行的是一种贡品经济。换句话说,就是他们要求其统治下的人民为维持帝国和首都的运转而买单。像多数城市一样,特诺奇提特兰也是依赖于边远腹地的供应;但是却不像其他城市那样,它和它的供应者完全是侵略性的寄生关系,而不是共生的关系。

事实是,虽然盆地在环境学上是多样性的,但是其生产力却是有限的。当特诺奇提特兰及其卫星城的人口增加超过了可利用的资源,阿兹特克人就采用和邻人战争的方式,来满足其需求。但是他们对拥有或定居在其占领地上并没有兴趣,仅仅是为自己的需求目的,而控制可利用的资源。征服的目的是强迫缴纳贡品,随着阿兹特克统治体系的发展以及人口的增长,用这种方式占有食品和物品变得越来越重要了。结果,战争和纳贡成为阿兹特克帝国的经济基础。

当西班牙人1519年到达时，他们发现共有371个市镇向特诺奇提特兰缴纳贡品。[10]这个城市每年输入7000吨玉米，5000吨豆类，以及8000吨各式各样的产品——总共加起来有2万吨物品，平均每天55吨。其中，大量的干鱼、辣椒、可可豆、棉花、龙舌兰纤维、香草、蜂蜜、水果和许多别的产品，定期运入城市。[11]

阿兹特克人没有大船，但是他们的首都特诺奇提特兰完全依赖水上运输来满足他们95%的生活所需。出于战略原因，这个城市建在五个内陆湖中最大的一个湖中的岛上，在前哥伦布时期，墨西哥盆地被这几个大湖占满了。从湖的四周起始，遍布中美洲，阿兹特克人控制地区的陆路运输都是由"特拉曼"（tlamemes）掌握的，他们是一群职业的（大概是世袭的）男人、妇女和儿童，明确地忠于一项终身的搬运工职业。这些"特拉曼"组织良好，数量巨大。他们以驿站的方式运作，最好的搬运工能够在一天之内，运送23公斤的东西到28公里之外的另一个驿站。所以，墨西哥高原上的城市和其内地的相对位置，都有效地限制在"特拉曼"一天能走到的距离之内——28公里（因而食品的供应和可以养活的人口规模也受到限制）。[12]

但是由于特诺奇提特兰的供应，既可以由陆地来，也可以用水运，因此它的内地就不仅限于城市周围28公里的范围内，实际上扩展到28公里以外的整个湖岸——一条独木舟就可以运送40个"特拉曼"的货物，只用几个小时就能到达城市。因此，混合了地理位置和运输系统的优势条件，使得特诺奇提特兰能够利用大片的经济内陆区，同时（连同阿兹特克的政治和军事野心）也解释了这个城市在中美洲的统治地位。[13]

1519年11月，当埃尔南·科尔特斯和他的远征军到达时，特诺奇提特兰是一个有20万居民的城市。湖里漂满了独木舟。那时到底有多少独木舟用来供应特诺奇提特兰，在数量统计上，早期的西班牙人的估计也在变化，范围从5万直到20万；但是甚至到较晚的

1580 年，殖民机构报告称有 3000 只到 4000 只独木舟，每天横越 10 公里，从墨西卡辛科（Mexicalzinco，位于主湖的南岸）来到墨西哥城[14]——这就可以断定，有更多的船来自于大湖的其他角落。

阿兹特克的独木舟是用整棵树干手工制成，吃水浅，船头是方的，尺寸各异，完全视他们砍伐的树的大小而定。一个早期的西班牙作者描写独木舟时，声称有一个著名教堂的钟塔那么大——30 米长，10 米宽；另一份记录是长达 11 米，现代的估计是在 4 米到 15 米的范围之内。[15] 但是无论大小，它们的效率是无可争辩的。工作被严格划分界定。这些划独木舟的人自身就是一个特殊团体，其职责限于运输货物，而有其他的兄弟会组织负责处理码头上的事情，诸如销售、存储和装卸；一些工人不干别的，只是推船下水。他们运送的货物里包括了墨西哥中部所产的各种物品，但是主要还是大量的日常用品，如玉米和其他谷类、盐、肉、鱼、水果、鲜花和蔬菜，还有建筑材料——石头、木材和沙子。供给特诺奇提特兰的所需，在相当大的范围内（考虑到数量的因素）是利用了顺水之便，水流从上游湖泊流向下游湖泊——正是特诺奇提特兰之所在。所以，沉重满载的独木舟在水流的帮助下驶往城市，轻载回程时逆水而上。

为了产品保鲜，运进来的航程都是在夜间（一个典型的航程是 6 小时到 8 小时），在尺寸和速度之间，总是有一个最佳平衡点：较大的独木舟可以装载较多货物，但是走得慢，要想达到平均速度就得增加划桨人手，因而会增加费用；而一个人的独木舟，可以相对容易地运送一定量的货物。迪亚兹·德·卡斯蒂略报告说，看见一人撑一条独木舟，满载着 1 吨玉米，[16] 相当于 40 多个"特拉曼"的负载。

阿兹特克依赖于战争和纳贡的经济，在屈服的部落中引起深深的怨恨，这不奇怪。科尔特斯很快就发现，这种不满可以为他所用。他联合那些受阿兹特克纳贡要求的打击最重的部落，在他们的帮助之下，只用了几十个西班牙士兵就拿下了特诺奇提特兰。到了 1521 年 8 月，他控制了整个阿兹特克帝国。

毋庸置疑，正是特诺奇提特兰的孤立和自给自足的缺乏，给西班牙人轻易地控制阿兹特克帝国帮了大忙——尽管更阴险的角色也在忙碌着。科尔特斯（还有其他从西班牙赶来加入的团组）带到墨西哥的疾病，杀死了盆地里成千上万的人。一种破坏性的传染病天花，使得特诺奇提特兰的居民在这个城市开始变为殖民地城市时只剩下了3万人（并且还包括西班牙定居者）。在占领一百年后，整个盆地的人口，从150万下降到不足10万。[17]

随着西班牙的征服，特诺奇提特兰更名为墨西哥城。墨西哥盆地的交通方式和农业实践也随之而改变——这带来更为严重的后果。阿兹特克人修建的许多供水和灌溉水渠被填上，变成道路，走骡马、四轮车和货车，这都是西班牙人引入墨西哥的。他们还继续雇用"特拉曼"和独木舟，但是由于疾病，土著人口剧烈地减少了，湖上适于行船的区域也被西班牙人的排水计划给缩减了不少，因而使得首都更加依靠牲口运输了。一份17世纪的原始资料表明，每天有3000多头骡子抵达墨西哥城，带来小麦、玉米、糖和其他物品[18]，供应城市。

依赖于如此大量的骡子作为后勤保障，这可不是小事——尤其是与维持一支独木舟船队相比较，就显出后者在功能上的优雅及经济上的便利。骡子的繁殖是一件复杂的事情。它们是不能生育的杂种动物，由母马和公驴交配而产生。所以，维持一定数量的骡子，就要求饲养和培育另外三个群组：生产公驴的驴群，生产母马的马群，生产骡子的公驴和母马的混合群。

骡子很强壮而且很有耐力。它们在一天之内，可以驮运四个"特拉曼"的货物走同样的距离，但还是赶不上水运的效率。一支250只独木舟的船队供应墨西哥城的货物，相当于3000头骡子的驮运量[19]——而且还比骡子留下的混乱要少许多。

除了骡子、驴和马以外，西班牙人还带进来牛、羊和猪。这当然都是为了食肉的需要，但是它们的进入给环境带来了严重的影响，最终给这个地区的水的平衡造成悲惨的后果。为了获取建造用的木料,森林被砍伐;土地开发成为草场,饲养西班牙家畜,因此,土地的使用以及周围山体的特征发生了剧烈的改变。山坡裸露不可避免地引发大量山体表面滑坡,在雨季,大量的泥沙被冲下来,带进湖里。而且由于道路的修建而堵塞了城市四周及其内部的水流,使环境条件的改变更加剧烈。宽阔而静止的水面形成了。

这些变化,就会使得特诺奇提特兰所在的湖在某个适当的时候,形成洪涝灾害(因为它位于一个封闭盆地的底部)。虽然阿兹特克人也不得不经常和严重的洪水泛滥作斗争,但是西班牙人发现他们面临着的是一个持续不断的威胁。对此,他们的解决办法是,往北方地势低洼处开凿一条水渠,排掉湖里多余的水。墨西哥盆地不再是封闭的了。

第一条水渠建于1608年,有15公里长,只是当作一个溢出管道使用,当湖水上涨到危险程度时,才用此水渠将湖水排出盆地;但是随着18世纪和19世纪更大型水道的修建,排水就是或多或少地持续进行,盆地里的湖面开始急速缩小。现在的目的已不仅仅是转移洪水,还想获得更多的陆地。工业革命的长手在19世纪末、20世纪初伸到这里,给墨西哥盆地带来了铁路和工厂,盆地里曾经是各自独立、由商业串联的一批市镇居住点,现在集合一起,形成一个单一的城市体——墨西哥城。

湖水面积在减小,墨西哥城在长大。城市的人口在1689年达到5万人,1790年增至10.5万人——在一百年间翻了一番。到了1900年,西班牙占领后将近四个世纪,这个城市有34.4万居住人口。之后,它就跑在前头了——1910年,十年间翻了一倍,是70万人,而且整个20世纪增长了50倍还多。到了2000年,墨西哥城共有人口超过1800万人。[20] 现在,湖水已被排干,盆地的大部分面积都覆盖着柏油碎石和混凝土,水比以前更成问题。落在盆地和周围分水岭上的雨水,有很大一部分直接由城市的排水系统排走了,或者蒸发掉了,只有一小部分渗透到地下,补充墨西哥城供水所抽取的地下水量。

阿兹特克时期,城市用水靠的是溪流和沟渠,井水只是补充。

但是到了20世纪末，它们就成了主要的水源，市政当局每天从347口井里（一些深达200米）抽取极大量的地下水。此外，还有3000多个官方认可的私人水井，以及5000口到10000口非法水井，也在从地下蓄水层取水。[21]

但是，无论是在数量上还是质量上，都差得远——尽管有90%以上的城市居民可以直接用上水，不管是用连通管接到家里，还是从邻居家的水塔里接水，他们几乎没有人相信城市供水清洁到可以直接从龙头饮用。他们宁愿去公家或私人的水厂买饮用水。但这可不便宜。事实上，这个发达世界认为理所应当的生活基本条件，花费了墨西哥城的劳动阶层每日所挣之钱的6%~25%——而且挣得越少，花费可能就越多。一份1994年的调查发现，穷人从水厂买水所支付的钱是已记录的国内消费者的500倍。[22]

在理论上讲，墨西哥城不应该有供水问题。蓄水层蕴藏丰富；按照当前的抽取速度，其存水量足以维持两三百年——尽管自然补水量不到当前取水量的一半。[23]但是，取水多于补水的一个代价就是：地面沉陷。

从井里打出的水量是地表渗入的水量两倍还多，城市的地下水位每年下降1米左右。这已持续了很多年了，随着上层蓄水层的抽干，这层的土壤日益密实、干缩和下沉。结果就是城市的某些部分，水平地面以每年15厘米到40厘米的速度下沉。在中心区域，自从1954年禁止打新井并关闭老井以来，每年稳定下沉6厘米。虽然如此，墨西哥城的市区的某些部分，在过去的一百年间下沉了9米之多。[24]

地面下沉引起的变化给这个城市带来戏剧性的效果。在1900年，原初的湖床在城市中心区平均标高以下3米，并且仍然充满着水。到了1974年，湖床在城市地面标高以上2米，而且干涸露底（如果没有铺着柏油碎石的话）。一些一个世纪前人们打的井，现在井口矗立在地面以上高达几米；孩子们在上面做记号，看看是自己长得快，还是地面沉得快。墨西哥城沉陷的后果，是比以前更加受到洪水泛滥的威胁，尽管修建了昂贵的暴雨排泄系统，但是在暴雨期间,洪水泛滥依然是一个严重的问题——这个盆地的降雨,往往都是暴雨。[25]

但是关于供水和洪水的诸多问题还没有到此为止。事实上,这是因果循环和互相加强的:抽取地下水引起城市下沉,下沉又反过来引起城市供水的更大损坏。地面下陷时,管道破裂。在20世纪90年代末期,墨西哥城的供水机构,发起了一项日常维修计划,作为整个部署的一部分来实施。不久他们就发现,每天要修理几百处泄漏的水管。尽管如此,据估计,泄漏的水量仍然占城市消费水量的30%以上——足够供应400多万人用水。[26]

随着墨西哥城的供水问题日益严峻,当局决定采取阿兹特克的传统方式(可不是战争)来解决这个问题:在20世纪70年代,他们做出计划,利用盆地以外的水来供应。到90年代末,墨西哥城差不多三分之一的供水是从莱尔马和库察马拉(Cutzamala)的分水区域引入的。但是由于一些取水点距离墨西哥城100公里以上,而且标高还低了1300米,因此将水从水源地送至城市,就需要建造八座水库,一条127公里长的引水渠,21公里的隧道,7.5公里长的运河,以及六个提水泵站。这项计划的建设费用超过了13亿美元,每天的花费估计得有90万美元——一年累计下来,比市政当局从消费者身上收取的水费多了八倍。[27]

问题还不止于此,在像墨西哥山谷这样的封闭盆地里,获取淡水仅仅是问题的一部分,还有大量的废水排放的问题。墨西哥城每年产生超过230万立方米的废水,其中的一大部分通过各种方式——由分布广泛的地下管网收集,经过隧道、处理厂、暴雨池、泵站、水坝、泻湖、暗河及明渠,排入墨西哥湾。[28]但是另有一部分是不能忽略的,它们经由下陷造成的排水管的裂缝,直接渗入地下。这些未经处理的污水,将会造成地下水源的污染,而墨西哥城还要在未来的很长一段时间里继续从这里抽取供水。

另外还有相当一部分的城市排水通过明渠,流入100公里外的半干旱的农田,在那里,水未经处理就用于灌溉。自从这项措施在

1912 年开始采用以来,农业产量得到了大幅提高。这个地区由此以国家的"面包篮"而出名。但是不幸的是,经过这么多年,墨西哥城排出的水已严重地污染了这个地区,对土地和农产品造成有害的后果。事实上,土里种出来的蔬菜,生吃是非法的(可是如何严格执行这项法律规定,还只能是臆测)。[29]

墨西哥盆地在 15 世纪的阿兹特克人手里形成了补贴型的生态系统,那时,他们需要从外部输入大量的自然资源和能量。西班牙人将这样的行为又延续了五百年,这种不平衡在现代达到了极限。在 21 世纪之初,形势危急:"世界上几乎没有像墨西哥盆地一样的生态系统,如此远离自给自足的情形。"[30] 确实,墨西哥城的问题意义十分深远,因而吸引了众多的学院理论的注意。在某种程度上,这个城市及其寄生的盆地已经变成了一个试验场,在其中,控制城市环境的方法正在试探其极限。由此而引发的研究,为发展中世界的巨大都市的未来,同时提供了病态的魔力和"可怕的视野"。

至于墨西哥城,它是世界第二大城市(东京第一),但是它的增长率在缓慢下降。人们不再以相同的速率移居这个城市了,一些居民正在移往盆地之外的城市地区。[31] 对于墨西哥城所面临的问题来说,这种下降,在短时期内还不足以有效地减轻城市的痛苦,但是至少含有一线希望吧。

第 13 章
转向太阳

食物和水当然是第一位的,但是城市也需要能源来维持其运行。迄今为止,有机燃料和化石燃料被看成是廉价而可行的选择,但是不断上升的环境成本,增加了寻找替代能源的紧迫性。

1945 年 8 月 6 日,一颗原子弹在广岛上空引爆,整个城市在一片火海中坍塌毁灭,夷为平地。超过 13 万人失去了生命,另外的 20 万人失去了家园,但是正如美军专家不无遗憾地汇报的那样,这颗原子弹"没有严重摧毁这个城市地区的军事生产能力"。[1] 当然,这次轰炸备受争议,无论如何这是一场政治行为——而不是战略需要。日本当时已不再对美国构成军事威胁,它已经没有能力反攻,而且实际上也快要投降了。但是这些都不重要,国家的领导人依然是好战分子,这就够了,就足以去演示一下核的威力,而这个威力将给战争带来一个戏剧性的结尾。并且,还有更大的意义——确立了美国在冷战时期的战略极权。当时世界普遍认为,冷战将是战后世界事务的主导趋势。[2]

因为扔到广岛的原子弹是小个的(根据现代核武器的能量标准),并且在地面上空将近 580 米的地方引爆,产生了最大的冲击波和即刻的辐射,但是和地面爆炸引发的放射性尘降物所带来的长期危险相比,这些还是小的。确实如此,空气中的大量放射性浮尘,从毁灭的城市升起,被风吹到北方,和煤烟灰尘粘在一起,形成大小如弹子的颗粒,像"黑雨"一般落下。许多在最初的爆炸中活下来的人,后来却因为这种微尘引发的辐射病而患病和死亡,但是城市本身还没有显现出不适宜居住的迹象,不像1986年切尔诺贝利核电站垮塌事件所造成的那样。在广岛,地里的土豆被爆炸产生的热量烤熟,却可以安全地食用。[3]

这次爆炸以4000度的辐射热冲击城市,相当于35吨的卡车时速1600公里的冲力,完全或严重地摧毁了距爆炸中心5公里范围内的76327栋建筑物中的91.9%。[4] 冲击波的力量和速度随距离而递减,但是仍然十分强大,掀翻了2公里以外的车站上的火车,使2.3公里以外的混凝土路桥移动了位置。[5] 少数房屋(尤其是有抗震设计的)没有倒塌——尽管它们也都严重受损。另外,那些没有在爆炸中即刻夷平的房屋,也在随后的大火中被烧成灰烬。在之后的几周内拍摄的照片,呈现出一片焦土,伸向四面八方。十字街头空空荡荡,识别此处彼处的,只有光秃秃的树干。电线杆被烧成灰烬,但是许多树却活了下来,尽管它们的树干烧焦了,叶子和枝丫忍受了大火的冲击(至今仍然有一打左右的这样的树活着,挺立在今天的广岛)。

广岛人的居住和工作十分集中,因而广岛的建筑物也很集中,大都在靶心附近的城市中心区域。在爆炸中心2公里以内,生活着全市57%～61%的人,在3公里以内是81%～87%的人。死亡的人里面,占总数63%的人是2公里以内的,而3公里之外的死亡人数不到2.5%。在爆炸发生时,据信约有35万人在广岛,13万到15万人立即死亡,或者是在六个月内死于受伤或辐射疾病。[6]

但是原子弹带来的悲惨状况并没有随着大量多米诺式的倒塌而结束;通过随后产生的种种事情,还在继续干扰、阻碍着个体和社会。20万幸存者当中,超过90%的人无家可归,没有人是完全没有受伤的(如果不是个人的身体上、心理上或者经济上受到影响,也一定是有亲戚或朋友受到伤害),其中成千上万的人都需要终生治疗。但是"幸存者"这个词是避免使用的,因为它所强调的活着,会使人想起那些死去的人们。替代它的是一个更为中性的词——"被爆者",字面上的意思是"受到爆炸影响的人"。

爆炸发生之后,医护人员和人道主义者团体努力去照顾那些幸存者,与此同时,日美两国的当权者都急切想要准确地获悉炸弹对城市造成的影响情况。日本物理学家了解有关核分裂的事情,迫不及待地想去测量辐射水平,而美国军方则是急于评估在城市上空引爆原子弹的后果,与在沙漠无人区一直受到严格限制的爆炸试验做数据对比。

来自日本陆军和海军的医疗队第一批进入广岛,他们是在爆炸后几小时之内到达的。从东京过来的日本科学家于8月30日抵达,并立即开始测量残留的放射能量水平。他们发现,这里仅比普通背景辐射水平高出四倍(至少要达到一千倍的辐射水平,才能对人体造成严重影响)。美国人开始全面调查城市的毁坏程度是在9月9日——距爆炸那天刚好五个星期,但是此时,这个被毁坏的城市已经坚定地踏上恢复之路。

爆炸后的广岛(还有长崎,两个城市都遭受了可怕的痛苦——集中关注于其一并不表示对另一个漠不关心)是一个有益的样板,显示出人类与生俱来的恢复正常生活样貌的内在动力,即使身处如此可怕的环境之下。那些能够尽快恢复生活的人,无论怎样都是尽快回到每日的生活中去。例如,银行在中心区的办公室已经完全炸毁了,但是它们却在爆炸之后第一天,在日本银行市郊的一家未损毁的分行办公室里联合开门营业。第一天只有一位顾客上门,但是几天之后就有了900人。在爆炸发生后的十天里,城市里十家最大工业企业的员工中,有42%回到了工作岗位。广岛的公路、铁路和海运(广岛是一个港口)等通往全国各地的直达交通,几乎没有停止过,而且很快就修复了城市的发电厂;在两天之内,有轨电车就已经行驶在被毁坏的城市中心区里了,[7]在那些没有倒塌并还可以住人的房屋里，开关一开就有电。

同样意味深长的是，这颗原子弹没有对城市的供水系统的主要部分造成破坏，事实上整个系统仍然完好无损。爆炸之前，这个系统可以每天给城市提供 7500 万升过滤的水。从主管道连通到各个建筑的连接管，大约有 7 万根被炸断，但是在构成整个广岛供水管网的 300 公里长的地下铸铁主干管（直径 10 厘米到 75 厘米）上，只有八处大裂缝（还有一根 40 厘米的跨桥主干管也被炸断）。位于爆炸中心 3 公里之内的主要蓄水池和水厂也都在爆炸中损毁，甚至在爆炸的当天，仍能提供应急用水。到了十月末，主干管上的裂缝已修复，7 万根断裂的连接管也已经闭合，供水功能已恢复，能够供应成千上万为重建生活、重建广岛而奋斗的民众。[8]

在爆炸后的第 33 天，东亚锡厂人事部的年轻职员佐佐木俊子（Toshiko Sasaki）小姐正准备从临时救护站——自从爆炸受伤以来她一直在此治疗，转到市属的红十字会医院，希望那里的医生能够尽快治愈她的严重骨折和肿胀的腿。爆炸时她正坐在离中心 1.5 公里的办公室里，虽然已经向她描述了城市毁坏的状况，但这次是她第一次亲眼看见。约翰·赫西（John Hersey）在纪录片《广岛》里讲述了她的故事，这部片子记录了战争中使用原子弹的唯一两次机会中的第一次（第二颗在炸毁广岛三天之后投到长崎）。佐佐木小姐被她自己看到的景象所震惊。但是触动她的并不是城市夷为平地、一片焦土的景象，她特别注意到，自然界开始要讨回被人类所创造、但现已被毁灭的人工城市环境：

> 在城市废墟的缝隙里，在水沟里，沿着河岸，纠结缠绕在屋顶瓦片和铁皮之间，葡萄爬上光秃秃的树干——在一切万物之上，是新鲜的、生机勃勃的、繁茂的、乐观的绒毯般的绿色；幼嫩的玫瑰甚至从倒塌房屋的基础上生长出来。野草掩盖了灰烬，野花盛开在城市的废墟上。爆炸不仅没有损坏植物的地下部分，而且还刺激了

它们。到处都是矢车菊和丝兰、鹅掌花、牵牛花和百合花,绒毛果实的豆荚、马齿苋、苍耳和芝麻,以及疯长的草和菊科植物。尤其是在中心圆形区域内,番泻树再生得非常迅速,不仅在剩下来的光秃秃的同种灌木之间重现生机,而且还繁殖生长到新的地方,在砖缝和沥青的裂缝之间生长。这就好像有一包番泻树的种子,随着炸弹撒了下来。[9]

外国通讯社报道说,广岛已被辐射污染了,在以后的七十年内,这里将会是一片不毛之地,而且不适宜居住。他们断言城市里不会有任何植物生长,也没有人在此生活。可是实际上,几个星期后的一场大雨带来了勃勃生机,从折断的树桩和烧焦的光杆树干上冒出嫩芽——银杏、香樟、桉树、无花果、柳树、夹竹桃、杜鹃花和翠竹。幼苗从裸露的大地的各个角落钻出来,正如佐佐木小姐看到的那样;城里的人们也正在回来重建他们的生活,毫不犹豫地去种植蔬菜和冬小麦。收成十分可观。靠近爆炸中心的毁坏区域,在等待重建的空白时间种植的农作物,如小麦、玉米、小米、西红柿、茄子和豆子,收成甚至好过周边的村庄。尤其是西红柿格外的好,高产而无瑕疵,没有受到病虫害,而以前在城市里种养,不受病虫侵害是十分困难的。[10] 爆炸消灭了土壤里的病菌,并且产生的灰烬也给大地施了肥——这就为荒地上的城市农业创造了理想的条件,同时也肯定了生命力的顽强。正常状态将得以恢复。

"浴火重生"是个俗词,但是却真实地形容了战后广岛的历史——也是日本的历史,这个国家已经成为世界领先的消费品供应者。现在的日本,这个太阳升起之地,站在了努力发展太阳能技术的前沿,这项技术将直接从空间获取太阳能并传导到地球。寻找替代能源,现在变得越来越紧迫了,因为世界人口在增长,而且越来越多的人住在城市里。

全球人口,预计在2000年至2025年之间增长三分之一,从60亿增到80亿,但是到那时,由于有60%的人口将会住在城市,所以全球的电力需求将在这25年里翻一倍。除非找到替代物，否则按当前方式增加的电力生产，将不可避免地导致更多温室气体的排放，而这已被证实是全球变暖的主要因素。

因为天然气、煤炭和石油都是来源于植物的化石遗体，植物在生长过程中吸收了太阳光能，所以由它们提供的能源，事实上是化石化的太阳光能，只不过是被封闭在地球深处上百万年。但是通过化石燃料供给的能源总数，仅仅是太阳照到生物组织的能量的一小部分，而且今天太阳依然在照耀着地球。直接获取太阳能会更有效。假使我们能够获得每天照射到地球上的一部分能量，就会在世界能源预算上得到有意义的差额。

以太阳光的形式投到地球的能量总数，平均到每平方米的能量，可以点亮七个100瓦的灯泡。这看上去不算多，但是我们知道全部加在一起是什么感觉。照到地球的太阳辐射总量是巨大的。举例来说，在平均年份广岛一地接收的能量，相当于它在1945年遭受的原子弹爆炸能量的185倍。[11] 在全世界，太阳能足以使所有海洋表面蒸发掉一米，并且将成千上万立方公里的水带到空气中。在大气层之上，可利用的太阳能量至少是两倍，日本科学家就是计划从这里获取太阳能。

这个想法是将卫星放置在距地表面3.6万公里之上的对地静止轨道上，在那里收集太阳能，以微波的形式发射回地球。卫星带有两块巨型太阳能板，每块有3000米长、1000米宽，卫星能够每秒钟收集100万千瓦，相当于一座核电站的输出量。地面接收器本身直径有几公里，安置在无人居住地带或者海上，电力由此传输到常规电缆。卫星的总重量将达到2万吨，将会分阶段发射和组装。日本的经济产业省宣布，这项计划预算高达170亿美元，并且满怀信心地预告，将会在2040年实现此计划。[12]

听上去像是神话？其实，在20世纪70年代末期，美国能源署和NASA（美国国家航空航天局）就花费了5000万美元，用于研究将太阳能传回地球的可行性。他们的结论是，技术上是可能的，只是整体计划因为设备昂贵而不可行。但是从那以后情况有了变化。现代的光伏电池将太阳光转为电能的效率比其前辈提高了八倍；可以重复使用的航天飞机以及相关技术的发展，使得将卫星放入太空轨道的费用降低许多，仅是70年代的十分之一。而且，对替代能源的需求，比以往更为强烈。因此，NASA重新拾起搁在架子上的计划，掸去灰尘，积极深化太空太阳能的概念，并且富有远见地指出，在不久的将来，随着商业利益比政府基金更多地投入卫星和空间技术领域，必将会有风险投资对太阳能感兴趣，它肯定会成为一个全球市场。[13]

只要我们一想起各种文化中的太阳神、太阳庙、冬夏至日的庆典等等，就体会到人类对于太阳的认识由来已久，一直奉它为凌驾于生物世界的无上权威。并且，人们也一直在寻找利用（或是避免）太阳辐射能量的方式，这个时间至少和他们定居城市的历史一样长。苏美尔人、希腊人和罗马人，都做出了最有利的设计排布房屋，这样，他们就可以在冬天，当太阳运行轨道在天空中的低位时，接收到最大的太阳热量；当夏天太阳在高位运行时，又可以减少辐射热量带来的不适。苏格拉底解释这条原则道："在朝南的房子里，冬天，太阳穿过门廊，而在夏天时，太阳的轨道正好在我们头顶，廊檐恰好挡住了阳光，形成阴凉。"[14]

罗马时期小普林尼提到的"日光室"（heliocaminus，字面意义是"太阳炉"），就是得益于他的罗马郊外的别墅，而且"日光室"似乎相当普遍，以至于会为太阳的采光权而引发争吵。因为城市的居住环境太拥挤了，建筑很容易挡到别人家。采光权最终被写入罗马法律："如果任何一个物体放置的位置，减弱了'日光室'的阳光，此物体必须被证实，因它而产生的阴影区在一个绝对需要阳光的位置上，那么，它就是违反了'日光室'的采光权。"[15]

在人类事务中，对于太阳能量的应用远不止是简单地保暖，而是有更为久远的发展过程。古代人知道一个曲面镜可以集中太阳辐射能量到一个物体，强度足够时，能使物体在瞬间燃烧起来。阿基米德声称，在公元前212年他用了一个类似装置摧毁了一支罗马入侵舰队（虽然缺乏有权威的证据）。在16世纪，列奥纳多·达·芬奇设计了一个巨型抛物面反射镜以及相关的布置，对此，他说道，将会"为一家染料厂的锅炉提供热量，有了它，染池就是加热的，因为里面总有开水"。列奥纳多在他的笔记本里留下了有关的草图和描述——但是就此为止，再无其他。凭借这些参考，可以确信达·芬奇是最早计划把太阳能应用于工业生产的人，[16] 但是直到工业革命时期，这个想法才得以实践。

那时，工厂的机器由蒸汽机提供动力，蒸汽机需要木材和煤炭作为燃料，人们害怕燃料跟不上需求的发展，因此，决定试着利用太阳能作为替代方式，将水烧开产生蒸汽。在法国，奥古斯丁·穆肖（Augustin Mouchot）发展了太阳能的利用，甚至在"薄云但有持续光照"的情况下能够产生超过40公斤的压力。而且在1878年巴黎举办的世界博览会上，他使参观者大吃一惊，他把这个装置连接到冰箱的马达上，居然用太阳制冰。[17]

在20世纪初的美国，弗兰克·舒曼（Frank Shuman）建议，太阳能可以在那些干旱、缺乏燃料但却阳光充足的地区被人类所利用——甚至可以扩展到热带地区的沙漠灌溉和发电。他预计"最终地球表面10%的土地上的机械运转，将会依靠太阳能"。他吸引了必要的投资，发展和建造机械装置，此机器能够产生超过40千瓦的能量，并且能够每分钟泵出2.7万升的水。舒曼在埃及进行了演示，他的太阳能发动机不亚于常规的燃煤装置，凭借这些试验，制订了在苏丹应用太阳能灌溉1.2万公顷棉花种植园的计划。德国政府提供20万美元，用于在西南非洲（当时的德国殖民地）安装太阳能发电厂，以此来支持舒曼所说的在撒哈拉发展这些设施，希望能够为世界提供永恒的大量能量，"相当于1909年挖出来的所有燃料总和"。[18]

第一次世界大战断送了舒曼的计划以及他们这类狂热分子所预言的太阳能的玫瑰色未来。不仅仅是敌对情形阻碍了太阳发动机的发展和安装，而是有更深刻的原因——和这场战争牵手的是内燃机的工业世界，其动力来源是石油。有讽刺意味的是，已被发现的主要油田正好就是在干旱、缺乏燃料的地区，这里原先被舒曼当作首先发展太阳能的场所。随着越来越多的石油以越来越低的价格供应出来，工业行业和政府都不约而同地放下了对寻找新能源的担忧。

但是私人房屋主总是希望减少自家的燃料账单，而且此时在工业和农业上，石油已经将太阳能计划踢出局了，所以，用于加热洗澡水的太阳板就应运而生并发展起来了。这个市场在20世纪初叶兴旺发达了一阵，之后就显现出疲态——尤其是在那些阳光充足而燃料匮乏的地区，如加利福尼亚、澳大利亚和非洲。但是，尽管太阳能热水是在城镇开始流行的，但是它还是更适合乡村地区，因为在那里没有更多的选择。可是不幸的是，乡村的市场不够大，不能吸引足够的投资兴趣，因此也就无法提高技术水平。所以，一旦天然气和电力输送过来，无论何时何地，只要轻触开关，就有热水和电力，太阳能热水就无人问津了。

与此同时，光电池的潜力得到了飞跃式的发展。埃德蒙·贝克雷尔（Edmund Becquerel）在1839年注意到，太阳光束打到某些物质上可以产生一股电流，实际上他记录到的电压非常低。直接将太阳光转化为电能的希望就在前面，但就是让人干着急。材料在物理学家手里就像是炼金术士的石头；经过160年的研究和意外的好运（硅的轻灵敏性的发现就是一个幸福的意外），技术发展到这一点，即一片非晶硅的晶片加不锈钢板背板，可以有效地转化部分光能至电能。例如，伦敦西南部，在多云天气下，在适当的排屋的屋顶上布置的光电池，产生的电能，足以煮350杯茶，看35小时的电视，烤800片面包（或者其他相等的事物）。在天气好时，可以产生多余的电能，返送回国家电网——这样还可以得到适当的经济回报。[19]

但是经济上的节约，暂时还不是光电电力的首要吸引力。供给一栋有三个卧室的房屋，光电的平均造价比15年的电费还要多；但是，正如大力提倡者所指出的那样，随着对温室气体扩散和全球变暖的关注不断增加，就会刺激需求，从而使价格稳步下降。值得一提的是，世界上两家头号石油生产商（壳牌和英国石油公司），都增加了在发展环境清洁且经济可行的能源上的比例，替代曾经使他们富有的产品。英国石油公司的太阳能公司建在美国，壳牌选择在德国建立一个大型的新PV（光伏电池）制造工厂。

到目前为止，在安装PV方面，美国领先于世界，已经从太阳处采集54兆瓦的电能，并且计划在21世纪初期再装50万个屋顶PV单元；德国打算到2005年至少安装11万个；日本已着手一项令人吃惊的计划，到2010年安装2300万个（除此之外它还计划从太空卫星传下太阳能）；意大利有一个五年万家屋顶的计划；在英国，政府的一项打包许可政策，以期促进安装PV，希望到2005年扩大到十倍；挪威和荷兰已有长期计划；印度、中国和澳大利亚，都在扩大PV工业；美国和欧盟都宣布"百万屋顶"项目，欧盟计划中的一半用于发展中国家。[20]

全球的PV销售以每年40%多的速度增长已经有几年了，分析家们预测到2010年，全球PV生产和安装市场每年将达到110亿英镑。如此巨大的商业前景，使得太阳能电力的费用在2020年和常规电力形成有力竞争。[21]到那时，也许实际的便利超过了来自环境议事厅的压力，带来真正意义深远的变化——减少温室气体的排放，并且阻止全球变暖的趋势。市场一旦相信在发电站以外的替代能源领域有更多的钱可赚，我们在城市里使用太阳能的日子就不远了。

第 14 章

永远的难题

对于城市生活来说，废弃物的处理，至少是与食物、能源和水的供应一样重要的。但是在轻重缓急的序列中，废弃物处理明显低人一等。看不见，也想不到，只有当一直习以为常的事情反常地不足或是停顿时，问题才会突然爆发引起关注。城市总是极其严肃地担当了自身废弃物处理的责任——在 19 世纪初，巴黎甚至把它组合成一个非常有利可图的商品菜园事业。

当 1478 年淋巴腺鼠疫波及米兰时，列奥纳多·达·芬奇 27 岁，在这个城市已经住了四五年。在 1347 年黑死病杀死三分之一陆陆人口之后，各种可怕的传染病不定期地横扫欧洲，这是又一次。每次传染病造成的死亡人数，自从第一次爆发以来一直呈下降趋势，因为活下来的人们的对疾病的抵抗力在增加，而且人们也更加老练地躲避传染。虽然如此，1478 年的传染病仍然杀死了 2.2 万的米兰居民（总人口大约是 15 万），同时在布雷西亚——距离米兰不到 100 公里的城市，死亡率是每天 200 人，持续四个月，城市人口从将近 3.8 万，降到 3400 多一点。[1]

达·芬奇在他的著作中没有直接提及这场瘟疫，但是他对疾病的破坏作用还是有一定认识的，这反映在他这个时期的笔记中，他忽然对卫生学和市镇规划发生了兴趣。在他的伴有文字注解的草图和设计图中，他发展了理想城市的一种有特色的、不难理解的概念——沿河岸建设。[2] 这不是城市大教堂和宫殿的复兴——那只是令人眼花缭乱的建筑形态，炫耀着主教和王公的权威。在这里，就像其他许多实例一样，达·芬奇更感兴趣的是每天的实际生活的便利。尤其是他要抓住紧迫问题，即如何减少不健康的情形。达·芬奇设计的理想城市，可以消除所有瘟疫的危险。

一个世纪的瘟疫肆虐横行表明，面对如此大规模的灾难，只能说人类是多么地无知和无助。当一场疫病袭击一座城市，绝大多数的居民只能束手无策地等待着、恐惧着，听天由命，让瘟疫的恶魔来挑出它的牺牲品。几乎没有什么治疗手段，只能提供有讽刺味道的生存保证："药丸有三种成分，叫作 cito、longe 和 tarde，意思是跑得快、走得远和回来得慢。"[3] 那些没有逃脱的人就没救了。死亡是可怕的痛苦；只有当它来去迅速时，才是慈悲的。

任何人只要检视一下城市里疫病流行的范围，就会清楚地发现，疾病更容易在贫穷而拥挤的地区流行。米兰也不例外，为了解决这个问题，达·芬奇提出了一个激进的主张。米兰应该被分裂成 10 个新城，每个有 5000 栋房屋，最多容纳 3 万人居住。他写道："以这种方式，你就可以疏散大量的人口，而现在他们像羊群一样挤在一起，每个角落都散发着臭气，并且传染致死的瘟疫。"他建议，新城将围绕着一个运河网布置，这样除了易于水上交通运送货物和人员以外，还可以浇灌厨房后面的菜园，以及清洗街道（在需要的地方安置水车提水，水闸控制运河的水流；废水要单独处理）。

在新城的生活将被分成两个水平层面，达·芬奇建议道，上层留给步行者，下层允许牲畜行走，通行有轮的大车，并可以利用运河运输。至于居住者，上层的房屋专供富裕居民（以及公共建筑），而商店主和手艺人把他们的商业经营和日常生活建立在下层，和那些构成这个城市人口绝大部分的普通劳动阶层的人们住在一起。

达·芬奇设计的二层分置计划,清楚地表现了城市社区既是在社会阶层上也是在实际生活上的隔离,但是他宣称,全部的计划将会为穷人"减轻无尽的困苦",并且改善所有人的生活条件。在全城各处,"生活质量都是需要考虑的首要事情"。街道的宽度要根据沿街建筑的高度来确定,以使每栋房屋都尽可能得到更多的阳光。烟囱采用特殊发明的系统,以使烟尘在屋顶以上的高处扩散出去;人行道高于街面和排水沟,排水沟将雨水和其他污水排到下水道里(下水道埋在地下并与运河截然分开)。

因为对人类废弃物的处理措施不够(或是没有强制措施),已经被普遍地认为是造成穷困和拥挤街区的疾病高发的一个原因,达·芬奇决心努力使他的新城免于这种困扰。废物处理是一个极为重要的事项。在公共建筑中,他设计了螺旋楼梯,这样人们就不能再在黑暗的拐角处小便了——他们在通常的方形楼梯的平台上干这种事;但是无论如何,应该设立更多的公共厕所,而且他还很有远见地设计了一个现在都不落伍的东西,"厕所的座圈要能够翻转,就像一个十字旋转门……以平衡锤的方式使它自动翻起,回复原位",他写道,"而且天花板上应该开出许多洞,以使空气流通"。

在15世纪90年代,城市当权者最终决定改善米兰那些因穷困而导致疾病丛生的地区之状况时,达·芬奇抓住机会实际应用他的理论。这不像他几年以前在笔记本里所描画的那样,是一个完全的新城;这个更多地还是一个"实验性计划",根据当局要求,他的城市规划概念将应用于替代一个十分恶劣的街区,此地区占地大约是整个城市的十分之一。笔记本上记录了他对这个项目的研究(搜寻地图并注意到"一本有关米兰及其教堂的书"在当地一家书店可以买到),以及他的有关城市尺度和郊区、街道及运河的研究计算,作为大比例平面图的基础资料。在他的一份设计草图中画了一个广场,周围环绕着拱廊,拱廊之上是住宅,在城市平面图上,是对称的街道和运河。达·芬奇有意将这个广场变为一个相对较小的城市单元之商业和公共活动中心,在地理位置上、经济上,也许甚至在行政上，这个城市单元都将独立于米兰这个大城市。

我们把达·芬奇的建议称为"地方分权",但是看起来,15世纪的米兰统治机构并不比他们的现代同行更加热心于移交权力。这份令人印象深刻、富有远见的现代城市规划理念没有得到实施。事实上,学者们也没能找到任何证据,可以体现出这份计划对当时及若干年后的建筑师有什么影响。[4]

这里甚至有人对规划是否屈从于有关当局产生了一些怀疑。达·芬奇设计出如何使这项计划可以在财政上可行,并且聪明地详细列出了在经济、政治和社会各方面的种种优势,以期增加更多赞同者。有一封信的草稿,以尊称起头,"致最杰出的卢多维克老爷……"但是没写完,也没有证据表明这个卢多维克老爷曾经见到过这个计划。值得怀疑的是,或许达·芬奇也知道他的主公不太可能在分权这个概念上有更多的热情。

废物和垃圾是人类定居以来永远存在的问题。我想起我在刚果东部的伊图里(Ituri)森林和一帮班布提(BaMbuti)的俾格米人在一起时的情形。我在那里待了一段时间,没过几天,他们的营地就像一个垃圾堆了。小小的圆顶茅屋(在我刚到时是用新鲜小树新搭起来的,屋顶是大大的绿色叶子)这时快要倒塌了,露天地上到处是垃圾、炉灰、厨房废弃物和果皮果壳,以及各种各样被丢弃的个人物品:一个打碎的葫芦做的碗;生锈的铁皮罐头盒;来历不明但已被充分利用的破布片。狗和孩子的排泄物一小堆一小团地随处可见,虽然大人们都是退到周围的森林里去解决,但是空气中明显的有一种人类及其身体功能所不能避免的气味。是的,该搬家了,巴鲁瓦尼(Baruwani)说道。

在丛林里和大草原上的狩猎、采集者们,赶着牲口游牧在大平原上,可以很容易地搬走,离开他们弄乱的临时营地。但是城市社会没有这样的可能,他们必须发展各种方式方法来移走这些脏乱物。随着这些年来城市化的进程加快,越来越多的人生活在越来越大的城市里,废弃物的处理问题日益严重,而城市的处理能力似乎总也赶不上。人类有史以来的记录里，充满了要求采取更多措施的抱怨。它们出现在古代苏美尔的泥板文字里；希腊人和罗马人写过此问题；达·芬奇在文艺复兴时期的意大利动脑筋改良废物处理措施；而在昨天的报纸上，就有报道是关于政府的又一项主动行为（对超市的塑料袋征税）。[5]

在21世纪的消费时代，发达国家的城市居民每星期扔掉的垃圾中很大一部分是那些包装用的、无价值的或者不是必需的制成品。我们很少扔掉有机物，我们自身的生理排泄物被迅速而有效地冲走了，看不见了。在早些年代事情恰恰相反，很少有无机物被抛弃，而为生理排泄物准备的设施极不完善。此外，有许多人进城还带来了农村经济的习惯：他们在家里养家禽和家畜。

1607年9月，泥瓦匠师傅洛伦佐·卢西尼（Lorenzo Lucini）在有关意大利北部城镇情况的报告中写道："猪的数量必须减少，几乎每家每户都养猪，他们的猪圈臭气熏天。"在几年之后，从拉提利纳（Laterina）发回的报告说：

> 这里的猪太多了……而且这些（猪）造成了极大的脏乱，在街道、广场、凉廊上，甚至在法庭里。这里有很大的潜在危险，空气会被污染，人的身体会受到腐蚀感染，就是因为这里的街道过于狭窄，还都堆满了垃圾，猪在上面拱来拱去，散发出无法形容的恶臭。

同样地还有：

> 大量的猪、羊羔和绵羊，由居民饲养在（蓬泰代拉）城里，因此大量污秽之物随处可见，由此而产生可怕的恶臭；这里的居民还有一种习惯，就是随便从窗口往外倾倒大小便和其他污物，他们还在城里用粪肥、垃圾和其他污物堆肥。正是这样，不能不怀疑这些就是引起这个地方以往的多种疾病的原因，而且可以确信，它们在未来将会给公共健康造成恶劣影响。[6]

这些都是四百年前的事情，但是在城市里养猪的嗜好，在之后的这些世纪当中并没有消失。19世纪末，在揭露纽约贫民窟状况的一本名著《另一半人是怎样生活的》(*How the Other Half Lives*)中，雅各布·里斯描写了一个家庭，在西德尔大街的一栋房子里提供膳食和住宿，他们也为一家仔猪提供食宿——在地下室里，那里"存了八担到十担肥料"[7]。

中世纪的伦敦居民同样也在城里养猪，还有马、牛和家禽，但是大堆粪肥一般都堆在郊区的路边上，经常侵占了道路，引起很大的抱怨。在城市里面，许多道路通向河边，路上总是有雇用马车拉着货物往来于码头；这里一样，大街也会因为到处是牲畜粪便而妨碍交通，但是人类废物是一个更棘手的问题。正如欧内斯特·萨拜因（Ernest L. Sabine）在一份最受欢迎的报纸上就这一题目所写的：

> 中世纪伦敦的街道确实很狭窄，在城市拥挤地区看起来尤甚。那里的房子，按照规则，将它们的尖顶山墙朝向街道，通常是两三层，有时是四层，常常是每层都比下一层往外挑出1.5英尺到3英尺。这样的房子被出租后，上层的住户就会发现，处理他们的厨房垃圾和卧室排泄物一点儿也不费劲。因此，他们试图漠视城市规章，至少是将他们的液体污物从窗口泼出去。[8]

伦敦城制定了关于处置垃圾的规章制度，但是人们并不总是遵守或者严格执行。在1349年，国王爱德华三世亲自写信给伦敦市市长，抱怨"白天黑夜都有污秽之物从房子里扔出来，在大街小巷里穿行的人们经常会被人的排泄物弄脏，城市的空气有毒，给过往人群带来极大危险……"他因此命令道，城市和郊区净化所有气味，并且像古代一样保持清洁。[9]

一般人都认为中世纪的城市是普遍的污秽、恶劣和讨厌的，这也是事实，上面选取的例子就支持了这种想法。在另一方面值得注意的是，在这些可叹的情形里的更有权威的例子，是从法庭记录中收集得到的。一些案例是私人个体对邻居不适宜地、不友好地处置垃圾的抱怨，一些是关于违犯已有的规章制度的案子。从这些案例分布的时间长度和空间广度上来看，足以使人觉得他们更多的时候是在违规而不是守法。当然，正如今天的媒体对报道好消息不怎么上心，中世纪的法庭当然是最主要地记录那时城市里做得不对的地方——而不是什么好的事情。但是一些好的信息还是可以从这些抱怨和侵害的事实中推断出来；很明显，关于城市清洁的规章制度和行为准则是被大多数居民所遵守的，而那些违犯的少数人就会因此而被处置。

这并不是说中世纪城市的条件接近了现代的清洁卫生标准，还差得远呢。但是如果按照他们自己对此问题的看法，以及他们所能做的事情来判断的话，他们还不是那么太失职——还有很多证据表明，中世纪的城市十分认真地履行了职责。例如，在伦敦的档案中，就包括了很多基于古代习俗的规则和新颁布的法令并列在一起。这些新法令是从 13 世纪开始制定的，因为随着城市的增长，垃圾和卫生问题也不断出现，困扰各方。[10]

伦敦在 14 世纪时人口有大约四万人，城中已有一个广泛的组织负责清洁工作——完全相当于现代城市的环卫部门。所有的通道都在巡佐的权力掌控之下。巡佐是被推选出来的，他要确保城市的大街小巷没有垃圾，失职就要被罚款。伦敦 26 个区都雇用了一系列的大小官员，负责维护城市法规所规定的清洁标准。人行道检查员，每个区有四名，负责保持人行道的完好无损，并且"清除所有讨厌的污物，并搬走障碍物（各种物品），否则交 4 便士，谁放的谁交，搬走也得交一样的价钱"。清道夫充当了监督员的角色，他们监督那些真正扫街的抡耙子的工人。此外，还有许多小吏负责提醒健忘者并对任性的疏忽者处以罚金。每个小吏都派有两个巡官做助手。

总而言之，小吏、巡官、巡佐、检查员、清道夫和耙子工，中世纪伦敦的清洁部门雇用了一支几百人的队伍（在每千人中所占的比例相当大，超过现今的普通情形），但是当然，奋战在第一线的只是那些抡耙子的工人。这些工人被指派去收集大街小巷的垃圾和污物，装车运到城外指定地点，或者是泰晤士河边上，再从这里用船运到河口倒掉。他们没有选择，不得不收各种各样的垃圾。有厨房垃圾，伦敦家庭里随意当地毯用的灯心草垫，还有污水坑和厕所里的污物，建筑碎料、木工的下脚料，屠户和商人不要的东西，马粪、稻草以及任何丢弃的东西（破烂的水桶、木桶、家具和大车）都要清除并送往指定堆放地。至少，城市给他们提供了必需的一辆大车和两匹马（如果装备没有用于官方事务就会面临革职的处罚）。城市同时命令小吏和巡官帮助工人，每季度从他们负责的区的居民中收集废弃物，在1384年，找到了减轻工人负担的办法，颁布一条现代城市居民都认可的法令：除了在大车来装运垃圾的时间之外，住户禁止往街上丢垃圾。换句话说就是，现代定时扔垃圾的做法，早在六百多年前的伦敦就已经是一条法律规定了。

尽管这些工人不得不从伦敦街道上清除掉的"污物"，除了牲畜粪便，常常是相当数量的人类的排泄物，但是城市的清洁部门并不负责处理污水。这一块的社会职责；用一句辛辣而又中肯的俗语来说，就是"眼不见心不烦"，有一些公私合营的企业似乎逐渐成为多数的处理活动的主体。已有的研究表明[11]，在已知的美索不达米亚、迦太基以及罗马，没有相应的污水处理设施，直到19世纪中叶的欧洲城市才开始其大规模地建造下水道计划。但是在那些古老文明中（以及后继者），人类的废物被当成有用的东西（甚至还进行买卖），而不是仅仅简单地倒入最近的河中。

在肥皂发明以前，通常都是用尿液来清洗羊毛衣料；因此，对于那些有进取心的人来说，管理罗马的公共小便池就是一个很不错的工作，他可以收集尿液卖给漂洗工和洗衣人。[12] 夜土（night soil，这是人类粪便的文雅说法）单独或和稻草、马粪一起堆肥，就是很好的肥料。有报告提到意大利北部的农夫，从那些在附近城市清理污水坑的人手中购买一整车的"固体原料"，这就是这种普遍行为的实例。[13] 尽管人类废物无疑是有利用价值的，但是还有一定的限度，尤其是在北欧的城市乡镇，因为那里的生长季节很短，堆肥工具有限，并且施肥的要求高、劳动强度大，还不令人愉快。总之，如果每个城里人平均每天产生差不多500克的废物（加上1~2升的尿液），一个类似于中世纪伦敦这样的城市（大约有4万居民），将会在每天早晨总共有20吨的粪便要处理，无论冬夏、晴雨。

中世纪伦敦的排泄物无疑有一部分用作了肥料，还有一些留给了耙子工去打扫，但是，从欧内斯特·萨拜因在报纸上[14]发表的关于城市公共厕所和化粪池的文章可以看出，在推动转移和处理人类废物方面，个体私人和公共权力都有相当长的路要走。那时的公共厕所建在流动的水上，城里四处都有，为那些到访者和不能使用私人厕所的住户提供方便。早在1358年就有的伦敦桥，不仅仅是主要的跨河通道，还是商业中心，上面有138家商店以及几处"必要的房子和小室"为着租户和顾客的方便。这些公共厕所中一些很宽敞，至少有两个门，因为一份1306年的法庭记录上记述了一个躲避债权人的男人，让那位先生在门口等着，他却从另一个门溜走了。

相当数量的钱花在了这些设施上。1382—1383年在伦敦桥北端新修的一个厕所花了11英镑——当时一个熟练的工匠一天挣7便士，其价值相当于雇用10个优秀建筑工人干了37天，换算成现代的价格，至少是1.5万英镑。一份泥瓦匠的账簿显示，在1391—1392年他为之工作的一个房东花了4英镑为租户提供厕所——相当于今天的5000英镑还多；在1396—1397年，同一个泥瓦匠为私人住户建了一个厕所，花了5英镑6先令8便士——多于今天的9000英镑。[15]这样看来很明显，供应这些设备是一项值得投资的生意。

可以断定，无论哪种情况的厕所，污物都是直接冲到河里，直接流到泰晤士河，或者通过支流——城市东部的弗利特河、西部的沃尔溪以及其他小溪。这确实是实情，有大量的例子为证，但是，如前所述，这些资料大多来源于法庭记录，都是因为破坏或违反城市法律而引发的邻里纠纷，远不是一般的情形。事实上，在一份颁布于 1357 年的公告中禁止向泰晤士河及城市其他水道里丢弃垃圾和人畜粪便,"为了拯救河水水体及保护码头……也是为了避免正在不断增加的污物对水和泰晤士河岸的污染,防止对人造成恶劣影响和极大伤害。"[16]

尽管 16 世纪还在使用这样的厕所,但是在 1462—1463 年就禁止在弗利特河及沃尔溪上新建厕所了。在 1477 年通过了一项法令,禁止在城市的任何一条河流上修建厕所,并且下令关闭那些已存在的厕所。污水坑现在成了首选,而且最终成为官方唯一认可的存放伦敦人口日常排泄物的容器。

幸运的是,泰晤士河两岸在伦敦城所扎根的黏土层之下是深深的沙砾带。污水坑在沙砾层挖到 6 米多深,松松垮垮地以木材和石头支撑,很容易就排干了(虽然给从城市众多的水井里抽取的地下水质带来可疑的影响),注满却很慢,但是它们也不免有时要清扫一下——那些愿意从事这项有毒有害工作的人收入就可观了。

一份中世纪伦敦的一个财主的账簿上给了些细节,它记录了 30 年当中在清扫私人污水坑上的花销。个体清扫工亨利·艾沃里(Henry Ivory)是主要的受雇者,他的服务并不便宜。10 先令——这钱可以雇一个熟练工匠干 17 天的(每天 7 便士)——这还是萨拜因先生从记录中找出的最低收费;多数是在一两英镑,最高达 53 先令 4 便士(如果以每天 7 便士计算,相当于 10 个人干 9 天)。收费取决于清除掉的污物(文章里一直用这个字眼)的数量,费率是每桶(一种能装 470 升的大桶)的收费在 1 先令 3 便士和 2 先令 4 便士之间,如果按照平均付费 10 先令清除 2000 升"污物"来计算,对应于最高的那次 53 先令 4 便士,艾沃里先生的小组总共清除了超过 1.35 万升的物料。

可是这些清除来的东西都倒在哪儿了?是啊,在远离城市的地方,还有一些官方许可的"垃圾堆"处置这些污物,在河上也有设施,可以卸到运粪船上,这些船再运到河口倒掉。这对想赚钱的个人来讲是另一个收入来源——尽管也不无风险。在 1322 年验尸官的卷宗里就有某个叫约翰·索普（John Thorp）的人和他的妻子，他们的满载的粪船在一场暴风雨中沉没，夫妻两人都淹死了。[17]

尽管这些片断都说明了中世纪的伦敦居民很在意他们的城市清洁问题，并且也尽可能地做了许多事情来保证有效地处理垃圾和污物（至少是在技术条件允许的范围内），但是不可否认，以现代的标准来看，当时的伦敦一定是一个非常肮脏和恶臭的地方。这样的状况一直持续到1834年，城市当局终于开始修建地下排污系统。尽管如此，私人的污水坑也可以继续使用；没人强迫房主改变方式，但是也不允许他们将污水坑的污物排到城市下水道里，甚至是漫溢进入的也不行，除非缴纳一笔可观的费用。[18] 大概此时清扫污水坑的工作还在进行着，因为这是由来已久的习惯，亨利·艾沃里就是例子。

其时，在英法两国都有"卫生观念"的倡导者，极力呼吁应用科学技术手段以应对迅速增长的工业城市中的污水收集及处理问题。在英国，由律师转为保健专家的埃德温·查德威克（Edwin Chadwick，1800—1890）就是最初的发动者。[19] 当时，查德威克是一个委员会的成员，这个委员会在1834年发表了济贫法报告。通过调查研究，他确信城市中的不良健康状况甚至社会的动荡不安，都可直接归因于简陋的居住环境及令人摇头的卫生条件。他的出版于1842年的《大不列颠劳动人口的卫生状况报告》（*Report on the Sanitary Conditions of the Labouring Population of Great Britain*，还是一本畅销书），内容集中反映了贫穷的创痛，以及工业城市中的阴暗凄凉的景象。对此，查德威克提出的药方是采用一种双重的方式，建议搭建一个彻底全新的水力污水系统，既需要引入大量的干净水，也需要一个广泛而大型的地下下水道网络，通过这些水道就可以将污水从城里冲到泰晤士河的潮水区，随后经河口流入北海。

伦敦的都市排水委员会在查德威克的领导之下于1849年成立，到1852年时已经有足够多的下水道按计划建成了。这主要归因于两个方面：查德威克的决心以及所面临的问题的急迫性。但是结果却并不令人鼓舞；主要是因为查德威克拒绝正视将生活污水和雨水分开的必要性,而其他人则是赞同的。他认为雨水和自然水流总是足够的话,就能够将生活污水冲刷进泰晤士河,河水和潮汐也总是量大而力强,足以卷走任何东西到入海口。但是他错了,1858年爆发的大恶臭证明了这一点。炎热的天气使河水的水平面下降,伦敦的冲水厕所(盥洗室已变得很流行了)使得成千上万吨的腐臭的污水汇集在泰晤士河里。船夫都感到头痛和恶心。议会开会期间,只有在窗户上挂上浸泡过石灰水吸收了氯化物的单子才能忍受。正如一个同时代的观察家描述的,伦敦人生活在下水道里:

> 人类有史以来第一次,近三百万人排出的污水,汇集在一条就躺在他们中间的巨大而露天的阴沟里,在烈日下沸腾和发酵。其结果人人都知道。臭气如此污秽不堪,我们有充分理由可以相信,以前从来没有呼吸过如此污染的空气。从来没有,这股臭气蒸腾升起,至少达到一个历史性事件的高度。[20]

观点明确了,查德威克的计划被抛弃。接手此项工作的是一个大有前途的土木工程师,28岁的约瑟夫·威廉·巴泽尔杰特(Joseph William Bazalgette)。一系列主要的截流污水管修建起来,在排出物到达泰晤士河之前就截住,并改道排放到远离城市的河的下游。到1865年,主要的排水系统已经修建完成;在这20年的时间里,共铺设了超过130公里的下水管道,城市的排水面积超过250平方公里。

但是当然,这近300万人排出的污水还是进到河里——虽然远离了伦敦敏感的鼻子底下。在各种意义上讲这都是一种浪费,查德威克谈论过这个问题,因为他在人类污水应该用于土地施肥从而供养城市的观点上,是一个热心的支持者。查德威克的想法是建立一个全面的系统,不仅清洁城市,还有助于在城乡环境之间恢复有机的平衡,而这正是由于工业革命而被破坏掉的。他希望看到新鲜的水从乡村引入城市,而人类产生的废物退回到乡村,当作肥料再利用,从而生产更多的粮食供给城市。以这种方式,他在1845年写道,"我们完成了循环,实现了埃及式的永恒,就像蛇头咬蛇尾"。[21]

这个观念的萌芽,在1842年查德威克为写那本书而做调查时就已经植入了他的心田。在爱丁堡,那时当局正在努力获得支持去发动一场针对不卫生习惯的战役,他被带去看一处地方,从城市的街道和厕所里流入下水道的污水,在这里涌入一条河流——当地习惯称之为臭水河。但是,引起查德威克注意的不是此地的景象和气味,而是农夫们正在费力地将臭水河的水引到他们的田地里去。这就使得恶臭的气味飘回城里,农夫们也承认这一点,但是他们更乐见肥沃的农田,所以拒绝放弃这种做法。查德威克并没有像他的主人所期待的那样去谴责农夫,相反,他从中看到了农夫们的创意正是解决人类废物处理之问题的一种方法。

当时的德国化学家尤斯图斯·利比希(Justus Liebig)证明,液态的下水道淤泥能够保留有价值的氮元素,而在人类废物被干化用作肥料时,氮其实已经跑掉了。查德威克宣称,氮的臭味就是这个干化过程的一个产品,因此"可以说这意味着钱也跑掉了"。如果用封闭的管子将液态污水输送到田地里,臭味将会减到最小,而输入的肥力将会是最大的。用这种方法,在农业上产生的效益甚至可以平衡运行下水道系统的资金费用。查德威克对此事确信不疑,所以就没有什么事情能比得上在城里加速引入活水冲刷厕所了。就是这么明显,这么简单。但是却事与愿违。冲水厕所,没错,但是只要污水流出口离城市越来越远,只要河水流量大流速快,能够将污物冲进海里,那么在英国利用污水作肥料的想法就实现不了。

但是在法国,按照查德威克提议的思路建立的一套系统,帮助塞纳河处理了排入其中且日益增多的巴黎城市污水。

当拿破仑三世在19世纪50年代同意了乔治·奥斯曼男爵(Baron Georges Haussmann)的计划,决定给巴黎来个改头换面,他的动机既是美学的,也是具有军事意义的。那些美丽的建筑物及纪念碑其实并不是主要的；重点是重新划分城市街区，同时拓宽大街并改道，这在城市发生骚乱时很容易迅速调动军队来应对。但是奥斯曼同时看到了一个更加重大的机会。对当时的革命情绪表示赞成之下，他提出在新建城市的地上部分的同时，也要在地下为巴黎建造一套新的下水道系统，这套系统应该是主管道，不会堵塞，排出口不应肮脏污秽，并且将清除掉老旧管道中的阻塞之物：

> 这些大城市地下的博物馆和机关，其功能就像人体内部的组织器官一样，不用暴露在光天化日之下。纯净新鲜的水、光和热量在其中循环流动，就像维持生命运动的各种液体。分泌物是悄悄地产生的，维护公共健康不需要打扰城市的良好秩序，也不必破坏城市的美丽风貌。[22]

奥斯曼言行一致，说到做到。巴黎城市街道的总长度，在他的计划之下增加了一倍，从424公里增加到850公里，与此同时下水道系统扩展到五倍还多，从143公里增加到773公里——每条街道下都有一条下水管，大街下面有两条甚至更多。老的下水管按照新标准重新修过：大的管道足以走人，并且按照每米下降3厘米的倾角敷设，浅缓得使下水道工人不至于滑倒，但又足够陡，使清洗用的沙子可以扫过去。至关重要的是，新的下水管不是圆形的，而是卵形的，尖的一端在底部，这样可以集中水流，即使在水流量相对较小的时候，也能有较大的冲刷作用。[23]

新系统的主要排出口在塞纳河上，远离城市边界，在克里希和圣但尼。到1874年，每天有45万公斤的未经处理的污水泵入河中，塞纳河应付不了了——这主要是因为它是流速异常缓慢的河流（根据一份调查，塞纳河穿过巴黎的流量和流速，比其他临河的22个欧洲城市的水流都要低）。结果，污水冲进城市下面的塞纳河，固体物凝结，散发着恶臭的大块污秽之物缓慢地漂浮在下游河里，就像装满巧克力慕斯的巨大而丑陋的橡皮筏，停靠在堤岸边，却看不见河水在流动。"水完全是黑色的。在河边 1 公里之内所形成的淤泥浅滩，无论怎样持续地挖泥，都不断地重新淤积。上面冒出的气泡一望无际（在夏天单个气泡直径可达 1 米），都是产自于腐败之物，并穿破水面而形成。"[24]

但是手边就有一个缓解的办法，回去听听查德威克的建议，即如果人类污物液化处理，就会作为农业肥料而被有效利用。当查德威克的想法在英国无人理会时，法国的科学家正在城市所属的热纳维利埃（Gennevilliers）一大片土地上进行液态肥料的利用实验。这块地在巴黎附近，没什么人居住，是一片农业区，土壤多孔隙，从来没有获得过高收成。他们设置一套由管子和水泵组成的系统，用液态肥料灌溉 6 公顷的土地，邀请 40 个志愿农夫来免费种植作物。结果令农夫们大吃一惊，工程师和参观者也不例外。在 1870 年 7 月，另外的 165 名农夫请求巴黎扩大这个系统。消息传开，怀疑的言论消失在空气中。拿破仑三世进行了一次"微服私访"，走的时候带了一大堆上好的蔬菜回去享用。[25]

在消费者惊奇于热纳维利埃的贫瘠土地经过液态污水的浇灌竟能长出上好的蔬菜时，环卫工程师也发现，好的沙质土壤能够过滤并净化生活污水。一个月里，他们每天往一个 2 米深的蓄水罐里倒 10 升液态污水，这个水罐里事先已填满从热纳维利埃附近挖来的沙土。他们发现，从罐底流出干净的水。不仅是干净的，经过实验对比，甚至比经过化学处理的水还要纯净。

由于发现过滤是又简单又好的净化方法，所以在热纳维利埃加大污水灌溉农业的计划就提了出来——尽管在环卫工程师的观点看来，农业倒是其次的；他们将这片灌溉土地看作一系列的过滤层，并且设计出一个系统，使污水流入植物根部层的土壤，然后在地表若干米之下，再把已过滤的水抽取上来。

在克里希汇集污水，通过固定在桥下的管子跨过塞纳河，用水泵打到热纳维利埃。管道的终点标高抬升了 3.5 米，出水速率是 800 升/秒。污水通过重力作用分散到广大的支管网中，浸透土壤，但不直接接触植物的茎叶。排水管敷设在地表以下4米处，收集过滤后的水并排回塞纳河。

到了19世纪90年代晚期，巴黎已在热纳维利埃浇灌了5000公顷土地。每公顷每天接收差不多4万立方米污水，能够生产出4万个甘蓝、6万个朝鲜蓟，或者100吨甜菜头。菠菜、豆子、豌豆、芹菜、洋葱、芦笋、莴苣、草莓——事实上每样东西都生长茂盛。巴黎最好的酒店都争着要热纳维利埃的蔬菜。这个小镇也兴旺发达起来，人口从1870年的2100人，增至1896年的7400人。更多更大的单位也在首都周围的其他地方建立起来，热纳维利埃的污水灌溉及过滤系统也在欧洲其他地方被采用。例如柏林，舍弃了它喜欢用的化学净化方式，在20世纪初有6800公顷的农田采用了污水灌溉。但是这个系统最后还是承受不起它所服务的城市的增长。由于土地价格高涨，泵送污水到更远的地方就要产生更多的技术需求，因此，以农业灌溉的方式净化处理污水已变得越来越不经济了。此外，生物制剂已经被引入，在净化过程补充过滤和精制。尽管如此，巴黎还是在20世纪80年代保留了2000公顷的污水灌溉农场，继续生产蔬菜——虽然所用的污水量只是一个污水处理厂中的5%，而巴黎有好几个这样的工厂负责整个城市及其郊区的污水处理。[26]

从中世纪伦敦的污物处理问题到现代发达国家城市的杀菌清洁卫生，是一个漫长而艰难的过程，但是，这个进程还远没有像想象中的那么迅速和普及。例如，纽约市在1986年每天还仍然将未经处理的7.5亿升污水直接排入哈得孙河，排污口就在乔治·华盛顿桥的南边。到1996年，污水处理厂在清除90%的有机物之后再排放。[27]与此同时，一份1997年的报告披露，中国只有不到10%的污水在排放到土地里作肥料之前接受过某些处理。[28]

第 15 章
君主的伟绩

古代城市，拥挤的环境是各种疾病的温床。事实上，自从大量人群聚集在一起生活以来，各种传染病就得以进化和发展。人们对疾病的了解是有限的，治疗手段是简陋的。在一场疫病袭击城市时，让人们存活下来的并不全是医疗手段，更多的是管理上的措施。世界第一批广泛的公共健康服务机构就是始于 14 世纪的意大利北部地区——这正是对那场瘟疫的反映。

直到相当晚近的时候，城市头上都还顶着不利于健康的恶名，因为在那儿有太多的婴孩死亡以及到访者病倒的事例。这是有根据的。在托马斯·马尔萨斯出版于 1803 年的《人口论》中，他给出的一组数据表明，出生于曼彻斯特和诺里奇的儿童当中，有一半在五岁之前就死掉了；在伦敦有一半死于三岁之前，而在维也纳和斯德哥尔摩的情况更糟，在那里有一半死于两岁之前。对于这些统计数字，马尔萨斯注释道：

> 在大城市甚至中等城市里，有些东西确实不适合生命的早期阶段：在那些死亡率居高不下的地方，似乎暗示着是因为闭塞而污浊的空气对孩童的柔嫩的肺没有一点好处……[1]

这也难怪人口统计学家和历史学者写到"城市墓园的后果"了。死亡数量在所有城市里都超过了出生数量。确实，直到20世纪初叶，城市人口才是再生产式的自我持续，换句话说，就是城市的出生人口在数量上超过死亡人数，这是每年都记录在案的。在此之前，城市需要不断地从乡村移入大量的人口，仅仅是维持其已有的人口规模——还不算为其惊人的增长供应人口，这是多数城市都经历过的事实。

例如，前面提到过的伦敦的人口历史表明，在1551年到1801年[2]的两个半世纪之间，死亡率[3]持续高于出生率的现象是始终存在的。如果只靠它自身的再生产能力，伦敦怕是早已消亡了。可是，这个城市的人口却在这期间增长到十倍还多，从8万到86.5万。为了维持这样的增长速度，同时还要填补超过出生人口的死亡数量，伦敦需要每年平均从乡村移民进来将近4800人。幸好那时英国乡村的出生率始终高于死亡率。

但是，尽管城市是一个危险的出生地，那些经历出生和婴幼儿时期而活下来的城里孩子，就会在其后有一个享受良好健康状况的机会。在军队征兵时，就可以观察到城市生活的这种残酷性和矛盾性。为了进行拿破仑一世1796年横扫欧洲的战役，以及1815年败于滑铁卢的战役，军队征募新兵，军官们很快发现那些骨瘦如柴、营养不良的城市新兵，比那些生于农村、强壮而营养充足的新兵，更加适应军队的生活条件。那些农村孩子在参军时精力充沛、健康良好，这正是军队所需要的，但是一旦入伍，他们中的许多人就会一而再、再而三地生病——往往还是致命的疾病。[4]

事实是，尽管城市已经成为人类经济、社会和文化的策源地，但是在生物学意义上仍是一个坏的概念。在拥挤的条件下，疾病的危险在增长扩散，我们对肮脏而难闻的气味的厌恶，就是衡量这个危险深度的标尺，这是伴随人类进化史的一种天生的知识。对于我们在非洲大草原上的最早的祖先来说，疾病的危险不如引起食肉猛兽注意的危险大，这就使得他们不在一处营地上长期停留，以防产生的肮脏物和气味引来猛兽。这并不是说那些游猎部落没有受到疾病的困扰。他们大概和我们的近亲——非洲大猩猩有相同或相近的苦恼经验。感染寄生虫可能是最常见的，诸如蛔虫、钩虫、虱子和扁虱。肝炎、沙门氏菌、锥虫病（昏睡病）和黄热病到处都是，但是游猎部落的小规模和分散性，限制了疾病徘徊在人口中的传染力，或者要命的、经过一代又一代严重使人衰弱的能力。[5]

只有当人们开始聚集在一起，定居生活在一个大型社区中的时候，传染病才变成地方的流行性疾病。细菌性疾病和病毒性疾病不经过间接宿主，直接从人传给人，这不啻是一场文明的疾病。这是人类为自己所做出的决定——生活在大型、复杂和拥挤的城市中心而付出的代价。事实上所有常见的传染病，如麻疹、腮腺炎、百日咳、天花及其余的传染病，都是在农业和永久定居地出现以来，伴随着城市的增长而发展演变的。多数甚至所有的传染病都是从动物身上传给人类的，尤其是家养的动物。例如麻疹，就是与家牛的牛瘟有关；流感来源于猪；天花和牛痘紧密相连。根据权威论述，今天的人类和家养动物总共分享了296种疾病（很多动物不止一种），其中包括46种来源于绵羊和山羊，65种来源于狗，源自家禽的有26种，还有源自田鼠和老鼠的疾病有32种，等等。[6]

那么，因为农业和饲养牲畜仅仅是一万年前才开始的，而且大型城市社区也仅是在最近的五千年才发展起来，所以人传人这样"文明型"的传染病用生物学的进化理论来说，还是队列中的新来者。它们在五千年前还不能在人类中建立自己的根据地，当它刚冒头时，作为文明和城市群落中心的苏美尔的人口，大概有五十万。[7]从那以后，疾病和瘟疫就成了历史记录中一再发生的恐怖事件。

在苏美尔人的文字记载中有很多生病的事情，《圣经》中也充满了和疾病有关的死亡事例，尽管这些更多的无疑是道听途说的记录，而不是眼见为实的统计，但是也能使我们清楚地看出，在书写《旧约》的时代，即在三千年前和两千五百年前之间，中东地区的人们遭受了不止一次的可怕的流行病的痛苦。例如，在《出埃及记》中，摩西加在埃及人头上的灾祸就包括"人身上和牲畜身上起脓疱"。在一个夜晚，一场不明的痛苦加于埃及人的头生子身上，以致"无一家不死一个人的"。传说中是大卫的罪行，导致了7万名强壮的以色列和犹太男子突然死亡，但是疾病更像是凶手。同样地，那场一夜之间在亚述营中谋杀18.5万士兵，从而迫使西拿基立王放弃夺取耶路撒冷计划的"致命的天降惩罚"，或许也是一场流行性疾病。[8]

古典时期，希腊历史学家普洛科比乌斯（Procopius）留下了一份有关一场流行病的生动记录，这场瘟疫在541年发端于埃及，迅速横扫了小亚细亚、非洲和欧洲，在542年的暮春到达了拜占庭帝国的首都君士坦丁堡。[9] 之后，商船和军队将它传播到已知的整个西方世界，在随后的五十年里，它一再骤然爆发，造成了巨大的死亡。普洛科比乌斯记述道，在瘟疫肆虐君士坦丁堡的几个月当中，每天都有5000到1万个受害者。人们十分恐惧，不知道什么时候就会被击中。东罗马皇帝也病倒了，但又恢复了，可是他的30万个子民死在了这个城市里（尽管一些学者认为这些数字是夸大了的），当局已经完全承受不起处理死尸的事务了。[10]

古代记述中提到范围广泛的致命的流行病时，普遍用上"瘟疫"这个词，即使是任何一种在拥挤城市中都可能流行的传染病。这尤其符合《圣经》的记载，也不奇怪，自从在中世纪这些经文的通常版本被翻译和转录以来，欧洲经历了好几次淋巴腺鼠疫的灾难般的巡访。中世纪的作家称之为大灭绝、大瘟疫，然后是黑死病。他们无法对它的到来做出合理的解释；也没有办法治愈其可怕的症状。千百万人死了，在活下来的一代代人中间所造成的影响，没有什么比得上就此产生的强烈的公共意识，从而使得疾病问题遍及人类事务。但是如此折磨人类的并不仅仅是瘟疫。

在世界各地的城市里，流行性的天花、斑疹伤寒、麻疹、黄热病、流感、伤寒、霍乱、百日咳和猩红热，曾经和瘟疫一样引起死亡和恐慌。[11] 西方文明的每一个阶段，都遭受过其自身特有的疾病的毁灭性打击。在欧洲中世纪的黑暗时期，是麻风病；在中世纪，是瘟疫；肺结核是工业时期的疾病，而艾滋病则是这些不请自来的痛苦的当下样本。每一次，当拥挤而不卫生的城市使得这些变化多端的微生物肆虐于人类生物学的一个新领域时，预防学和预防手段所能做的，也就是学习借鉴以前的经验。

这并不是说没有人去努力了解疾病的起因以及开方配药。草药医生和药剂师从最开始就一直是这么做的。据说公元前5世纪，希波克拉底（Hippocrates）在雅典（及别处）建立了一所医药学校，希腊的内科医师盖伦在2世纪记录了一套系统的医学知识，是基于万物均由神意所定的假想之上。盖伦的方法对于创新的研究有所阻碍，但是其影响力却持续了一千多年。

阿拉伯的医学，利用了希波克拉底和盖伦的翻译著作，以此为基础，显著地发展提高了病人的护理工作——如果相信一份来自于13世纪开罗的叙述报告[12]的话。在其中描述的医院听上去就像是21世纪的一个地方。报告中提到，其创始人说：

> ……这个机构（是）为与我地位相等以及低于我的人而设，它打算供统治者和国民使用，不分士兵和埃米尔、大人物和老百姓、自由人和奴隶、男人和女人。

并且继续注释道：

> 他安排好药物、医生和其他针对任何人、任何病症所必需的一切事情；安排男女服务人员照顾病人，并发给他们工资；为病人提供床铺以及各式被褥，以适应各种病痛的需求。每个阶层的病人都根据情况分别安置食宿；医院里的四个大厅留给发烧等相似病症的病人；建筑的一部分是给眼疾病人用的，一部分用于外伤病人，一部分治疗腹泻，还有一部分给妇女；一间用于康复期患者的房间被分成了两部分，男女分开。所有这些部分都有供水。单独设有一间房间做饭、准备药和制作糖浆，另有一间用于混合糖膏、香液、眼

在中世纪早期，宗教权力对于工商业利益的需求，造就了那个时代最辉煌的象征——大教堂的城市（索尔兹伯里，图43）。天主教建筑工程一直持续不断，雇用了几代的工匠（图44）。这项事业规模巨大，由此激发了在设计和结构上的革新；在使用马力上，改造了马轭具，既可拉车，又不会影响马的呼吸（图45）。

图43

图44

图45

图 46

图 47

中世纪生活的严酷现实被死后上天堂的宗教允诺冲淡缓和了,同时对于人间天堂也有许多幻想。在安乐之乡及奶和蜜的土地(图46)上,没有人受苦或勉强度日。托马斯·莫尔的《乌托邦》(图47)于1516年首次出版,提供了一个更为客观冷静的版本。

图 48

传染病在中世纪的城市里十分普遍；哪一个都比不上黑死病的可怕，它杀死了超过四分之一的欧洲人口（图 48）。列奥纳多·达·芬奇的设计图（图 49），在米兰不卫生的地区重新改造，分散到卫星城，建设多层住房，但是没有实施。一幅现代绘画显示出 19 世纪的城市对健康很不利（图 50）。

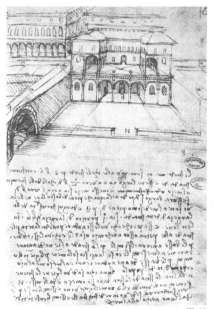

图 49

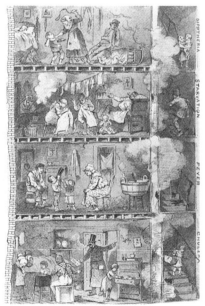

图 50

图 51　　　　　　　　　　　　　　　图 52

下水系统的建造（图51）是19世纪欧洲大城市最重要的工程成就，这些大城市因而可以处理大量的日常生活污水。巴黎的下水系统还招来时髦的游客（图52）。热纳维利埃的污水出口滋养了大片土地，并使之成为高产菜园（图53）。

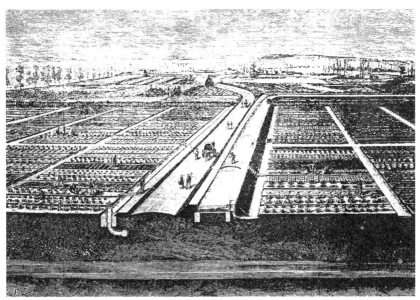

图 53

图 54　　　　　　　　　　　　　　图 55

沿着由工业革命投资和建造的大路，大城市的财富滚滚而来，如维也纳（图 54），但是大多数城市的工人处于极不健康的条件下——挤在污染天空下的偷工减料的房子里（图 55，图 56）。

图 56

图 57

在铁路诞生宣告大规模公共交通的时代到来之前（图 58），是自行车使得个人旅行更为可行（图 57）。大量生产使自行车更便宜，比养匹马的花费要少得多。

图 58

图 60

图 59

19世纪后期,柏林工业迅速发展,吸引了大批农村人口涌入城市。一条高架运输系统于1902年开通(图59),证明了柏林的先进地位,但是第一次世界大战拖穷了这个城市,致使许多柏林人依靠赈济才活下来(图60)。一头马戏团的大象被用来拉煤(图61)。

图 61

从一个大城市的广场（图62）到被战争夷为平地并被柏林墙分隔（图63），再到充满争议的开发（图64），波茨坦广场就是柏林20世纪历史的缩影。再统一，重建，柏林再次成为德国的首都，老国会大厦（图65）也再次成为议会所在地。

图62

图63

图64

图65

图 66

图 67

在1880年和1920年之间，有2000万欧洲人移民美国，其中大多数是通过艾利斯岛入关的（图66）。他们加强了北美的工业化进程，为纽约这样的大城市（图67）的建设添砖加瓦。无疑，所有来的人都希望过上好日子，但是多数人发现几乎没什么改善（图68）。

图 68

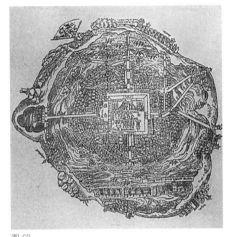
图 69

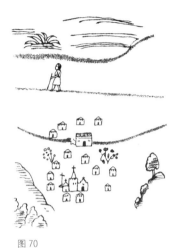
图 70

墨西哥城建于 16 世纪,是由西班牙远征军在阿兹特克的首都特诺奇提特兰的旧址上建设的。当时的西班牙木版画(图 69,图 70),以及现代的考古测量(图 71),都显示特诺奇提特兰占据了大湖中的一个岛屿,在以此为中心的广大地区,散落着成千上万的小定居点。

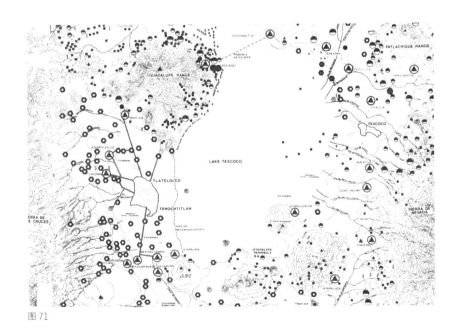
图 71

图 72

墨西哥城（图 72）现有人口 1850 万，特诺奇提特兰的废墟躺在现代城市脚下，而曾经环绕阿兹特克首都的大湖也已干涸，这导致了严重的沉陷问题。大教堂陷进了地下（图 73），并且随时都有倒塌的危险，直到一项加固计划发起之后才得以维持现状。

图 73

加尔各答的一位母亲和她的孩子在雨水管里临时安家（图74）。在内罗毕富裕的居住区的空地上，穷苦家庭凑合栖身的小屋（图75）。这样的生活条件令人震惊，这样的不平等使人感到羞耻，但是城市是这些一无所有的人的唯一也是最后的希望。

图74

图75

图 76   图 77

第二次世界大战时期的英国,城市花园和分配地块上的收获(图 76)是国产食物的一个重要来源。在哈瓦那(图 77)和多哥的洛美(图 78),以及许多第三世界国家,类似的"城市农业"已达到了农工综合的状况,而且这也是许多城市居民的一个实实在在的食物和收入来源。

图 78

图 79

图 80

俄亥俄州的克利夫兰（图 79，图 80）建于 1796 年，在促进美国工业发展的能源领域拥有优势条件，因而变得富裕起来。私人企业保证了城市的经济进步。私人房屋是其广大郊区的特色（图 81）。

图 81

图 82

确保斯德哥尔摩郊区开发的形式和品质（图 82）是社会民主党的主要任务之一，城市担当了为所有居民提供住房的责任；与此同时，像拉巴斯（图 83）一样城市的广大地区，几乎完全不受控制，人们见缝插针地随意建房子，不考虑是否有足够的供水、卫生及其他服务设施。

图 83

城市注定成为人类的主要家园：到 2030 年，地球上每三个人中就有两个生活在城市里。城市显现出与自然规律相矛盾的特点，充满生长潜力的乡村环境似乎是自然的方式；而如东京（图 84）这样的城市却有着无尽的维持的需求，就是不自然的。但是城市仍然使我们惊讶不已，研究者发现纽约中央公园（图 85）的树比乡村的同类长得好。

图 84

图 85

药膏等。主管医生自己有一个单间,他在那里发出各种医学指令。病人的数量是无限制的,每个病人或穷人都可以来,病人待在这儿的时间也不受限制,甚至那些在家生病的人也会得到每样所需的东西。

这是开罗。在伊斯兰世界里,宗教禁止解剖,限制了对人体解剖学和生理学的研究,也阻碍了在疾病诊断实践上的进一步发展。与此同时,尽管在欧洲,宗教同样也阻碍医学研究,但是随着13世纪和14世纪综合大学的建立,对人体的研究和对治疗疾病的探索就进步为更加科学的方式了。医科学校开办了,医学职业也获得了相匹配的地位和声望,尤其是在意大利北部。文献显示,威尼斯早在1258年就已经有了一个内科医师和外科医生的行会;佛罗伦萨在1296年之前很久,就成立了内科医师和药剂师行会,比萨的内科医生学院成立于1286年和1318年之间。其他国家没有可以相比的医学训练设施。确实如此,当托马斯·利纳克尔(Thomas Linacre)在16世纪初叶将医学院的设想介绍到英国时,意大利人早已运作了三百年了。[13]

尽管如此,事实上中世纪的医学职业除了减轻一些痛苦之外,并没有更多办法来对付严重的疾病。有洞察力的医生认为保证良好健康的方法不是医药,而更多的是采取"一种有规律的生活和明智的行为方式"。但是许多医生并没有什么耐心写"一份漂亮的长长的复杂的处方,一些傲慢的医生开出的处方对病人没有益处,只是有利于药剂师,这实在是令人厌恶,他们所带来的痛苦不亚于胸闷胃胀"。[14]

在几个世纪中,对于威胁生命的疾病及其成因的了解几乎没有进展,只是停留在一种根深蒂固的信念,即是由于恶劣空气〔由此"疟疾"(malaria)一词,为"坏的"(mal)和"空气"(aria)所合成〕和毒气的邪恶力量,以及神的报应所致。小病小灾都能在良好的诊断之下用草药得到有效的治疗,但是当可怕的疾病开始大规模地置人于死地时,随之而来的恐慌里就混合着对其本性和成因的无知。例如，中世纪的瘟疫，开业医生对细菌和病毒一无所知，他们对于显微生物组织没有概念，而正是这些看不见的小东西将疾病从一个人传给另一个，既有直接的方式（在接触性传染病例中），也有通过一种中间媒介的方式，如昆虫叮咬以及食用被污染的食物和饮水（传染病）。

含混不清的"情绪和毒气"被认为是瘟疫的起因。人们谈论着一种不甚了解但却普遍存在的"腐败和污染的空气"，进一步败坏为高毒性的"黏稠的"毒气。他们相信最初的腐败和污染的空气可能产生于沼泽地里升起的水汽、周围环境中的污秽肮脏、人类废弃物腐烂之后产生的秽气，还有可能是由于火山爆发，或者仅仅是因为星宿的一个不吉利的关联。[15] 无论怎样，腐坏还是来了，人们确信仅仅是呼吸被污染的空气，或者接触任何已被碰过的东西，都会吸收毒物。于是当局就开始极其狂热地焚烧已故受害者的衣服、家具和被褥，并且在他们的住处用硫黄、醋和石灰进行消毒。一些人甚至支持消灭家庭饲养的猫和狗，他们不幸地认为所有毛乎乎的东西都是潜在的传染源——但是当然，这种方式只会使老鼠的生活更轻松，而它们身上的跳蚤才是传播瘟疫的罪魁祸首。[16]

避免接触和进行消毒是明智的方式，这来自于对肮脏和臭味的厌恶，并且在我们进化历史的早期阶段，这已成为人类生存策略的一个重要方面。但是城市和城市文明却使得人们很难去遵从这些原始本能的简单规则。由"跑得快、走得远、回得慢"（见第14章）做的药丸儿是奢侈的，没什么人负担得起。多数人只能留在城市里撞大运。

"君主的伟大在于拥有人口稠密的城市，以及治下众多的人口，如果他只统治一些没有名号、没有人民的土地，就会被称为可怜的君主。"贝加莫的统治者宣称。[17] 瘟疫是残酷而神秘的痛苦，来时未通告，行时无影踪，只是用可怕的死亡和半空的市镇来标明它前进的路线，当它一遍遍地挥舞着致命的镰刀掠过欧洲上空造成人口重创时,带给许多王公君主的是无力的衰竭。君主和平民都上了同样残酷的一课;也就是说,虽然努力工作和循规蹈矩可以挣来舒适安全的家和摆满食品的餐桌,但是即使是最应得到奖赏的人,也会被那把镰刀砍倒。它不分青红皂白,没有预告,随便哪一天就会以一股人类力量远不能及的自然之力横扫过来。

由于中世纪经济的萌发,城市和王公们变得富裕起来,他们开始对人口健康承担起一些责任,因为其繁荣和未来都仰仗于此。在13世纪,从公共基金中支付医生的费用已是意大利社会的一个共同特征。例如米兰,1288年有大约六万人口,有三个外科医生,城市支付给他们特别费用,以治疗"所有需要外科治疗的穷人"。同样地,1324年的威尼斯,雇用了十三名内科医生和八名外科医生(另外还有数目不详的私人从业者),服务于它的十万人口,比例是每一万居民中有三名医生。[18] 这样在1347年,瘟疫第一次袭击意大利北部时,就有了一些设施可以利用。

淋巴腺鼠疫被认为是起源于旱獭这种中亚的大型啮齿类动物,人们为了皮毛而捕杀它们。带着它们的皮毛(以及其上的跳蚤),商人们沿着丝绸之路,将疾病带到了地中海和欧洲。君士坦丁堡、埃及、西西里和意大利北部在1347年都被传染到了,之后是欧洲大部,直到五年后才最终平息。欧洲、北非和黎凡特在1346年总共有人口大约一亿,在几年之内就死了四分之一。人口增长突然停顿了,而人口增长正是城市得以建立的要素以及中世纪社会发展的一个重要标志。[19]

具体到个人层面上,这个疾病的初期症状是轻微发烧,几天之后出现淋巴结肿大,尤其是腹股沟和腋窝的淋巴结。这种肿大(现在已知是腹股沟腺炎)一旦出现,受害者不是陷入深度昏迷,就是变得极为狂躁,出现妄想或自残。任何人在腺体里充满脓液时,还有一线生机,但是黑色的水疱预示着死亡的来临。多数受害者在数天之内死亡。由于每天都有上千人死去,生活的方方面面——从经济到政治和宗教,都受到影响。在城市里,健康迅速成为一件公共事项，而不仅仅是个人所关心的事情，并且上升到管理层面，而不仅是医药问题。

1348年3月30日，正当疫情在远近各处爆发之时，威尼斯城市议会紧急地特别指定了一个三人委员会，"努力不懈地考虑所有可行的方法，以保护公共健康并且避免环境恶化"。这个威尼斯人的委员会属于第一批建立的意大利公共健康理事会。[20] 建立之初是作为一种应对瘟疫威胁的手段，之后便迅速成为意大利北部城市管理的普遍特色之一。到了16世纪后半段，在意大利所有主要的城市中，都建立了永久的公共健康理事会——交换情报，协调病人的治疗政策，以及汇总统计数字——这一切有效地使它们成为世界上第一个公共卫生服务机构。的确，这个连接着威尼斯、米兰、热那亚和佛罗伦萨等城市的地区，在当时的欧洲以及更远的地区之中所拥有的健康服务是最为发达的。

历史学家卡洛·西波拉（Carlo Cipolla）在一份报告中，叙述了在17世纪早期公共健康理事会运作的有效性。他指出，在意大利北部的科莫湖地区暴发疫情的消息，于1629年10月21日传到米兰，五天之后，意大利中北部的多数市镇都得到了警报并且采取保护措施。例如，10月27日威尼斯颁布法令，无论市民还是商人都禁止来往于威尼斯和莱科、里萨诺和丘所（Chiuso）各个地区（都是靠近爆发地的城市）。维罗纳紧随其后，在29日也采取同样措施；之后是博洛尼亚，31日；摩德纳和佛罗伦萨，11月8日。其间，瘟疫仍然在米兰境内爆发了，因而使得其他城市将禁令扩展到米兰地区全境。

但是禁令和法令不能阻止疫情蔓延，无论它们执行得多么迅速和有效。在几个星期之内，威尼斯、维罗纳、博洛尼亚、摩德纳、佛罗伦萨和其他大城市都陷入了传染病的魔掌，到了1630年8月，意大利北部的大多数城市、市镇和乡村都在忍受着瘟疫的可怕折磨。米兰在瘟疫到来之前有13万人口，这场瘟疫死了近一半。[21]

一旦封锁城市的第一道防线被攻破时，瘟疫就会在居民中间爆发，这时健康理事会所能做的只有单个隔离和检疫了。一些城市建了传染病院或是有害物之家,用于隔离那些染病之人或者被认为的携带者。另一些城市只是简单地封闭那些被感染家庭的住宅,只留一个小口传递食物和饮水——或者移走死者。无论是在传染病医院还是在家里,禁闭在最坏情形下是死刑判决,最好的就是一场恐怖的经历。也许留在家里,还是无奈之下的较好一点的选择。传染病院的条件骇人听闻。佛罗伦萨传染病院的女病房有 82 张床位,却有 412 名女患者在 1630 年瘟疫袭来期间共享它们。男病房也没有好到哪儿去,93 张床位供 312 名患者使用。[22] 西波拉引述了一份同年的有关博洛尼亚传染病院条件的报告:

> 在这里,你可以看到人们在哀恸,一些人在哭喊,一些人撕扯自己的衣服,一些人死了,一些人发黑变形,一些人失去了理智。在这里,你会被无法忍受的恶臭击倒。在这里,你不得不在尸体中间行走。在这里,除了持续的对死亡的惊恐,你再无其他感觉。这里就是地狱活生生的翻版,因为这里没有规则可言,只有恐惧盛行。[23]

显然,在疫情于城市爆发时,隔离和封闭所提供的保护作用是那么小,于是一些人就会对官方干涉的效用何在产生疑问。一个恰当的佐证是:尽管有城市当局的干预,但是在热那亚的 7.3 万居民中,还是有四分之三的人死于 1656—1657 年流行的传染病。一位评论员发问道:"如果没有采取任何使城市摆脱传染病的措施,那么热那亚会不会遭受更大的损失?"[24]

但是无论疫病控制方法的效力怎样,受害者的痛苦是不应该被忽视的,也无法减轻。那些处于死亡威胁之下的城市都一样,自我保护的意识使得人们竭力尽其所能。但是却花费高昂——不仅是生命的代价,还有真金白银。在最有利的情况下,运作健康理事会的费用也是巨大的,何况流行病期间更是开支高涨。理事会要额外地雇用人手——从内科医生到掘墓人;还要在领地的边界和城门口增加守卫；要为被隔离的染病人群及其接触人群做出安排；提供食品给那些穷人，无论他们是隔离在家还是在传染病院；消毒和熏蒸也要付费；那些全家器物都被烧掉的人们还要获得补偿。

西波拉叙述道，在1576年的流行病期间，一项对1563栋房屋（其中有4066个家庭挤在8953间房间内）的消毒措施，用掉的醋、硫黄和石灰就花去米兰健康理事会相当于50公斤的金子——今天价值50万美元还要多。[25] 仅是供应被隔离的人的饮食，就在四天之内耗尽了可用的公共基金，城市不得不在借贷上抽取高息和强征额外税款，为后续支出筹措资金。

博洛尼亚在1630年也面临着同样的问题，当时其健康理事会花费了5公斤的金子，用于对1260栋房屋进行消毒。[26] 一位在1576年的瘟疫期间供职于西西里的医生，挑选了如下的座右铭：烈火、绞架、金子……烈火去摧毁感染的物品，绞架去惩罚违反卫生条例的人，金子去支付运行的费用。在那些瘟疫肆虐的市镇，销毁感染物品的邪恶的大火，总在熊熊燃烧着。[27]

对付一场瘟疫流行的直接费用，是压在公共财政头上的一座大山；衰落的财政收入，强行再次征税，这些资产负债表上的匮乏，结合着对付瘟疫的各项政策的执行，遗留下来的就是一场经济浩劫。本地的商人和手工业者，遭受到顾客和售卖货品同时减少的不幸，而商业企业赖以生存的外部市场，也在禁止和城市以外地区贸易交流的卫生条例下毁灭了。这有一个例子，当1630年瘟疫攻击布斯托阿西奇奥时，一个编年事件记录者注意到，当地生产的棉布被意大利各地所禁止输入，"就像魔鬼被禁入天堂"。从热那亚输出的丝绸，在1657年疫病流行期间下降了96%。[28]

在受影响的地区各处，在瘟疫中活下来的熟练工匠，发现自己失业了，他们的家庭面临饥饿，这是封锁的后果。他们也得不到什么帮助。慈善机构压力巨大，而城市当局也被押到极限。当维罗纳的纺织工业因为瘟疫而倒闭时，一位城市代表向威尼斯的高级权威人士请求中止禁令。许多人死于饥饿，他说，失业者在各处都找不到帮助,因为他们在隔离条令之下,被监禁在了城市里。[29] 没有缓刑,没有希望。

但是其时,还是有些人过得相当好。在极其真实的意义上来说,瘟疫将原有的社会秩序打乱颠倒了。富裕而有名望的市民原先对那些微不足道的社会渣滓不加理睬,现在却变得日益依赖。那些愿意冒险去对抗死亡的游民和罪犯被征募来做基本的服务工作,尽管代价不菲。为了得到足够的应招者,城市不得不采取激励措施,提高工资,而且是预付的。

葬礼承办者、消毒员、清洁工以及清洗受到感染房屋的人,都从城市的不幸中获得了可观的利益。因为他们的贪婪,而有一些特定的岗位就以腐食类的鸟来代称:佛罗伦萨"秃鸢"和法国的"乌鸦"。[30] 由此,学者认识到"温和形式"的社会变革,正尾随着瘟疫而悄然出现。财富得到了再分配,幸存者的行为举止趋向于认为自己是有特权的一群(无论他们以前的地位如何),自豪地相信他们是刀枪不入的。在疫病流行之后的1630年,贝加莫的人口和经济都遭到了严重破坏,一位医生记述道:

> 从瘟疫中活下来的牧师和修道士,以及康复的社会底层的人,都变得十分富有。首先是那些承担丧事的人、执行圣礼的人和帮助病人的人,其次是治疗和服务于感染人群的人——因为人们在那种极端的需求之下,不得不倾其所有……那些消毒员、尸体搬运工、警察巡官、骗子庸医、小偷以及其他类似的人,都为自己干得不错。[31]

这里有值得探讨的一面。不时流行的瘟疫虽然横扫了中世纪的欧洲,却为辉煌的文艺复兴的萌芽创造了社会、经济和地理环境的一片沃土。或许如此,但是首先,瘟疫明白无误地证明了,人类社会和文化结构总是要服从于生物学的更强大的力量。当人们开始饲养动物时,他们就为数量巨大的传染病提供了跨越物种的机会;当人们开始生活在拥挤的城市里,他们就激活了传染病,使之在人群中流行；一旦这些疾病成为流行性的，移民和贸易就使它们拥有了更广泛传播的潜力。

就此意义来说，遭受折磨的城市接受了瘟疫强加给它们的责任，但是即使是人力物力资源最为丰富的城市，也会因为对疾病缺乏了解而受到阻碍。他们面对的敌人是他们未能识别的，也不理解其战术。在这场不对等的战争中，他们还被错误的理论所误导。消灭猫狗就是一例，在某种程度上，这些动物其实是限制了老鼠的扩散。甚至清除街上的垃圾也是被误导的，因为其结果是更多的老鼠（及其身上的虱子）转移进了房子里。尽管人们小心谨慎，而且在一个已知的例子中，他们的防范措施实际上已经给出了致病的线索——但是却没能正确理解其中的意义。它是这样发生的：

在17世纪初期，法国医生在探访病人时穿上一件从头到脚都罩住的袍子，袍子上还刷了一层蜡和芳香剂混合而成的硬硬的外壳。这种制服的上端是连身帽子，用以保护头颈，还使用保护眼睛的眼镜，以及一个鸟嘴一样的鼻罩，里面有一个过滤器，是用香水和消毒剂浸过的，医生通过这个装置呼吸。这是一套不舒服的服装，并且样子还有点邪恶（现在威尼斯狂欢节上还有狂欢者穿着此服装），但是事实证明是必要的，而且医生也相信，因为脏空气中的毒素在光滑的表面粘不住，因此就不会被随身带来带去。这好像管用。穿着长袍的医生活了下来，而且具有循环论证性质似的，这又似乎证明了先前的理论，即关于有毒空气在传播疾病上起了重要的作用。但是有一个在1657年疫病流行期间在热那亚照顾病人的精力充沛的年轻修道士，对此却持怀疑态度。安特罗·玛丽亚·达·桑·博纳旺蒂拉神父（Father Antero Maria da San Bonaventura）并不相信当时的理论和实践，他认为光滑的涂蜡长袍对于防止疫病传染并没有什么功用。"涂蜡长袍……其好处只是在于保护个人不受跳蚤在上筑巢的侵扰。"他断言道。[32]

要是安特罗神父认识到远离跳蚤就是远离瘟疫，那就太好了。但是当然，跳蚤在中世纪的生活中是最普通不过的讨厌但是无害的小虫子，绝对和瘟疫无关。谁会想到就是这种小生物携带着疾病并且通过叮咬传染给人？人人都知道在和羊毛、棉麻纤维、地毯、亚麻、粮食麻袋等诸如此类东西打交道的人群中间，疫病尤其流行，但却把病因归咎于材料的多毛浓密性，即黏性，没有意识到它们是跳蚤的避风港。反过来说，坚硬的、光滑的材料就安全了，因为有害的毒气不能粘在上面。跳蚤也不能藏身于此。

直到19世纪90年代，才彻底认清跳蚤在传播疾病上扮演的角色，这个发现是直接源自带复合透镜的显微镜（要强于之前的单透镜）的发明。这种新仪器扩大了显微倍率，成像更清晰，另外，制作标本的技术也得到改进，这就使得科学家能够一步一步更加深入地探索生命的秘密。医学史学家谈到19世纪后半段时，称之为"细菌学的黄金时期"，在此时期，许多疾病无疑都在某种鉴别出来的细菌身上找到了原因——十二指肠病、痢疾、麻风病、疟疾、伤寒症、肺结核、霍乱、白喉，以及瘟疫。[33]

一位法国细菌学家亚历山大·耶尔森（Alexander Yersin），识别出与1894年的鼠疫相关的细菌（因此细菌的学名为：耶尔森氏鼠疫杆菌）。但是关于跳蚤在传播疾病方面的角色，却是在几年之后，在孟买爆发的一场恐怖的瘟疫期间被发现的。有好几队调查人员由各自国家的政府资助，"急速前往那个受到感染的城市，肩负着研究疫病的任务。大概从来没有，以后也不一定会有如此壮观规模的流行病学天才齐聚一处，调查研究一种特殊的疾病。"一份报告如此写道。[34]当时的情况是严酷的。这场疫病在1896年至1900年间，仅孟买一地就死了35.4万人，到1914年疫病匆忙而混乱地结束时为止，印度总共死亡超过800万人。控制疾病传播的行为激起了当地人猛烈的反抗和暴乱，暴徒攻击欧洲人，甚至暗杀英国军官，但是就在死亡和恐慌之间，调查人员发现了许多有关淋巴腺鼠疫的事情。[35]

军官们根深蒂固地认为瘟疫爆发的原因是有毒空气，如果接触感染人群及其环境就会得病。在此之上，为控制疾病传播而建立的实施策略，使得他们承担的任务极其艰巨。无论19世纪对于疾病的理解取得多大的进展,这种"有毒气体致病的观点"仍然受到许多描写19世纪90年代瘟疫的作家的欢迎;甚至直到20世纪20年代,仍然"在英国有影响的流行病学家中间,还有部分相当有实力的人士反对当时的微生物是致病原因的观点"。[36]观念根深蒂固,很难灭去,但是反驳的证据也在汇集之中。

首先发现了耶尔森氏鼠疫杆菌在其宿主死亡之后很快也死了;并且不能长时间生活在一个活体的表面。事实上单独存活的细菌很少见,如果有的话,就应该会在任何一个符合"有毒气体致病的观点"要求的地方找到。在那些人们大量感染的地区,细菌并没有在食品、水里大批滋生;也没有存活于土壤或是街道路边的垃圾堆里,也没有潜伏在那些衣服、被褥、家具和地板上,而这些都是被感染的房屋里的居住者经常接触的物品。但是如果人们不是在这些场合通过接触获得了细菌,那么又是怎么被传染上的呢?另一个法国细菌学家西蒙(P. L. Simond)解开了这个谜团。[37]

当时已经知道瘟疫可以感染老鼠——消灭这些有害物,只能说这是瘟疫给备受折磨的城市带来的唯一好处。西蒙近距离观察染病的老鼠,在他的研究过程中发现,疫病细菌存在于这些动物身上的跳蚤的内脏里。这项观察导致了通往真相的一个观念上的飞跃:当一只老鼠死于瘟疫,靠吃它的血为生的跳蚤就会赶紧转移到下一个宿主身上,随身携带着一堆瘟疫细菌。在1898年,西蒙发表了具有突破性的论文,指出瘟疫由老鼠传播到城市社区的各处地方,传给人类,是通过那些熟悉的、恼人的但却远不是无害的小东西——跳蚤的吸血嗜好而完成的。

但是辨明原因并不等于治疗。人们继续死于这些文明之疾病。例如,在1896年到1914年,印度有800万人死于瘟疫的魔爪,同期因为肺结核和疟疾而死去的人口,是这个数字的两倍还多;1918—1919年的全球流行性感冒,在不到四个月的时间里,至少有1600万人死去;而天花和霍乱杀死的人更是数以百万计。[38]

这个事实是,在细菌学大步迈进的时候,医学科学在实际治疗传染病方面几乎没有大进展。接种疫苗的实践活动,是在爱德华·詹纳(Edward Jenner)的观察报告(发表于1798年)的基础上发展起来,他在报告中提到,挤奶女工没有受到天花的感染,这种保护得自于她们在牛棚中得过不严重的牛痘,这是一个重大的贡献。奎宁的发现挡住了疟疾的脚步,这也是其他有益的进展之一——但是这些都是预防手段,并不是医学上的治疗手段。

医药能够杀死讨厌的病菌。但是要在病菌杀死被感染的病人之前,还不伤害病人,这已经被证明是非常困难的。即使是不断发展的抗生素,在20世纪中期已被证明不如我们希望的那样一击即中,这是因为病菌进化了,有了抗药性。肺结核、流行性感冒和肠炎仍然是潜在的杀手;霍乱的爆发仍时有发生,甚至是在瘟疫已经不怎么为人所知的21世纪之初。并且,尽管一个世界范围的接种免疫项目有效地根除了天花,使之淡出人们的视野,但是病毒依然存在,如果控制不当,一场暴发就会使数百万人丧命。同时,现代社会的巨大分裂,形成了一种无可奈何的一厢情愿,即相信医生、医院以及制药工业的能力,无论怎样的病痛,总能找到治愈的方法。

在和人类相关的领域里,生物学还远没有到达终点。生活于发达世界的每一个城市居民的心中,都暗藏着对心脏病和癌症的恐惧——医学统计表明,我们中的三分之一将会死于其中这样或那样的病症,而且,老年痴呆症和帕金森氏症更喜欢在老年人当中残忍地、不分青红皂白地发起攻击。艾滋病在20世纪80年代登上舞台,出处不明,俨然一场瘟疫。肥胖症在全球的健康规模上正在接近流行病的比例,美国有60%的成年人患有此病(据一项美国的调查,在校学生中,比例达42%)。[39]和空气污染有关的疾病正在增加,在美国有1000万人至1200万人受到哮喘的困扰,在1991年之前的十年之间,与哮喘有关的死亡上升了40%。在英国20世纪90年代晚期,每七个儿童当中就有一个染上哮喘。[40]

这期间,在后工业国家的城市里兴起的对不孕不育服务的需求,暗示着生物学对人类轻率地涌入大城市以及占统治地位的城市社会，做出了它自己的最后裁决。难道是城市生活中的环境污染、经济压力和社会心理的紧张状态使得精子数量减少，或者影响卵巢的功能，最终导致生活在城市的人们普遍地生育更加困难？[41]

  出生率和死亡率、寿命、综合福利等，是我们用以衡量文明和医学科学带我们远离中世纪瘟疫那悲惨境况的标尺，但是人类仍然有很多的弱点，随时都可能跳出来吓唬我们。在瘟疫横行时期，大公们带领祈祷者向上帝恳求救赎。今天，我们将信念放在医生和制药工业身上。医院就是21世纪的大教堂。

第 16 章
追逐地平线

因为获取基本生活物品和服务十分方便,人们也就养成久坐懒动的生活方式,这也在情理之中,但是城市人可比乡下人外出旅行的机会要多得多。荒谬的是,正是城市唤起了人们四处活动的热情,激发了交通产业的增长,使得人们利用这些设施工具,在城市内部及城市之间往来活动,并且使得世界最有钱的城市地区能够得到全球各地的物品。

在 20 世纪 40 年代晚期,BBC 广播每周一次的招牌节目叫作《乡村杂志》,在节目里,拉尔夫·怀特曼(Ralph Wightman)描述他近期拜访的英格兰部分乡村生活的概况。他在 1948 年做了一期关于威尔特郡的克兰伯恩狩猎区(Cranbourne Chase)的节目。这次节目的抄本存放在索尔兹伯里博物馆的历史档案中,与许多著名的历史文献陈列在一起。从表面上看,这不过是几页字迹不清的打字稿,但却是第二次世界大战刚刚结束之后的几年,英国乡村生活褪色的记忆。从中可以看出,接受访谈的村民谦恭有礼,并且反映了从第一次世界大战之前到当时这几十年的社会状况。纸面上的注解和谈话直接体现了横跨百年的一个时代的消失。那个时期,出生环境限制了村民的眼界,只能看到周围的景色。对他们来说,在城市讨生活的想法简直就是荒谬的、不负责任的童年幻想,任何一个明智的成年人都不会当真。

克兰伯恩狩猎区是一个有2050平方公里的广大地区,在索尔兹伯里平原的南翼,是一片白垩丘陵地。怀特曼描述这里是干旱的乡村,没有实际可靠的水源;黏质土壤,到处是白垩石中夹杂着燧石——适宜山毛榉、岑树、常绿树和榛子树的生长。巴弗·卢卡斯(Buffer Lucas)告诉他,秋天榛子的收获对村民来说就是上天的恩赐,带来的钱足够买全年的衣服。巴弗对榛子树林很了解。他谋生的主要工作就是用榛树的又长又直而且容易弯曲的小树枝做绵羊的围栏。他要买下一片榛树林的砍伐权,这块地有一拉(lug)大,他解释道——全年的工作需要3英亩到4英亩的树林。在3月底砍伐树木,到了6月份就全力以赴地开工。巴弗承认在围栏收入之外,他还在星期天早上穿过树林去教堂的路上偷猎野鸡,甚至还承认在严酷的冬季猎鹿——尽管它们的个头总是个问题。"鹿挺麻烦的,它太大了。你总不能像野鸡一样把它装进大口袋里拎着跑吧。经常是把它藏起来,有时是放到一座坟里。饿的时候就偷偷来切一块儿。"

老特德·库姆斯(Old Ted Coombs)加入了聊天,说起他少年时(在19世纪八九十年代),这里有很多的野兔,没人在意你捉一只回家煮了吃;而且当你帮有钱的绅士拉住马时,总还能得到一个先令……这些话像是有意让人想起了乡村天堂的熟悉的景象,等候在整洁的农舍花园中的身影,以及跳着欢快的莫里斯舞的人们。但是,正在怀疑他把美好的愿望和准确的回忆搞混了时,对事情在哪儿出了问题,以及为什么乡村变得不再是天堂了,特德发表了他的看法。纸上稀疏的打字加强了他的激烈的语气。"是什么毁了乡村,"他宣称道,"就是因为那些骑自行车的小伙子,骑着车,头也不回地奔向城市……"

这是一个永久的矛盾,即使当人们已经在一个地方很舒适地住下了,他们中的许多人还是抑制不住地向往别的地方。当然也就是这种冲动扩展了乡土的范畴,引领人类从其非洲的诞生地,一步步走向世界所能提供的每一块宜居之境。我们走到这里，用的是两条腿。人类的步态是独一无二的，或许因为这是一种效率很低的移动方式吧。从能量需求上来看，单位重量移动相同的距离，人类的能量利用效率还不及企鹅。老鼠、松鼠、马和瞪羚都比我们有效得多，狗甚至更好。[1] 但是人类却比它们任何一种都更爱冒险。

理智的大脑战胜了对未知的本能的恐惧，他们向前进。跨过了苏伊士地峡，向左他们去了欧洲，向右他们去往亚洲。从亚洲的尽端，穿过白令海峡到达北美，这在海平面降低时，并不太困难。之后就是和北美连在一起的南美洲，也很方便地到达了。即使是澳洲，通过垫脚石一样的东南亚诸海岛以及短途海上航行，也可以抵达。人们到达新西兰这块最后的适合生活并有相当规模的处女地的时间，是大约七百年以前。

我们从东非启程，直到抵达新西兰，这段旅程总共用了大约二十万年，差不多经历了一万代人的进化，对于追寻大地边界的太多渴望，已经深深地根植于我们这个物种的遗传基因之中。然而毕竟，人们开始在大型社区定居生活，也仅仅是在这个进化和开拓的历史的靠后阶段。人们在满足自己追逐地平线之冲动的同时，也在地上的固定位置建立了永久性的食宿点。这使得交通成为城市形式和特征上的极其重要的一个方面——不仅要有生活和工作的空间，还要提供房屋和设施给四处流动的人们和货物。确实，自从人们开始建造城市以来，人类的聪明才智的一个主要方面，就是用于解决可以使他们四处游走的各个难题。

巨大的铰接卡车源源不断地涌入各个城市，数量惊人。这似乎暗示着必需品和服务的流动是城市生活中主要的运输问题，因为有成千上万吨的食品和日常生活用品运来运去，但是人的运输实际上是城市生活的一个更大更有需求的元素。在个体集合而成的总质量和数量上，人的运输量都要大很多，因为货物和服务运转的来来往往是在固定点之间，数量相对有限，而每一个人的行程都是一个独立事件，在其中有许许多多不同的起点和终点以及路线可以选择。

克利斯托弗·亚历山大（Christopher Alexander）是城市规划界的权威人士，他用一句短语来浓缩现代世界交通的社会规律："你的朋友不住在你家隔壁，而是住在远方……"[2] 他解释道，在传统社会，就像巴弗·卢卡斯和特德·库姆斯所熟悉的那样，如果一个人被问到他的最好的朋友是谁，接着去问所提到的人，他的最好的朋友是谁，他们都会互相提到对方的名字——这就形成了一个紧密的小圈子。但是今天的社会结构完全不同了。如果一个当今的城市居民被问及他或她的最好的朋友的名字，之后接着往下问，他们大概会说出不同的人，他们中许多人不认识第一个被问到的人；这些人继续提到其他人，一直向外发散。

实际上，在现代社会人们就没有什么密切的小圈子，亚历山大总结道。取而代之的是人际网络，技术的发展所带来的交通方式的进步，使之不断扩大和更加方便，并且其前景还一眼望不到头。人们对于出行的需求是永不满足的。正如建设新的高速公路，并不能根除拥堵，反而引来更多的交通流量进入公路网，因此每一项新的发展计划都是着眼于增长的交通量，而不仅仅是满足直接的需求。当一次旅行要依靠脚或者最多是马背来达成，那就意味着其选择是有限的——同时受限于一个人的体力和财力，但是自从工业革命以来，人们的流动性变得更加普及，选择更加多样：在更好的路上骑自行车，或者乘火车和汽船；最近则是公共汽车、私家车和航空班机。

从那以后，工业发展的巨大规模，以及工业化进程在全世界范围内所催生的巨大经济增长，使得机械化的旅行方式被广泛利用，并且人们也负担得起。多数的旅行是在城市之间或之内。印度的铁路一年卖出45亿张票，而全国总共有10亿人口。在发达及发展中国家，有几亿人把每天长距离往返上班看作很平常的一件事，在富裕国家里，有上百万的城市居民会离家几万公里去度假。世界总共有60亿人口，IATA（国际航空运输协会）的航班每年就要售出15亿张机票。[3]

大量的交通工业和旅游产业获得了更大发展，以适应人类那贪得无厌的四处游走的渴望，值得记住的是，每一次交通方式得以成功提升的最主要的原因，在于它适应了个体的需求。特德·库姆斯怨恨的自行车，制造和购买都要花费很多，但是每辆却只能载一个人；蒸汽机车和铁路的发展，最初只是用来帮助将煤从矿山运出来，但是只有当其开始作为一种交通工具提供给数量巨大的个人时，它们才达到了经济上的自我生存阶段，因为随着网络的扩展使其更便宜（也更有利可图）了。在 1838 年，也就是世界第一条位于英格兰西北部、往返于斯托克顿和达灵顿（距离 40 公里）之间的商业铁路开通之后仅仅 13 年，不列颠的铁路一年的客流量是 540 万人次，到了 1862 年，这个数字增长到 1.7 亿人次。[4]

相似规模的经济转变，也在汽车工业大发展时发生了。起初，汽车只是富家子弟用来闲逛的一个昂贵的大玩具，但是随着亨利·福特所开创的大规模装配流水线，汽车时代到来了。1914 年，每辆福特 T 型汽车转出流水线的时间是 90 分钟。1921 年生产了 100 万辆，1922 年则是 200 万辆。在 T 型汽车生产的 19 年（1909—1928）当中，总共制造出了 1500 万辆。并且这款车非常皮实耐用，可以通达任何地方，十分适合个人及其家庭旅行的需要——事实上，他们称它为"家里的马"。[5]

在为迎合交通需求而建设工厂的同时，城市也在同步发展。底特律就是以它的汽车工业为基础而发展起来的。洛杉矶（1930 年时居民中每三人就有两部汽车[6]）给未来树立了一个早期的样板，这个城市的扩张方式，是将周围的小城镇纳入其管辖范围之内，并且用高速路将它们连在一起。考文垂从一个天主教小镇转变为工业城市，是因为其自行车制造占据世界领先地位——相似的工业和经济发展的促进，在同一时期也发生在其他地区，例如日本。

在 19 世纪末，自行车在日本的城市里极其普遍，但是进口货使得日本的制造厂家没有价格上的竞争能力，或者根本不能制造，这就破坏了国家的经济。显然，如果日本能够制造自行车，在满足个体交通方式的大量需求的同时，国家经济也会得到提升。正如简·雅各布斯在她的《城市经济》一书中所指出的[7]，日本回应这个挑战的方式，可以是邀请国外厂家在国内建厂，可是这样给日本人自己带来的利益很少。或者他们也可以自己建工厂，这样将会在特殊机械设备上需要很大的投资，还要培训熟练的劳动力。日本人没有选择这两种方式。他们采用了本土的才智"经济借贷"，或者以非专业的说法称之为"模仿"。它是这样运作的：

在自行车开始进口后不久，大量的一两个人的小修车店就遍布各城市。因为进口的备件很贵，为坏车更换备件要花一大笔钱，所以许多修车店发现他们自己加工备件是值得一做的——如果每家店专做一两样零件不是很困难，业有专攻，熟能生巧。这样没过多久，一大批自行车修理店就能有效地制造出自行车的各个部分，现在对日本来说所需要的就是一个有魄力的人，分别和修理工订合同购买零件，就将开创本土的自行车制造工业。

因此，自行车制造业在日本发展起来，并没有花太大的代价，只是为产业自身发展的各个阶段付出了成本。而且，日本人从这项实践中所得到的，远比一个自行车工业要多得多。他们还获得了一个样板，可以引领许多其他的工业行业取得成功：模仿并且将一个复杂的制造系统简化成为众多相关的简单操作，这样就可以在小型的自有工场里加工制造。这种模式应用于许多产品的生产制造，因而保证了日本在20世纪获得了经济上的巨大成功。索尼的生涯开始于第二次世界大战末期，当时仅是一个为收音机组装厂加工电子管的小店。第一台尼康相机就是蔡司-康泰时的精确翻版；佳能仿的是徕卡；丰田的陆地巡洋舰的动力系统，复制的是克莱斯勒的直列六缸发动机。

自行车之所以吸引人的地方，就在于它使单位能量运动的距离倍增了——比起在地上大步走，用一样的能量踩脚蹬子可以使骑行者走得更远，直到这个巫术般的机械装置在19世纪晚期出现之前，人们想要比用脚走得更远和更快，只有两种选择——利用牲口或船。因为船不是动物，不需要太多关照，所以当有合适的水路条件时，就是出行的首选了。事实上，所有早期著名的城市都是正好坐落于有水运交通优势的地方，因而可以为其居民的出行和经商活动提供最好的服务；后来的大城市，也没有哪一个不是在某一时期充分开发小艇、舰船或者独木舟的潜力。

埃利都、乌鲁克和巴比伦受益于幼发拉底河及其支流。柏拉图注意到希腊城邦都聚集在地中海沿岸"就像池塘边的青蛙"：雅典、科林斯、叙拉古、米利都，等等。好处显而易见。引用一个报道过的实例：一个商人要托运两三千罐的油，每罐重50公斤，去往远方的市场，用船只需一条中等大小的就够了，而要从陆上运过去，就需要一长队一眼望不到头的驴子或牛车来驮运。[8]

两千多年以前，定期航线环绕整个地中海，并且扩展到遥远的苏格兰北部，甚至有可能到达冰岛。很明显，那时的航海技能和造船工艺都有长足进步。事实上，1世纪的罗马造船工匠造出的船，比1861年之前英国海军的任何一艘都要大，1861年，海军的最后一艘木船下水（从那以后铁制结构成为标准）。[9] 就是在这个传统之下，哥伦布将欧洲的影响扩大到新世界——用的是船，而且是罗马人和英国海军都会驾驶的船。

当1492年哥伦布扬帆出海，开始那次将给西班牙带回整个帝国的财富的航程时，他成为一场运动的先锋。这场运动始于西班牙的基督教军队将伊斯兰入侵者驱逐出伊比利亚半岛，夺回和巩固了西班牙的势力范围，前后长达近七百年。在710年，一支阿拉伯人和柏柏尔人组成的抢劫团伙从北非侵入西班牙领土，其后在五十年之内，摩尔人（如大家所知）控制了除北方以外的整个伊比利亚半岛。但是他们的统治从来都不平静。事实上，正当摩尔人的政权如日中天的时候，他们的统治却开始懈怠了。一个世纪又一个世纪，伊比利亚独立地区的力量——葡萄牙、莱昂、纳瓦拉、阿拉贡、巴塞罗那和卡斯蒂利亚，都坚定地联合起来，决心摆脱外国的统治——将摩尔占领者赶回南方，退回到地中海去。

带有吉兆的巧合是,摩尔人被逐出格拉纳达——他们在半岛上最后据点的这一年,正好也是哥伦布从塞维利亚起航进入大西洋的那一年——1492 年。(不幸的是,在 1492 年,大约有 17 万犹太人也一起被赶出西班牙,一项不宽容的法令使这个国家失去了最机敏的商人,而这些人的经验原本可以在金融和组织复杂的"新世界"投机冒险时为国家利益所用。由于他们的缺席,西班牙不得不接受粗鲁的意大利和德国的金融家的服务,结果是在帝国将会获得的财富中,有一大部分不必要地作为预付款抵押出去。[10])

随着摩尔人的离去,在名义上联合的西班牙地区又回到追求独立和各自利益的状态。葡萄牙继续它在西部的自治,北方的纳瓦拉跨过比利牛斯山脉去接合,阿拉贡眼望东方,盯着地中海——余下卡斯蒂利亚控制主要的中部和东南部地区,也就是从这里,大多数的新世界的征服者出发了。

一位评论家写道:"自从它一出现,卡斯蒂利亚就是一个不会止步于边境的王国,其好斗的国民都被饥饿的土地和狂热的宗教鼓动着,盼望着广阔的战争和征服以满足他们的勃勃雄心。"[11] 卡斯蒂利亚的边界挨着地中海,它的海上经验也已达到了一定水平,和其军事威力很是相称,因此到了 1492 年,随着摩尔人退出格拉纳达,卡斯蒂利亚的骑士们开始寻找新的土地去征服,这时的西班牙已经准备好了去开拓充满希望的新的疆域,那就是哥伦布将要穿过大西洋所发现的新大陆。

在有利可图的计划当中分一杯羹的愿景之下,西班牙联合起来应对挑战,超越地区分歧,建立统一的帝国,成为一个在卡斯蒂利亚统治之下的目标共同体。重新统一的西班牙政府应该建立在这样一个地址上,即不会冒犯任何一个戒备的竞争地区城市,认识到这一点,卡斯蒂利亚的统治者选择了一个靠近伊比利亚半岛地理中心的市镇——马德里。1561 年 5 月 8 日,腓力二世颁布法令,宣布马德里是西班牙的首都。这是第一个现代首都,它的建立是保证那些已经确立的地方政治利益不会干扰国家大事。其他的包括:华盛顿特区，建于 1792 年；渥太华，1858 年；堪培拉，1908 年；巴西利亚，1960 年。

将西班牙的国都建在伊比利亚半岛非常中心的地段，无论其在政治上多么有利，但马德里的地理位置却造成了极大的供应和交通问题。确实是这样，对这个课题很有研究的权威人士坦率指出："西班牙内陆缺乏足够的交通系统是这个国家在 19 世纪政治和经济停滞的主要原因。"[12] 而且很明显，从一开始马德里就注定会成为一个经济负担——只有帝国或者前面第 8 章所描述的专制统治者的财富才能承受得起。当然，其主要的问题就是距离和运输。

马德里距离海岸和重要的外围城市至少有 350 公里，有的方向上长达 600 公里，并且只能由陆地抵达。在伊比利亚大地上，尽管在较低的地方有瓜达尔基维尔河和埃布罗河一年四季都可通航，但是大部分地区还是缺乏适宜航行的水道。事实上，马德里也许是欧洲历史上没有水运交通的最大的城市。[13] 这个城市从远方输入的每一样东西都不得不经过崎岖的道路运进来：在西班牙，几乎是不出 80 公里就要爬一座山。

如果马德里有能力享用到一块肥沃的、人口众多的、繁荣的内地，那么它的运输问题还不会这么突出。在那种情形下，一个新首都将会在内部的城市与乡村之间产生坚实的经济交换，从而激发这个地区作为一个整体的经济发展。但是事实是，西班牙内陆人口稀疏，土地贫瘠，差不多是欧洲最低产的地方。此地区的产品除了羊毛，没有哪一样在负担运到海边的费用之后还有利可图。

原先乡村的人口在粮食上是自给自足的，还有不少的剩余，足以维持马德里成为首都之前生活在那里的两万人口，但是供养增长的城市就十分困难了。马德里的人口在 1561 年后的几十年间迅速翻了一番，在 16 世纪初到达 6.5 万人，并且到了 1630 年，剧增至 17.5 万人[14]——它还不是一个很大的城市，甚至小于同时期西班牙征服的特诺奇提特兰，但是当那个殖民地城市变得依靠陆路而不是水路运输时，也陷入了相同的困境。

第 16 章　追逐地平线

由于将马德里设为西班牙首都的决策者是皇家政府，所以保障首都有充足的食品和燃料供应的重担只能落在它身上，而不是原来就有的城市当局。[15] 到 18 世纪 80 年代，王国几乎三分之一的净收入花在了马德里[16]——这里面很大一部分无疑是用在了基本物品的获取和运输上。每天基本上都有成千头牲畜和大车往来运输，供应马德里。从早期开始，运输业就有获得政府补助金的基本特权，在一些控告运货车夫在工作中行为不端的案子里，可以看出让步和保护——甚至还有等同于"法律帮助"的痕迹。[17] 但是皇家的特权再大也不能消除用骡子、驴子和牛车拖拉着极大量的食品、原料和制成品穿过西班牙广阔大地的这一基本问题。

不仅仅有距离和地形的不利因素，还有季节也掺和进来，给运输系统找麻烦，使之不能有效、顺畅和规则地运转。冬季的几个月寒冷而多雨，高地的道路常常被大雪阻断，而低地的路程也充满泥泞和艰辛。在春秋两季，道路还相对好走些，但那时许多运货劳力也发现在地里劳作要比在路上来回奔走更重要些。在干热的夏季，面临的问题是驮运货物的牲口，因为沿途的牧草稀疏，所以沿路放牧很困难。

没有一件事是容易的，但是在皇家议会为马德里供应所承担的责任以及运货人所面临的困难之中，最为棘手的就是沿途供给牧草（和饮水）的问题了，尤其是有关最受欢迎的运输工具——牛车。这个问题是，一对公牛可以拖拉很大一车货物，它们最好是走固定路线。骡和驴就相当灵活了——白天晚上都不难管理，随走随吃，一袋燕麦就够它们吃的了。相反，公牛不仅要在晚上休息一整夜，最好还得是在露天草场上，而且在一天当中还需要卸除挽轭休息三四个钟头，就是为了吃草，并且因为它们是反刍动物，还要有时间躺下反刍。

为了适应牛的不变的需求，皇家议会允许车夫有权不受妨碍地使用所有卡斯蒂利亚的村社牧场——这些露天的草场地通常是为生活在附近的人们而保留的。在所有农业社会都养牛，一块村社牧场是至关重要的,人们或许正在另一块地上耕种,把他们的牛就放养在这块草地上,而且这块草场还可以储备些牧草以应急。但是任何一块村社牧场饲养牲口的能力都是有限的。因此,尽管是公共性质的,草场的使用还是受严格限制的,专供那些最上心维护其存储力的人,即当地的农夫使用。但是现在,车夫可以不受限制地使用,而且甚至有权把村社草场当作他们的过夜宿营地。此外,皇家议会还颁布法令,当村社草场不够时,车夫有资格使用任何私人牧场,名义上只需按日付费——并且附加条件是,一旦车夫提出有权租用一块草地时,这块地就不能另作他用,直到他们正式放弃租用的权利为止。

车夫们充分利用他们所得到的特权,勤勉地在遍布全境、连接城乡的货车道路网里挑选着路线,不仅是依据路程的远近,最主要的还是根据可用草场的大小和质量。而且好像是对他们的权利的一种过分承认,这些王权的特权代理者们可以起诉任何不开放本地道路以及为他们的运输提供方便的团体,并且为了预先防止某些不合作的社区假装不知道,车夫们随身携带着印刷的证明文件——上面显眼地盖着皇家议会的图章。[18]

任何一个客观的旁观者都能清楚地看出,皇家议会对于马德里的供应的所作所为都是短视的和不可持续的。戴维·林格罗斯(David Ringrose)对西班牙的交通问题颇有研究,本章的这些段落都是在其论述的基础上写成的。[19]正如他所说,车夫的特权实际上是一种税,强加在乡村社会头上,用以支撑政府及其不事生产的寄生虫般的都城。这样一种间接税,使得已经很贫困的乡村无法承受,无疑迟滞了地区的发展。此外,车夫们不仅是充分和系统地征税,他们的需求最大的时候恰好也正是乡村最无力承担的时候。例如,雨水稀少,西班牙各地的收成就不足,政府不得不通过海运进口供应物品。由于极少有本地的粮食可以提供,马德里的供应就主要依靠长途业务,这就使得更多的车夫花更长时间在路上。但是当然,干旱可以使庄稼颗粒无收,也同样使路边的牧草干枯而死——这更加重了危机。

人口在稳定增长,而本地的收成又再三遭受旱灾的影响,所以在 18 世纪初,马德里不得不多次进口粮食。有好几次,卡斯蒂利亚的 70% 的货车运载量以及一半的牲口,都被用来往首都运送至关重要的粮食和燃料。甚至在顺利的环境下,这都是一个不稳定的状态;当 1811—1812 年的冬春战争打破了这个脆弱的供应及运输的平衡,马德里饿死了两万人。[20]

如果说那些皇家议会的成员没有意识到供应的不足以及首都所依赖的运输系统的问题,那就错了——他们知道得很清楚,也确实做了一些事情,试图有所改善。有关运输改革的主要安排已经计划和开始着手了,但是不幸的是,它们来得太晚了,本身也太过宏大了,以致造成了很多困难。

在 17 世纪下半叶,开始建设一套皇家公路体系,以连接马德里和其外围的西班牙所有的重要城市。正如戴维·林格罗斯指出的,这些公路和欧洲任何一项工程都不相上下,无论是其规模、地位、花费,还是建造的缓慢程度。路基是仔细铺设的石灰石,面层的切割石块砌成拱形,10 米到 20 米宽,侧面是连续的挡土墙。他们多数都选了直线路线,常常要花费巨资翻山越岭、穿过沼泽,要是绕着走,能便宜不少。修路的工期经常被拖延,因为要架设一座桥,或者修一条认为是必要的堤道,就是为了保证道路的平整,只许有一点坡度。确实,一个同时代的旅行者的笔记中提到,这些工程师的想法就是强调笔直和水平,使得工程进展极其缓慢,以致"在全部道路竣工之前,最初修建的部分已经坍塌烂掉了"。[21]

缓慢的建设、缺乏维修以及拿破仑战争的毁坏,使得皇家公路系统的有效部分在开始修建的一个世纪之后,仍然是一个未完工程。而且,在已修完的这个放射状网络中,只有很小一部分对缓解马德里的供应紧张问题有实际作用。金钱、劳力和时间,如果花在提高原有货车路网上,也许会更有效——虽然新的笔直的皇家铺砌大道可以让牛车走得更快,但是道路的设计和路线选择,实际上使得路边的牧草比传统道路两旁的更加稀疏。

或许认识到一个放射状的皇家公路系统还不能长远地解决马德里（以及西班牙）的交通运输问题，政府开始一项更加宏伟的计划，"西班牙历史上伟大的未竟事业之一"：[22] 开凿运河。这项计划的基本方面有两个：其一是将在低地可以通航的埃布罗河的河道延伸，穿过西班牙东北部，进入坎塔布连山脉，之后流入比斯开湾，这样就有了一条水道，横跨半岛的颈部，使西班牙内陆（尤其是马德里）通过支流运河，既能到达大西洋，又能到达地中海；其二是将瓜达尔基维尔河延伸进入安达卢西亚，然后向北去马德里，这样使首都可以直接而迅速地通达科尔多瓦、塞维利亚、加的斯湾以及远方的海洋。

毫无疑问，一套运河系统远比那个公路系统会更好地服务于马德里和西班牙内陆，但是要将宏伟的蓝图转化成现实，遭受的困难更大更多。运河的总体规划上详细说明了其深度全部都在 3 米左右，底部宽 6 米，上部宽 17 米。在如此规模之下的运河，需要广泛的导水系统、大型堤防及巨量开挖——尤其它们要穿过好几百公里的崎岖不平和干旱贫瘠的西班牙大地。

举例来说，埃布罗的运河从地中海到卡塔布连山脉的山脊，在 400 公里的路程上要爬升近 1 公里，之后在 80 公里之内下降相同的高度，到达另一边的大西洋。但是，无视建造上的困难和巨额的开销，在 18 世纪 80 年代末，在这个系统的若干关键点上，主体工程还是开工了。最后终于有超过 300 公里的运河建设完成，这是一个令人敬重的巨大成就，但是却完全没用，因为没有完成任何关键的连接线。恰如戴维·林格罗斯所指出：这些运河"始于无处，终于乌有"。[23]

最终，还是铁路以及随后的内燃机，解决了西班牙的交通运输问题。但是它们来得太晚了，对于西班牙来说，已经没有了一个全球帝国的财富可以投资在家乡的机械化交通系统上。当铁路和火车成为可选项时，西班牙已经遭受了战争剧变的重创，失去了帝国，也把它那神话般的惊人财富中的一大部分浪费在了一个错误的选择上——挑选马德里作为首都。西班牙舰队环行了整个地球，攻占了遥远的区域，并且带回了从没见过的巨大的物质财富。可是发生了什么？它浪费在了马德里的奢侈铺张中，消耗在了推动运输系统的狭窄领域里，这一切转而扼杀了西班牙的经济发展，并且造成了"某种程度上的与西欧不相称的停滞和倒退"。[24]

在这期间，无论铁路修到哪里，都极大地扩展了个人和经济的活动范围。如前面提到的英国铁路，仅在 1862 年一年就运送旅客 1.7 亿人次，并且货运收入也有了令人满意的增长，终于开始超过客运的收入了。一股相似的建设铁路的热潮在比利牛斯山脉北部的欧洲展开：比利时，在 1830 年从尼德兰成功独立之后的几个月内，就开始计划一套国家铁路系统，以绕开荷兰人控制的水路和码头，并且到了 1875 年就已建成世界上最密的铁路网——在每 85 平方公里的面积内就有 1 公里长的铁路。铁路网全面铺开，扩展至德国、法国、瑞士、奥地利，穿过阿尔卑斯山，在 19 世纪 70 年代到达意大利，甚至西班牙也在着手，但是，最巨大的进步还是发生在北美。因为移民涌向西部，在商业上和领土上都面临着更大范围的挑战，促使工业不断发明创造，不断追求更高生产力。铁路在大陆上纵横穿行，诱使上百万的移民横过大西洋，并将途中的各个中转站变成了城市。[25]

在一个国家的经济繁荣和城市增长方面，这样或那样的运输形式常常是一个基本因素，但是效率（不是距离）是其价值的衡量标准。例如，在 16 世纪和 17 世纪，西班牙从其全球化的帝国用船运回来的金银财宝，对于那个受限于骡队和牛车之运输系统的国家经济，就没有什么作用；而英国殖民政府于 19 世纪在印度建设的铁路网，不仅将整个次大陆破天荒地连在一起，还将英国的商业范围扩展到了印度各个地方，夺取市场（和资源），为了利益和英国经济的自身繁荣。同样，那条连接乌干达到东非港口蒙巴萨的"疯狂铁路线"，以及其他铁路和公路，在促进世界上的殖民地内陆的资源的运出和制成品的运入方面,作用都差不多,还为殖民者家乡的经济繁荣和城市增长做出了重要贡献。

殖民势力给殖民地造成了巨大的伤害,并且已为此受到充分的责难,但是一种潜在的并不小于殖民主义破坏的风潮正活跃在今天:大城市。现代社会的大城市夺取了甚至更远的地域;其结果是它们殖民了整个地球,并正在以一种空前的加速度掠夺全球资源。人类的一半已经生活在城市里了(另一半的多数人依赖于城市市场而生存),到目前为止,地球上人类存在的最大分裂状态,就体现在大城市身上,它们对食物、能源和消费品的需求,已经极大地改变了我们和这个星球的关系及其生态系统。

城市生活的寄生特质是不证自明的。甚至远在 1300 年的伦敦,那时它还是一个有十万居民的城市,就要求周围超过 1 万平方公里的腹地农村给它供应粮食。[26] 伦敦一部分的粮食是通过泰晤士河上游的支流,走水路从农场运到城市,但是大部分的供应还是由陆上运输过来。无论如何,14 世纪的伦敦的规模和生存能力还是受到服务于它的运输系统的限制。这对于每个城市都一样——无论当时还是以后。但是机械化的增长(并且是以令人惊奇的加速度),使得城市的辐射腹地在各个方向上扩展开来。今天,天空只是在字面意义上的限制条件。伦敦开发了一个全球市场——从太平洋进口鱼类,豆子来自非洲,洋葱来自南美,甚至也可以有来自马德里的樱桃,只要价钱合适。

第17章
"城市在这里,完善它"[1]

完美的城市里,从来都不缺乏具有雄心壮志的人民。其中一些人也恰好有机会实现了他们的理想。结果是混杂的。在今天是完美的计划,到明天就会因为强制性的改变而失效。除了多样性的培育,没有一件事情做到了最好。

一直以来,城市规划都是产生争议的沃土。一边是满怀梦想的社会理想主义者,另一边是理智的现实主义者和踏实的实用主义者,后者相信当开始建设一座新城(或是改造一座老城)时,首先应该考虑的是成本和实施的便利性。总是有许多这样的人,他们真诚地想要创造城市,从根本上为居住者设计和安排最大的便利;也有几个人,为了创造一个诱人的城市生活环境,而热心地投入其所有的聪明才智,但是建设成本和实施的便利性问题,总是占了上风。例如,英格兰的爱德华一世,在1296年和1297年期间,几次召集会议,由专家们讨论如何建造一个理想的城市[2],但是其后并没有什么建设性的发展。

亚里士多德在公元前5世纪就宣称说"城市规划的艺术"是由希腊建筑师希波达姆斯(Hippodamus)"创造"的。(事实上,现代考古研究表明,印度河谷的古代城市,例如摩亨朱达罗、多拉维拉和哈拉帕也是建立在事先规划的平面上。这比希波达姆斯早两千年，但是亚里士多德不可能知道这些，希波达姆斯当然也不能——所以，以他们的观点来看，希波达姆斯的规划就是原创。）

希波达姆斯的声望建立在他为米利都所作的总体规划上。这个希腊爱奥尼亚的城市，在公元前494年被波斯军队攻陷，并且遭到劫掠和毁坏，过了十五年，希腊军队才重新夺回来。当局决心重建米利都，要把它建成一个重要的商业中心和军事要塞，因此召集了一批建筑师，在希波达姆斯的领导下规划一座"全新的现代城市"[3]，包含所有的要素——中心区、居住区、商业、文化和休闲设施，还有防御城墙，目的是创造一个综合完整的城市实体。

原来的老城，坐落于形状不规则且岩石嶙峋的半岛上，老房子都是适应地形，并且有机地接合，逐渐发展成为城市。回来的幸存者或许指望从小规模的重建开始，逐步恢复以前老城的随意性布局。但是不是这样，他们采用了一种更加宏大而富有远见的方法，采用的规划不仅仅满足当前直接的需求，更是为未来的扩展提供便利。确实，米利都的这项规划从一开始就覆盖了整个半岛，并且考虑得是如此周密，以至使后来不断加强的重要设施和持续增长的人口都得到了很好的安置，却没有损伤城市形式，也没有破坏已有建筑。[4] 这是一个充满活力和不同寻常的、适应性广的规划，甚至当米利都从一个在公元前479年重建时只有一两千人的城市，成长为一个五百年后在罗马人统治之下的八万人至十万人的城市时，它仍然是适应的。

米利都城市规划的基本特征是方格网，这也是城市规划设计中最为有利的方法，即规则的几何形网状道路系统，将特定的区域分成若干正方形或长方形的街区，其中一些可以留给特殊的建筑或者特殊目的之用，其余的进一步划分成单独的小块地，以适应需求。[5] 从规划师的观点来看，这种格网方法的最大优势就在于它是刚性的秩序，可以忽略地形上的特征差别，换句话说就是它能够很容易地应用于任何地方（至少在理论上如此）。一个逐渐富裕的村庄都是顺着自然地形的等高线逐步发展，成为一个小镇。城市一般是围绕着一个山丘或者是沿着一条河逐渐形成，而且无疑都尽可能地不使用主要的农田。但是方格网的规划者简化了地形的不规则，或性质上的差别，直截了当地以几何形态划出方形、矩形的街区和小块地块，其大小（和价值）正好可以预先确定。毫不奇怪，这种方法深深吸引了那些渴望在一片空地上新建城市的人，或者是希望在原有随意建设的城市环境上强加一种可控之条理性的人。

希波达姆斯之后，格网就成为希腊城市规划的固定特征了。罗马人也将其作为基础，用于他们的城市规划。例如，在罗马帝国全境建成并强化的几千个军团驻地，布局总是依照格网形式，而且范围控制在预先确定的防御距离之内。尽管罗马人建立这些要塞主要是为了军事目的，以及作为行政管理中心而使用，但是其中一些逐渐变为城市，甚至在帝国崩溃之后依然存在。这些起源于罗马格网的城市布局，可以在欧洲和北非各地找到，从卡莱尔到亚历山大城，尤其是在现代的萨拉戈萨城中心，尤为明显。在不同寻常的大范围的现代街道规划中，隐含着罗马格网的形式，这证明了从帝国末期直到今天，城市的状况是连续的，或者是没有受到严重的干扰。[6]

中世纪的君主也同样热心在格网基础上规划城市。事实上，在16世纪和17世纪，西班牙国王颁布的西印度群岛的法律，使得格网布局在西班牙殖民地的新城市建设中有效地贯彻执行。腓力二世（就是在1561年宣布马德里将成为西班牙首都的那位君主）于1573年颁布了一项皇家法令，意在管理全帝国的新城建立和实体规划。[7] 由于当时西班牙在加勒比海和美洲的最早的殖民地都已经初具规模了，这条法令多少有一点回顾总结的意思，致力于重申帝国的议事程序以及细化现有的实践。格网形式的平面布置，已经很明显地出现在一些城市中心的布局上，例如圣多明各（现在是多米尼加共和国的首都）在1502年就已经建立了，还有哈瓦那（建于1515年）、圣胡安（1521年）、卡塔赫纳（1533年）以及其他一些城市。

这样看来，虽然格网形式的街道布局没有详细列入《西印度群岛法律》的条文规定，但无疑它是一个框架，皇家法令中的指令和规范都必须遵从这个框架的限制。例如，在那些优先条款中有一条规定如下："一地的规划，其中的广场、街道和建筑物的划分，必须以绳和尺的测量方式确定各自的外轮廓线，首先从主广场开始，街道由此通往各个大门和主要大路，并且要留下足够的空地，这样即使城镇继续发展，也是以均衡的方式扩张。"[8]

均衡当然是格网规划的重要方面——美国因为其美洲大格网，有点像是在国家的尺度上应用了这一条。这在 1785 年的《土地法》里有明确表述。乡村和城市事先确定土地的分配和安置计划，到目前为止，这曾是（并仍然是）历史上的最大规模的实例。它也是一个实际利益矛盾极其尖锐的实例——尤其在纽约。由于移民和工业加快了美国经济增长的步幅，纽约市因而在 1811 年提出了格网平面规划，以服务于土地开发的需求。这是一个缺乏人性的设计，实用、有利可图，但却缺乏对城市规划的雅致精细一面的关心。其所创造出来的城市环境，使得身在其中的生活远远不是规划者头脑中的那样适意。实用的方便性就是全部。当你把米利都的平面和曼哈顿的放在一起比较[9]，二者惊人地相似，前者是在半岛上覆盖了格网布局，后者是在一个岛屿上，这显示了实用主义的强大和持续性，它作为一种推动力量，贯穿了两千多年的城市规划。

纽约最初是 1624 年荷兰移民在曼哈顿岛的南端随意地建起的一批住宅、商店和仓库。到 19 世纪初，这块殖民地扩大成为一座城市，占据了这个岛的整个南部，一直到现在的华盛顿广场的那个地方。预料到未来的快速发展，纽约州指定的委员会在 1807 年提出了计划，将城市扩展到华盛顿广场以北的岛上还未开发的地区。主要动机据说[10]是出于经济增长的考虑，委员会的规划以统一的格网覆盖了全岛：12 条 100 英尺宽（30 米）的林荫大道贯穿南北，155 条街道，每条宽 60 英尺（18.3 米），从东到西横穿全岛。曼哈顿岛从海岸到海岸，完全都被建筑、林荫大道和街巷所覆盖。在这份规划中，忽略了岛屿多岩石的地形地貌；极少注意到公共福利设施的需求；也没有计划设置滨水的休憩场所、公园或足够的露天场地。确实，正如委员们自己声明的，这项规划的首要目的就是最方便和最廉价地提供房屋——正如亚里士多德评价希波达姆斯为米利都所做的一样。[11]

但是当这些格网中的街区逐渐被建筑所填满时，纽约人开始吵嚷议论了，想从这个只图方便的冷酷的城市规划中解脱出来，要求安排公共开放空间的呼声日益高涨。一场公园之战于1844年拉开序幕。可想而知，这引起了房地产利益人的极力反对，但是到了19世纪50年代末，这些地主最终放弃了他们的主张，接受了将近800万美元，对应的是拿出原来获得地产权的50个街区，就在岛的中心地带，位于第五大道至第八大道、59街至110街之间。这块空地成了中央公园，现在无疑是一块从曼哈顿的坚硬的城市现实沙漠中解脱出来的绿洲。

在远离纽约和已经充分开发的新英格兰这几个州，美洲大格网为快速卖地提供了一种实用的方法——不看现货，针对的是当时大量的要去西部的人们，或是那些打算在美洲广阔的领土上买一块地的人。这个格网完全不顾实际的地形地貌（结果得到一些反常的景象）；但是另一方面，将横卧在东部各州和太平洋之间的广大的领土，划分成整齐的方形区域，可以使人们在茫茫荒野上，相对容易地将自己购买的土地定位，并且减少了边界争吵的可能性。

至少是在纸上，大格网改变了美洲的区域，将迄今居住在那里的一群群当地猎手和农夫转变成以区组合的文明群落。每个区6英里（9.6公里）见方，其中要进一步划分成36个每个1平方英里（266公顷）的地块。《土地法》规定，土地的一半必须以一个或一个以上的区为单位售卖，另一半按地块销售。由此，一位评论家写道：

> 今天，假使你飞过东部的最后一座山脉，就可以看到，一直延伸到地平线的是一个巨大的由道路和农田构成的棋盘。这个矩形的格网，以军事的精准度一直连续至太平洋岸边，只是偶尔因

为苛刻的地形所阻碍，或者早前所分配的土地插在其中，不得不调整一下。[12]

俄亥俄州的克利夫兰的故事就是一个很好的例子，代表了许多美国的大城市是如何在美洲大格网的神圣规则之下从零开始，逐步建立和发展的。

克利夫兰的名字并不是像一般认为的，是按照英格兰北部的对应城市而命名，实际是和用于销售的土地一样，反映的是更加事务性的伦理规范。它的命名来自摩西·克利夫兰（Moses Cleaveland），一位新英格兰的居民和康涅狄格土地公司的董事，这家公司在1795年从州里购买了300万英亩（4000平方公里）的土地，在伊利湖南岸——事前没看现场。克利夫兰还是一个测量团体的领导，就是他们在1796年春天测量确定了这个城市最初的选址，并且第一次劝说当地居住的印第安莫霍克人和塞内卡人搬走（他们以前签署了条约，放弃对这块土地的权利），付给印第安人"500镑纽约币，两条菜牛，以及100加仑（375升）威士忌"。

克利夫兰和他的团队确定的市镇，位于凯霍加河东岸的山崖上，在这里，河流汇入湖中。市镇的布局规划是整齐的、规则的，恰好合乎标准——以满足投机者的期待，他们更感兴趣的是加速土地销售，而不是促进土地利用，但是移民们却来得很慢。因为这里还是处女地，从大西洋沿岸新英格兰有人居住的州到这里有约400英里（640公里）。那些可能会来的移民们知道得很清楚，尽管地图上显示的是一个整齐的市镇平面，上面有着222块2英亩和4英亩（0.8公顷和1.6公顷）的地块，格网状的街道，中心有一大块10英亩（4公顷）的公共广场，布局就像一个新英格兰市镇，但是现实的景象是在浓密的阔叶树森林中间，用界桩连接的一些坑洼的空地。"土壤非常肥沃，尤其是水又好又多，"克利夫兰团队的一个成员报告道，"这里的木材有山毛榉、榆树、梣树、枫树、胡桃、栗子树、橡树、白木树、白胡桃……这里还有葡萄藤，挂满了优等的果实……"

两个商人于1797年在凯霍加河边建起了一个两层的木头房子的商店，为旅行的人提供"一顿饭和一张床，及一杯新英格兰朗姆酒"，还有摆渡服务，为那些想与河对岸的印第安人做生意的人提供方便。1798年，一个铁匠来到这里，这时，公司也降低了每块土地的价格并将付款期限放宽，大量的移民随之而来。在移民点上建立的第一个制造业买卖是一家简陋的酿酒厂，表面上生产医学用的纯酒精，但是主要还是作为一项贸易，用于"安抚那些野蛮的印第安人"。

1801年7月4日，32个居民（12名妇女，20名男子）聚集在商人临河的木屋里，共同庆祝美国第25个独立日。十年之后，35周年庆典时，这个地区的人口已经涨到1500人，但是住在镇上的还是只有区区57人。几乎不能称之为市镇。一位早期的移民后来回忆道：

> ……当时我骑马跟着父亲来到克利夫兰……广场上有很多大树桩，灌木丛生，一直伸到湖里，沿着湖岸，从最高处到水边，到处都是密密的树林……从广场开始……全是树，除了四五处空地挨着街道，连着差不多数目的房子和花园……西、南、东，各个方向，森林庄严地挺立着，亘古未变。[13]

到了1815年，克利夫兰只有两条道路被清理出来，但是树桩仍然碍事，灌木仍然在未开发的地块上疯长，更多些的商人和手工业者被吸引来到这里。这个镇的名字里丢掉了Cleaveland的"a"（没人知道这是为什么），但是现在已经有了150个永久居民和34所房子，虽然这些房子大多数还是用原木建的，窗户很少，泥土地面，但是有三座结构优良的住所位于街角显著位置，还有一座两层楼的法院（也兼作监狱）矗立在公共广场上。镇上的第一个律师挂上了牌子，一位法官被指定，一个印第安人因为谋杀两个皮毛商人而被审判，确认有罪并被公开处死。

1812年之后，英国人最终放弃了向伊利湖的南岸和东岸扩展其加拿大的殖民地，克利夫兰发现它极其幸运地位于横贯大陆的交通要道上，此路线经过大湖和陆地，通往大平原和潜在的美国西北部的大经济区。城市的好运气，在1827年时更进了一步，因为这年开始修一条57.6公里的运河（主要由德国和爱尔兰的移民挖掘）。这条运河将克利夫兰和大湖连接上俄亥俄河、匹兹堡以及内陆。一年之内，来自远方矿山的煤船沿俄亥俄河进到运河，给伊利湖上的汽船送来燃料。更加幸运的是，现在可用的煤已超过木炭，因此建立在凯霍加河口平坦开阔地上的铸铁厂迅速增多。克利夫兰的炼铁铸造工业开始时规模很小，只是从一些当地开采的低等级的铁矿石中冶炼和铸造柱子、金属板材和装饰性的铁艺构件，但是19世纪40年代在上密歇根州发现了储量巨大的高等级铁矿，并且在50年代运河和其他设施也已建成，矿石船通行大湖区。因此，克利夫兰的地理位置就成为北美最有利于发展钢铁工业的地点。各路人等往这里汇集。1853年，这个城市的姓名地址录中骄傲地提到一个"三万生灵"的人口数字。[14]

铁路于1851年通到克利夫兰，这保证了这个城市分享到了钢铁工业的巨大投资收益。美国钢铁工业的铁轨产量从1856年的14.1万吨上升到1864年的33.5万多吨，并且在1871年又增加到77.5万吨以上。铁轨并不是克利夫兰的唯一产品，这里广泛的钢铁工业为全国广大范围提供钢板、铸件、机车和船只，手推车、铁锹、下水管和排水管，带刺铁丝网和钉子——需求年年上升，而且每十年都会有进一步的革新发明，从而打开了新的市场，刺激更多的需求。例如，电报的引入促进了电缆的生产，在贝尔的发明公开演示之前一年，即1875年的产量是25万吨，到了1898年产量已达120万吨，此时电报已经成为商业活动中必不可少的联系媒介。在移动式起重机发明之后，诞生了用电力操纵的升降机，于是推动了第一座高层大厦的建造——十层的保险公司办公楼于1885年在芝加哥落成。

在当时，建筑的高度受到砖石重量的限制，每增加一点高度，都需要加宽基础以获得支撑。但是高层大厦的建造采用钢框架结构，外围幕墙挂在各层楼板上。哈维·科比特（Harvey Corbett）是纽约摩天楼建筑师中的先驱者，在1926年完美地阐述了这种结构的重要性：

> 从仅仅加固砖石来承受大厦各层的荷载转变到使用钢结构，这是自从罗马时期以来建筑历史上的最大飞跃。一个单一的跃进，就将建筑从砖石自重的桎梏中解脱出来，产生了那难以置信的灵活性。突然之间，建筑获得了一个新的维度：高度。[15]

以钢铁为基础的经济一旦运转起来，就立刻显现出能使其自身永久存在的迹象——每一项新发明都促进了新的需求，而这种需求又反过来激发更进一步的发明创造，每个阶段都为经济增长添砖加瓦。同时，当工业为其扩大生产而寻求金融支持时，生产的决定权就从工厂的地板上转到会议室和银行里。有关产品的问题（生产什么、生产多少，以及给什么人）都要由这些人同意，而他们的首要动机是金融市场规则：利润或安全——二者兼顾则更合适。金融家喜欢聚集到地区性和国家级的城市，靠近管理公共财政的政府机构，这里有控制着经济和社会事务的立法机构，或许可以在大厅里游说议员。随着银行和保险公司搬到大型企业总部旁边，接着就是媒体和销售代理了。

银行业、会计、经理、法律业、新闻业、广告业——到了20世纪开始之时，一种全新的专业化行为方式已经牢牢地建立起来，造就了城市新人类——白领阶层，即城市办公室工作者。这些城市新居民比较富裕，并且有稳定收入的保障，他们的人数比城市里极富和极穷的部分都要多。事实上，他们形成了新的社会阶层：中产阶级。他们具有相对新的一套需求和愿望。他们购买住房、食品、服务、衣服和娱乐，数量不断增长，而且更愿意跟随流行时尚去购买，而不是仅考虑价格和实用。这些中产阶级的需求和愿望是这样的巨大，又是如此地朝三暮四，因此只有一个全新的产业才能够满足他们：消费产业。

历史上第一次形成这样一个巨大的市场，人们购买物品是因为物品对他有吸引力而不是看重其持久的价值。伴随着大规模生产的发展，制造技术适时地将过时的观念束之高阁，并将花言巧语的行销作为优点。厂商越发将生产目标锁定在人们想要的东西上，而不是他们的所需。因此物品的生产是投机性的，广告被用来创造需求。而且，因为这个体系是由金融市场对投资回报的期待所驱使，所以消费产业必须不停地增长。创造和开发新的需求，夺取新的疆域：这就是资本主义。

现代城市登场了，其作为政治经济的势力中心，内里如胶囊般挤压着巨大的消费产业，这是每一个工业国家都具有的特点，但是以美国尤甚。在美国，没有一个大城市的历史超过二百年，因此也就没有旧大陆许多城市的历史传统的遮掩，那些都是前工业化的商人和王公的设计，并且一直主宰着这些老城市。现代美国十分明显地是由聚集和支配财富的动机所形成的结果。例如，美国公路地图的格网，就显示出这个国家有多少巨大的地块被投机家买下，之后再分割出售牟利。在城市也同样，内部的网格状街道只是为了简化销售地块的过程，但是却减少了城市景观在平面布局上的潜在多样性。

克利夫兰的地理位置极其优越，资本结合着由工业革命带来的经济和社会发展，很少有城市能比得上。木材、煤炭和铁矿；河流、运河、湖泊、公路和铁路交通；大量的金融投资和众多急切的移民劳工——所有这一切，在19世纪60年代初期已经将克利夫兰推到美国最有前途的工业城市的前列，而此时由于其地理位置的偶然，使得它成为一个当今世界财富和影响力第一来源的物质——石油的中心。

在克利夫兰东边的阿勒格尼山脉，原油从石缝中渗出，漂浮在溪流表面，已经几千年了。在当地也有人使用它，但是其更广泛的潜能被人所认识，却是在 1859 年埃德温·德雷克（Edwin Drake）打出了世界上第一口油井之后，这表明原油能够大量生产。当时，在汽油发动机发明之前，原油的主要潜力是作为煤油的替代原料，因为那时只有从煤里萃取得到煤油，所以卖给家庭点灯用就太贵了（这个巨大的市场当时的主导是鲸油）。1860 年，三个克利夫兰的企业家确信煤油一旦便宜下来，就将取代鲸油而成为点灯的燃料，因此就从德雷克油井买了十桶原油做实验，直到他们成功地生产出了煤油，而且成本只是煤萃取方法的一小部分，甚至比鲸油还便宜。

在克利夫兰的石油精炼和供应工业，从最初的煤油生产迅速发展出一股稳定的动力，石油勘探和开采对于金融、技术和钢铁的需求，创造出了又一波财富浪潮。克利夫兰的城市人口持续增长。外国移民劳工是流入城市的最主要部分，但是也包括银行家、营造商、旅店主、商人以及数量众多的来此寻找幸运的个体。在最后一类人中，有一个坚定的年轻人，在 1855 年夏天花了 40 美元在克利夫兰商学院上了一个商业课程，并在他十七岁的这一年秋天一头扎进当地的职业市场，此后一往无前地挣下了世界首富的头衔，他就是约翰·洛克菲勒（John D. Rockefeller）。

洛克菲勒和克利夫兰并列就是一个极佳的样本，显示出一个天才和天时地利正巧结合在一起，互相成就彼此的辉煌。洛克菲勒的商业天分使他在 1863 年就已经挖到金子了，那时他和一个合伙人一起做煤油生意，在火车终点站附近便利的凯霍加河边低洼地上，建起一座占地 1.2 公顷的精炼工厂——精益厂（Excelsior Works）。约翰在 1865 年买下了合伙人的股份，此时从阿勒格尼油井流出的原油每天已达一万桶。洛克菲勒看到他的未来在石油身上。克利夫兰的一大部分未来也和洛克菲勒的眼光有关系，随之还有纽约的一大部分经济前景，以及北美和整个世界。洛克菲勒将精益厂打造成标准石油——世界第一家巨型跨国公司。

到了 1872 年，克利夫兰已经是美国的石油中心了。用于照明、取暖和煮饭的煤油是工商业的中流砥柱，但是副产品，如矿油、润滑剂、固体石蜡和煤气（就像洛克菲勒自夸的那样，从口香糖到凡士林的样样东西），也贡献了相当大的利润，与此同时，对货运业务和铁路的控制，以及近乎垄断的输油管线和存储设备，都给标准石油公司的保险箱带来滚滚金钱。更不必说随着汽油发动机以及汽车和航空业的发展，利益的前景简直就是无限的——但是这一切都没有跳出洛克菲勒的视野。约翰·洛克菲勒就是他那个时代的马可·达蒂尼——一个谨慎的人，总是对事情的状况密切关注并亲自过问。他事无巨细都要记录；例如1912年的私人分类账，在账本底栏记录的净值是302713419.83美元。

1912年，克利夫兰的人口超过了56万，其中75%的人是出生在国外，或者父母来自国外。到了1930年，持续的移民潮使它的人口突破了90万，因而将克利夫兰推到了美国第六大城市的位置上，仅次于纽约、芝加哥、费城、底特律和洛杉矶。从19世纪后半叶一直到进入20世纪，外国移民蜂拥而至克利夫兰，来寻找他们的"美国梦"，但却发现这里是一个头上有刺鼻烟云、脚下是污泥秽物的城市。对于这几十年克利夫兰的环境恶化状况，忧心忡忡的市民一直在抱怨着。一份1855年的报纸社论建议道：

> 我们市民的舒适是每年必须要多加关注的事情，从那些大工厂的烟囱里冒出的滚滚浓烟，就在我们四周，全都会被我们吸进去。在我们的城市里及其周围，到处是倾吐了大量烟云和煤灰、造成了不适的高烟囱。[16]

一些控制污染的法律得以通过，但是工厂主的激烈抗辩，使得这些法律从来没有取得成效。1860年控告一家铁路冶金公司有害烟尘的案子，做了一个典型的回应："……这个想法打击了还是婴儿期的克利夫兰钢铁制造业的产业前景……这是一个应该并且将会遭到全社会责难的行为。"甚至是控制工业废物的排放，以及"溢出污物等进入在城市界限内的凯霍加河"的企图，都遭到了反对，因为他们相信河的水流强大，足以将脏东西冲到伊利湖去。恶臭的空气和污染的河水仅仅是成功工业的副产品，是必须忍受的。限制措施将会延缓城市的增长和繁荣，而繁荣才是比舒适环境要重要得多的大事。

移民没有选择，只有忍受烟尘和污浊，因为他们要努力争取在新的繁荣中分一杯羹，但是不用说，那些工厂主和商人们能够同时享受繁荣和舒适的环境。由于城市内部堕落了，那些有钱的居民就在离市中心的肮脏臭气越来越远的地方，掀起一股建设豪华大房子的浪潮。沿着欧几里得大道——这条为纪念古典几何学者而命名的林荫大街，一直往下走，建的都是像洛克菲勒府邸那样富丽堂皇的房子，这是一座三层楼、四坡顶、有教堂式样的拱窗的住宅，是这条街上的第一批，而后不久就显出它的拘谨和保守了。砖、石和铁艺，法式的、东方的、意大利式、帕拉第奥式、希腊式，所有的都可以用钱买到——甚至穹顶和洋葱头屋顶，繁复的装饰、奢侈的布置……它们矗立在那儿，这一堆家族炫耀的房子，就像个人财富成就的符号，用以和他人显摆和较量。

可是不久以后，从凯霍加低洼地的工厂里散发出来的臭气如此强烈，在欧几里得大道的尽头都能闻到。把家搬到更远的地方，那些有钱人负担得起。并且由于这些人数量的增长，他们散布的区域就更广了。服务由土地投机和营造企业来提供，市政运输系统提供便利条件，而最终，私人汽车使之彻底个人化了。

在这期间，工业污染继续以这样或那样的形式涌进了20世纪，直到1969年6月22日，这天克利夫兰在其非凡的履历中再次获得了一个特别的纪念：凯霍加河居然自行燃烧起来。这次不同寻常的事件是由于漂浮在河面上的工业废物自燃而造成的。河水燃烧，这成了世界各地的大新闻，在本土，克利夫兰的环境政策引起了美国联邦环保署的严重关切，于是就有了一项清洁河流的大计划。终于，这个城市开始着手将其污水处理量增加一倍，钢铁厂不得不花费几百万美元修建水处理厂，而化工巨人——杜邦，则是建了一套调节装置，除去凯霍加河水里的重金属，而在大火之后第十年，每天清除掉的甚至还有430公斤之多。

但是，这种对环境问题的高度关注，也可以被看作是对优先权改变的反映。20世纪末，工业已抛弃了克利夫兰，这里也同样经历了美国和其他发达地区的许多城市社会的困境。因为最近的人类经济组织的转型，使他们掉头不愿意直接参与重工业。金融、信息技术、商业管理、卫生保健、房地产、广告、娱乐——这些才是为在21世纪之初振兴克利夫兰而提供最佳选择的行业，而且它们可以给这个城市带来一股怀揣发财梦的新人潮。他们住在葱郁的郊区，一些房子以现代建筑语言阐释了富丽堂皇，和那些位于欧几里得大道上的前辈一样气派。房主每年花上千美元在草坪上，草坪光滑整齐，没有篱笆，直接连到路边。他们在柱廊上面的阳台外悬挂着星条旗，在闷热的夏天浸泡在清凉的水池里。这个潮流是非正式的，但是对于克利夫兰的正在萌芽的繁荣复兴来说，却含有一种脆弱的品质。在对贫穷的恐惧之下，在猜疑和混乱的派系争斗之中，它很容易被击碎。而这一切已浮出水面，不仅在克利夫兰的这些城市居民当中，而且也在许多其他城市里——当工业搬走以后，他们剩下来，没有工作，没有前途。

每天，管理克利夫兰经济前途的新任的掌门人沿欧几里得大道，驱车从北向南快速穿过一条5公里长的房废屋塌的地带。这个地区现在住着黑人、失业者和穷人，曾经是唯我独尊的中心城区，现在却是便宜的居住地——尤其是在20世纪六七十年代的骚乱以后，坚实稳定的片区逐渐减少，成了瓦砾堆。城市中心区已是一个萧条压抑的地方，那些克利夫兰的新兴阶层驱车经过这里时，注意力更愿意转到市场早报上，而不是市中心居民的困境。如果在此停留或是沿小街走下去，要冒很大风险。这里的人都是被洗刷下来的，就是说，社会的废料、束手无策的人、被难以驾驭的经济大潮冲到岸边搁浅的人。

整体全面地规划一个大型城市区域的机会是少之又少的，所以就更应该将这种工作交给有能力的合格从业人员。例如，经常提到的伦敦，如果在1666年大火之后按照克里斯托弗·雷恩（Christopher Wren）提出的规划重建的话，今天的伦敦将会是一个更好的城市。刘易斯·芒福德在他的《城市发展史》（The City in History）一书中明确提出，要不是那些既得利益者"顽固的商业习性和对财产所有权的猜忌"，雷恩就会在城市规划领域给伦敦带来所有巴洛克的荣耀，远超当时那些王公们的欧洲所流行的城市布局。[17] 拒绝雷恩的方案是"错过城市历史上最伟大的机会"，有些原始资料如此评述道。[18] 但是真是这样吗？实际重建工程所依据的规划，至少还是为当时世界最大的城市提供了切实可行的计划（当时有大约35万居住人口），并且迅速成为欧洲领先的商业中心，不是吗？

　　那场大火的确为恢复经济发展清除了障碍。9月2日（星期天）的凌晨，在布丁巷的一家面包房，大火开始燃烧起来。在经过了一个异常炎热的8月，周围的房屋从屋顶到墙柱木材已经都干透了，一点就着，因此大火就像脱缰的野马肆虐无阻了[19]，加上一股强劲的东南风，火借风势，迅速跨过弯曲狭窄的街巷，蔓延开来。当时的城市主要还是中世纪的特征样貌，街巷曲曲折折，这是为了能够占据泰晤士河，在自己的用地上装卸驳船，多少节省一点。日记作者塞缪尔·佩皮斯（Samuel Pepys）的家就在西兴巷，紧挨着起火点，也在河边上，他写到在安全撤退到南岸一家酒馆之前，感到"火花像大雨般落下，人几乎被烤焦了"。从南岸他"看到火势在扩大……不断有房屋被吞噬，尖塔也在燃烧，火焰在教堂和房屋间跳蹿，一直到目所能及的城中的小山，都笼罩在一片极其恐怖邪恶的血色火光之中……"[20]

　　这场大火整整肆虐了四天；"烈火夹带着嘈杂声、断裂声和轰隆声"，蹿高到中世纪的圣保罗大教堂屋顶——此时的教堂非常不幸地正在维修，被木制脚手架包围着；熔化了的铅从屋顶流到街上，"火红炽热，马和人都得躲着走"。逃离城市的人们走了几个小时，头顶上还是一大块浓黑的烟云,据说在牛津都能看见,那里有80公里之远。第五天,城市北部和西部的大火通道上的一些房屋,在大火未烧到时先用炸药给炸倒,生生开出一条防火道,强烈狂暴的火势总算被控制住了。

一片焦土上只能隐约看出大概的地形,到处都是烧得黑黢黢的木材和白花花的石头,不时从"地下室、水井和地牢里"冒出一缕缕水汽和黑烟。城市至少有六分之五被完全摧毁了,覆盖了城市26个街区中的15个。460条街道上的超过1.3万栋房屋,大火过后,夷为平地。除了圣保罗大教堂,还有89座教堂化为灰烬。伦敦所有主要机构的房屋建筑也不存在了,这里包括伦敦交易所、海关大厦、44个市商业公会的大厅、市政厅和几乎所有的城市管理机构的房屋。大约有八万人因为火灾而无家可归。根据官方记载,只有六个人死于这场大火,可是缺乏有关机构撤退的记录报告,例如医院,尤其是有许多有地下牢房的监狱,真实的数字可能会更高。那些收押的人放出来了吗?他们是否在铁条烧化时逃了出来,或是仅仅因为官方的忽视而烧死在牢室里?[21]

除了无家可归和死亡,这场大火给城市的商业生活造成了严重的影响。工厂、仓库和商店被烧毁了,使得伦敦的商人和手工业者中有很大一批人失了业。同样,城市损失了财产,自身也举步维艰,没有租金收入,管理也中断了。即刻开始重建的需求十分紧迫。这样一个规划创造新城的机会举世无双,任何一个符合要求的从业者都不会错过。

克里斯托弗·雷恩必须尽快开始一座崭新城市的规划工作,因为很明显,那座老的城市已经完全毁掉了。就在9月11日,起火日刚刚过去九天,甚至火还没有完全熄灭,他就为这个城市提交了一份基础复兴规划,包括一些手写的注解。但是雷恩只是第一个而已。几天之内,约翰·伊夫林(John Evelyn)、瓦伦丁·奈特(Valentine Knight)、罗伯特·胡克(Robert Hooke)及其他一些自认为有资格承担伦敦重建大任的人,也都提出了各自的建议。这些建议的接受者是英国国王查尔斯二世，但是他没有绝对的权力去干预伦敦的事务，只能在议会发表演说和征税来帮助伦敦在重建上的开支，以及通过一些活动对市政当局施加影响。

因为不是伦敦人，没有生身之地或倾向性的偏爱，查尔斯二世对这城市持有完全客观的看法。其"不利的方面没有因为熟视无睹而使他蒙蔽不清"，正如一位评论家如此说道。[22] 五年前批评家指出城市的一些短处时，他就鼓励他们紧抓不放并寻找解药。他很了解火灾是老城的永远存在的危险；以及宽阔的街道也是伦敦增长的贸易和交通的需要。国王在极短的时间内就认可了彻底重新规划伦敦城的意见。尽管他不是城市居民，但是在必须毫不延迟地开始重建的认知上，"他和城市是一致的"。[23]

在大火之后立即提交给国王考虑的规划方案不同以往，都是在城市已遭毁坏的地区彻底重新布局街道和街区。而对于关系到泰晤士河及其支流——弗里特河及沃尔溪的位置和地形，这些方案则缺乏重视，也不太尊重现有的街道网络和私人地产边界；只有城墙、圣保罗大教堂和伦敦交易所的地址没受到侵犯。

罗伯特·胡克是一位数学家，并且是英国皇家学会的发起成员之一，因为他在显微镜学科上的先驱性工作而获得声望。他于1665年出版的论文中，以插图表示了有关植物在显微镜下的细胞结构[24]，此时他提出的方案就和细胞图极其相像。其方案是，大约一百个街区，差不多都是正方形并且大小相近，有四个开放的公共空间（以及圣保罗大教堂和伦敦交易所），划分这些街区的是网格状的街道，六条从东到西，与其相交的有二十条，从北部直下到泰晤士河边，所有的街道宽度都相同。

瓦伦丁·奈特是一位军官，其设计就像城市历史学家莫里斯（A. E. J. Morris）所形容的"超级格网"[25]，是用主要和次要街道将城市划分成一系列规整的街区，每个有500英尺乘70英尺（152.5米×21.4米），和150年后纽约的委员们为曼哈顿所选的样式差不多。

约翰·伊夫林的方案（他提交了三个）都是"典型的、富裕的、受过良好教育的贵族,即那些能够完全凭兴趣生活,并且同等重视审美和实践的绅士"[26]的作品,尽管他的伦敦规划方案并不能归入任何一种类型。对此一个评论员说道:"伊夫林的新城市就类似一个巨型棋盘,由十二个大小广场主宰。"[27]

雷恩的建议,比其他的方案考虑得更仔细,也更慎重。

克里斯托弗·雷恩在大火那年34岁,是牛津大学的天文学教授,而且是皇家学会里才华横溢的一员,他在天文学、物理学和工程学领域已经取得众多属于他个人的独创性成果。很显然这是一个精力充沛、有着与其天才相称的雄心大志的年轻人,建筑学也引发了他的强烈兴趣。可是到那时为止,他才设计了两栋建筑——牛津大学的谢尔多尼恩剧院（Sheldonian Theatre）,以及剑桥的彭布罗克学院（Pembroke College）的小礼拜堂,因此,建筑历史学家尼古劳斯·佩夫斯纳（Nikolaus Pevsner）相当轻蔑地不屑一顾,"显然这个人没有什么设计工作经验"。[28]但是雷恩在高层有朋友,他们在经验之上更愿意鼓励才能。为了指导圣保罗大教堂的修复工作,于1663年成立的一个皇家委员会,已经将其招至麾下。事实上就在教堂被大火烧毁之前几星期,雷恩刚刚提出一份报告和建议。

但是所有这一切当中最有意义的关键,则是在1665年7月到1666年3月期间,雷恩一直在法国学习建筑。这时正是巴洛克的城市规划理念在欧洲的王公和教士中间逐渐获得认可的时期,他们的财富促使他们考虑在城市和宫殿建筑上极尽所能地夸大其宏伟、自负的绝对权力:

> 巴洛克的城市规划开始于16世纪的意大利,之后在17世纪、18世纪的欧洲发展壮大,成为专制君主政体有意为之的一部分,带有明显的戏剧性诉求……巴洛克城市就是一个巨型的戏剧场景,布局方式是为了展示宫廷和教堂的权威,体现贵族和其他富裕人士的庄严存在。[29]

首先，这些巴洛克城市试图给人以深刻的印象：纪念性建筑、华丽的宫殿，以及运用透视手法，使视线沿着宽阔笔直的林荫大道集中于宏伟庄严的焦点。具有古典的平衡感和规律性的对称，是此类城市的一项明确的特征。

尽管巴洛克运动最为辉煌的表达——例如凡尔赛、卡尔斯鲁厄和圣彼得堡，还要稍后才建成，但是其规则，在雷恩游学法国时就已确立了，所以在他向查尔斯二世提交的重建伦敦的规划中，就十分明确地体现了一个目的，即强调视觉景观，强化印记。

这个规划基本上将伦敦分成两部分：西半部由矩形街区组成，东半部有若干多边形广场，由放射状的街道相互连接。这广大而又迥异的部分，是由两条宽阔的大道相连，这两条大道斜穿过城市平面，以箭头的形状相汇于圣保罗大教堂。规划中有几处露天市场、商船运输码头，沿泰晤士河还有一个大平台与公共会堂相接。[30]

雷恩的伦敦规划，在纸面上提供了一个令人印象深刻的城市——尤其适合一位国王，即使上面没有一座宫殿。但是他也一定知道这份计划和城市的真实需要毫不相干。莫里斯形容它为"基于大陆文艺复兴的平面图案化的肤浅应用之上的一份临阵磨枪的产物"，这话也许有点刻薄，可是却表明了莫里斯的想法，即这个方案根本不值得认真对待，只不过是一个热心但却没有经验，而又想在重建工作的主要方面建立声望的建筑师抢先一步，出个风头。结果如莫里斯所评价的那样，这个临阵磨枪的作品的确成功了。雷恩成了一个指导和监督重建计划的六人委员会的成员；在1669年他被指派当上测绘局局长，被委托设计新的圣保罗大教堂及其他66座城市教堂，还有同期几乎所有的有分量的建筑工程。[31]

无论雷恩方案的概念如何，从实际操作的角度上来讲，它完全忽视了伦敦的地形现状，因而是失败的规划。他的新城设计，仿佛是在一片平原上，而实际地形却是连续起伏的丘陵（当时的状况比现在尤甚），在泰晤士河支流弗里特河及沃尔溪的两岸，都是小山丘。这些山丘的起伏将会打断规划所预期的狭长而壮观的透视景象，那些计划布置得整齐划一的街区也会被扭曲不成形，同样的还有规整的广场和放射状的街道。雷恩的巴洛克幻象，从来也没有存在于真实之中。实际上，从来也没有机会去试一试。

先不说将一个二维的平面覆盖在一个三维的地形上，这有多么难操作，雷恩的方案还要求将市内的街道和建筑几乎全要重新布局。这意味着许多私人产业主将不得不按照一个和以前不同的平面建房，或者是建在一块别的地段上。没人有这权力让他们这样做——尤其不能是国王，伦敦在限制皇权插手城市事务上是多么成功啊（见第8章）。雷恩将方案提交给国王，但是查尔斯在没有得到议会和所有伦敦地产主及机构的一致同意之前什么也做不了。这样的一致同意几乎不可能达成，甚至是在最无伤大局的议题上也不可能；因为此时各阶层的人们都只想要立即着手重建他们的生活和生计——伦敦未来是失败或是繁荣，就在于此。

但是国王无论如何都是"和城市站在一起"。9月3日，他适时发布了一条有关重建程序的皇家宣言，承诺立即重建海关大厦，而且如果公共利益需要，他可以放弃任何城中的皇家产业。到了9月底，各界普遍同意接受现状街道走向和私有产权边界。10月初，六个委员得到任命，负责监督和有效地管理所有重建工作的技术问题，其中的三位是由国王提名，另三位由城市推荐。雷恩是国王提名中的一员，胡克属于城市一方。

严冬给了刚刚开始的重建计划一个下马威，之后，委员会的初步建议和皇家宣言结合在一起形成了一个《重建法案》(*Rebuilding Act*)，并在1667年2月由议会通过。确定哪些街道将要被拓宽，街道宽度的标准，以及开征一个新的煤炭税，用来获取所需的土地。新的房屋只能用砖石建造，并且分为四个等级，"为了更加规整、统一和优美"。那些位于主要大街（只有六条属于这一类）上的建筑是四层楼；重要街道旁的标准是三层楼；在小街小巷的定为二层。

到1667年春季，城市已经清理干净了，街道和产权界限也已经划分完毕。在周围农村，号召大家"自愿地为城市供应木材、砖、石、石灰、玻璃、石板和其他建筑材料"。在大火过后的两年内,1200栋房屋建成,在下一年又有1600栋完工。成千上万的新的居民来到城里:手工业者、供应商、搬运工、建筑工人和地产投机家——更不用说还有成百上千的小贩和商人,游动在这个一度损失了一半市场及多数商店的城市。伦敦的社会秩序和人口分布发生了变化,但是这种变化方式和规划师们设想的或者认为是理想的方式完全不相干。这是一个著名的样本,可以看出经济、社会和文化的洪流是如何使规划者提倡的理论观念与实际情况发生矛盾,甚至失效的。

在大火之前,城市的拥挤和不卫生的状态(其顶点是1665年爆发的严重瘟疫)迫使许多贵族和富裕家庭搬离城市,居住在紧挨着伦敦西部的乡村,距离在马车的轻松车程之内。大火之后,那些个体的奇思异想变为大众潮流了。起初的样子还是一些大厦和大房子以及服务性房屋,零散地散布在他们所拥有的广大的花园空地里,但是空地逐渐就被填满了,形成明晰的城市体态。斯蒂恩·拉斯马森(Steen Rasmussen)在描述伦敦的这种明确的过程时写道:

> 在伦敦这个制造者之城、世界工贸首都的旁边,还产生了另一个伦敦,那是消费者之城、法院之城,是属于贵族的、退休资本家的……(而且)当一个伯爵或公爵想利用领地获得收益时,他要决定他的邻居是谁。大地主和投机的营造商相互勾结,一起创造出符合其共同特性的伦敦,威严的房子环绕四周,到处都一样。[32]

在南安普顿伯爵、威斯敏斯特公爵、波特兰公爵和贝德福德公爵、波特曼子爵、北安普敦侯爵以及其他富人的领地上,有二十多个广场在1827年之前的两百年间建成,包括考文垂花园和莱斯特广场(1630年和1635年)、格罗夫纳广场和贝德福德广场(1695年和1775年),以及贝尔格雷夫广场(1825年)。[33]于是,在此期间,在按社会阶层明确分区的基础之上,伦敦膨胀开来。

中上层家庭在西区建立起上流的社会环境，距离伦敦城东部的商业中心只有相对较短的马车路程，离城市南部的法庭和议会等社交场所也不远。城市的北部和东部，留给了首都的工业和商业活动，而通常所说的东区，就主要是伦敦工人阶级的拥挤的家园了。

工人阶级住在看不见的东区，或者在西区的楼梯底下，但是在任何一个繁荣的城市里却从来也不会完全彻底地消失，而且城市在工业革命的推动之下，更扩大了贫富间的鸿沟。在1801年伦敦有111.7万的人口——相当于当时生活在英格兰和威尔士的全部人口的12%，其中绝大多数是贫困的工人阶级。他们是资本主义经济中至关重要的一部分，但是他们迫不得已的生活环境却主要是由逐利动机所决定的，而不是依据得体生活的基本需求。低工资，阴暗、不卫生及过分拥挤的生活条件，就是他们的命运。每栋房子平均住9个人，这是1800年的伦敦的居住状况，比起同时期的巴黎平均20人，以及维也纳的47人，伦敦似乎还要好些。而且一个世纪之后的维也纳，情况也并没有好到哪儿去，那时的标准是一个租户街区的居住人数为700人，这都归功于投机家和地产开发商：

> 一套公寓包括一间房间和一个窗户开向长走廊的厨房，厕所和水龙头是公用的。窗户上的木格栅使本已昏暗的厨房更加沉闷。公寓楼的立面，稀疏地装饰着历史风格的元素构件，一般都是为了掩饰这种可悲的景象——人类就像罐头里的沙丁鱼一样挤在一起。因为很少有人付得起高昂的房租，所以再次分租（不是生活空间，实际就是一张床）在那些过度拥挤的公寓里已经司空见惯了。1890年，在外环的各区里，这些"租床者"占了工人阶级人口的十分之一……[34]

奥匈帝国的首都维也纳是欧洲文化的集聚中心，现代音乐的诞生地，是海顿、莫扎特、贝多芬和舒伯特的城市，是一个在弗朗茨·约瑟夫（Franz Josef）皇帝的鼓动下，用了三十年时间在19世纪末重新焕发光彩的城市。[35] 宽阔的大街，庄严的街景，周围环绕着宏伟的新建筑：歌剧院、市政厅、国家档案馆、图书馆、博物馆和美术馆，还有皇宫的新翼楼——所有这些建筑都具有巴洛克风格。这项城市更新的宏大工程，总共花费了102329686荷兰盾，但是城市向投机家、地产开发商和营造商出售土地、房屋和拆掉的老材料，从中共获取了112525831荷兰盾，因而还有10%的净收益。[36] 这期间，一周七天、每周七十小时的工作，是19世纪80年代的维也纳劳动人口的标准工时（虽然从1883年以后，儿童一周有一天可以不工作），[37] 但是一个最小生活空间的租金，都要相当于一个工人工资的四分之一。

在这个欧洲城市大举扩张的时期，对于那些在社会金字塔的上部享受生活的人们来说，城市中的贫困问题可能影响到他们的地方，只是他们个人的良心，还有就是犯罪问题。犯罪行为很多，多数罪犯是被贫困击倒的城市游民。伦敦的一份18世纪末的《首都的政治问题论述》中提到，"11.5万人……有规律地从事犯罪活动"——这大约是七分之一的人口数——还不算这期间绞死的350多名男女罪犯。[38] 1823年，有超过一百项的死刑罪被废止，其对犯罪的影响就是定罪案件的平均数量，每年以105%的速度增长。这反过来给了伦敦监狱更大的压力。

社会普遍认为对于罪犯最好的方法就是把他们锁起来，发配去做苦工，或者用船运到澳大利亚，因此监押设施的供应和管理就成了一个新兴产业。1812年，全英格兰的建筑师都受到邀请，参加一个有奖金的竞赛，内容是为伦敦设计一所新监狱。这所通过竞赛而获建的米尔班克监狱，1822年完工时立刻就跻身于英格兰最贵的公共建筑之列[39]——而且很快就差不多装满了。

彭顿维尔监狱于其后四十年投入使用，不仅花费极其昂贵（每个监房的造价相当于一个手艺人体面的屋舍，并且每年的运行费用，可以建造一百多栋这样的住房），它还是当时最先进的建筑。在其520个监房中，每个都有冷热上水和一间厕所，新发明的加热和通风系统，以及机械化的餐食分配方式，供应整个监狱不超过十分钟，只有宗教改革俱乐部和新的议会大厦的机械装备，可以和彭顿维尔路上的这些监管前提下的复杂技术相提并论。确实，当这所监狱刚一装满，就成了某种意义上的国家文物。阿尔伯特王子来视察过它的科技奇观；这样做的还有普鲁士国王、萨克森国王、俄国的米歇尔大公、尼德兰的亚历山大王子、奥地利大公，以及一打左右的欧洲政府专员。普鲁士国王当场就宣布，他将按照新平面重修自己国家的监狱。[40]

如果将钱花在建设工匠的体面住房上，而不是用于监狱，是不是更有利一些？当时还远没有这样的想法。但是争论已经开始出现了，救助穷人，提高他们的生活条件，也许会减轻他们犯罪的可能性，但是作为一个整体的社会，却还远没有做好准备，去承担随之而来的费用和社会变革。在尊重个人奋斗的资本主义狂放时代，可以预料，人们满足于他们所能负担得起的最好的生活条件——就是这样。土地毕竟是一项资产，土地所有者有充分的权利希望从他们的地产中获得市场价值的回报。

以这种方式来衡量，发展意味着资产的增值，因此就得保证有利润，而改善工人阶级的生活条件就不是一档要紧的事了。事实上，每个繁荣的大城市都有大范围的卫生极差、建造粗劣的工人住宅，它们本身还被看作发展的绊脚石，如果改作更有利的用途，房地产价值会更高，所以根本不应该戳在那里挡住城市发展的脚步。但是就是在这里，工人阶级的贫困给资本主义的勃勃野心造成了直接的打击和阻碍。因而一项社会公正的新象征被打造出来：用于住宅的公共财政计划。

第18章
变通的政治

19世纪欧洲城市的兴旺发达,得益于市场经济。在市场经济中,各项事物都有其相应价格——包括住房。成千上万的人被迫住在他们所能找到的最便宜的房子里,在此情形之下,政府和城市开始承认有责任为居民提供适宜的、负担得起的住房。伯明翰先走一步。斯德哥尔摩在战后的扩展,体现了对社会民主理想的追求。

对于许多人住在其中的如此恶劣的生活条件,必须得做点什么了。19世纪的工业城市里这种状况已经十分明显,并且一再被提及。"成堆的粪肥、建筑废渣土……单层的房子,里面的床是长短不一的木板,窗户破烂不堪,表明这里是贫穷和死亡之间的最后的庇护所……在成排的地窖底下,有十二个人到十五个人挤在一个令人厌恶的地洞里……"这是法国自由主义政治家亚历克西·德·托克维尔(Alexis de Tocqueville)于1835年写的,说的是曼彻斯特。在他笔下,这是一个白天的一半时间被黑烟笼罩,使人窒息的城市。[1]但是他继续说道:"从这污秽的排水管里……人类工业的最大一股洪流滚滚而出,滋润了全世界,就是从这个肮脏下水道里流出了纯黄金。"

这是一个严酷的悖论——如此贫困,却产生了这般的财富。曼彻斯特是世界上第一个大型工业城市,由棉线起步,持续发展则是因为其巨大纺织厂的极高效率。对于许多人来说，曼彻斯特就代表了未来的城市，它将使其他的城市都过时了——如果没有荒废掉的话。甚至是那些被其肮脏的生活条件所震惊的人，如亚历克西·德·托克维尔，或者是那些悲痛地预告将有一条鸿沟横亘在极少数富裕工厂主和广大穷苦工人之间的人，如马克思和恩格斯，即使是他们也都相信，曼彻斯特预示着资本主义世界的未来。但是怎样做才能改善工人的状况呢？当然，马克思和恩格斯是主张捣毁整个资本主义大厦，代之以更为平等主义的事物。这需要时间以及极大的政治变革。在这期间，英国第二大工业城市伯明翰提出了解决问题的方法：在19世纪70年代，它承担起了责任，为至少几千个无力自己负担住房的人提供了房屋。

几个世纪以来，城市就旨在提高其居民的福利方面一直安排有公共基金计划。但是其中大多数是源自一种获得名望的天性——更多地关注于赢取心智，而不是维持基本生活，如博物馆、美术馆、壮丽的市政厅等。城市希望并且也能够塑造市民的精神面貌，而且引发人们对自己伟大的城市产生自豪感。这样一来人们也就不在乎自己住得怎样了。这也确实经常奏效。举个例子，当布鲁克林大桥开通时，一个骄傲的当地店主在他的窗户上挂上装饰，上书："巴比伦有她的空中花园，埃及有她的金字塔，雅典有她的卫城，罗马有她的万神殿；那么，布鲁克林现在有了她的大桥。"[2]

但是伯明翰开了先河，其市政举措的目的在于"在最广大的贫困市民当中分配利益、好处和福祉，否则这将是少数人的特权"。这份开明的市政公共服务宣言，在城市自治机构的"地方福音"中得到了完美的表述，并在19世纪70年代，在约瑟夫·张伯伦（Joseph Chamberlain）的领导之下最终实现。张伯伦在稍后写下的这个计划当中，声称这项改进过程"创造了一种城市公民责任的新理性，并且为个人热心公益和慷慨的行为注入了新的动机"。他的支持者们看到这项计划的影响已经超出伯明翰的范围，扩大到英国沿海，就此夸耀到，那些市政改革者们看待伯明翰的方式，如同

"信徒的目光转向麦加"。³

但是美好的言辞代替不了现实。将对公益的热情和私人的慷慨转变方向去改善伯明翰穷人的生活条件,这可是要做更多的事情。要做很多的说服工作,还要有一些实实在在的好处。这个认为城市应该负有责任提供住房的想法,当然没有被多数人接受。地产所有者尤其愤怒。他们觉得受到双重损害,城市住房的租金收费低廉,因而挖了他们市场的墙脚,而且除此之外,公共房屋计划的财政来源是从城市的富裕市民那里征收的税款——地产所有者首当其冲。只有在利益发生冲突的双方——公共利益和私人企业之间达成交易协定,这个计划才能实施。

伯明翰1875年的改善计划是一项政治佳作——公开的解释说,它既实现了公屋鼓吹者的期望,也满足了私人企业的利益。首先,它给九千人提供了全新的现代化住宅,这些人当前都住在城中破烂不堪的贫民区里。第二步,这项计划中将总平面的主要部分打造成伯明翰的一个新的商业街区,在城市中心开出一条"像巴黎的林荫大道一样宽阔的大街",并且沿街建造以商业为前提的房屋,赚取"它们将会带来的如此之好的租金"。⁴

在这个计划中保证地产所有者从中可以获得比建造公屋所需多得多的利益,但是在文字描述上却有一个瑕疵,一个漏洞,一个不易察觉的难题,或者是故意的暧昧不清。像巴黎的林荫大道一样宽阔的大街所穿过的地区,正好是那些要重新安置的九千人的现住所。这些破房子境况恶劣、租金低廉。但是不管怎么说,这个地区也是那些实际地产所有者的一小部分收入来源。这些地产主非常愿意将自己的住宅供给的责任推卸给市政机构,换回商业发展,赚到"它们将会带来的如此之好的租金"。问题在于,他们相信是城市将会提供住房安置这九千人,而城市则认为这是开发商的责任。并且,虽然伯明翰改善计划具有法律权威,但是其措辞不是十分严厉,因此不足以强迫公屋鼓吹者或开发商违背自己的意愿。但是它却允许开发商继续进行开发而不受惩罚。当开发工作需要之时,他们出租房里那九千个贫民区的租户就会被一逐了之。

强制性土地收购于1881年完成。第一阶段的工作，在公司大街（这条大街的命名是纪念城市公司的首创性）上拆除了650栋工人住宅，但是到1888年还没有一栋替代的新房子建起来。更恶劣的是，在1875年的测绘中被标注为"后面的贫民窟"，并计划拆除的大约两百栋房子，在1914年仍然存在，而且住满了工人，这些工人居然在向公司交房租。[5]

起初，公司坚持认为，在拆掉不卫生的住房，打通新的街道以后，它的责任就到此为止了。"我们不准备建单个的住宅。"公司的领导人如此宣称。1884年，一个皇家委员会来伯明翰了解有关为普通工人阶级提供住房的情况时，被告知"给穷人重建和新建住宅的事情，可以很安全地交给私人企业来做"。[6]但是私人企业并不这么想。随着精美大厦的快速建设，公司大街变得优雅迷人，而与此同时这个区域里没有建造一栋住宅。伯明翰在供应住宅上的失败做法，成为政治争论中的一个激烈话题，引起了公愤，齐声谴责伯明翰[7]，这个"第一个获得权力去改善贫民区的地方自治市"，在解决住房问题上，还没有那些大城市做得多。在伯明翰犹豫不决之时，公屋的供应工作在伦敦、利物浦、格拉斯哥、爱丁堡和德国推行开来。

伯明翰最后终于不情愿地被迫采取行动。公司在19世纪80年代末、90年代初建造了一些台阶式住宅和公寓，这儿22套，那儿81套，特定出租给低收入工人。但是还不够，公共利益和私人企业在住房问题上尖锐对立，在政治上争斗激烈，最终导致进程完全停滞。其间，公司大街在1904年全部建成开通，而且在几年之间就给城市每年挣来相当大的一部分收益，致使曾经的一位持怀疑态度的评论员感慨地宣告，这是留给城市的"一项伟大的资产"。伯明翰直到第一次世界大战之后，都没有建造更多的城市供应的住宅。[8]与此同时，伯明翰的人口在1875年至1914年间翻了一番[9]，这是因为城市的经济急速发展像磁铁一样吸引移民，这些人口需要房子安身。对问题的看法不得不转变，但却是通过战争才改变的。

第一次世界大战时期,由于指望着百万劳动人民自愿为国捐躯,以及各处的百姓都在忍受战争带来的窘困,所以这次大战有助于改善公屋的财政问题,将其从一个麻烦的市政责任转变成为有政治奖赏的公共道德。一个普遍的感觉就是,在经过了那么多的痛苦之后,欧洲各国的政府有了一大笔社会债务要偿还。城市必须重建,社会需要新住宅。在政治家当中,那些与公共情感合拍的人看见这里是个大票仓。他们能够选举获胜,就在于他们的社会意识,并且其政纲体现在与百万普通人密切相关的事情上——住房、健康、教育、就业等。德国的可憎的国家社会主义政府,在20世纪30年代将这理论推到了极端。在其他地方,社会供给和政治权力之间的连接更加民主一些,形成了一种趋势,并最终在30年代将这个问题置于政治议程近乎顶端的位置。第二次世界大战期间,遭到毁坏的房屋比第一次世界大战时更多,因而需求就更为迫切。政府又一次要偿还债务,但是这次,它们通过更广泛人群所拥有的社会责任感而获得大众的背书承诺。

在许多遭受痛苦的国家中,尽管战争及其后果使得大多数人认为国家必须为其公民在从住房到教育和失业津贴的各项事情上承担更大的责任,但是最为坚定地试图创造一个完全的福利国家,以及在一个资本主义经济发达国家中建设一个理想城市的国家,却并没有参与20世纪的这两次世界大战,这就是瑞典。在这里,在20世纪期间,一个国家努力为其公民提供所有的基本需要,离极限只有一步之遥了。

瑞典在社会和经济发展方面开始得较晚,在19世纪末还有相当大的一部分是乡村贫困人口。虽然落后于那些工业国家的进展,但是瑞典也正在建立海峡经济,为其将来的钢铁、木材和木制纸浆的出口打下基础。事实上这是它的工业化道路。等到积累了一定的财富,可以进口最新的产品和技术,瑞典就以其创新技术和自己全新的产品,轻松一跃到了前面,就像在日本所发生的一样(见第16章)。拉尔斯·马格努斯-爱立信(Lars Magnus-Ericsson)发明了第一部台式电话；斯文·温奎斯特（Sven Wingquist）完成了现代的滚珠轴承；亚历山大·拉格曼（Alexander Lagerman）制造了一台机器，可以大规模生产火柴；阿尔弗雷德·诺贝尔（Alfred Nobel）取得炸药专利；巴尔扎·凡·普拉滕（Baltzar von Platen）发明了煤气作动力的冰箱；古斯塔夫·德·拉瓦尔（Gustaf de Laval）发展了牛奶分离器。因此从一开始，瑞典的制造业就是专门化的精巧工业，并且迅速发展，产品获得高质量的声誉，在现代世界得到普遍认同，范围从办公用计算机、医疗器械和家具，到轮船、汽车和蒸汽轮机。别的国家的工业则是从传统的家庭手工业中发展起来，最明显的就是纺织工业。

  瑞典制造业的产量增长巨大，仅仅过了三十年，到1871年就已增长五倍，到1900年是十倍，之后到1950年，在这五十年当中，增长了二十四倍之多。同样意味深长的是，瑞典工业产量的40%用于出口，因而给其经济打下一个坚实的收益基础。此外，瑞典的经济增长是持续的，在到1970年的一百年里，个人平均收入的年增长率维持在2.1%——领先于除日本之外的任何一个工业国家，瑞典的个人平均收入比西欧的平均数高40%。[10]

  随着工业化的发展，瑞典也开始了城市化进程，并且得益于其后发优势。1800年，瑞典90%的人靠种地为生，甚至直到1900年，还有80%的人口住在乡下。但是城市生活的潮流势不可当，斯德哥尔摩就很明智，明显可以看出，为城市的预期增长而做了先期的规划。瑞典的首都建于13世纪，是在一个小岛上，岛屿所在的海峡是连接国家广大的自然水域和波罗的海的通道。斯德哥尔摩在17世纪已经扩大了范围，出离了此岛，扩至海峡的南北两岸。随着城市自己拥有了陆地，而且政府也坚持城市应该以规整的总平面布局和建设，于是中世纪遗留的弯弯绕绕的街道网正在逐渐地被正交的直线街道布局所代替，还有在地形允许下的规则的街区也随之出现。[11]没有宏伟的建筑，也没有沿着宽阔大道的被强化的透视景观。只是对确定需求的实用主义的明智反应——又一次实用型的便利。主要负责这个城市的规划及实施的人是安德斯·托尔斯滕松（Anders Torstensson），他在1636年被指定为市镇的工程师，他为瑞典职业化的城市规划工作首开先例。

斯德哥尔摩的人口，在19世纪50年代略少于十万。工业的发展势头日益强大，铁路开通过来，随着煤气供应和一套新供水系统的敷设，城市服务也在改进提高。至关重要的是，规划委员会为城市的未来发展确定了总体规划，并且充分估计了城市人口的增长，从1865年的12.6万人，将会增加到1890年的20万，以至1915年的30万（这个预测被证明是十分精确的：实际的数字分别是24.6万和36.4万）。委员会认为这样的增长是不合适的，但又是无法避免的，所以只能据此而做规划。有效的交通管控、种植行道树的宽阔大街、大量的公园，这些被认为是基本药物，用以对抗"城市所造成的损害肌体健康、耗干我们大脑的所有恶果"。委员会估计这项规划完全实施，要用63年，可是事实上在不到40年的时间里，规划的大部分就已经完成了[12]——在持续扩张的要求下，时间不等人啊。

依然是面向未来，斯德哥尔摩市早在1914年就购买了城市边界附近以及更远地区的大片土地，最初是作为水源地和废物处理场，但是也想到将来可以用于住宅建设。结果，一系列的合并扩展了城市的地界，还包括当时购买的地块之外的土地。报道说，[13]有人指责这是浪费资金，但是城市仍然继续买地，直到斯德哥尔摩最终拥有了它地界之内的70%的土地（以及远处更多的土地）。

这期间，当人口增长的现实指挥着斯德哥尔摩城市规划部门的政策方针时，这个国家普遍热情地拥抱有着社会理想主义色彩的政治哲学。这开始于20世纪30年代，当时瑞典的政治领袖、商业精英和官员都团结在社会民主党的旗帜下，该党宣称它将创造一个新类型的社会。一个这样的社会，既不追随猖獗的资本主义那不可预知的路线，也不采用低效的中央集权的政策，而是采取他们称为中间道路的路线。他们深信一个现代文明社会能够

（并且应该）制定可以给全体带来平等和繁荣的社会契约，在这基础之上的将是一个完全福利国家。其目标是从摇篮到坟墓都要照顾到，每个人都住在（在最近版本里是）体面的独栋屋舍；所有这些都没有抛弃资本主义体系。

对于这些理念，还是有来自政治谱系的左右两面的反对意见，但是在战后，当人类不仅要为重建文明世界的物质结构而奋斗，还要努力重新找回自尊时，社会主义的理想在民主政治各处引起了深深的共鸣。瑞典作为这可怕的战争的中立观察者，而不是灾难的参与者，尤其对这个趋势敏感。此外，瑞典同时拥有财力和政治决心去促成社会主义愿景的实现。因此，在战后十年里，社会民主党获得了委任，领导瑞典沿着中间道路，执行社会重建的国家计划——以斯德哥尔摩作样品。

在 1947 年 6 月，社会民主党的政府宣布，瑞典的每一个自治市都必须为其每一位居民提供住房。在同一年，斯德哥尔摩市购买了全国主要的房地产开发和运营公司中的一家，将其转变为一个公共所有的工具，为城市的发展规划服务。斯德哥尔摩的总体规划工作在 1945 年已经实际展开了，最终版本在经过七年的反复推敲以及激烈的争吵和修改之后，于 1952 年公布。城市当时的人口差不多是 100 万，正好是个标杆，预计到世纪末将达到 200 万。[14] 因此城市必须要为这额外的 100 万人的住房未雨绸缪。这本身就是一个极大的挑战，还有因为这些额外的居民中的绝大部分会在城市中心的商业区找工作，将他们在工作场所和住家之间运来运去，也是一件很艰难的工作。

1952 年的斯德哥尔摩总体规划信守了提供公共设施的理念，并对私家汽车所带来的问题（出现在洛杉矶和其他地方）抱有明显的警惕，其基本原则是建立一个公共交通体系——连接新郊区和市中心的地铁。一连串的新郊区住宅区，每处居住人口从 1 万到 1.5 万，"就像穿起的一串儿珠子"，沿着新的地铁线，彼得·霍尔如此表达。在每个新区，多数人住在公寓楼里，任何一个公寓区距离一个地铁站都不超过 500 米。

斯德哥尔摩郊区的住宅中，将有 10% 到 15% 的房子是独栋的家庭住宅，它们到地铁站的距离可能有 1000 米——但不会再远了。这些新区之间当然是靠地铁连接，其间的市政和服务设施确保均匀分布在一组住宅区当中，总共服务 5 万个至 10 万个居民，事实上，任何人希望在一个中等规模的市镇上找到的所有服务内容，这里都有：商业办公室、医疗中心、学校、电影院、图书馆、剧院、餐馆。服务和市政设施也分有层级：地区中心服务 5 万人至 10 万人，小区中心服务 8000 人至 2.5 万人，邻里中心服务 4000 人至 7000 人。[15]

他们就是这么做了。到了 20 世纪 60 年代，斯德哥尔摩可以骄傲地声称已经建立了一个理想城市的样本。它重建了城市中心和现代化的城市交通系统，功能合理的辉煌的郊区生活模式，居住组团方便地靠近地铁站，服务和设施有效地供给，商业中心和公园布局毫无瑕疵并美化了环境。那时的斯德哥尔摩被广泛认为是社会哲学的物质表达——一个"社会民主的乌托邦"[16]，它吸引了世界各地有相似思想的建筑师和城市规划师的兴趣，而且他们大都心怀崇拜之情。

在瑞典，曾经促进社会民主的理想从概念转化为现实的社会舆论，有开始减弱的趋势。在斯德哥尔摩，社会团结的景象在 20 世纪 30 年代似乎是令人向往的，在 50 年代得以实现，并且在 60 年代和 70 年代达到顶峰，可是到了 90 年代，却成为不合时宜的了。瑞典社会规则的重点转向了右翼。现在的论点是不要这么多的一致利益，从而减少一致性的束缚，不需要人人平等，而是要发挥个人特性。具有讽刺意义的是，不满的主要焦点恰是 1952 年斯德哥尔摩总体规划的基础：居住问题。时间一长，就显示出斯德哥尔摩的公民并不是像规划者所想象的那样，多么喜欢这些公有的事情。

事实上，甚至在 1945 年，对斯德哥尔摩的年轻家庭的一份调查中表明，只有不到一半的人愿意住到郊区去。而且在这小部分愿意住在郊区的人当中几乎 90% 的人想拥有一栋独立住宅。总体上，只有很少的人把高层公寓当作第一选择。但是 1952 年的总体规划中详细规定了所有郊外新区提供的住宅，主要都是以公寓的形式建造。总体规划中规定的这部分面积的比例是62%，但是几个新区的公寓建设量就占了住宅存量的86%到96.5%。

即使这个规划所释放的善举与公众所表露的喜好有如此明显的矛盾，但是建设工程进展缓慢仍然引起了公愤。从1956年开始的二十年间，瑞典成功建造了超过170万套住宅——用国际标准衡量是一个了不起的成就，但是在家乡却是失信于民。在此期间，城市住房短缺的问题一直很尖锐。在60年代中期，列在等候名单上的斯德哥尔摩人就有12万户已经等了十年。流传着一个笑话，是讲一个可怜的年轻人推迟婚礼，直到他和他的未婚妻分到一套公寓为止。为什么不搬到你父母那里去住一段？"因为他们现在还跟我的祖父母住在一起呢。"[17]他答道。

社会民主主义在中间道路的航程中未能实现一个关键性的承诺，在全民支持的三十年后，它的继任者在政治舞台上失去了主导权。瑞典人在健康和社会安全方面继续坚定地信赖福利国家，但是在有关住房上就希望更好一点儿。作为回应，在城市土地的分配限制上，在住房津贴、降低抵押贷款利息等方面，政策都作了修正，因此允许更多的瑞典人购买甚至建造自己的住宅。在1970年，瑞典超过70%的新住宅用于出租；仅仅七年以后，比例就颠倒过来。只有28%用于出租，剩下的令人吃惊的72%的竣工住宅都是私人所有。

就像天平明显倾向于自有房屋，瑞典人对独栋住宅的偏爱也显露无遗。这个比例也是大幅反转，80年代中期完工的住宅大部分都是独栋的。也就十年左右，斯德哥尔摩及全国其他城市的郊区住宅的形式已完全变了样，从严格规划的公屋景观到为了私人企业充分利用土地和资源的彻底实用主义。其结果常常是毫无吸引力的视觉景象，彼得·霍尔写道："房屋拥挤在一起，统一成排摆放，毫无趣味，令人想起极其单调的美国郊区，但是需求是巨大的，它们也很容易卖掉。"[18]眼前利益再次占了上风——为现实服务，不要幻想。

第19章
前景与机会

　　城市拥有若干世界上最值钱的房地产。在城市扩张和更新改造的过程中，产生出巨大的商业利益。伦敦近期的经历，以及重新统一后的德国的首都柏林的重建过程，都可以作为例证，显示出公共问题屈服于商业利益，从而引发了紧张的状态。

　　当20世纪即将结束时，社会民主主义在瑞典及其他地方已经成为明日黄花，但是作为一种政治势力，却还有一定的能量。例如，在英国，撒切尔前首相的自由市场的理想景象赶上了社会主义意识形态觉醒的高潮，这股潮流在20世纪80年代和90年代席卷了英国。"这对社会完全不利。"她断言。福利国家还有一个称号是"保姆国家"。大臣们督促日益增多的失业者们"骑上自行车"去找工作，别在家门口转悠。大伦敦委员会被废止了，投机家和房地产开发商的逐利本能被释放出来，他们都满腔热情地支持政府——尤其是在城市东部的废弃港口区的2000公顷土地拿出来作为开发用地之时。

　　多克兰港口区提供了自1666年以来在伦敦开发建设的最大的机会，但是这一次，决定事情进程的是一种完全不同的剧变。不是一场大火，而是一场被称为"大爆炸"的金融大改革，即1986年10月，伦敦证券交易所放松对城市金融运转的监管，从而导致交易量大增。从这场大爆炸释放出的金融自由市场者的狂暴中，有两个因素浮现出来，集中体现在多克兰区的开发上：一个是大量的金融资本需要投资机会，另一个则是城市本身的办公场所极其短缺。这些因素一前一后，使得多克兰区的开发成为资本主义景象的极端例证，其过程充分体现了金融的反复无常、政治的花招诡计，以及行政管理的鞭长莫及。

多克兰区开发的"主菜"无疑是金丝雀码头项目——一座面积超过80万平方米的办公综合体，原址为一个卸货码头，西印度群岛的甘蔗以及加纳利群岛的香蕉都在此卸船。金丝雀码头是一项宏大的开发工程——欧洲最大的一项，尽管其提出的规模和目的引起了普遍惊愕，但是，公共质询的要求还是被拒绝了。确实，一位内部人士深切注意到，在认可之前，这个计划受到的详细审查，比对"打算在东印度码头路上的一家鱼薯条店外，立一个闪闪发光的招牌"的审查还要少。但是当时众所周知的（而且也记录在会商备忘录里）是"政治考虑"青睐这个计划。[1]

杰出的英国建筑师理查德·罗杰斯（Richard Rogers）称多克兰的开发计划是"一个大失败"。在1990年10月的一个座谈会上，谈到英国的城市规划情形，他指出伦敦的情景就像是"一座政治瘫痪的城市，几乎完全被开发商所掌握"：[2]

> 战后在重建问题上，有很多热心甚至是理想主义的见解，涉及住宅、学校、医院等。建筑师带着建议和主张参加讨论，这本身就是民主过程的一部分。但是今天情况完全相反。如果有可能推辞的话，没有人愿意为委员会工作。大伦敦委员会也不复存在了。由于政府的政策，单项的委员会主要精力都放在增加他们的财政税收上……至于建筑，所关心的重点在于最大限度的投资回报。如果我们为一个投资家做出一个方案，他马上会问："你为什么要树？为什么要开敞的拱廊？"开发商唯一感兴趣的是可利用的办公空间。如果你不能保证这个建筑可以在十年之内挣回成本，那么你就别想

接近他们……我告诉你们这是一个警告……你们最主要的是需要一个公共机构，来保护公共空间。[3]

理查德·罗杰斯是在柏林说的这番话。那时柏林墙刚刚倒掉不到一年。他和一些国际著名的建筑师及城市规划师被柏林市议会请来参加一个为期两天的自由讨论，议题是这个城市的规划方向，因为柏林将要成为统一德国的首都。柏林满怀着期待，躁动不安。五十年以来，它作为西方民主世界的边区，孤独地存在于共产主义的东德境内，莫斯科对它不屑一顾，但是五十年后，不可能的幻想变成了现实。在柏林墙倒塌之前，西柏林人当中很少有人（如果有的话）胆敢相信自己能够活着看见苏联的解体以及他们的城市又重新合为一体。他们和墙那边的亲朋保持联系，回忆往日的时光，假装他们的西柏林从没有被共产主义包围，但是怎么也比不上希望看见城市对立的两半能够再次统一。他们耸耸肩膀，以暧昧的姿态指向柏林墙，让人想到事情要发生改变是多么不可能。柏林重新统一？想法太好了，他们暗示到，但是不可能。

我自己对柏林的概念，要追溯到童年战争时期的阻塞气球和榴霰弹片，当时的我认为这个城市就是一个魔鬼的巢穴，我们要去轰炸它，投掷炸弹，比他们扔到伦敦的炸弹更多、更猛烈。在单纯无邪的孩童时期，事情简单又明确：柏林是敌人的首都，因此当然应该被除掉。当新闻影片里放到苏联军队占领这个被打败、被摧毁的城市时，我们欢呼起来。几年之后，在不知道或者没有领会真实情况之下，我们在看到新闻电影里面的柏林空运画面时，再次欢呼鼓掌并且充满了胜利者宽宏大量的自豪感。这是戏剧性的素材资料，有很多达科他机场的夜间场景，降落，装载，然后再次起飞，甚至（这可能是一个错误的记忆）发动机都没熄火。那时的我相信，这样做的目的就是给打败的敌人送吃的，但是其整个的运作规模却是在我的理解能力之外了。我能明白用飞机运送食品，但是飞机运煤？当时我们都是用马车的啊。

战时的经历、集中营,以及战争和德国人的刻板形象已经成了流行娱乐的标准因素,这一切的偏见都助长了英国人在战后对德国人的负面态度,最好的是不关心,最坏的可就具有攻击性了。我对此并不陌生,但是自从我在1972年第一次访问柏林以后,相信看待此问题的视角更宽了。最近的个人经验再次加深了我的感觉。我妻子生于1943年,正是空袭柏林时期。她父亲的最后消息,是在1945年3月来自东方前线。我被介绍给一个扩大的女性家族(母亲、祖母、姨妈、姨祖母和表姊妹),她们都生活在柏林,熬过了战争,但是祖父、父亲、叔叔、兄弟和侄子,都在战争中死去。其中的一些人,包括一位八十高龄的祖母,生活在墙的另一边。没有人相信,在她们的有生之年,情况能有所改变。

但是柏林城市的历史,或许在喜欢沉思冥想的人们心中,留下一点希望的火种,因为在其八百年的延续历史中,这个城市显现了非凡的复兴能力。

第一次世界大战以及战败,让德国跪倒在地,但是在相当短的时间内,这个国家重新站了起来并又有了活力,这多少要归功于美国提出的从1924年起生效的道威斯计划(Dawes Plan)。这项计划的主要益处有两方面:其一,它缩减了凡尔赛赔款的巨大负担,化为更易操作的每年付款;其二,它推动了短期外债的供应。在计划实施的几个月之内,上涨的物价清除了工厂的债务,外国贷款也大量涌入。产量很快达到战前的水平,并且持续上升,将德国在世界(日用品和工业品)出口的排名推到第二位(仅次于美国),工业产品的出口世界领先。正如一位评论家说的,这是"世界整个经济史上最为壮观的复兴之一"。[4]

柏林是德国政治和经济复兴的主要受惠者。确实如此,这个城市作为"黄金二十年"的首都,赢得了国际声誉。城市被来之容易的钱冲刷着,人人都确信繁荣将持续下去,到处弥漫着乐观的情绪。眼前的情景和前面将要发生的悲惨事件形成鲜明对照。这个时期,也许柏林上空唯一的阴云就是城市人口的迅速增长:专家们预测柏林将在十年左右拥有超过 400 万的人口。事实上,柏林的人口在 1933 年已达 420 万,标志着柏林紧随伦敦和纽约之后,成为世界第三大城市。但是根据占地面积,那时的柏林已经是世界第一大城市了。

1920 年,城市扩大了它的边界,将周围松散连接着的市镇和乡村包括进来,这些地方总是被非正式地认为是柏林的一部分,但其地区差异却也常常困扰着柏林城市的扩张发展计划。8 个市镇、59 个教区以及 27 个乡村庄园领地,加入到老柏林的中央区,创造了一个扩大 12 倍的城市:从 65 平方公里到 820 平方公里。这个区域的三分之一(273 平方公里)是森林和自然景观;此外,立法规定设立大柏林市以保证这一大部分维持不变。[5] 今天,柏林 43% 的土地是森林、湖泊、公园和农田——总共有 382 平方公里,将近七倍于曼哈顿岛(57 平方公里)的规模。这些开阔区域的五分之一是保护区,精确地说是 76.4 平方公里,是曼哈顿岛的一又三分之一倍。[6]

随着柏林边界的扩张,额外的财税收入(以及版图)也扩大了,20 世纪 20 年代的柏林城市规划部门有能力实现其作为一个现代城市的想象,为四百万人口提供居住、就业以及每一项必需的服务。他们建造了大型发电站,以促进中心工业区的扩大,他们的住宅计划引起全世界瞩目,财政为此提供了资金。那些日子是现代主义的幻想家头脑发热的时期,勒·柯布西耶(Le Corbusier)等,这些建筑师真的相信他们仅凭改造人们生活的空间,就可以影响社会的形态和本质。格罗皮乌斯(Gropius)和密斯·范德罗(Mies van der Rohe)在柏林工作,布鲁诺·陶特(Bruno Taut)和马丁·瓦格纳(Martin Wagner)设计了马蹄铁(Hufeisen)居住项目,并因其创新的平面布局和立面形式而获得了广泛的赞誉。

同时还有许多其他的项目。所有项目都有舒适的房间、集中采暖及热水供应,以及社区中心、茂盛的花园、阳光、开放空间……甚至还有广播通信线路。[7]

20 世纪 20 年代的柏林，在海因里希·曼（Heinrich Mann）看来，是一个"Menschwerkstatt"——创造新人类的工厂。不幸的是，在 30 年代期间，靠欺骗上来的那些人控制了这间工厂，之后的德国转向创造第三帝国，对至高人种和疆域扩大怀有不正当的幻想，因而导致了第二次世界大战。到了 1945 年，胜利者的意图就是削弱德国以及柏林，使之崩坍更甚于 1918 年。之后到来的是封锁，使柏林成为苏联控制下的东德中的一座孤岛，紧接着是 1961 年耻辱的柏林墙，将城市一分为二，并将西柏林完全包围起来。

建墙的原因不难理解：在这十多年里，成千上万的人们不断地从东德逃到西柏林。1949 年人数还在六万以下，1953 年就超过了 33 万人（这一年在东柏林爆发了激烈的示威活动）；1956 年，将近 28 万（这一年是匈牙利起义）。[8] 对留下的人来说，生活变得更加可怕。医院的病房被迫关闭，因为那么多的护士都跑了。工厂空空荡荡，许多公共汽车和火车的司机离开了，以致东柏林部分地区的公共交通被迫停顿。许多专业人士的离去不亚于一场灾难。1961 年，有 5000 多的医生和牙医逃往西方，以及 2000 多的科学家（其中大多数都在 45 岁以下）、成百的学院教师（包括莱比锡大学全部法律系教员）——甚至还有苏维埃的犯了错误的士兵，人数也相当多，亚历山德拉·里奇如此提到。[9]

到 1961 年，很明显，东德面临崩溃，而且逃跑的大潮更加深了这个判断，仅 7 月一个月就有 30415 人穿过边界到达西柏林，紧接着 8 月的第一个星期，又跑了 21828 人。当时普遍的看法是东德将会恢复某种程度的封锁，但是所有人——甚至是美国中情局或盟军的情报机构，对于 8 月 13 日（星期天）的凌晨将要发生的事情，事先都没有获得一点点线索。在那个夜里，东德用 115 公里长的混凝土块和带刺铁丝网绕了西柏林一周。至此，西柏林当局登记的逃过来的东德人总共有 300 万，相信还有 43 万的逃跑者没有登记。

柏林墙最终在 1989 年 11 月打开了豁口，城市分隔的两半重又连在一起，成为一体，呈现出柏林将在城市历史上从未有过的前景

第 19 章 前景与机会

和机会之下获得重生，成为一个新首都，并将在世界新秩序下居于先锋地位。但是将愿景变为现实却面临着巨大的挑战，这个挑战的规模是迄今为止从未遇到过的。在经过了四十年的实体上的分隔，东西柏林之间的裂痕要比拆墙后所留下的伤疤严重得多。粗暴的分割使城市成为两个互不相干的区域——两个城市，其结果是各自独立、自我维持，有根本不同的管理理念。完全分开的市政结构网络、服务和支持系统，在每一边各自发展，绝少能够相互协调匹配。推倒柏林墙只是第一步，只是在整个再统一的过程中最为戏剧化的场景。之后，随之而来的是复杂的难题，绝不是简单地将两个分离的体系连接在一起，而是要将它们结合在一起，像一个整体一样共同工作，形成平稳的功能实体——一个统一的城市。

他们在城市最为明显的基础设施，即道路网上开始着手。[10]在非常短的时间里，有189条以前连接东西柏林的道路被重新打通连接，投入使用。市内的施普雷河，原来在某些地方充当着两个柏林之间的边界，现在重新连接道路，也就意味着重修桥梁，甚至是新建一些才行。总共有七条主要过河大道，不是重修就是新建。重新连接路网的成本极其高昂，仅1994年一年，粗估就花了3500万美元，但是花1美元在地面上，就要花2美元多在街道地面下，下面埋设有上万的供水管道、支管、下水道、电缆和沟槽。供水管线和污水处理系统，以及电力和燃气线路都需要找到合适之处重新连接，必要的话还要整修或者敷设一条新的管线。

不过，重新连接并服务整个城市的铁路（包括地上和地下）是单独一项预算。至于有轨电车，尽管重新连接，问题不是太大，可以当作一个相互协作、互利互惠的极佳样本，只是在这边是休闲工具，而在城市另一边则需要更新。在西柏林，有轨电车系统早已在20世纪60年代就完全拆除了；在东柏林，陈旧的轨道和车辆仍然在运行——路线甚至延伸到东部郊区，为新建的大型居住区的居民提供服务。自从再统一之后，老旧的东柏林交通系统及其过时的火车，都用最先进的技术加以改造提升，使之成功地重新进入城市的西半部。

在柏林能够开始考虑它再次作为一个整体和一个现代综合大城市之前，所有这些系统都要重新连接、更新改造、维修或者新建，在其中有标本意义的是电话系统。从人性的观点，它生动地体现了在东西方之间存在着多大的社会和物质的鸿沟。多数东柏林的通信设备都是1926年生产的。两三个用户合用一条电话线路是常有的事，即使这样，也很少有人家里有电话——东柏林的电话号码簿只有薄薄的一本。连接东柏林到西柏林的线路只有72条，反过来的线路则是460条。东西柏林的普通市民（他们的家庭由于大墙而被割裂）无法仅仅靠拿起电话就能随时和对方通话。

再统一改变了这一切。德国电讯在1900年到2000年投资了将近100亿美元在柏林的通信系统上，将这个城市带入通信领域的世界前列。这项安装计划的头三年，在东柏林架设了32万条新线路，这时，柏林的电话号码簿变成了三大册，总重量超过慕尼黑、斯图加特、法兰克福以及两三个小镇的电话簿的总和。其实在互联网时代，电话簿的厚度倒不是最有代表性的，突出的是德国电讯敷设了一个光纤网络来替代城市旧的铜线电缆，开始是在柏林中心区14平方公里的一个区域内，提供给联邦和州政府、各个部门、使馆、商业机构以及上万的个人，方便地使用高速宽带技术。

那么，新柏林的生活环境怎么样呢？在1990年柏林已有居民350万，城市正为现有人口的住房短缺问题所困扰，而且人口增长趋势显示，城市的再统一以及作为德国首都的新身份，预计到2010年，柏林将再增加30万人口。为了应对现存的短缺和计划中的需求，城市批准了规划计划，在2010年之前提供40万套新的居住单位，另外有15万居住单位作为次优先的项目安排。因为柏林有43%的土地是由森林、湖泊、公园和农田组成的（其中只有20%是保护区），所以柏林建新的住宅并不缺地。尽管如此，实际上这个规划还是规定，增加的住宅中的90%应该以如下方式获得：建在现有居住区中，增加其密度；建在零碎空地上；增加较开敞的建筑物的密度；扩大现有建筑的平面或者加层；改造阁楼和屋顶空间。在再统一之后的头十年，规划当局许可的新建居住建筑，只占用了柏林空地中的3864公顷。[11]

在柏林，公寓住宅形式似乎比单栋住宅更易被接受和喜爱，这给予了城市广阔的开放空地，很幸运，又有些似是而非。当然这个城市有悠久的住房供应的历史，可以追溯到1747年腓特烈大帝颁布的住宅法案，法案中允许地产投机者在柏林中心区[12]建造"理想的"三层公寓楼，而最为极端的就是詹姆斯·霍布雷希特为城市做的规划设计（见第10章）。在20世纪期间，城市当局在提供住房上承担起了主要责任。20世纪30年代的柏林，以及第二次世界大战后的西柏林，城市住房局参股地产主和开发商，提供低息财政资金参与建设和改造项目，作为回报的是协议拿出其中的一部分住宅单位提供给低收入阶层，并且在租金上受到控制，保证低于市场价。许多这样的协议一直有效，体现在这样一个事实上，即现在仍有90%的柏林人居住在出租房中，其中大部分是公寓套房。

在东柏林，当然，共产主义的原则就是为所有人提供住房以及各项服务，以各种补贴的方式，从摇篮到坟墓。但是，负责当局擅长的是在城中建造巨大体量的斯大林式的公寓大楼，以及在郊区建设卫星城——每一个的居住人口都超过十万，尽管如此，他们却没有更多能力按照较高标准建造，以确保住宅有较长的使用时间，最多可以长过其中居住者的寿命。一份调查表明，再统一后的所有柏林的居住建筑中，有170万套前东柏林的公寓需要大修，以使之提高到欧盟的标准：更换新的屋顶、新的厨房、新的卫生间、新的窗户、新的配电布线，加固燃气供应管线、重修结构、防水、绝缘防漏电，还有许多加仑的涂料——内外墙都包括。从90年代后期到进入21世纪，这项工作按照进度表实施，每年都有十万项的更新改造工程。

本章开头提到的理查德·罗杰斯发言的那次会议，是20世纪90年代召集的为新柏林的规划建设集思广益的讨论会，这样的会议进行了很多次，这是第一次。带着八百年城市历史的回忆，要在新千年的起点保持平衡，有着全球的专业技术及最新的环境监控和评估技术可供使用，可以理解这个城市是如此渴望充分地咨询商议，并在尽可能一致的基础上进行下去。柏林先驱性的 Stadtforum，即城市论坛，成立于 1991 年，就是被称为"规划参与"策略的一个核心要素。其基本的想法是提供一个平台，让城市重建及发展规划的提供者和使用者在此磋商讨论并交换看法。其目的明确，就是"导向一致的对话和理智的谈判"。

在前两年，城市论坛每月召开两次，每次两天——星期五和星期六。从社会各阶层中——城市规划专家、建筑师、开发商、地区首脑、环境保护者、商人、律师等，挑出有代表性的市民参加并发表意见。城市论坛在定义城市究竟为何的任务中竭力将社会作为一个整体参与其中，这份热情和努力值得充分肯定。无疑从中也确实获得了一些益处，但是客观地来看，其主要的特征仍然是最困扰人们的问题——中心内城的开发上无能为力，在这里人们希望是优美的建筑和开放的公共空间环境，而开发商想的则是带来滚滚财源的密集建筑群体。

结果，就像贯穿多少世代的无数的城市一样，利益占了上风。柏林的债务到 1995 年时已达 300 亿美元，每年要付的利息就高达 23 亿美元[13]，柏林被现金捆住了手脚。中心城区的大量的地块，在再统一后成为可以利用开发的宝地（尤其是在前东柏林一边），所有的地块都有极高的开发价值，并且大多数是归城市所有。德国的大公司和国际公司、金融家和发展商都排着队来投资这个回春的城市。他们要建造公司办公楼、综合体、时髦的高层公寓塔楼以及炫耀的商业购物中心，意图将柏林打造成为现代的国际化都市，比肩纽约、巴黎和伦敦。他们对住房补贴和商业与居住功能混合的前提并不热心，而这些前提不仅是这个城市的特色，也是在地方住宅建设规则中明文规定的。

在城市论坛上，柏林人一再呼吁保护现存的建筑，扩大公屋的开发建设,以及缩减办公建筑。但是这些观点得不到开发商的认同——甚至城市领导者也是如此。在一些个案中,地产主甚至说服柏林议会推翻他们不喜欢的规划成果,其中一个尤为倒退的行为,是促使议会从重大项目中剥离所有地方负责的重要权力,例如波茨坦广场和亚历山大广场,[14]这两个新柏林可以利用开发的最著名的地段。事实上,就有人声称索尼公司及其美国合伙人以其在波茨坦广场的开发规划"或多或少地绑架和蹂躏了这个城市"。他们完全不理睬有关建筑高度和公共空间的所有规划条件。其结果是,今天的索尼中心以钢和玻璃的大厦占据了波茨坦广场,这些大厦"如此刺目和令人厌恶,以至于你觉得不受欢迎,甚至当你找到路进去以后也依然如此",《纽约客》[15]中这样说道。

因此,商业利益取代再统一之初的理想主义规划,对于柏林来说似乎正在成为可能的,也许是无法避免的事实,因为重建成本一涨再涨,早已超出当初最大胆的预测。就是这个欧洲最大最活跃的资本主义经济体,要想接受并吸纳它的前社会主义邻居,都是一个"昂贵的午餐"。在第一个十年的支出,官方数字是略微低于5000亿德国马克(大约3300亿美元),而非官方的估计是这个数的两倍。[16]在德国政府的某些报告中提到,到2000年为止已经为再统一花掉了8000亿美元,可以计算出平均每个西德的男人、女人和儿童,每人身上摊到1.2万美元。[17]当财政现实清晰呈现之时,毫不奇怪,前景就变得暗淡了。联邦政府削减了其新办公楼的修建计划,缩小到可以承受的水平;柏林的地方财政,为建社会住宅和提供租金补贴的款项也急剧地缩减。

毕竟柏林不是一定要成为乌托邦的。尽管如此,即使金融利益占了上风,这个城市还是极力避免出现理查德·罗杰斯在1990年会议上提出的可怕的情景。公共空间大体上还是被保留下来了。除了一些著名的例外(很不幸,这里面就有罗杰斯自己贡献的波茨坦广场的大败笔),成千上万的新建筑及整修的建筑,都秉承一贯的高标准——其中有几个是如此出类拔萃。丹尼尔·李布斯金(Daniel

Liebeskind）的犹太博物馆就是一个极其动人的创造，赢得了全世界的一致赞扬。诺曼·福斯特爵士（Sir Norman Foster）的老国会大厦的改造，是在其上加了一个玻璃穹顶，下面的室内是环绕的斜坡道，参观者可以在此眺望新柏林的全景，这是另一项赢得广泛赞誉的杰出工程。

德国联邦议会从波恩搬到柏林，地点就是上述的老国会大厦，辩论大厅就在玻璃穹顶之下，沐浴着从透明屋顶洒下的阳光，这真是再统一进程的一个巅峰景象。联邦议院于1999年9月7日举行一场庆典，宣告正式拥有这座美丽优雅、整修一新的议会大厦。这一天，对整个国家都具有特殊意义，因为这天也是德意志联邦共和国的五十岁生日。而且在另一层意义上，这也是柏林的传统获得新生的另一个瞬间。这是柏林自己创造的历史——1450年、1701年、1871年、1920年、1945年、1961年、1989年，以及在1999年成为再统一的德国的首都。

但是城市离完工还远着呢。它一直是欧洲最大的工地。来访的记者写道，有700台塔吊在各个建筑工地的上空，工地上的工人，在官方注册的有13万（还有更多未注册的外籍劳工），他们的重建工作所依据的设计图纸，是由一队人数超过5600名的建筑师，在6000多名城市官员的行政指导下，一直不停地画出来的。甚至施普雷河也被临时改道，在城市中心挖一个大坑，大小相当于摄政公园，因为地铁隧道、车站、轨道和一条主要大道以及铁路，在此交汇建设。工程在挖到一个凯旋门的基础时临时停了一下，这是希特勒为柏林成为第三帝国的首都而下令修建的。希特勒想要建造一个像钥匙孔形式的凯旋门，其基础的尺寸相当于一条战舰。第二次世界大战使拱门再也没能完工。

柏林所经历的大变动的剧烈程度，远甚于其他多数大城市，而且每次都以某种方式给城市留下印迹。城中的勃兰登堡城堡是城市的起源，城市就是环绕着它而建；作为普鲁士首都，帝国的雄心在此表露无遗；还有1920年扩张的领地；强化纳粹的巨大的符号象征；由冷战而加强的东西方的敌意对峙；以及现在，令人惊异的再统一的景象。尽管每个时期的物质状态都是由当时的环境所限定，但是其显现的明智程度和生存能力，却是由一系列的事件所决定。那么新柏林的进展又会是怎样呢？

从表面判断，将城市分裂的两半焊接在一起并整修一下，宣布柏林为国家的首都，更像是一个理想主义的姿态，而不是一个对于东德倒塌而做出的明智和现实的反应，尤其是这个城市还在欧洲东部边缘，处于不稳定的状态之中。的确，那些商业团体并没有显现出要随联邦议院搬去柏林的打算。索尼公司和戴姆勒－奔驰决定冒一次险，将其全欧洲总部搬到柏林，但是大多数德国公司和跨国公司采取了等等看的态度，只将有限的事务转到在城中心附近设立的象征性的办公室。甚至西门子公司（就是在柏林建立的）也没有被劝说回来。还有汉莎公司——德国航空运输业的旗舰，只在柏林设有短途的国际航班；去美洲、非洲和中、远东的旅客，必须经法兰克福转机。

但是如果柏林不能劝说那些过去和现在的德国大公司和跨国公司搬回来，那么它或许可以在21世纪的新兴产业身上获得成功。对于这些公司来讲，柏林有许多他们喜欢的被打败的世界的遗产：最新的基础设施，足够的空间和适意的环境，在环境管理和可再生能源上，有世界最先进的城市政策，并且其中最重要的一点是其地理位置，使得柏林成为欧洲的"事实上"的首都具有潜在的可能性。

自从苏联倒台以后，有八个东欧国家复兴了本国经济，达到欧盟成员的标准。波兰、匈牙利、捷克、爱沙尼亚、拉脱维亚、立陶宛、斯洛文尼亚和斯洛伐克（加上塞浦路斯和马耳他），在2004年申请并成为欧盟成员，使欧盟的成员国数量几乎翻了一番，从15个到25个。这是"自从15世纪以来，没有人见过的，而人们一直在梦想的欧洲"。[18]

联合的、经济一体化的欧洲，仅仅在柏林墙倒塌之后15年就到来了，这是政治上的一个极大的成就，在社会、文化和经济上，具有巨大的潜力和深远的意义。加上新成员，欧盟的人口一夜之间从3.7亿升至4.8亿，都在一个单一市场里，多数使用同一货币。欧盟扩大了30%，即使是谨慎的理论测算，欧盟增加的经济利益，总体上每年就有330亿欧元——其中的三分之一强，是由新成员的经济体产生的。[19] 在这一关口，欧洲中心的重心将要东移。到了2020年，布鲁塞尔、马德里、伦敦和巴黎将会处于大陆的边缘，而柏林正好位于心脏位置——欧洲的中心。

德国铁路公司对此前景有很清晰的认识。他们投资超过70亿英镑为城市新建铁路交通设施，（两条欧洲铁路大动脉）从巴黎到莫斯科及从斯德哥尔摩到维也纳，正好在柏林中心交叉，交叉点上一座21世纪崭新的火车站闪亮登场，有430米长的玻璃大厅，58部自动扶梯，37部电梯，以及去往国会大厦、政府部门、外交使领馆的便捷通道。

对于柏林，能说的最后一句话，确如卡尔·谢弗勒（Karl Scheffler）所言："柏林是一个从没有完成，却总是在走向完成的过程中的城市。"[20] 自从他写下这句话的1910年到现在，柏林已经发生了巨变，并且正在新的变革中。就像伦敦和其他大城市一样，当它完成之日，柏林将是一个无比美妙的地方。

# 第 20 章
沉重的脚步

城市被定义为文明的产物,但是它们也是危险的寄生物,能够祸害远离其边界的广大地区。城市加在全球环境上的生态影响,与其占地规模完全不成比例。不久,大多数的人类将生活在城市中。生态的不平衡必须得到矫正。

柏林还是伦敦?或者威尼斯、温哥华、阿比让、德黑兰还是东京?请你选择一下,哪一座城市是你愿意生活的地方?对于经济移民来说,答案当然是简单明了的:你所能去的任何一个有机会找到工作的城市。但是在稍高一点的层面,对于那些有一定的才能和技术,在任何一地都会抢手的人来说(暂时抛开语言问题),你将如何选择?这是一个单纯的只关乎个人舒适和服务标准的问题吗?抑或一个城市最重要的就是物质结构和环境关系?那么有关文化气质呢?报纸、电台、电视台的水准,体育生活和设施,美术馆、音乐厅和博物馆等这些方面又如何呢?社会风气也是重要的一面。确实如此,一般人们会相信,一个人在一个城市的最初几小时的遭遇,会深刻而久远地影响他对这个城市的看法。微笑可以温暖人心,咆哮找不到朋友。

问题的节点是"生活质量"——这其中包括多个方面,是由一家世界领先的人力资源顾问公司提出来的，旨在通过调查以定量的方法来衡量一个城市的吸引力。[1]每年的年度调查报告是根据世界215个大城市的基本生活条件进行排序，主要是为了帮助政府和国际公司确定派往海外的雇员的薪水和津贴标准。因为这些基本生活条件的评估是由商业领域的关键部门，即人力资源顾问来进行的，并且还因为，当全世界的大部分人口生活在城市里时，国际商务在全球事务中就越发成为一个重要因素，所以这些调查报告也开放给公众，当作观念和趋势的佐证，用来解释和影响现在及未来的城市发展方向以及管理方针。

这份报告评估了39项关键的"生活质量"的决定因素，范围很广，从一个国家的经济、政治、社会、文化及自然环境，到气候、住房、公共服务、交通、医疗和卫生设施、学校、犯罪率、审查制度、消费品的适用性，还有餐馆的大体水准及休闲娱乐活动等。

以纽约作为基准，分值为100，各个城市的得分在此基准线以上或以下。在报告中，毫不奇怪地看到，非洲和印度洋的41个城市当中，没有一个位于前50名之列——事实是，这些城市中排名最高的是开普敦，在第80位，约翰内斯堡第85位，得分分别是84.5和83.5。同样也不奇怪的是非洲的19个城市出现在最差的25个当中，刚果的布拉柴维尔和黑角，中非共和国的班吉和苏丹的喀土穆是世界上吸引力最小的五个城市中的四个（平均得分为33.75）。最差的是巴格达，考虑到人身安全问题和不稳定的基础设施，使得它的得分从2003年的30.5下降到2004年的14.5。

另一个可以预见的事实就是，欧洲、大洋洲和北美的城市在这个榜单上占据优势，苏黎世位置最高，紧随其后的是日内瓦、温哥华、维也纳和奥克兰（平均分值为106）。基准城市纽约，在第40位，与马德里和日本神户相当。那么那些在本章开头时提到的城市呢？柏林第15位，伦敦第35位，阿比让第173位，德黑兰第167位，东京第33位。威尼斯不在这些调查的城市之列。

在榜单最顶端的是苏黎世，得分（106.5）与第25位的布里斯班的分数（102）只差4.5分，所以要想在顶部的城市之间寻找更为精细的方法来衡量差别的话，就必须求助于在评估基本生活条件的各个细节方面的排序，这更有启迪意义，甚至是震撼。在2002年的报告中，着重强调了环境问题的重要性，其中包括空气污染水平，垃圾处理和污水处理的效率，交通和一般清洁程度也计算在内。其结果令人惊讶，苏黎世从头名掉到了第十位，与日本的筑波位置相同，但是筑波却不在总榜的前50名之内。相似的还有维也纳（总榜第二名）落到第39位，温哥华（总榜第三名）落到第17位，悉尼在2002年骄傲地排在总榜第四名，却在环境榜单上掉出前50名。

卡尔加里是2002年环境排行榜的第一名，在总榜上位列39，紧随其后的是火奴鲁鲁（总榜第22名）。从环境的观点来看，墨西哥城是世界上最不受欢迎的城市，因为它有严重的空气污染，而雅典则是欧洲最差的，在第196位——只比墨西哥城靠前了20位。伦敦因为其不佳的公共交通、严重拥堵以及过长的污物处理系统，排名降到第102位；罗马和巴黎受相似问题的困扰，排名分别在98和84。欧洲的城市确实都在环境方面做得很不好，在前50名里面，只有13个欧洲城市，其中的八个不是在瑞士就是在斯堪的纳维亚——二者都是因高度的环境意识而闻名。赫尔辛基是欧洲环境最佳的城市，排名第三，在卡尔加里和火奴鲁鲁之后。在这几个排名前列的城市当中，各处都是清洁而优质的空气，开敞的空间，很少有拥挤的交通，这一切条件使得城市最具吸引力。柏林是个特殊的例子，一旦再统一的结构性工作完成以后，可以预期它的环境等级会有极大的提升。

当然，会有一些外交人员和驻外的商人发现排名靠后的城市更有吸引力——因为他们可以为此得到更多的报酬和津贴，但是对于一个真正关心世界城市未来的人来说，有一线希望寄托在这家世界最大之一的人力资源顾问公司的身上（咨询的确像是引领现代企业的神谕），希望它能够将环境作为决定因素，排到城市所提供的基本生活条件的前列。

至少在发达国家，环境问题日益重要，城市居民的关注点也从经济活动的大字标题扩展到摆满有机产品的超市货架。欧盟规定禁止使用对环境有害的物质，各国政府因而承诺要使那些直接影响生活质量的各个方面都达到标准。建立强制性的环境标准的运动进行了不到几十年，但是带来的影响却已经显现了。现在的欧洲有更清洁的城市，更清洁的空气，更清洁的河流和海滩，这是自工业革命以来从没有过的景象。还有一种趋势是乡村正要并入城市，在此情况下，挑战来自长久以来就存在的城乡二元化的对抗。

例如，伦敦有如此茂密的林地，以至 2002 年英国林业委员会决定任命这个城市有史以来的第一位护林员。伦敦因此而成为英国最新的官方认可的森林区。[2] 这似乎难以置信，但是大伦敦区全部土地的五分之一是完全被树木所覆盖的，树木之浓密，足以被形容为森林——并不仅仅是在埃平和沃尔瑟姆福里斯特，还有里士满公园、丛林公园甚至海德公园的浓密的树林。事实上，在城市中有 6.5 万块林地长满了树木，总共覆盖了 7000 公顷的土地，其中单块占地至少 10 公顷的林地，共有 5000 公顷。此外，伦敦有三分之二的森林被证实为古代林地，意味着这是最初覆盖整个大不列颠的古老森林的残余部分。

伦敦新任的护林员承担的职责是鼓励人们利用现有的林地进行休闲活动，并且负责指导在那些首都的荒地及"城市沙漠"上建立新的林地。在此公告之后的官方的逻辑就是在 21 世纪林地更多的是关乎人而不是树。过去，林业委员会普遍认为其主要职责在于广泛种植针叶树，因为它是一种商业木材。委员会仍然这么做，广泛种树，但是同时也要"将森林从山上带到下面的市镇"。有清楚的科学证据表明，人们在森林里就会感觉比较好。踏进树影斑驳的绿色大自然中只要几分钟，就可以明显地测出脉搏和肌肉紧张程度都有所改善。因此，森林有助于减轻城市的压力。伦敦也不是受惠于这种新思维的唯一城市，在英国其他地方花在创建公有林地上的钱也有数百万英镑,大部分是在曼彻斯特大区和默西塞德郡,这将直接促进治愈一个世纪以来传统工业对环境的伤害。[3] 在那些矿渣场和废弃工厂倒塌的地方,将会长出茂盛的森林。

尽管事实已经很清楚地体现在政府文件上,而且钱也都花了出去,但是人们对于这些计划还是有点儿怀疑,在毁灭的城市景观上重建森林之神的隐居地,怎么看都像是幻想,似乎不太可能。但是这样的怀疑论点没有看到自然世界的极其巨大的再生能力。只要想想小草是如何在废弃的柏油路面的裂缝中生根的,再想象一下如果让一个城市的植物自行生长,那将会是怎样的一种令人窒息的景象。拿我来说,如果我在过去的二十年里,在我自己的园子里没有拔除几十株发芽的橡树籽和七叶树苗——这些树籽都是松鼠埋的(而且它们大概也都忘记了),那么我现在将会管理着有十二杆那么大的一片壮观的树林。

实际上树木的生长是尤其抑制不住的——植物学家称之为顶级植被,而且当环境允许时,它们随时随地都可以长成一片森林。此外,纽约市的证据还表明,城里的树木实际比相邻郊区的生长得要好,要高大许多。

在一个为期三年的项目中,科学家将东方三叶杨的插条移栽到城市中心的各处,以及长岛的郊区和100公里之外的哈德逊河谷的乡下,跟踪其生长过程。[4] 多数人以为土壤和空气的污染将会阻碍城市树木的生长;但是事实是,城里树木生长的速度是其乡下兄弟的两倍。起初研究人员认为这是因为城中心区比郊区的温度高一些,而且污染的城市空气中含有更多的二氧化碳(可以刺激光合作用)和氮氧化物(植物潜在的营养)。但是进一步的调研显示,不是城市的优势造成了这种差异,而是乡村环境所处的劣势造成的。在乡村地区,高浓度的臭氧污染阻碍了树木的生长。臭氧是对植物有极大危害的污染物。

这个发现听起来是违反直觉的。乡村田园应该是树木和植物生长茂盛的地方。而且臭氧也是一个好东西,能够过滤有致皮肤癌危险的紫外线。在同温层逐渐缩小的臭氧浓度，是目前被普遍关注的问题。可是，乡下的臭氧怎么就比城里的还多呢？事实是，尽管臭氧是太阳光和污染物（如汽车尾气）起化学反应而产生的，但是当污染水平达到一定浓度时，它会很快被分解掉。在纽约市内，污染物浓度非常高，正当臭氧产生之时，还有足够多的污染物质将其分解掉，净化了城市并且减少了臭氧浓度，这已通过在南极上空的臭氧空洞的记录反映出来。具有讽刺意义的是，在污染较少的远郊，臭氧逐渐集中并达到一定浓度水平，阻碍了植物的生长和发育。

另一项基于纽约市环境的研究也同样有吸引力，而且支持了这样的观点，即城市环境下的树木种类要远远多于更加"自然的"环境——指没有人类参与的环境。[5]这也和预期的想法矛盾，但是城市公园的记载无可争辩地揭示出，占地18公顷的纽约植物园，在20世纪30年代还是一片铁杉森林，到了80年代就已成为各种物种的混合体。挪威枫树、黑樱桃树和亚洲软木是其中的几种，已替代了铁杉。在没有人类的直接干涉下，在不到五十年的时间里，森林已经完全变了样。

显然，新植物的生长是依靠风和野生动物从周边带来的种子在此落地生根，而街边和花园里的各种软木树和其他植物提供了这些种子。但是它们作为外来物种是如何在一块长久已有的铁杉林里，设法建立起自己的领地的呢？生态学者们正在寻找答案。一个已经浮现的因素就是，在城里比在乡村腐烂分解的速度要快很多——主要是因为城市森林的土壤里有大量生机勃勃的蚯蚓，乡下的就少有。无疑，对于城市生态环境以及和周围乡村之间的关系，还有太多的事情要去了解。

城市生态环境、城市森林和由国际人力资源顾问测评的生活质量标准……这些都不会是世界上的大多数城市居民热议的（或者根本都不会提到的）话题，他们居住在欠发达的世界，贫穷和缺乏基本设施是他们关心的主要问题。在此重复一些第11章里提到的数字：欠发达世界的城市人口已经是发达世界的两倍，并且在迅速增长，接近六倍。在非洲这块世界最穷的大陆，城市居民人口在 1950 年到 2000 年之间翻了近十倍，从 3270 万增加到 3.096 亿，而且预料到 2025 年再翻一番，到那时非洲总人口（估计将达到 15 亿）中将有一半多住在城市里。这些人多数是因为没有其他谋生之路才搬到城市里去，他们并不指望享受像苏黎世、温哥华及其他高居榜首的城市所提供给居民的生活质量，他们只是渴望得到一点点改善：清洁的饮水、适宜的住房、可用的电力。在那里，他们究竟有什么机会能得到这些呢？

机会并不多，在这个世界贸易和财富分配都如此偏爱于西方发达经济的时候，更是如此。[6] 当前，最穷的那些国家人口占全球的 40%，产品却只占世界出口总量的 3%。同时，西方国家只有 14% 的全球人口，却占有世界出口总量的 75%。这种不对等导致了花钱的方式天差地别。最穷的国家没有什么选择，但是西方能够每年单在农业补贴一项上就花费 3500 亿美元。3500 亿美元！仅仅是保护农夫生产便宜些的农产品（其实一点也不便宜，因为支付的补贴都是从税收里来的）。一项丢脸的结果就是，欧洲的奶牛的境况要好于世界上一半的人口的生活。欧洲奶牛平均每天从补贴和其他援助中所得到的是 2.20 美元，而生活在全世界发展中国家的 28 亿人口，每天的生活费还不到 2 美元。

仅仅是一年的农业补贴就花掉如此多的钱，这种不对等十分可耻。3500 亿美元可以在提高世界穷国的城市生活基本条件方面做很多很多的事情：1700 亿美元就足以给全世界提供清洁的饮水和安全的排污系统；300 亿美元将会给每个人提供能源超过二十年；130 亿美元能够为所有人提供基本的卫生和营养，此外还剩下很多亿美元可以用于教育，用于和艾滋病、疟疾以及结核病（TB）做斗争，并且改善和维护地下基础设施、建造人人负担得起的住房……所有这一切，都来自西方给农夫仅仅一年的补贴。

很明显，这个世界具有资源和方法，能够将每个角落的生活标准都提高到适宜的水平,缺乏的只是做事的决心。从历史的观点来看,你可以说这种今天存在于穷国和富国之间的差异、存在于生活质量等级两端的亚的斯亚贝巴和苏黎世之间的反差,相类似于19世纪在欧洲和北美普遍存在的贫富差异。工业革命使得一部分人非常富有,而使大多数人在贫困线上挣扎,造成了一种极不稳定的社会环境:不卫生、不安全(不是没有爆发激烈革命的危险)的状况都直接关系到社会各个部分,不仅是穷人。在经济阶梯顶端和中部的人,对他们之下的底层任其衰落崩塌的危险尤其敏感。也许他们甚至持有这样的一种先见之明,即通过改善底层人们的生活条件,他们自身能够有更多的收获。因此,从19世纪晚期一直到20世纪之初,在利他主义和慈善行为之外,利己主义在提高生活标准的运动中扮演了至关重要的角色。利己主义是一种强迫性的动机。当人们意识到重大危险迫近时,除了极其愚蠢的家伙,都要另辟蹊径去选择新策略。类似的事情现在正在发生。在有能力去影响改变的发达国家,人们越来越意识到,我们对生活基本条件的需求强加于全球资源之上是不可持续的。我们在地球上践踏的脚步太沉重了——尤其在城市。

城市一直是经济增长的发动机,是人类所取得的成就中最为灿烂耀眼的明星,但是今天,它们比以往更像是一个个黑洞,吸进并吞掉比其自身大得多的地区的出产,回馈整个系统的却非常之少。事实上,虽然今天的城市占地面积只是地球土地面积的2%,它们却用掉全世界资源的75%还多。这里有一个使人清醒的统计量,是由环境科学家在20世纪90年代发展起来的一个概念,它对于全球生态系统给出一个有力的说明。他们称之为"生态足迹"(ecological footprint)——一个简单但却全面的工具,用以测量任何一个城市、地区或经济体的能量及物质的流入流出,并且计算出支撑这些流动所需的生产性土地和水域的总面积。[7]

"什么是伦敦规模的120倍?"一份1995年为英国环境部准备的报告中如此提问道。答案是:"为供应伦敦的需求所需的土地面积。"这个就是伦敦的"生态足迹"。将城市当作一架巨型的机器来进行分析，消耗大量能源并散发出实实在在数量巨大的固体、液体和气体废物，研究人员发现，尽管城市本身占地并不大，也就1500平方公里，可是伦敦实际上需要大概2000万平方公里的范围用于物资供应及废物处理。这个城市容纳了英国人口的仅仅12%，但是结果它却用去了相当于全英国的生产性土地。当时的现实是，满足伦敦需求的地域范围已经扩大到英伦三岛之外的远方，诸如堪萨斯的小麦农场，巴西的马托格罗索的大豆农田，加拿大、斯堪的纳维亚和亚马逊的森林，以及印度阿萨姆邦和肯尼亚山上的茶园。[8]

在此评估方式下，伦敦并不是拥有如此尺度的后院的唯一城市。还有温哥华，这个位列世界生活质量排行榜前列的城市，需要大概2万平方公里的面积，来供养其自身114平方公里土地上的大约50万人口。这意味着为了维持其基本生活条件，这个城市的居民占用的生产性土地面积差不多是城市本身面积的180倍。如果再加入所使用的海洋资源，这个数字就变为2.4万平方公里，是城市规模的200倍还多。[9]

一组斯堪的纳维亚的研究人员，将他们的调查限定在有选择的资源的输入和废物的输出上，但是即使如此，他们发现在波罗的海流域盆地内的29个最大的城市，对应的森林、农田、海洋和湿地生态系统的面积，至少是城市自身面积的565倍之大。此外他们的发现还表明了一种推断，即全球744个最大的城市（居民有25万人以上）所排放的二氧化碳量，超过了世界所有森林加在一起的吸收能力的10%还多。[10]

总之，这些研究不仅详细定义了城市的生态足迹，同时对于在世界发达地区和发展中地区之间在资源占有上的巨大的差异，它们也给出了一种衡量尺度。[11]根据每个个体对应的适当面积来表述的话，例如北美的每个居民（总共大约有三亿人）实际消耗的资源相当于地球表面面积4.7公顷——差不多等于十个足球场那么大。同时，印度的十亿居民的生活设法维系在平均每人0.4公顷的水平上——相当于温布尔登中心球场的一半大小。当你想到北美有80%的人生活在城市里——其中大多数甚至连窗台上的花箱都没有，更不用提在十个足球场大的田园里劳作了；而在印度只有30%的人住在城市，其余的就直接靠这半个网球场大的土地来谋生；这种差异会使你更加清醒。

显然，在过去的两个世纪中，机械化的急促步伐和消费需求的不断扩大，都使得城市更加依赖自然世界，没有一点儿减轻的趋势。尽管城市、贸易、技术和交通都有助于城市居住者和土地的直接联系，但是这种将它们绑在一起的纽带从来就不强。高收入的城市社会需要从自然世界不断地输入物质和能源，不仅仅是填饱肚子，还要建造和维护现代城市生活所应有的方方面面——住房、服务、消费品、娱乐，当然还有交通运输。虽然存在着普遍的错觉和假象，但是今天大城市的居民比以往任何时期都更加彻底地依赖大自然的服务。此外，维持城市和消费者生活方式所需要的输入品，来自全球各处的土地和生态系统，这是一个严重的问题，就是因为地球的资源是有限的。由于世界人口已增长到60亿，并且城市也在增长，接收越来越多的人口，全球在生态学上"可利用的"生产性土地，分配到每个人头上的面积在逐步减少，从1900年每人5.6公顷，到1950年的3公顷，继续降低至21世纪之初的不到1.5公顷（这最后的数字里还包括了荒地的面积，这些土地大概做不了任何其他用途）。同时，那些被富裕国家的城市及公民认为"适当的"土地面积一直在稳步增长，因此当今一个典型的北美人的生态足迹（4.7公顷）是他或她的地球平均份额的三倍还多。这就意味着如果地球上的所有人的生活舒适程度都向北美公民的平均标准看齐的话，我们将需要不是一个而是三个星球，才能满足所有人。[12]

很明显，如今的这种事态不可持续。根据当代趋势可以确定，到2030年全球将有差不多三分之二的人口生活在城市，因此城乡之间的生态对比必须得到调整。怎么做呢？开发利用附近星球的资源？这不是一个可行的选择；嘴上说说我们必须改过、要更多地尊重环境、设法应付资源减少等,又太容易了。当然我们必须做这一切——还要更多,但是劝说足够多的人员采取足够多的行动将会是一项艰巨的任务,无论在各个层面上:国家、地区、社会和个人,都是如此。当四分之三的人在努力奋斗,争取将脚踏上"生活质量"的天梯,而其余的也在推搡抢占高阶位置时,只有少数人一直在表现着更多的热情,采取和促进有所不同的方针政策。

其间,凶事预告者及其不祥的预言,对大部分生态学上的开明的希望构成挑战。问题在于,媒体擅长揭露日常生活中的不公正,他们在环境问题上也一贯强调负面事情,这造成了一种无助的使人麻木的感觉。当情形已经这样糟糕的时候,做事的意义是什么?资源损耗、环境恶化、地球变暖、气候变化,一旦这些事实都已存在,每一个确定的迹象只不过是棺材上的另一颗钉子。我们不断地遭到坏消息和阴沉预言的轰击:上升的海平面将要淹没成千上万的城市和国家;转基因的农作物将会永远改变植物界;森林正在消失;鱼类资源正在减少;兽类、鸟类和昆虫的物种正在灭绝;土壤被投毒;河流被污染;空气本身已不再适合呼吸;而且,臭氧层变薄了,连太阳光也成了杀手。

有一个长久以来的传统,就是因为人类的错误而谴责城市。《圣经》上描写的巴比伦——"作世上的淫妇和一切可憎之物的母"[13],就是这个腔调。从那时起,人类就喜欢为错误的状况找出原因,这种倾向确定了一种令人不安的对城市的认知,将城市当成人类失败污点的来源,甚至连最理性的记述也是如此。例如刘易斯·芒福德在其经典著作《城市发展史》中,检视了城市的起源、演变和前景,详细无遗,也不时地谴责城市,因为它帮助造成了不幸或是促使其居民做出任性而无用的决定。他写道:古希腊城市不能理解人类的发展是城市形成的关键。[14]威尼斯尽管"或许是世界上的市政建筑最美丽的典范",但是它作为统治者的控制工具,造就了暴力和隐秘。[15]

提到近现代时期,芒福德指出,"如果威尼斯的公民道德能被理解和模仿，后期的城市将会得到更好的规划"。[16] 这反映了芒福德寄托于共同信仰，来解决过去城市存在的麻烦问题。但是城市是人类文明过程中的短期标志物，而非永久固定。我们能够保存一些古代城市培育的创造物，我们甚至也珍视他们所宣扬的某些社会道德规范，但是也别忘了，我们已经丢掉或拒绝了一大部分——多数有正当理由。在任何建设性的理智下，我们都回不去了。事实上，我们要考虑历史的话，那最好还是回忆一下，在历史上当一个城市试图决定其未来之后其结果是怎样的。他们和我们一样，都面临着一个基本的真理：即使是最有眼光的梦想家也不可能超越当时知识的局限。为未来做的规划，也许符合当时对需求和增长的理解，但是他们无法考虑到自发的适应、创造更新及技术改革所带来的后果。

柏拉图限定他的理想城市中公民的人数，是要让他发表演说的声音能够被直接听到——他也许不知道，在今天只用一个喇叭（还不用提麦克风、电话、收音机或电视），就可以让一个声音传进几百万只耳朵。托马斯·莫尔为他的乌托邦首都亚马乌罗提所做的规划，对于环境和社会因素都十分敏感，但是即使这样的眼光，也没能预见到蒸汽机车和铁路带给城市和社会的影响。同样，在19世纪早期，没有一位幻想家能够设计一座城市，明确为汽车预先留下足够的准备。有讽刺意义的是，不管怎样，18世纪和19世纪原本为公共理想而设计的宏伟纪念碑式的城市，建设了宽阔的林荫大道连接公共建筑，造就城市透视景观，但是这已被证明是用于应付20世纪汽车交通冲击的上佳准备，要比透视景观有用得多：例如，巴黎、布宜诺斯艾利斯，尤其是华盛顿特区。

所以我们发现，这个伟大而奇妙的文明产物充其量是一个荣耀的混合体，在其中每一代都试图在理想的引导下有效地履行职责，但却在同时成为过时的或明显的阻碍，直到一个世纪前还是如此。而且好像还不止如此，城市的过去似乎总有些部分是值得为未来而保留的。

在一个太过相信统计学、选票、图表和概率预测的年代，普遍可用的证据足以说服一个有理性的人，使他相信再过几代之后人类几乎没有生存的机会了。这些研究过程十分彻底，分析论证也很严格，预测方法也经过检验——这个结果看来是不可避免的。那么为什么还要烦恼？为什么不继续愉快地走向终点呢？也许是我们对统计学和预测学的信心放错了地方。不是因为证据有误，而是因为它显示的预兆有些过分了，已经完全淹没了我们进化历史的意义和成就。

作为一个物种，人类生存到今天，就是因为祖先的进化使我们具有思考、发明和创造的能力。大脑是我们生存的工具，而且它为我们服务得非常好，使我们能够占用地球所提供的每一个生态小环境。在我们不能改变自身去适应的环境里，我们改变环境来适应自己。这个过程在有意识地感知和创造的驱策之下，一直在累积。石器时代的结束不是因为世界没有了石头，而是因为某人发现了如何制造青铜。

我并不是说我们因此就忽视凶兆预言者的话，等待至今未现身的天才的拯救；我只是想指出，宿命地接受一个黯淡的预言，它很可能就变成自我实现的预言。更为积极的思考是必需的。对于坏消息，我们需要在正确评价人类迄今为止所取得的所有成就之上再作考虑，而且也要对我们自己识别和解决所面临问题的能力更有信心。青铜无疑解决了石器时代的许多问题，同样的出乎预料的发现装点着人类的历史进程（以及城市成长的历史），历经多少世代直到如今。毋庸置疑，这个世界仍不完美。但是对于大多数人来说，城市是解决问题的手段，而不是制造麻烦的根源。

注 释

第1章 第一印象

1. 诺威奇 (Norwich), 2001年, 第1—2页。
2. 摘自 Montanari and Muscara, 1995年。
3. 路透社新闻报道, 2004年2月6日, 第20页, Guardian。
4. Follain, 2002年, 以及 Montanari and Muscara, 1995年。
5. Yoffe and Cowgill, 1988年, 第2页。
6. 万斯 (Vance), 1990年, 第4页。所引用的丘吉尔原文是:"We shape the houses, then they shape us."

第2章 如何开始的?

1. 引自 Modelski, 1997年, 第309页, 作者: Chang, 1988年发表。
2. Jonathan Hass, "The lost pyramids of Caral", BBC电视访谈节目 Horizen, 2002年1月31日。
3. Pozorski, 1987年。
4. Solis, Hass and Creamer。
5. 89公顷相当于50个街区——见第四章。
6. Pringle, 2001年。
7. Solis, Hass and Creamer, 2001年, 第723页。
8. Haaland, 1992年, 第48页。
9. 见 among others, Maisels, 1990年。
10. 这里提出的假定, 是由几位作者的观点综合而成, 主要是: Childe, 1950年; Soja, 2000年; 以及 Jacobs, 1970年。
11. Leick, 2001年, 第6、9—10页。
12. Van de Mieroop, 1997年, 第177页。
13. Nissen, 1988年, 第45页, 引自 Van de Mieroop, 1997年, 第177页。
14. Mellaart, 1967年, 第216页。
15. Ian Hodder, 摘自 Balter, 第1443页。
16. Mellaart, 1967年, 第30页。
17. 同上, 第15页。
18. Shane and Küçük, 1998年。
19. Mark Patton, 摘自 Balter, 1998年, 第1443页。
20. Mellaart, 1967年, 第80页。
21. Balter, 1998年, 第1443页。
22. 见加泰土丘的网站: HYPERLINK " http://catal.arch.cam.ac.uk/catal/catal.html"。
23. Deacon, 1989年, 第557—558页。
24. Pringle, 1998年。
25. Balter, 1998年, 第1445页。
26. Mellaart, 1967年, 第131—132页。
27. 同上, 第131、209页。
28. Soja, 2000年, 第30—31页。
29. Mellaart, 1967年, 插图59, 60。
30. Ian Hodder, 摘自 Balter, 第1445页。
31. Mellaart, 1967年, 第104页。
32. Çatal Hüyük Site Guide Book(n.d.), 第22页。
33. 同上, 第24页。
34. 此处提出的假定, 是综合了几位作者的观点, 主要有: Childe, 1950年; Soja, 2000年; 以及 Jacobs, 1970年。
35. 见 among others, Maisels, 1990年。
36. Adams, 1981年, 第141页。

第3章 在哪儿开始?

1. Adams, 1981年, 第250页。
2. Leick, 2001年, 第XVIII页。
3. Postgate, 1992年, 第6页。
4. Heidel, 1951年, 第51页。诗句的译本摘自 Leick, 第1—2页。
5. Adams, 1981年, 第54页。
6. 同上, 第17页。
7. 同上, 第148页, 幼发拉底河冲积平原中部地区的简单地图, 附在书封底内页。

8. 同上，场地总目录，第 7 章。
9. Childe, 1950 年。
10. 此处及后续段落的有关奴隶制的细节，来自 Postgate, 1992 年，第 107 页。
11. Adams, 1981 年，第 69—70 页。
12. 同上，第 244 页。
13. 同上，第 85—86、146 页。
14. Renger, 1991 年，第 201—202 页。
15. Adams, 1981 年，第 86 页。
16. 同上，第 12 页。
17. 苏美尔文学电子版文集。
18. Postgate, 1992 年，第 167 页。
19. Andrew George, 2001 年 9 月 28 日，4 频道纪录片，美索不达米亚。
20. Van de Mieroop, 1997 年，第 151—152、154 页。
21. Grayson, 1991 年，第 292—293 页，摘自 Van de Mieroop, 1997 年，第 155 页。

24. Adams, 1981 年，第 148 页。
25. 摘自 Van de Mieroop, 1997 年，第 187 页。
26. 同上，第 180 页。
27. Loftus, 1857 年，摘自 Pollack, 1999 年，第 28 页。
28. Jacobsen and Adams, 1958 年。
29. 引自 Kilmer, 1972 年，第 166 页。
30. 同上，第 171 页。
31. 同上，第 172 页。
32. Pollack, 1999 年，第 37 页。
33. Jacobsen and Adams, 1958 年。
34. Adams, 1981 年，第 152 页。
35. Postgate, 1992 年，第 181 页。
36. Jacobsen, 1982 年，第 11—12 页。
37. Powell, Marvin, A., 1985 年。
38. Postgate, 1992 年，第 318 页，n. 289。
39. Kovacs, Maureen（翻译），1989 年，第 65 页，tablet 7，摘自 Pollack, 1999 年，第 196 页。

第 4 章 共同的思路

1. Bottero, 1995 年。
2. Woolley, 1982 年，第 51—103 页。
3. Kramer, Noah Samuel, 1963 年，第 251 页。
4. Woolley, 1982 年，第 141、182 页。
5. Morris, 1994 年，第 7 页。
6. Woolley, 1982 年，第 192—193 页。
7. 见 Van de Mieroop, 1997 年，第 220 页。
8. Kramer, Noah Samuel, 1963 年，第 230 页。
9. Kramer, Noah Samuel, 1961 年，第 45 页。
10. 同上，第 56—57 页。
11. Postgate, 1992 年，第 112 页。
12. Modelski, 1997 年。
13. Van de Mieroop, 1997 年，第 37、75 页。
14. Nissen, 1988 年，第 72 页，引自 Van de Mieroop, 1997 年，第 37 页。
15. 摘自 Postgate, 1992 年，第 74 页。
16. 同上，第 218 页。
17. Woolley, 1982 年，第 203—204 页。
18. Kramer, Noah Samuel, 1963 年，第 93 页。
19. Adams, 1981 年，第 138 页。
20. Caroline Knight, 2003 年。Personal communication, Richmond, 10 November, 2003 年。
21. 摘自 Postgate, 1992 年，第 232 页。
22. Van de Mieroop, 1997 年，第 180—185 页。
23. 同上，第 178 页。

第 5 章 战争、希腊和罗马

1. McNeill, 1979 年，第 20 页。
2. 见 Reader 的参考书目，1997 年，第 142—143 页。
3. Gabriel and Metz, 1991 年，第 2—9 页。
4. Postgate, 1992 年，第 241 页。
5. Gabriel and Metz, 1991 年，第 4 页。
6. King of Aleppo 给 King of Der 的信件，摘自 Postgate, 1992 年，第 251 页。
7. Gabriel and Metz, 1991 年，第 5 页。
8. Ste Croix, 1981 年，第 227 页。
9. Jones, A.H.M., 1957 年，第 108；cf. 第 77—78、93—94 页。引自 Rickman, 1980 年，第 27 页。
10. 摘自 Rickman, 1980 年，第 27 页。
11. 同上，第 257 页。
12. 同上，第 24—25 页。
13. 同上，第 52 页。
14. Brunt, 1971 年，第 380 页，引自 Rickman, 1980 年，第 174 页。
15. Rickman, 1980 年，第 170 页。
16. 摘自 Rickman, 1980 年，第 2 页。
17. Rickman, 1980 年，第 178—179、197 页。
18. 同上，第 173 页。
19. 同上，第 11 页。
20. 同上，第 8—10 页和 XIII 页。Rickman 给出 4000 万 modii，每 modii 是 6.82 公斤（见 Rickman, 第 XIII 页）等于 272800 吨每年；5246 吨每星期。

21. Rickman, 1980 年，第 134—135 页。
22. Rickman, 1971 年，第 189—190 页，引自 Rickman, 1980年，第122页。
23. Rickman, 1980 年，第 17 页。
24. 同上，第 55—56 页。
25. 《使徒行传》第 27—28 页。
26. 《使徒行传》27：20。
27. Seneca 写给 Lucilius 的信，1932 年第 1 卷，第 288—289 页。
28. 摘自 Meiggs, 1973 年，第 51—52 页。
29. 同上，第 31—32、52 页。
30. 同上，第 53 页。
31. 同上，第 54 页。
32. Rickman, 1980 年，第 18 页。
33. Tacitus, Annals 15. 18. 3. 引自 Meiggs, 1973 年，第 55 页。
34. Meiggs, 1973 年，第 162 页。
35. Rickman, 1980 年，第 18—20 页。
36. 摘自 Kagan, 1992。

第 6 章 巨人的伟业逐渐倾圮

1. Chandler and Fox, 1974 年，第 362—364 页。
2. Modelski, 1997 年。
3. Postgate, 1992 年，第 112 页。
4. United Nations, Population Division, 1998 年，第 21—22 页。
5. 这些段落参考了 http://www.jhuccp.org/pr/urbanpre.stm。
6. Morris, A.E.J., 1994 年，第 30、397 页。
7. Jacobs, 1970 年，第 141 页。
8. 同上。
9. 同上，第 144 页。
10. Morris, A.E.J., 1994 年，第 12—14 页，用于这些观点的讨论和参考。
11. Boyd, 1962 年，第 5 页。
12. Rodzinski, 1988 年，第 43 页。
13. 摘自 Steinhardt, 1990 年，第 53 页。
14. 同上，第 54 页。
15. Boyd, 1962 年，第 49 页。
16. Steinhardt, 1990 年，第 10、12 页。
17. Vvheadey, 1971 年，第 430 页。
18. Steinhardt, 1990 年，第 33 页。
19. Polo, Marco（翻译 Ronald Latham），1958 年，第 213—231 页。

20. Steinhardt, 1990 年，第 144—147 页。
21. Boyd, 1962 年，第 14—15 页，引用 Needham, 1954 年，第 1 卷。
22. Tertullian, 30, 3, 摘自 Pounds, 1973 年，第 95 页。
23. 摘自 Pounds, 1973 年，第 97 页。
24. Pounds, 1973 年，第 65—66 页。
25. 同上，fig. 3.15 和第 162 页。
26. 同上，第 97 页。
27. 同上，fig. 3.6 和第 121、123 页。
28. Cook and Tinker, 1926 年，第 56—57 页，摘自 Pounds, 1973 年，第 190 页。
29. Pounds, 1973 年，第 159、113 页。
30. Britnell, 1993 年，第 30 页。
31. 摘自 Pounds, 1973 年，第 268 页。
32. Hohenburg and Lees, 1995 年，第 55 页。
33. 同上，第 21 页。
34. Nicholas, 1997 年，第 5 页。
35. Vance, 1990 年，第 90 页。
36. Gimpel, 1983 年，第 7 页。
37. Pounds, 1973 年，table 6.5, 第 358 页。
38. 引自 Hohenburg and Lees, 1995 年，第 109 页。
39. Pounds, 1979 年，第 26、28 页。

第 7 章 以上帝之名谋取利益

1. 这章里有关弗朗西斯科·迪·马可·达蒂尼的故事，引自：Origo, 1957 年。
2. 摘自 Origo, 1957 年，第 225 页。
3. 同上，第 119 页。
4. 同上，第 221 页。"The Ceppo of Francesco di Marco-Merchant of Christ's Poor"; ceppo 一词在字面上是树干的意思，中空的树干——13 世纪方济各兄弟会成员，将他们给穷人的施舍放进空的树干里。
5. Vance, 1990 年，第 115 页。
6. Hunt, 1994 年。
7. Origo, 1957 年。
8. Dr Simonetta Cavasciocchi, 2004. 私人通信, Istituto Datini, Prato, 5 December 2003 年。
9. 《申命记》, 16, 19, 摘自 Origo, 1957 年，第 119 页。
10. Hohenburg and Lees, 1995 年，第 101 页。
11. 摘自 Mumford, 1961 年，第 469 页。
12. 引自 Origo, 1957 年，第 32 页。
13. 同上。
14. 同上，第 106 页。
15. 同上，第 83 页。

16. 同上，第 75—76、111—112 页。
17. 摘自，同上，第 146 页。
18. Brucker, 1962 年，第 16—17 页，引自 Hunt, 1994 年，第 38 页。
19. Goethe, 第 1795—1796 页，1.10, 摘自 Lee, Bishop and Parker (eds.), 1996 年，第 20 页。
20. Lee, Bishop and Parker (eds.), 第 11—12 页。
21. De Roover, 1956 年，第 174 页。
22. Pacioli（翻译 Gebsattel），1994 年。
23. Taylor, 1956 年，第 180 页。
24. De Roover, 1956 年，第 166 页。
25. Macve, 1996 年，第 24 页。
26. De Roover, 1956 年，第 141 页。
27. Origo, 1957 年，第 53 页。
28. 同上，第 171 页。
29. Partner, 1976 年，第 5 页，摘自 Hohenburg and Lees, 1995 年，第 137 页。

第 8 章 君主之都和商人之城

1. Origo, 1957 年，第 80 页。
2. 同上，第 144 页。
3. 同上，第 58、144 页。
4. Morris, 1910 年，引自 Britnell, 1993 年，第 6 页。
5. Fisher, 1999 年，第 58 页。
6. Paterson, 1998 年，第 154—155 页。
7. Berdan, 1999 年，第 263 页。
8. Sabine, 1933 年，第 336 页。
9. McNeill, 1979 年，第 311 页。
10. Jacobs, 1970 年，第 137 页。
11. Braudel, 1982 年，第 315 页。
12. Black, 2001 年，第 73—74 页。
13. Origo, 1957 年，第 62 页。
14. Kowaleski, 1995 年，第 181 页。
15. Origo, 1957 年，第 254 页。
16. Kowaleski, 1995 年，第 95 页。
17. 同上，第 96、101、104 页。
18. 同上，第 4、10、88 页。
19. Black, 2001 年，第 63、218—220 页。
20. 同上，第 32 页。
21. 摘自 Black, 2001 年，第 65 页。
22. 同上，第 157 页。
23. 同上，第 130 页。
24. 同上，第 136 页。
25. Braudel, 1982 年，第 470 页。

26. 同上，第 467 页。
27. 摘自 Vance, 1990 年，第 133 页。
28. Origo, 1957 年，第 307 页。
29. Martines, 1972 年，第 349 页。
30. Burckhardt, 1865 年，第 432、437 页，摘自 Gundersheimer, 1972 年，第 107 页。
31. Black, 2001 年，第 188、190 页。
32. Herlihy, 1972 年。
33. 同上，第 130、143—146、149—150 页。
34. Vance, 1990 年，第 133 页。
35. Black, 2001 年，第 108 页。
36. Vance, 1990 年，第 134 页。
37. http://whc.unesco.org/sites/550.htm 和 HYPERLINK "http://www.gamberorosso.it/e/" http://www.gamberorosso.it/e/sangimignano/sangimignano.asp。
38. Vance, 1990 年，第 135 页。
39. Black, 2001, 第 32、35 页。
40. 同上，第 32—33 页。
41. Vance, 1990 年，第 143—144 页。
42. Ackroyd, 2000 年，第 92 页。
43. Rasmussen, 1937 年，第 67—70 页，摘自 Vance, 1990 年，第 240 页。
44. 摘自 De Long and Shleifer, 1993 年，第 673 页。
45. 同上，第 671 页。
46. De Long and Shleifer, 1993 年。
47. 同上，第 674、700 页。
48. 同上，第 695、689 页。

第 9 章 复杂的运转系统

1. Anon., 1854 年。
2. Cobbett, 1823 年，28 June, vol. 45, col. 781。
3. 同上，22 February 1823 年，vol. 45, cols. 481—482。
4. 摘自 Morris, Christopher, 1984 年，第 8 页。
5. 同上，第 186 页。
6. Bayliss-Smith, 1982 年，第 108 页。
7. Cobbett, 1821 年，7 April, vol. 39, cols. la-ll。
8. Cobbett, 1823 年，29 March, vol. 45, col. 796。
9. Cobbett, 1830 年，4 September 1823 年。
10. Cobbett, 1823 年，5 May, vol 46, cols. 377—378。
11. Woods, 1989 年，第 89 页。
12. Burchill, Julie, 2001 年，第 3 页。
13. 摘自 Morris, Christopher, 1984 年，第 7 页。
14. Schaer, Claeys and Sargent (eds.), 2000 年，第 38、74 页。

15. 同上。
16. 同上，第 83 页。
17. 同上，第 67 页。
18. Hector and Hooper, 2002 年。
19. More, 1516 年，第 56 页。
20. 同上，第 60 页。
21. 同上，第 64、76 页。
22. 同上，第 79、61、57 页。
23. Morris, William, 1890 年，第 142 页。

第 10 章　城市出现短缺

1. Pounds, 1996 年，第 13 页。
2. 第一帝国（The First Reich）是由查理曼大帝于 800 年建立的帝国，之后即为众所周知的神圣罗马帝国，基本上一直持续到 1806 年，在拿破仑的威胁下废止。
3. Rickman, 1980 年，第 2 页。
4. Richie, 1998 年，第 248 页。
5. Hall, Peter, 1998 年，第 384 页。
6. Richie, 1998 年，第 148 页。
7. 同上，1998 年，第 159—161 页。
8. 摘自 Hall, Thomas, 1997 年，第 197 页。
9. Quataert, 1996 年，第 100 页。
10. Davis, 2000 年，第 12、16 页。
11. Pounds, 1996 年，第 29 页。
12. Quataert, 1996 年，第 105 页。
13. Davis, 2000 年，第 19 页。
14. 同上，2000 年，第 22 页。
15. Aldenhoff, 1996 年，第 34 页。
16. 同上，1996 年，第 35 页。
17. Vincet, 1985 年，第 36 页。
18. 同上，1985 年，第 115、150 页，引用 Keynes, 1949 年，第 24 页；Asquith, 1923 年，第 138—139 页；Great Britain, Foreign Office, 1918 年，第 455—457 页。
19. Craig, 1978 年，第 354 页，摘自 Vincent, 1985 年，第 18 页。
20. Robert, 1997 年，第 49 页。
21. Vincent, 1985 年，第 81 页。
22. Chickering, 1998 年，第 41 页。
23. Bonzon and Davis, 1997 年，第 310 页。
24. Chickering, 1998 年，第 41 页。
25. 同上，第 42 页。
26. 同上，第 43 页。
27. Allen, 1998 年，第 373 页。
28. 同上。
29. 同上，第 374 页。
30. Vincent, 1985 年，第 125 页。
31. Bonzon and Davis, 1997 年，第 337 页。
32. Glaser, 1929 年，第 327、329 页，摘自 Vincent, 1985 年，第 21—22 页。
33. Blücher, 1920 年，第 158 页。
34. Chickering, 1998 年，第 45 页。
35. Vincent, 1985 年，第 124、151 页。
36. Schriener, 1918 年，第 329 页，摘自 Vincent, 1985 年，第 45 页。
37. Davis, 2000 年，第 21 页。
38. Bonzon and Davis, 1997 年，第 318—319、330 页。
39. Vincent, 1985 年，第 49 页。
40. 同上，第 137—140 页。
41. 摘自 Allen, 1998 年，第 381 页。
42. Blücher, 1920 年，第 144、146 页。
43. 同上，第 127 页。
44. Chickering, 1998 年，第 45 页。
45. Blücher, 1920 年，第 184 页。
46. Chickering, 1998 年，第 45 页。
47. Blücher, 1920 年，第 184 页，Allen, 1998 年，第 373 页。
48. http://www.nv.cc.va.us/home/cevans/Versailles/greatwar/casualties.html
49. 摘自 Vincent, 1985 年，第 49 页。
50. 同上，第 45 页。
51. 同上，第 50 页。
52. Bonzon and Davis, 1997 年，第 339 页。

第 11 章　数量的冲击

1. 推断来自于 Broek and Webb, 1978 年，第 395 页。
2. United Nations, 1998 年，第 146 页。
3. Chandler and Fox, 1974 年，第 364、369 页。
4. Broek and Webb, 1978 年，第 429—430 页。
5. Chandler and Fox, 1974 年，第 329、335 页。
6. Drakakis-Smith, 2000 年，第 112 页。
7. 发达世界在 1875—1925 年间人口的增长，推断来自于 Broek and Webb, 1978 年，第 395 页欧洲文化区的数字，其他数据来自联合国，人口区划第 96—97、120—121 页。
8. 同上。
9. Habitat International Coalition, 1998 年，第 2 页。

10. United Nations, 1995 年, 第 76 页。
11. Drakakis-Smith, 2000 年, 第 134 页。
12. 同上。
13. Hugo, 1996 年, 第 173 页。
14. Smith, 1999 年, 第 36 页。
15. 计算结果来源于英国政府在网上的调查数字 http://HYPERLINK"http://www.statistics.gov"www.statistics.gov.uk/pdfdir/famso204.pdf
16. Hopkins, 1973 年, 第 244 页, Jones, W.O., 1972 年, 第 18 页。
17. New Scientist, 1996 年, 第 11 页。
18. Smit, Ratta and Nasr, 1996 年。
19. 同上, 第 25—27 页。
20. Garnett, 2000 年, 第 478、488 页。
21. 同上, 第 25 页。
22. Smit, Ratta and Nasr, 1996 年, 第 27 页。
23. Deelstra and Giradet, 2000 年, 第 48 页。
24. 摘自 Garnett, 1996 年, 第 17 页。
25. 同上。
26. 同上。
27. 古巴城市农业的相关章节, 摘自 Novo And Murphy, 2000 年, Schwartz, 2000 年。
28. United Nations, 1998 年, 第 140 页。
29. Foeken and Mwangi, 2000 年, 第 304 页。
30. Drakakis-Smith, 2000 年, 第 125 页。
31. Marcuse, 1980 年, 第 27 页。
32. Garden City, 1907 年, 第 2 卷, 第 15 页, 摘自 King, 1980 年, 第 203 页。
33. 摘自 King, 1980 年, 第 221 页。
34. Hansen, 1997 年, 第 23 页。
35. 摘自 Collins, 1980 年, 第 228 页。
36. 摘自 Miller, 1971 年, 第 413 页。
37. Churchill, 1908(1972), 第 16 页。
38. White, Silberman and Anderson, 1948 年, 第 43 页。
39. 同上, 第 1、49 页。
40. 同上, 现有的居住密度分区, 在第 56、57 页之间的地图。
41. 同上, 第 45 页。
42. 同上, 第 42 页。
43. 同上, 第 54 页。
44. Freeman, 1991 年, 第 33 页。
45. United Nations, 1998 年, 第 148 页。
46. Foeken and Mwangi, 2000 年, 第 312 页。
47. Freeman, 1991 年, 第 62、93、105 页。
48. 同上, 第 43 页。
49. 同上, 第 44 页。

第 12 章 建在水上的城市

1. http://www.waterinschools.com/challenge/ringmain.htm
2. National Research Council, 1995 年, 第 4 章。
3. United Nations, 1998 年, 第 148 页。
4. 在各种文献中存在多种不同的拼写, 这是最常用的一个。
5. Ezcurra, Mazari-Hiriart, Pisanty and Aguilar, 1999 年, 第 34 页。
6. Calnek, 1976 年, 第 288 页。
7. Díaz del Castillo, 1996 年, 第 190—191 页。
8. 同上, 第 218 页。
9. Cortes, 1972 年, 第 104 页。
10. Matos Moctezuma, 1988 年, 第 55 页。
11. Ezcurra and Mazari-Hiriart, 1996 年, 第 9 页。
12. Hassig, 1985 年, 第 57、30、64 页。
13. 同上, 第 66 页。
14. 同上, 第 62 页, 在第 58—59 和第 140 页的地图上的距离。
15. 同上, 第 62 页。
16. 同上。
17. United Nations, 1995 年, 第 165, Ezcurra et al, 1999 年, 第 35 页。
18. Ezcurra et al, 1999 年, 第 243 页。
19. 同上, 第 217 页。
20. United Nations, 1995 年, 第 165 页。
21. Uitto and Biswas, 2000 年, 第 117—119 页。
22. 同上。
23. National Research Council, 1995 年, 第 3 章。
24. Ezcurra and Mazari-Hiriart, 1996 年, 第 13 页。
25. World Resources Institute, 1996 年, 第 64 页。
26. 同上, 以及 Uitto and Biswas, 2000 年, 第 120 页。
27. Ezcurra and Mazari-Hiriart, 1996 年, 第 28 页; Uitto and Biswas, 2000 年, 第 123—125 页。
28. Uitto and Biswas, 2000 年, 第 127 页。
29. 同上, 第 129—130 页。
30. Ezcurra and Mazari-Hiriart, 1996 年, 第 27 页。
31. 同上, 第 31 页。

第 13 章 转向太阳

1. United States Strategic Bombing Survey, Urban Areas Division, 1947 年, No. 60, 第 33 页。

2. Ishikawa and Swain (翻译), 1981 年 , 第 335 页。
3. Hersey, 1946 年 , 1985 年 , 第 40 页。
4. Hiroshima Peace Memorial Museum, 1998 年 , 第 15 页。
5. Hersey, 1946 年 , 1985 年 , 第 81 页。
6. Ishikawa and Swain (翻译), 1981 年 , 第 347 页 , Hiroshima Peace Memorial Museum, 1998 年 , 第 39 页。
7. United States Strategic Bombing Survey, Urban Areas Division, 1947 年 , No. 60, 第 32 页。
8. United States Strategic Bombing Survey, Physical Damage Division, 1947 年 , No. 92, 第 226、245—246、267 页。
9. Hersey, 1946 年 , 1985, 第 69—70 页。
10. Ishikawa and Swain (翻译) , 1981 年 , 第 83—86 页。
11. Croze and Reader, 2001 年 , 第 27 页。
12. http://www.meti.go.jp
13. Mankins, 1997 年。
14. Butti and Perlin, 1980 年 , 第 5 页。
15. 同上 , 第 27 页。
16. 同上 , 第 32—33 页。
17. 同上 , 第 72 页。
18. 同上 , 第 9 章。
19. Radford, 1999 年。
20. Sinha and Vidal, 1999 年。
21. 同上。

第 14 章 永远的难题

1. Scott and Duncan, 2001 年 , 第 305、312 页。
2. 这些有关列奥纳多的城市的章节，来源于：Bramly, 1992 年 , 第 193—196 页中的一些原始参考资料。
3. 引自 Cipolla, 1973 年 , 第 23 页。
4. Bramly, 1992 年 , 第 192 页。
5. Guardian, 20, May 2002, 'Meacher's plan'.
6. 引用自 Cipolla, 1992 年 , 第 19—20 页。
7. Riis, 1957 年 (最初发表于 1890 年), 第 8 页 , 摘自 Melosi, 1980 年 , 第 II 页。
8. Sabine, 1937 年 , 第 20—21 页。
9. 同上 , 第 27 页。
10. 下列有关中世纪伦敦街道清洁管理问题的段落，引自 Sabine, 1937 年。
11. Melosi, 2000 年 , 第 39 页。
12. Robinson, 1994 年 (最初发表于 1922 年), 第 121—122 页。
13. Cipolla, 1992 年 , 第 21 页。
14. Sabine, 1934 年。
15. 同上 , 第 307、315 页。
16. 摘自 Sabine, 1937 年 , 第 37 页。
17. 同上 , 第 24 页。
18. Sabine, 1934 年 , 第 318 页。
19. 这些有关查德威克的章节，摘自 Melosi, 2000 年 , 第 2 章，以及其他资料来源。
20. 摘自 Melosi, 2000 年 , 第 53 页。
21. 摘自 Reid, 1991 年 , 第 56 页。
22. 同上 , 第 29 页。
23. 同上 , 第 30 页。
24. 同上 , 第 57—58 页。
25. 下列有关热纳维利埃计划的相关资料，来源于 Reid, 1991 年 , 第 58—65 页。
26. 同上 , 第 69 页。
27. New York Times, 1996 年 , 摘自 Hardin, 1998 年 , 第 15 页。
28. Peters, 1999 年 , 第 167 页。

第 15 章 君主的伟绩

1. 摘自 Woods, 1989 年 , 第 80 页。
2. 同上 , 第 86—89 页。
3. "自然死亡率"和"自然出生率"具有精确的技术上的含义，这页上的用词是纯粹为了说明现象，故而省略了"自然"(crude)。
4. Dobson and Carter, 1996 年 , 第 121 页 , citing McNeill, 1977 年 , 第 59 页。
5. Dobson, 1992 年 , 第 411 页。
6. McNeill, 1977 年 , 第 50—52 页。
7. 同上 , 第 50、62 页。
8. 同上 , 第 79—80 页。
9. Scott and Duncan, 2001 年 , 第 5—6 页。
10. 同上。
11. Cliff, Haggett and Smallman-Raynor, 1998 年 , 第 16 页。
12. 摘自 Neuburger, 1925 年 , 第 378 页。
13. Cipolla, 1976 年 , 第 6 页。
14. 同上 , 第 110 页。
15. Cipolla, 1992 年 , 第 4 页。
16. Cipolla, 1976 年 , 第 60—61 页。
17. 摘自 Pullan, 1992 年 , 第 119 页。
18. 同上 , 第 88 页。

19. Cliff, Haggett and Smallman-Raynor, 1998 年，第 14 页。
20. 同上，第 11 页。
21. Cipolla, 1973 年，第 20—21 页。
22. 同上，第 26 页。
23. 同上，第 27 页。
24. 摘自 Cipolla, 1976 年，第 57 页。
25. 2002 年 9 月 18 日，纽约现货价格是每盎司 316.80 美元，一盎司等于 28 克。
26. 摘自 Cipolla, 1976 年，第 58—59 页。
27. Cipolla, 1973 年，第 89—90 页。
28. Cipolla, 1992 年，第 78 页。
29. 同上。
30. Pullan, 1992 年，第 117 页。
31. 同上，第 118 页。
32. Cipolla, 1981 年，第 9—12 页。
33. 见 Cliff, Haggett and Smallman-Ranyor, 1998 年，第 16—17 页。
34. Hirst, 1953 年，第 105 页，摘自 Chandavarkar, 1992 年，第 203—240 页，Ranger and Slack (eds.), 1992，第 215 页。
35. Chandavarkar, 1992 年，第 203—204 页。
36. Hirst, 1953 年，第 89 页，摘自 Chandavarkar, 1992 年，第 214 页。
37. Chandavarkar, 1992 年，第 215—216 页。
38. 同上，第 203—204 页。
39. Radford, 2002 年。
40. Schell and Stark, 1999 年，第 148 页。
41. Ellison, 1999 年。

第 16 章　追逐地平线

1. Alexander, 1992 年，第 84 页。
2. Alexander, 1965 年。
3. Economist, 31 December 1999 年，第 49 页。
4. Vance, 1986 年，第 216 页。
5. 同上，第 501 页。
6. Hall, Peter, 1998 年，第 813 页。
7. Jacobs, 1970 年，第 63—65 页。
8. Casson, 1974 年，第 65 页。
9. Vance, 1986 年，第 425 页，Albion 第 410 页。
10. Morris, A.E.J., 1994 年，第 144、293 页。
11. Parry, 1977 年，第 293 页。
12. Ringrose, 1970 年，第 xix 页。
13. Ringrose, 1983 年，第 310 页。
14. 同上，第 170 页。
15. Ringrose, 1970 年，第 37 页。
16. Ringrose, 1983 年，第 317 页。
17. Ringrose, 1970 年，第 105 页。
18. 同上，第 104 页。
19. 同上，第 119 页。
20. 同上，第 90、127 页。
21. 同上，第 14—15 页。
22. 同上，第 15—16 页。
23. 同上，第 17 页。
24. 同上，第 133 页。
25. Vance, 1986 年，第 228 页。
26. Campbell, Galloway, Keene and Murphy, 1993 年，第 77 页。

第 17 章　"城市在这里，完善它"

1. 摘自 Thorn (Gunn), 1961 年 "A Map of the City", in *My Sad Captains: and Other Poems,* London, Faber and Faber。
2. Davies and Hall (eds.), 1978，第 126 页，摘自 Hall, Thomas, 1997 年，第 13 页。
3. Wycherley, 1962 年，第 43 页。
4. Morris, A.E.J., 1994 年，第 43—44 页。
5. 有关城市格网状布局的这些章节，广泛引用了 Morris, A.E.J.,1994 中的相关论述。
6. 同上，第 57、79 页。
7. Hanke, 1967 年，摘自 Morris, A.E.J., 1994 年，第 305—306 页。
8. 摘自 Morris, A.E.J., 1994 年，第 306 页。
9. Hall, Thomas, 1997 年，第 10—11 页。
10. Reps, 1965 年，摘自 Morris, A.E.J., 1994 年，第 344 页。
11. Hall, Thomas, 1997 年，第 11 页。
12. Reps, 1965 年，摘自 Morris, A.E.J., 1994 年，第 335 页。
13. 摘自 Chapman, 1981 年，第 10 页。
14. Chapman, 1981 年，第 38 页。
15. 摘自 Stern, Gilmartin and Mellins, 1987 年，第 507 页。引自 Hall, Peter, 1998，第 772 页。
16. Chapman, 1981 年，第 116 页。
17. Mumford, 1961 年，第 441—442 页。
18. Reddaway, 1951 年。附录 A 中详细讲述了 Wren 的规划最初被接受，但是最后出于商业的压力被拒绝的故事，讲述者是 Morris, A.E.J.,

1994 年, 第 257 页。
19. Ackroyd, 2000 年, 第 221—222 页。
20. 同上, 第 222 页。
21. Morris, A.E.J., 1994 年, 第 255 页, Ackroyd, 2000 年, 第 223、239 页。
22. Reddaway, 1951 年, 摘自 Morris, A.E.J., 1994 年, 第 255 页。
23. 同上, 第 256 页。
24. Reader, 1986 年, 第 14、17 页。
25. Morris, A.E.J., 1994 年, 第 259 页。
26. 同上, 第 256 页。
27. Ackroyd, 2000 年, 第 238 页。
28. Pevsner, 1973 年, 摘自 Morris, A.E.J., 1994 年, 第 257 页。
29. Koenigsberger 和 Mosse, 摘自 Morris, A.E.J., 1994 年, 第 160 页。
30. Hall, Thomas, 1997 年, 第 33 页。
31. Morris, A.E.J., 1994 年, 第 258—259 页。
32. Rasmussen, 1937 年, 摘自 Morris, A.E.J., 1994 年, 第 262—263 页。
33. Mumford, 1961 年, 第 454 页。
34. Hall, Peter, 1998 年, 第 176 页。
35. Hall, Thomas, 1997 年, 第 168—186 页。
36. 同上, 第 177 页。
37. Hall, Peter, 1998 年, 第 177 页。
38. Ackroyd, 2000 年, 第 268 页。
49. Hall, Peter, 1998 年, 第 668 页。
40. 同上, 第 670—672 页。

第 18 章　变通的政治

1. 摘自 the Economist, 31 December 1999 年, 第 32 页。
2. Mayne, 1993 年, 第 21 页。
3. 同上, 第 22 页。
4. 同上, 第 63 页。
5. 同上, 第 57 页。
6. 同上, 第 74 页。
7. 同上, 第 80 页。
8. 同上, 第 57—59、85—86 页。
9. 同上, 第 19 页, 440,000—880,000, 2.1 表中给出的是平均数。
10. Scott, 1977 年, 第 452—453、455、465、516—517 页; Lindbeck, 1975 年, 第 1—2 页; 摘自 Hall, Peter, 1998 年, 第 844—845 页。
11. Hall, Thomas, 1997 年, 第 201 页。

12. 同上, 第 210、214 页。
13. 摘自 Hall, Peter, 1998 年, 第 858 页。
14. Hall, Peter, 1998 年, 第 861—863 页。
15. 同上。
16. 同上, 第 842 页。
17. 同上, 第 878—879、857 页。
18. 同上, 第 875—876 页。

第 19 章　前景与机会

1. Hall, Peter, 1998 年, 第 921 页。
2. In Blomeyer and Milzkott (eds.), 1990 年, editors' comment introducing Rogers。
3. 同上, 第 34—35 页。
4. Angell, James W., 引用自 Richie, 1998 年, 第 329 页, 但未指明日期和资料来源。
5. Schwierzina, 1990 年, 第 14 页。
6. Federal State of the City of Berlin, 1998 年。
7. Richie, 1998 年, 第 336 页。
8. 摘自 Hall, Peter, 1998 年, 第 243 页。
9. Richie, 1998 年, 第 715—716 页。
10. 这里以及下面几段主要来源于 Stimmann, 1997 年。
11. Berlin Digital Environment Atlas, 2002 年。
12. Richie, 1998 年, 第 161—162 页。
13. Strom and Mayer, 1998 年。
14. 同上。
15. Kramer, Jane, 1999 年。
16. Milner, 2000 年。
17. Wallace, 1999 年, 第 38 页。
18. 这是丹麦首相 Anders Fogh Rasmussen 在 2002 年 7 月, 担任欧盟为期六个月的轮值任期时所说的。
19. Baldwin, François and Portes, 1997 年。
20. 摘自 Richie, 1998 年, 第 1 页。

第 20 章　沉重的脚步

1. Mercer Human Resource Consulting, 2002/4。
2. Forestry Commission, 2002 年。
3. Forestry Commission, 2000 年。
4. Gregg, Jones and Dawson, 2003 年, 第 183—187 页。
5. Hamilton, 1999 年。
6. 这里及下面引用的统计数字, 摘自 Earth: Health Check for a Planet and Its People under Pressure。

7. Wackernagel and Rees, 1996 年, 第 3 页。
8. International Institute for Environment and Development, 1995 年, 摘自 Wackernagel and Rees, 1996 年, 第 91 页; Girardet, n.d.; Chambers, Simmons and Wackernagel, 2000 年, 第 134 页。
9. Rees, n.d.。
10. Folke, Jansson, Larsson and Costanza, 1997 年。
11. 伦敦: Chambers, Simmons and Wackernagel, 2000 年, 第 134 页。北美（平均数）及印度生态足迹, 来自 Wackernagel and Rees, 1996 年, 第 85 页。城市人口的百分比, 来自 United Nations, 1998 年, table A.2。
12. Wackernagel and Rees, 1996 年, 第 13—14 页。
13. Revelations 17，5。
14. Mumford, 1961 年, 第 220 页。
15. 同上, 第 372 页。
16. 同上, caption to plate 第 22 页。

参 考 文 献

Ackroy, Peter（皮特·阿克罗伊德），2000. *London: The Biography*（《伦敦传记》），London, Chatto and Windus

Adams, Robert McCormick（罗伯特·迈克考米克·亚当斯），1981. *Heartland of Cities: Surveys of Ancient Settlement and Land Use on the Central Floodplain of Euphrates*（《中心城市：幼发拉底河冲积平原上的古代定居与土地利用的勘查》），Chicago and London, University of Chicago Press

Albion, Robert Greenhalgh（罗伯特·格林赫尔·阿尔比昂），1926. *Forests and Sea Power: The Timber Problem of the Royal Navy 1652-1862*（《森林和海洋的力量：皇家海军的木料问题（1652—1862）》），Cambridge, Mass., Harvard University Press

Aldenhoff, Rita（瑞塔·阿尔登霍夫），1996. "Agriculture"（《农业》），in Chickering (ed.), 1996, pp. 32-61

Alexander, Christopher（克里斯托弗·亚历山大），1965. "A city is not a tree"（《城市不是树》），pt 1, *Architectural Forum*（《建筑论坛》），vol. 122, no. 1., 58-62

Alexander, R. McNeil（迈克尼尔·亚历山大），1992. "Human locomotion"（《人类的运动》），pp. 80-85 in *Cambridge Encyclopedia of Human Evolution*（《剑桥人类进化百科全书》）

Allen, Keith（凯思·艾伦），1998. "Sharing scarcity: bread rationing and the First World War in Berlin 1914-1923"（《配给不足：面包分配以及第一次世界大战的柏林（1914—1923）》），*Journal of Social History*（《社会史杂志》）vol. 32, pp. 371-393

Anon.（匿名），1854. "The London Commissariat"（《伦敦的给养》，*The Quarterly Review*（《季度评论》），vol.95, September 1854, no.cxc, pp. 271-308

Asquith, Herbert Henry（赫伯特·亨利·阿斯奎斯），1923. *The Genesis of War*（《战争的起源》），New York, George H. Doran

Bakker, Nico et al (eds.)（尼科·巴克及其他人），2000. *Growing Cities, Growing Food: Urban Agriculture on the Policy Agenda*（《增长的城市，增长的粮食：政治议程下的都市农业》），Feldafing, Deutsche Stiftung für internationale Entwicklung (DSE)

Baldwin, R., J. F. François and R. Portes（巴德温、弗朗索瓦和波特斯），1997. "The costs and benefits of Eastern enlargement"（《东扩的成本和收益》），*Economic Policy*（《经济政策》），no. 24, quoted at http://europa.eu.int/comm/enlargement/arguments/index.htm

Balter, Michael（米歇尔·巴特），1998. "Why settle down? The mystery of communities"（《为什么定居？社会的神秘一面》），*Science*（《科学》），vol. 282, pp. 1442-1445.

Bauwelt Berlin Annual（《建筑世界柏林年报》），1997. *Chronology of Building Events 1996 to 2001: 1996*（《建筑大事年表（1996—2001）》），Berlin, Berhäuser Verlag

Bayliss-Smith, T.P.（贝利斯-史密斯），1982. *The Ecology of Agricultural Systems*（《农业系统的生态学》），Cambridge, Cambridge University Press

Berdan, Frances F.（弗朗西斯·博丹），1999. "Crime and control in Aztec society"（《阿兹特克社会的犯罪及管控》），in Hopwood (ed.), 1999, pp. 255-269

Berlin Digital Environment Atlas（《柏林电子环境地图》），2002 06.03 *Green and Open space Development*（《绿地和公共空间的发展》），Berlin, Senate Department of Urban Development, at http://www.stadtentwicklung.berlin.de/umwelt/umweltatlas/ed603_01.htm

Black, Christopher（克里斯托弗·布莱克），2001. *Early Modern Italy: A Social History*（《现代早期的意大利：一部社会发展史》），London and New York, Routledge

Blomeyer, Gerald R., and Rainer Milzkott (eds.)（杰拉尔德·布卢姆耶和瑞纳·米尔兹考特），1990. *Zentrum:Berlin - Scenarios of Development*（《中心：柏林发展的情景》）. *Working Material for the Syrmposium Berlin:Centre organized by the City Council (Magistrat) of Berlin*（《柏林讨论会的工作素材：研讨中心由柏林市议会组织》），Berlin, Nicolaische Verlagsbuchhandlung

Blucher, Evelyn（伊芙琳·布卢彻），1920. *An English Wife in Berlin*（《一个英籍妻子在柏林》），London, Constable

Bonzon, Thierry, and Belinda Davis(希瑞·波松和贝林达·戴维斯), 1997. "Feeding the cities"(《供养城市》), in Winter and Robert, 1997, pp. 305-341

Bottéro, Jean(让·波特罗), 1995. "The most ancient recipes of all"(《最古老的食谱》), in Wilkins, Harvey and Dobson (eds), 1995, pp. 248-255

Boyd, Andrew(安德鲁·博伊德), 1962. Chinese Architecture and Town Planning 1500 B.C.- A.D. 1911(《中国的建筑及城市规划,公元前1500年—1911年》), London, Alec Tiranti.

Bramly, Serge(塞尔日·布拉姆利), 1992. Leonardo: The Artist and the Man(《列奥纳多：艺术家和凡人》), London, Michael Joseph

Braudel, Fernand(费尔南德·布劳德尔), 1982. Civilization and Capitalism 15th-18th Century(《15—18世纪的社会文明及资本主义》). Vol.2. The Wheels of Commerce(《商业的车轮》), London, Collins

Bridges, Gary, and Sophie Watson (eds).(盖里·布里吉斯和索菲·瓦森), 2000. Companion to the City(《与城市相匹配》), Oxford, Blackwell

Britnell, R.H.(布里特奈尔), 1993. The Commercialisation of English Society 1000-1500(《英国社会的商业化（1000—1500）》), Cambridge, Cambridge University Press

Broek, Jan O.M., and John W. Webb(简·布洛克和约翰·韦伯), 1978. A Geography of Mankind(《人类的地理学》), London, McGraw-Hill

Brucker, Gene A.(金纳·布鲁克), 1962. Florentine Politics and Society, 1343-1378(《佛罗伦萨的政治与社会（1343—1378）》), Princeton, Princeton University Press

Brunt, P.A.(布朗特), 1971. Italian Manpower(《意大利的劳动力》), Oxford

Burchill, Julie(朱丽·伯奇尔), 2001. Weekend Guardian(《周末卫报》), 6 January 2001, p.3

Burckhardt, Jacob(雅各布·布克哈特), 1865 (trans. by S.G.C. Middlemore 1958). The Civilization of the Renaissance in Italy(《意大利文艺复兴时期的社会文明》), vol II, New York

Butti, Ken, and John Perlin(肯·布蒂和约翰·佩林), 1980. A Golden Thread: 2500 Years of Solar Architecture and Technology(《金色连线：2500年的阳光建筑及技术》), London, Marion Boyars

Calnek, Edward E.(爱德华·卡耐克), 1976. "The internal structure of Tenochtitlan"(《台诺切提特兰的内部结构》). In Wolf(ed.), 1976, pp. 287-302

Cambridge Encyclopedia if Human Evolution(《剑桥人类进化百科全书》), 1992, eds. Jones, Steve, Robert Martin and David Pilbeam(琼斯、斯蒂夫、罗伯特·马丁和戴维·皮尔比姆), Cambridge, Cambridge University Press

Campbell, Bruce M.S., James A. Galloway(布鲁斯·坎贝尔和詹姆斯·加洛维), Derek Keene and Margaret Murphy(德雷克·基恩和玛格丽特·墨菲), 1993. A Medieval Capital and Its Grain Supply: Agrarian Production and Distribution in the London Region c.1300(《一个中世纪的首都及其粮食供应：1300年前后的伦敦地区农业产品及配送》), Research Paper Series, no.30, London, Historical Geography Research Group

Casson, Lionel(莱昂内尔·卡森), 1974. Travel in the Ancient World(《漫游古代世界》), Baltimore and London, Johns Hopkins University Press

Çatal Hüyük Site Guide Book(加泰土丘遗址导游手册), n.d.

Chambers, Nicky, Craig Simmons and Mathis Wackernagel(尼基·钱伯斯、克莱格·西蒙斯和麦斯·瓦克纳格), 2000. Sharing Nature's Interest: Ecological Footprints as an Indicator of Sustainability(《分享大自然的利益：作为可持续发展指示牌的生态足迹》), London, Earthscan

Chadavarkar, Rajnarayan(拉吉纳拉扬·查达瓦卡), 1992. "Plague panic and epidemic politics in India, 1896-1914"(《印度的瘟疫恐慌及传染病政治（1896—1914）》), in Ranger and Slack (eds.), 1992, pp. 203-240.

Chandler, Tertius, and Gerald Fox(特提乌斯·钱德勒和杰拉尔德·福克斯), 1974 (2nd edn 1984). 3000 Years of Urban Growth(《3000年城市的增长》), New York and London, Academic Press

Chang, Kwang-chih(张光直), 1988. Archaeology of Ancient China(《中国古代考古》), New Haven, Yale University Press

Chapman, Edmund H.(埃德蒙德·查普曼), 1981. Cleveland: Village to Metropolis(《克里夫兰：从小村庄到大都市》), Cleveland, The Western Reserve Historical Society

Cherry, Gordon (ed.)(戈登·凯瑞), 1980. Shaping an Urban World(《塑造一个都市化的世界》), London, Mansell

Chickering, Roger(罗杰·齐克林), 1998. Imperial Germany and the Great War(《德意志帝国与世界大战》), Cambridge, Cambridge University Press

Chickering, Roger (ed.)(罗杰·齐克林)1996. Imperial Germany: A Historiographical Companion(《德意志帝国：历史地理指南》), Westport and London, Greenwood Press

Childe, V. Gordon(戈登·奇尔德), 1950. " The urban revolution"(《都市革命》), Town Planning Review(《城镇规划评论》), vol. 21, pp. 3-17

Churchill, Winston Spencer(温斯顿·斯宾塞·丘吉尔), 1908 (1972). My African Journey(《非洲之旅》), London, New English Library

Cipolla, Carlo M.（卡罗·西波拉），1973. *Cristofano and the Plague: A Study in the History of Public Health in the Age of Galileo*（《基督和瘟疫：伽利略时代的公共健康史研究》）, London, Collins.

—, 1976. *Public Health and the Medical Profession in the Renaissance*（《文艺复兴时期的公共健康和医药职业》）, Cambridge, Cambridge University Press

—, 1981, *Fighting the Plague in Seventeenth-Century Italy*（《17世纪的意大利与瘟疫战斗》）, Madison, University of Wisconsin Press

—, 1992. *Miasmas and Disease: Public Health and the Environment in the Pre-Industrial Age*（《瘴气与疾病：前工业时代的公共健康及环境》）, New Haven and London, Yale University Press

Cliff, Andrew, Peter Haggett and Matthew Smallman-Raynor（安德鲁·克里夫、彼得·哈格特和马修·斯冒曼-雷诺），1998. *Deciphering Global Epidemics: Analytical Approaches to the Disease Records of World Cities, 1888-1912*（《破解全球流行病：对于世界城市疾病记录的分析（1888—1912）》）, Cambridge, Cambridge University Press

Cobbett, William（威廉·科贝特），1821. *Cobbett's Weekly Register*（《科贝特每周记录》）, London

—, 1823. *Cobbett's Weekly Register*（《科贝特每周记录》）, London

—, 1830. *Rural Rides*（《乡村漫游》）, London

Collins, John（约翰·科林斯），1980. "Lusaka: urban planning in a British colony, 1931-1964"（《卢萨卡：英国殖民地的城市规划（1931—1964）》）, in Cherry (ed.), 1980, pp. 227-241

Cook, Albert S., and Chauncery B. Tinker（阿尔伯特·库克和乔瑟里·廷克），1926 (rev. edn). *Select Translations from Old English Poetry*（《英国古诗选译》）, Boston and New York, Ginn and Company

Cortés, Hernán(trans. A.R. Pagden)（埃尔南·科尔特斯），1972.*Letters from Mexico*（《墨西哥来信》）, London, Oxford University Press

Craig, Gordon（戈登·克莱格），1978. *Germany, 1866-1945*（《德国（1866—1945）》）, New York, Oxford University Press

Croze, Harvey, and John Reader（哈维·克洛兹和约翰·里德），2001. *Pyramids of Life*（《生命金字塔》）, London, Harvill

Davies, Ross and Peter Hall (eds.)（罗斯·戴维斯和彼得·霍尔），1978. *Issues in Urban Society*（《城市社会的议题》）, Harmondsworth, Penguin Books

Davis, Belinda J.（贝林达·戴维斯），2000. *Home Fires Burning: Food, Politics, and Everyday Life in World War I Berlin*（《后院起火：第一次世界大战时期柏林的食品、政治及日常生活》）, Chapel Hill and London, University of Carolina Press

De Long, J. Bradford, and Andrei Shleifer（布拉德福德·德龙和安德烈·施赖弗），1993. " Prince and merchants: European city growth before the Industrial Revolution "（《君主和商人：工业革命之前欧洲城市的增长》）, *Journal of Law and Economics*（《法律与经济杂志》）, vol. 36, October 1993, pp. 671-702

De Roover, Raymond（雷蒙德·德罗福），1956. " The development of accounting prior to Luca Pacioli according to the account-books of medieval merchants "(《由中世纪商人的账簿看卢卡·帕西奥利之前的会计发展》), in Littleton and Yamey (eds.), 1956, pp. 114-174

Deacon, H.J.（迪肯），1989. "Late Pleistocene palaeoecology and archaeology in the southern Cape, South Africa"（《南非南部海角更新世后期的古生物及考古》）, in Mellars and Stringer (eds.), 1989, pp. 547-564

Deelstra, Tjeerd, and Herbert Giradet（吉尔德·迪尔斯塔和赫伯特·吉拉德），2000: "Urban agriculture and sustainable cities"（《都市农业及可持续的城市》）, in Bakker et al (eds.), 2000, pp. 43-66

Diaz del Castillo, Bernal（贝尔纳·迪亚兹·德·卡斯蒂略），1996. *The Discovery and Conquest of Mexico 1517-1521*（《发现和征服墨西哥（1517—1521）》）, New York, Da Capo Press

Dobson, A,（杜布森），1992, "People and disease"（《人类和疾病》）, in *Cambridge Encyclopedia of Human Evolution*（《剑桥人类进化百科全书》）, 1992, pp. 411-420

Dobson, Andrew, P., and E. Robin Carter（安德鲁·杜布森和罗宾·卡特），1996. "Infectious diseases and human population history"（《传染病与人类人口发展》）, *BioScience*（《生物科学》）, vol. 46, no.2, pp. 115-126

Drakakis-Smith, David（戴维·德拉卡吉-史密斯），2000. *Third World Cities* (2nd edn)（《第三世界的城市》）, London and New York, Routledge

Earth: Health Check for a Planet（《地球：星球健康体检》）, published by the Guardian in association with Actionaid, August 2002

Economist（《经济学人》）, 31 December 1999

Electronic Text Corpus of Sumerian Literature（苏美尔文学电子版全集）: www.etcsl.orient.ox.ac.uk/section5/tr563.htm

Ellison, P.T.（艾利森），1999. "Fecundity and ovarian function in urban environments"（《城市环境中的孵化功能及生殖力》）, in Schell and Ulijaszek (eds.), 1999, pp. 111-135

Ezcurra, Exequiel, and Marisa Mazari-Hiriart（埃克斯奎尔·埃兹库拉和马里萨·马扎里-西里亚特），1996. "Are megacities viable? A cautionary tale from Mexico City"（《特大型城市可行吗？来自墨西哥城的警世故事》）, Environment, vol. 38, no.1, pp. 6-35.

Ezcurra, Exequiel, Marisa Mazari-Hiriart, Irene Pisanty and Adrian Guillermo Aguilar（埃克斯奎尔·埃兹库拉、马里萨·马扎里-西里亚特、艾琳·皮桑提和安德烈·居勒莫·阿奎拉），1999. *The Basin of Mexico: Critical Environmental Issues and*

Sustainability (《墨西哥盆地:至关重要的环境问题及可持续能力》), New York, United Nations University Press

Federal State of the City of Berlin (柏林市政府), 1998. *The ENVIBASE- Project Documentation /Online Handbook* (《环境基础项目文件/在线手册》), Berlin, Ministry of Urban Planning, Environmental Protection and Technology (柏林市规划、环保和技术部), at http://www.stadtentwicklung.berlin.de/archiv_sensut/umwelt/uisonline/envibase/handbook/berlinpartner.htm

Fisher, Nick (尼克·菲舍), 1999. ' "Workshop of Villains" – Was there much organised crime in classical Athens?' (《"坏蛋的领地"——古代雅典有组织的犯罪》), in Hopwood (ed.), 1999, pp. 53-96

Foeken, Dick, and Alice Mboganie Mwangi (迪克·福肯和艾丽斯·姆博卡尼·穆万吉), 2000. "Increasing food security through urban farming in Nairobi" (《内罗毕通过都市农业增加粮食安全》), in Bakker et al (eds.), 2000, pp. 303-328

Folke, Carl, Asa Jansson, Jonas Larsson and Robert Constanza (卡尔·福克、艾沙·简森、乔纳斯·拉森和罗伯特·康斯坦萨), 1997. "Ecosystem appropriation by cities" (《城市适宜的生态系统》), *Ambio*, vol. 26, May 1997, pp. 167-172

Follain, John (约翰·佛兰), 2002. "Tourist clogged Venice…" (《游客塞满威尼斯……》), *Sunday Times* (《星期日时报》), 13 January 2002, p. 26

Forestry Commission (林业委员会), 2000. News Release No. 2866 (新闻发布文告第2866号)

Forestry Commission (林业委员会), 2002. Reported *in the Independent* (《独立报》报道), 31 March 2002

Freeman, Donald B.(唐纳德·弗里曼), 1991. *A City of Farmers: Informal Urban Agriculture in the Open Spaces of Nairobi, Kenya* (《农夫的城市:肯尼亚内罗毕、公共空地上的非正规都市农业》), Montreal and London, McGill-Queen's University Press

Gabriel, Richard A., and Karen S. Metz (理查德·加百列和卡兰·迈茨), 1991. *From Sumer to Rome: The Military Capabilities of Ancient Armies* (《从苏美尔到罗马:古代军队的军事能力》), New York and London, Greenwood Press

Garden City (《花园城市》), 1907, vol.2, p. 15

Garnett, Tara (塔拉·加内特), 2000. "Urban agriculture in London: rethinking our food economy" (《伦敦的都市农业:再论我们的食品经济》), in Bakker et al (eds.), 2000, pp. 477-500

George, Andrew (安德鲁·乔治), 28 September 2001, in Channel 4 TV documentary, Mesopotamia (4频道纪录片《美索不达米亚》)

Gimpel, Jean (让·吉姆佩), 1983. *The Cathedral Builders* (《大教堂的建造者》), London, Michael Russell

Girardet, Herbert, n.d. (赫伯特·吉拉德特), *Cities and the Culture of Sustainability* (《城市和文化的可持续性》), IEA SHC Task 30 Solar City, at http://www.solarcity.org/solarcity/resresurgencecities.htm

Glaser, Ernst (厄内斯特·格拉瑟), 1929. *Class of 1902* (《1902年的阶层》), New York, Viking

Goethe, J.W. von (歌德), *Wilhelm Meisters Lehrjahre, 1795-1796* (《威廉·迈斯特的学徒时代(1795—1796)》)

Grayson, A. Kirk (科克·格雷森), 1991. "Assyrian rulers of the early first millennium BC (1114–859 BC)" (《公元前一千年的亚述统治者(公元前1114—前859年)》), in *The Royal Inscriptions of Mesopotamia. Assyrian Period 2* (《美索不达米亚的皇家碑文、亚述第2时期》), Toronto, Buffalo and London, University of Toronto Press

Great Britain, Foreign Office (大不列颠外事办公室), 1918. *Foreign Relations* (《外交关系》), 1918, Suppl.I, 1, pp.455-457

Gregg, Jillian W., Clive G. Jones and Todd E. Dawson (吉利安·格莱伯、克里夫·琼斯和托德·道森), 2003. "Urbanization effects on tree growth in the vicinity of New York City" (《纽约市附近的城市化对树木生长的影响》), *Nature* (《自然》), vol. 424, pp. 183-187

Grossman, David, Leo Van Den Berg and Hyacinth I. Ajaegbu (eds.) (大卫·格罗斯曼、列奥·范·德·伯格和海森斯·阿贾格布), 1999. *Urban and Peri-urban Agriaculture in Africa* (《非洲的城市及城市外围农业》), Aldershot, Ashgate

Guardian (《卫报》), 20 May 2002, "Meacher's plan" (《米彻的计划》)

Guardian (《卫报》), 6 February 2004, Reuter's news report (路透社新闻), p. 20

Gugler, Josef (ed.) (约瑟夫·古格勒), 1996. *The Urban Transformation of the Developing World* (《发展中国家的城市变革》), Oxford, Oxford University Press

Gundersheimer, Werner, L. (魏纳·甘德施密尔), 1972. "Crime and punishment in Ferara, 1440 - 1500" (《费拉拉的犯罪与惩罚(1440—1500)》), in Martines (ed.), 1972, pp. 104-128

Haaland, R. (哈兰德), 1992. "Fish, pots and grain: early and Mid-Holocene adaptations in the Central Sudan" (《鱼、陶罐和谷物:全新世的早期和中期在苏丹中部的适应性改变》), Afi.Archaeol. Rev., vol. 10, pp. 43-64

Haas, J., S. Pozorski and T. Pozorski (eds.) (哈斯和波佐斯基), 1987. *The Origins and Development of the Andean State* (《安地斯国家的起源及发展》), New Directions in Archaeology, Cambridge, Cambridge University Press

Haas, Jonathan (乔纳森·哈斯), 31 January 2002, interview in BBC TV programme (BBC电视访谈节目:地平线,《卡拉尔消失的金字塔》), "The lost pyramids of Caral", Horizon

Habitat International Coalition (国际居住联盟), 1998. "Urban community waste management: a sub- Saharan study" (《都市社会的废物处理:仅次于撒哈拉的研究》), http://www.enda.sn/rup/hec/Studies/anglophafarica.htm#titre

Hall, Peter, 1989. "The rise and fall of great cities: economic forces and population responses", in Lawton (ed.), 1989 (彼得·霍尔) (《大城市的兴起与衰落:经济因素及人口回应》)

—, 1998. *Cities in Civilization: Culture, Innovation and Urban Order* (《城市文明:文化、革新及都市次序》), London, Weidenfeld and Nicolson

Hall, Thomas（托马斯·霍尔），1997. *Planning Europe's Capital Cities: Aspects of Nineteenth-Century Urban Development*（《欧洲首都城市规划：19世纪城市发展状况》），London, E. and F.N. Spon

Hamilton, Gary（盖里·汉密尔顿），1999. "Urban jungle"（《都市丛林》），*New Scientist*（《新科学家》），vol. 161, no. 2178, pp.38-42

Hanke, L.（汉克），1967 (1973). "Spanish ordinances for the layout of new towns, 1573"（《西班牙新城布局法令（1573）》），in Hanke (ed.), 1973.

Hanke, L.(ed.)（汉克），1967 (2nd edn 1973). *The History of Latin American Civilisation, Vol.1. The Colonial Experience*（《拉丁美洲文明史·第1卷，殖民者的经验》），Boston, Little, Brown

Hansen, Karen Tranberg（卡伦·坦伯格·汉森），1997. *Keeping House in Lusaka*（《在卢萨卡拥有住房》），New York, Columbia University Press

Hardin, Russell（拉塞尔·哈丁），1998. "Garbage out, garbage in."（《输入垃圾，出来仍是垃圾》）*Social Research*（《社会研究》），vol. 65, no. I

Hassig, Ross（罗斯·哈斯格），1985. *Trade, Tribute and Transportation: The Sixteenth-Century Political Economy of the Valley of Mexico*（《贸易、贡品和交通：16世纪墨西哥河谷的政治经济》），Norman, University of Oklahoma Press

Hector, Andy, and Rowan Hooper（安迪·赫克特和罗万·胡珀），2002. "Darwin and the first ecological experiment"（《达尔文以及第一次生态实验》），*Science*（《科学》），vol. 295, 25 January 2002, pp.639-640

Heidel, A.（海德尔），1951. *A Babylonian Genesis*（《巴比伦的起源》），Chicago, University of Chicago Press

Heimlich, Ralph E. (ed.)（拉尔夫·海姆里希），1989. *Land Use Transition in Urbanizing Areas: Research and Information Needs*（《城市化地区土地利用变迁：研究和信息需求》），Washington DC, The Farm Foundation in cooperation with the US Department of Agriculture, Economic Research Service

Herlihy, David（戴维·赫利希），1972. "Some psychological and social roots of violence in the Tuscan cities"（《托斯卡纳城市暴力的某些心理及社会根源》），in Martines (ed.), 1972, pp. 129-154

Hersey, John（约翰·赫塞），1946, 1985. *Hiroshima*（《广岛》），New York, Vintage Books

Hiroshima Peace Memorial Museum（广岛和平纪念馆），1998. The Outline of Atomic Bomb Damage in Hiroshima（广岛遭受原子弹毁坏概述）

Hirst, L. Fabian（法比安·赫斯特），1953. *The Conquest of Plague: A Study of the Evolution of Epidemiology*（《瘟疫的征服：流行病学的演变之研究》），Oxford, Oxford University Press

Hohenburg, Paul M., and Lynn Hollen Lees（保罗·霍亨伯格和林恩·霍伦·里斯），1995. *The Making of Urban Europe 1000-1994*（《建设城市化欧洲（1000—1994）》），Cambridge, Mass., and London, Harvard University Press

Hopkins, A.G.（霍普金斯），1973. *An Economic History of West Africa*（《西非经济史》），Harlow and New York, Longman

Hopwood, Keith(ed.)（凯斯·霍普伍德），1999. *Organised Crime in Antiquity*（《古代有组织犯罪》），London，Duckworth

Hrouda, B.（霍达），1991. *Der alte Orient: Verlorene Schätze, vergangene Kulturen zwischen Euphrat und Tigris*（《近东：失去的珍宝，幼发拉底河与底格里斯河之间的文化》），Munich, Verlag Bassermann

Hugo, Graeme, 1996（格拉梅·雨果），"Urbanization in Indonesia: city and countryside linked"（《印度尼西亚的城市化：城市和乡村系在一起》），in Gugler (ed.), 1996, pp. 133-184

Hunt, Edwin S.（埃德温·亨特），1994. *The Medieval Super-Companies: A Study of the Peruzzi Company of Florence*（《中世纪的超级公司：关于佛罗伦萨的佩鲁兹公司的研究》），Cambridge, Cambridge University Press

International Institute for Environment and Development（环境与发展国际研究院），1995. *Citizen Action to Lighten Britain's Ecological Footprints*（《公民行为减轻英国的生态足迹》），London, IIED

Ishikawa, Eisei, and David L. Swain (trans.)（艾塞·伊什卡瓦和斯温·戴维），1981. *Hiroshima and Nagasaki: The Physical, Medical, and Social Effects of the Atomic Bombing*（《广岛和长崎：原子弹的物理、医学及社会影响》），London, Hutchinson

Jacobs, Jane（简·雅各布斯），1970. *The Economy of Cities*（《城市经济》），London, Jonathan Cape

Jacobsen, Thorkild（陶奇尔德·雅各布森），1982. *Salinity and Irrigation Agriculture in Antiquity*（《古代农业灌溉与盐化》），Bibliotheca Mesapotamica 14, Undena Publications

Jacobsen, Thorkild, and Robert McAdams（陶奇尔德·雅各布森和罗伯特·麦克亚当斯），1958. "Salt and silt in ancient Mesopotamian agriculture"（《古代美索不达米亚农业的盐分及泥沙》），*Science*（《科学》），vol. 128, no. 3334, pp.1251-1258

Jones, A.H.M.（琼斯），1957. *Athenian Democracy*（《雅典的民主》），Oxford, Blackwell

Jones, W.O.（琼斯），1972. *Marketing Staple Foods in Tropical Africa*（《热带非洲的主要食品市场》），Ithaca, Cornell University Press

Kagan, Donald (ed.)（唐纳德·卡甘），1992. *The End of the Roman Empire: Decline or Transformation?*（《罗马帝国的尾声：衰落或者变革？》），Lexington, Mass., D.C. Heath

Keynes, John Maynard（约翰·梅纳德·凯恩斯），1949. *Two Memoirs*（《两个记忆》），London, Hart-Davis

Kilmer, A.D.（基尔莫），1972. "The Mesopotamian concept of overpopulation and its solution as reflected in the mythology"（《神话中所反映的美索不达米亚人有关人口过量的概念及其解决方法》），*Orientalia* (Nova Series, vol.41. pp. 160-177

King, A.D.（金），1980. "Exporting planning: the colonial and neo-colonial experience"（《出口计划：殖民地和新殖民地的经验》），in Cherry (ed.), 1980, pp. 203-226

Koenigsberger, H.G., and G. L. Mosse（肯尼斯伯格和摩西），1968. *Europe in the Sixteenth Century*（《16世纪的欧洲》），London, Longman

Kovacs, Maureen (trans.)（毛琳·考瓦克斯翻译），1989. *The Epic of Gilgamesh*（《吉尔迦美什史诗》）. Stanford, Stanford University Press

Kowaleski, Maryanne（玛丽安娜·科瓦列斯基），1995. *Local Markets and Regional Trade in Medieval Exeter*（《中世纪埃克塞特的本地市场与地区贸易》），Cambridge, Cambridge University Press

Kramer, Jane（简·克拉默），1999. "Living with Berlin"（《和柏林在一起》），*New Yorker*（《纽约客》），5 July, 1999, pp.60-61

Kramer, Noah Samuel（诺拉·萨缪尔·克拉默），1961. *History begins at Sumer*（《历史起源于苏美尔》），London, Thames and Hudson

——1963. *The Sumerians: Their History, Culture and Character*（《苏美尔人：历史、文化与性格》）. Chicago, University of Chicago Press

Lawton, Richard (ed.)（理查德·劳敦），1989. *The Rise and Fall of Great Cities: Aspects of Urbanisation in the Western World*（《大城市的兴起和衰落：西方世界的城市化状况》），London and New York, Belhaven Press

Lee, T.A.（李），A.Bishop and R. H. Parker (eds.)（李、毕晓普和帕克），1996. *Accounting History from the Renaissance to the Present*（《会计史，从文艺复兴到现在》），New York and London, Garland Publishing

Leick, Gwendolyn（戈文多林·雷克），2001. *Mesopotamia: The Invention of the city*（《美索不达米亚：创造了城市》），London, Allen Lane

Lindbeck, A.（林德贝克），1975. *Swedish Economic Policy*（《瑞典的经济政策》），London, Macmillan

Littleton, A.C.（利特顿和雅美），and B.S.Yamey (eds.), 1956. *Studies in the History of Accounting*（《会计历史研究》），London, Sweet and Maxwell

Loftus, William Kennett（威廉·肯尼特·洛夫特斯），1857. *Travels and Researches in Chaldaea and Susiana; with an Account of Excavations at Warka, the 'Erech' of Nimrod, and Súsh, 'Shushan the Palace of Esther'*（《在迦勒底亚和苏锡阿纳漫游研究；并且详细描述在瓦卡、尼姆罗得的"埃瑞克"、"以斯帖的苏珊城"等地的挖掘工作》），in 1849-1852, London, James Nisbet

Macve, Richard H.（理查德·麦克夫），1996. *Pacioli's Legacy*（《帕西奥利的遗产》），in Lee, Bishop and Parker (eds.), 1996, pp. 3-30

Maisels, Charles Keith（查尔斯·凯斯·麦塞尔斯），1990. *The Emergence of Civilization: From Hunting and Gathering to Agriculture, Cities and the State in the Near East*（《文明的浮现：从狩猎采集到农耕，近东的城市和国家》），London and New York, Routledge

Mankins, John C.（约翰·曼金斯），1997. "Solar power from space"（《从太空获取太阳能》）. Statement before the Subcommittee on Space and Aeronautics, Committee on Science, House of Representatives, October 24, 1997. www.prospace.org/issues/spss/jmankin-test.htm

Marcuse, Peter（彼得·马库斯），1980. "Housing policy and city planning: the puzzling split in the United States, 1893-1931"（《住房政策与城市规划：美国令人困惑的分歧（1893—1931）》），in Cherry (ed.), 1980, pp. 23-58

Martines, Lauro（劳罗·马丁内斯），1972. "Political violence in the thirteenth century"（《13世纪的政治暴力》），in Martines (ed.), 1972, pp. 331-353

Martines, Lauro (ed.)（劳罗·马丁内斯），1972. *Violence and Civil Disorder in Italian Cities 1200—1500*（《意大利城市的暴力及民间的混乱无序（1200—1500）》），Berkeley and London, University of California Press

Matos Moctezuma（艾杜阿多·马图斯·莫克特祖马），Eduardo, 1988. *The Great Temple of the Aztecs: Treasures of Tenochtitlan*（《阿兹特克的伟大庙宇：特诺奇提特兰的宝藏》），London, Thames and Hudson

Mayne, Alan（阿兰·梅纳），1993. *The Imagined Slum: Newspaper Representation in Three Cities, 1870—1914*（《想象中的贫民窟：三个城市的报纸描绘（1870—1914）》），Leicester and New York, Leicester University Press

McNeill, William H.（威廉·麦克尼尔），1977. *Plagues and Peoples*（《大众和瘟疫》），Oxford, Blackwell

——, 1979. *A World History*（《世界历史》），Oxford, Oxford University Press

Meiggs, Russell（拉塞尔·麦吉斯），1973. *Roman Ostia*（《罗马的奥斯蒂亚》）. Oxford, Clarendon Press

Mellaart, James（詹姆斯·梅拉特），1967. *Çatal Hüyük: A Neolithic Town in Anatolia*（《加泰土丘：安纳托利亚的新石器时代的城市》），London, Thames and Hudson

Mellars, Paul, and Chris Stringer (eds.)（保罗·梅拉斯和克里斯·斯汀格），1989. *The Human Revolution: Behavioural and Biological Perspectives on the Origins of Modern Humans*（《人类的革命：在现代人类起源问题上的行为学及生物学观点》），Edinburgh, Edinburgh University Press

Melosi, Martin V.（马丁·梅洛斯），1980. "Environmental crisis in the city"（《城市的环境问题》），in Melosi (ed.), 1980, pp. 3-31

——, 2000. *The Sanitary City: Urban Infrastructure in America from Colonial Times to the Present*（《清洁卫生的城市：美洲城市的基础设施，从殖民地时代到现在》）, Baltimore and London, Johns Hopkins University Press

Melosi, Martin V. (ed.)（马丁·梅洛斯）, 1980. *Pollution and Reform in American Cities, 1870–1930*（《美洲城市的污染及改进（1870—1930）》）, Austin and London, University of Texas Press

Mercer Human Resource Consulting（美世人力资源咨询公司）, 2002/4. "World-wide quality of life survey"（《世界范围的生活质量调查》）, www.mercerhr.com/qol

Miller, Charles（查尔斯·米勒）, 1971. *The Lunatic Express*（《疯狂快车》）, New York, Ballantine Books

Milner, Mark（马克·米尔纳）, 2000. "Germans learn that two into one won't go"（《德国人明白了二者合一不可行》）, *Guardian*（《卫报》）, 3 October 2000

Modelski, George（乔治·莫德尔斯基）, 1997. "Early world cities: extending the census to the fourth millenium"（《早期世界城市：扩大人口普查至第四个千年》）, at http://www.etext.org/Politics/World.Systems/papers/modelski/geocit.htm

Montanari, A., and C. Muscara（蒙塔纳尼和穆斯卡拉）, 1995. "Evaluating tourists flows in historic cities: the case of Venice", *Tijdschrift voor Economische en Sociale Geografie*（《对游客涌进历史城市的评估：威尼斯案例》）, vol. 86, no. 1, pp. 80-87, as quoted at: http://www.egt.geog.uu.nl/L_UG_2.html

More, Thomas（托马斯·莫尔）, 1516, *Utopia*（《乌托邦》）, Everyman, 1994. J.M. Dent, London

Morris, A. E. J.（莫里斯）, 1994. *History of Urban Form: Before the Industrial Revolutions* (3rd edn)（《城市形态史：工业革命之前》）, Harlow, Longman

Morris, Christopher（克里斯托弗·莫里斯）, 1984. *William Cobbett's Illustrated Rural Rides 1821–1832*（《威廉·科贝特的乡村漫游插图（1821—1832）》）, Exeter, Webb and Bower

Morris, William（威廉·莫里斯）, 1890. *News from Nowhere*（《来自乌有乡的消息》）, in *Stories in Prose*（《散文故事集》）, etc., Centenary Edition, 1944, Nonesuch Press, London

Morris, William Alfred（威廉·阿尔弗雷德·莫里斯）, 1910. *The Frankpledge System*（《十户联保体系》）, London, Longman

Mumford, Lewis（刘易斯·芒福德）, 1961. *The city in History: Its Origins, Its Transformations and Its Prospects*（《城市发展史：起源、沿革及前景》）, Harmondsworth, Penguin Books

National Research Council（国家研究委员会）, 1995. *Mexico City's Water Supply – Improving the Outlook for Sustainability*（《墨西哥城的水供应——提升对可持续能力的看法》）, Washington DC, National Academy Press

Needham, Joseph（李约瑟）, 1954. *Science and Civilisation in China*（《中国科学技术史》）, Vol. 1, Cambridge, Cambridge University Press

Neuburger, Max（马克斯·纽伯格）, 1925. *History of Medicine*（《医药史》）, 2 vols. Oxford, Oxford Medical Publications

New Scientist（《新科学家》）, 1996. "Farming comes to feed the world"（《农业经营供养世界》）, *New Scientist*, vol.150, no. 2034, 15 June 1996, p. 11

New York Times（《纽约时代周刊》）, 9 June 1996, sec. 1., p. 46

Nicholas, David（戴维·尼古拉斯）, 1997. *The Later Medieval City 1300–1500*（《中世纪晚期的城市（1300—1500）》）, London and New York, Longman

Nissen, Hans J.（汉斯·尼森）, 1988. *The Early History of the Ancient Near East, 9000—2000 B.C* (trans. Elizabeth Lutzeier), Chicago and London, University of Chicago Press（《古代近东的早期历史（公元前9000—前2000年）》）

Norwich, John Julius（约翰·朱利叶斯·诺里奇）, 2001. 'The Religion of Empire', review of Venice: *Lion City* by Garry Wills, in *Los Angeles Times Book Review*（《帝国的狂热》，是《狮城威尼斯》一书的评论，发表在《洛杉矶时报书评》）, September 30, 2001

Novo, Mario Gonzalez, and Catherine Murphy（马里奥·冈萨雷斯·诺沃和凯瑟琳·墨菲）, 2000. 'Urban agriculture in the city of Havana: a popular response to a crisis'（《哈瓦那的城市农业：应对危机的普遍方法》）. In Bakker et al (eds.), 2000, pp.329-437

Origo, Iris（艾丽斯·奥里戈）, 1957. *The Merchant of Prato: Francesco di Marco Datini*（《普拉托的商人：弗朗西斯科·迪·马可·达蒂尼》）, London, Jonathan Cape

Pacioli, Luca（卢卡·帕西奥利）, *Exposition of Double-Entry Bookkeeping, Venice 1494*（《复式记账法，威尼斯1494》）. (trans. Antonia von Gebsattel, introduction and commentary by Basil Yamey), 1994, Venice, Albrizzi Editore

Parkins, Helen, and Christopher Smith (eds.)（海伦·帕金斯和克里斯托弗·史密斯）, 1998. *Trade, Traders and the Ancient City*（《贸易、商人和古代城市》）, London and New York, Routledge

Parry, J. H.（帕里）, 1977. *The Spanish Seaborne Empire*（《西班牙的海上帝国》）, London, Hutchinson

Partner, P.（帕特纳）, 1976. *Renaissance Rome, 1500-1559: A Portrait of a Society*（《文艺复兴的罗马：社会素描（1500—1559）》）, Berkeley, University of California Press

Paterson, Jeremy（杰里米·帕特森）, 1998. "Trade and traders in the Roman world: scale, structure and Organisation"（《罗马世界的贸易和商人：规模、结构和组织》）, in Parkins and Smith (eds.), 1998, pp.149-207

Peters, J.（皮特）, 1999. "Urbanism and health in industrialised Asia"（《工业化的亚洲的城市化与健康》）, in Schell and Ulijaszek (eds.), 1999, pp. 158-174

Pevsner, Nikolaus（尼古劳斯·佩夫斯纳）, 1973. *An Outline of European Architecture*（《欧洲建筑概述》）, London, Allen Lane

Pollack, Susan（苏珊·波拉克）, 1999. *Ancient Mesopotamia: The Eden That Never Was*（《古代美索不达米亚：并不存在的伊甸园》）, Cambridge, Cambridge University Press

Polo, Marco (trans: Ronald Latham)（马可·波罗）, 1958. *The Travels of Marco Polo*（《马可·波罗游记》）, Harmondsworth, Penguin Books

Postgate, J. N.（波斯各特）, 1992. *Early Mesopotamia: Society and Economy at the Dawn of History*（《早期的美索不达米亚：历史晨光中的社会及经济》）, London and New York, Routledge

Pounds, Norman J.G.（诺曼·庞德斯）, 1973. *An Historical Geography of Europe 450 B.C. – A.D. 1330*（《欧洲史上地理（公元前450—1330）》）, Cambridge, Cambridge University Press

—, 1979. *An Historical Geography of Europe 1550–1840*（《欧洲史上地理（1550—1840）》）, Cambridge, Cambridge University Press

—, 1996. "Historical geography"（《历史的地理学》）, in Chickering, Roger (ed.), 1996, pp.13-32

Powell, Marvin A.（马文·鲍威尔）, 1985. "Salt, seed and yields in Sumerian agriculture: a critique of the theory of progressive salinisation"（《苏美尔农业中的盐、种子和收成：对于盐化进程理论的评论》）, *Zeitschrift für Assyriologie*, vol. 75, pp. 7-38

Pozorski, S.（波佐斯基）, 1987. "Theocracy vs. militarism: the significance of the Casma valley in understanding early state formation"（《神权政体对军国主义：卡斯马河谷对于理解早期国家形式的意义》）, in Haas, Pozorski and Pozorski (eds.), 1987, pp. 15-30

Pringle, Heather（希瑟·普林格）, 1998. "The Original blended economies"（《混合经济的起源》）, *Science*（《科学》）, vol. 282, p.1447

—, 2001. "The first urban center in the Americas"（《美洲第一个城市中心》）, *Science*（《科学》）, vol. 292, 27 April 2001, pp. 621-622.

Pullan, Brian（布赖恩·普兰）, 1992. "Plague and perceptions of the poor in early modern Italy"（《现代意大利早期的瘟疫及穷人的观点》）, in Ranger and Slack (eds.), 1992, pp. 101-123

Quataert, Jean（让·夸特）, 1996. "Demographic and social change"（《人口统计和社会变革》）, in Chickering (ed.), 1996, pp. 97-130

Radford, Tim（蒂姆·拉德福德）, 1999. "Sunshine superman"（《阳光下的超人》）, Guardian science section（《卫报》科学版）, 12 August 1999, p.8

Radford, Tim（蒂姆·拉德福德）, 2002. "World health 'threatened by obesity'"（《世界健康，"肥胖症的威胁"》）[report on American Association of the Advancement of Science meetings 2002, Boston, Mass.], Guardian（《卫报》）, 18 Febmary 2002, p. 8

Ranger, Terence, and Paul Slack (eds.)（特伦斯·兰格和保罗·斯莱克）, 1992. *Epidemics and Ideas. Essays on the Historical Perception of Pestilence*（《传染病及建议：历史上有关瘟疫的文章》）, Cambridge, Cambridge University Press

Rasmussen, Steen Eiler（斯蒂恩·艾勒·拉斯穆森）, 1937. *London: The Unique City*（《伦敦：独特的城市》）, New York and London, Macmillan

Reader, John（约翰·里德）, 1986. *The Rise of life: The First 3.5 Billion Years*（《寿命的增加：第一个35亿年》）, London, Collins

—,1997. *Africa: A Biography of the Continent*（《非洲：大陆传记》）, London, Hamish Hamilton

Reddaway, T.F.（雷达维）, 1951. *The Rebuilding of London after the Great Fire*（《伦敦大火之后的重建》）, London, Edward Arnold

Rees, William E.（威廉·里斯）, n.d. *Ecological Footprints: Making Tracks towards Sustainable Cities. Virtual Policy Dialog*（《生态足迹：开创可持续发展城市的道路。实际政治讨论》）, at http://www.iisd.ca/linkages/consume/brfoot.html

Reid, Donald（唐纳德·里德）, 1991. *Paris Sewers and Sewermen: Realities and Representations*（《巴黎下水道及其工人：真实与表现》）, Cambridge, Mass., and London, Harvard University Press

Renger, Johannes（乔纳斯·兰格）, 1991. "Wirtschaft und Gesellschaft"（《经济与社会》）, in Hrouda,1991, pp. 187-215

Reps, J.W.（利普斯）, 1965. *The Making of Urban America*（《美国城市的创立》）, Princeton University Press

Richie, Alexandra（亚历山德拉·里奇）, 1998. *Faust's Metropolis: A History of Berlin*（《强权下的大都市：柏林历史》）, New York, Carroll and Graf, Inc.

Rickman, Geoffrey E.（杰弗里·里克曼）, 1971. *Roman Granaries and Store Buildings*（《罗马的粮仓和储存设施》）, Cambridge, Cambridge University Press

—, 1980. *The Corn Supply of Ancient Rome*（《古罗马的谷物供应》）. Oxford, Clarendon Press

Riis, Jacob, A.（雅各布·里斯）, 1996 (originally published 1890). *How the Other Half Lives: Studies among the Tenements of New York*（《另一半人怎么过：纽约贫民区研究》）, Boston, Bedford Books, St. Martin's Press

Ringrose, David R.（大卫·林格罗斯）, 1970. *Transportation and Economic Stagnation in Spain, 1750–1850*（《西班牙的交通及经济停滞（1750—1850）》）, Durham, NC, Duke University Press

—, 1983. *Madrid and the Spanish Economy, 1560–1850*（《马德里和西班牙经济（1560—1850）》）, Berkeley, University of California Press

Robert, Jean-Louis（让-路易斯·罗伯特）, 1997. "Paris, London, Berlin on the eve of the war"（《战争前夜的巴黎、伦敦、柏林》）, in Winter and Robert, 1997, pp. 25-53

Robinson, O.F.（罗宾森）, 1994 (originally published 1922). *Ancient Rome: City Planning and Administration*（《古代罗马：城市规划和行政管理》）, London and New York, Routledge

Rodzinski, Witold（威托德·罗德金斯基）, 1988. *The Walled Kingdom: A History of China from 2000 BC to the Present*（《墙内的王国：从公元前 2000 年到现在的中国历史》）, London, Fontana

Sabine, Ernest L.（欧内斯特·萨宾）, 1933. "Butchering in medieval London"（《中世纪伦敦的屠宰业》）, *Speculum*（《观察家》）, vol. 8, pp. 335-353

—, 1934. *Latrines and Cesspools of Medieval London*（《中世纪伦敦的公厕及化粪池》）, *Speculum*（《观察家》）, vol. 9, pp. 303-321

—, 1937. *City Cleaning in Medieval Landon*（《中世纪伦敦的城市清洁卫生》）, *Speculum*（《观察家》）, vol. 12, pp. 19-43

Schaer, Roland, Gregory Claeys and Linda Tower Sargent (eds.)（罗兰·斯凯尔、格雷高利·克雷斯和琳达·托尔·萨根特）, 2000. *Utopia: The Search for the Ideal Society in the Western World*（《乌托邦：西方世界对理想社会的探求》）, New York and Oxford, New York Public Library/Oxford University Press

Schell, L. M., and A. D. Stark（斯切尔和斯塔克）, 1999. "Pollution and child health"（《污染与儿童健康》）, in Schell and Ulijaszek (eds.), 1999, pp. 136-157

Schell, L. M., and S. J. Ulijaszek (eds.)（斯切尔和乌里亚塞克）, 1999. *Urbanism, Health and Human Biology in Industralised Countries*（《工业化国家的城市化、健康及人类生物学》）, Cambridge, Cambridge University Press

Schreiner, George E.（乔治·斯雷纳）, 1918. *The Iron Ration*（《应急口粮》）, London, John Murray

Schwartz, Walter（沃尔特·斯沃茨）, 2000. "Havana harvest"（《哈瓦那的粮食收成》）, in *Guardian Society* suppl. pp.8-9, *Guardian*（《卫报》）, 16 January 2002

Schwierzina, Tino（蒂诺·斯威齐纳）, 1990. "Welcoming address"（《令人愉悦的地方》）, in Blomeyer and Milzkott (eds.), 1990

Scott, F.D.（斯科特）, 1977. *Sweden: The Nation's History*（《瑞典国家历史》）, Minneapolis, University of Minnesota Press

Scott, Susan, and Christopher J. Duncan（苏珊·斯科特和克里斯托弗·杜坎）, 2001. *Biology of Plagues: Evidence from Historical Populations*（《疫病的生物学：来自历史人口的证据》）, Cambridge, Cambridge University Press

Senec's letters to Lucilius (trans. Barker E. Phillips)（《塞内加写给卢西利乌斯的信》）, 1932, 2 vols., Oxford, Clarendon Press

Shane III, O.C., and M. Küçük（施恩三世和库古克）, 1998. "The world's first city"（《世界上的第一座城市》）, *Archaeology*（《考古学》）, vol. 51, no. 2, March/April 1998, pp. 43-47

Sinha, Ashok, and John Vidal（阿育·辛哈和约翰·维戴尔）, 1999. "Solar day dawning"（《太阳的日子即将来临》）, *Guardian*（《卫报》）, Society suppl., pp. 4-5, *Guardian*, 23 June 1999

Smit, Jac, Annu Ratta and Joe Nasr（贾克·斯密特、阿努·雷塔和乔·纳瑟尔）, 1996. *Urban Agriculture: Food, Jobs and Sustainable Cities*（《都市农业：食物、工作和可持续的城市》）, Habitat II Series, New York, UNDP

Smith, David（戴维·史密斯）, 1999. "Urban agriculture in Harare: socio-economic dimensions of a survival strategy"（《哈拉雷的城市农业：生存策略中的社会经济各方面》）, in Grossman, Van Den Berg and Ajaegbu (eds.), 1999, pp. 9-40

Soja, Edward W.（爱德华·索加）, 2000. "Putting cities first: remapping the origins of urbanism"（《将城市放在第一位：重新绘制城市化的起源》）, in Bridges and Watson (eds.), 2000, pp. 26-34

Solis, Ruth Shady, Jonathan Haas and Winifred Creamer（鲁斯·沙迪·索利斯、乔纳森·哈斯和维尼弗莱德·克里默）, 2001. "Dating Caral, a Preceramic site in the Supe Valley on the coastal plain of Peru"（《鉴定卡拉尔，秘鲁沿海平原苏佩谷地的一处前陶器时代的遗址》）, *Science*（《科学》）, vol. 292, 27 April 2001, pp. 723-726

Ste Croix, G.E.M. de（德·斯特·克拉克斯）, 1981. *The Class Struggle in the Ancient Greek World*（《古希腊世界的阶级争斗》）, London, Duckworth

Steinhardt, Nancy Shatzman（南希·沙茨曼·斯特恩哈德）, 1990. *Chinese Imperial City Planning*（《中国皇城规划》）, Honolulu, University of Hawaii Press

Stem, R.A.M., G. Gilmartin and T. Mellins（斯特姆、基尔马丁和梅林斯）, 1987. *New York 1930: Architecture and Urbanism between the Two World Wars*（《1930 年的纽约：两次世界大战之间的建筑及城市》）, New York, Rizzoli

Stimmann, Hans（汉斯·斯蒂曼）, 1997. "Invisible urban development"（《看不见的城市发展》）, pp. 88-101 in *Bauwelt Berlin Annual*, 1997

Strom, Elizabeth, and Margit Mayer（伊丽莎白·斯特姆和玛吉特·迈耶）, 1998. "The new Berlin"（《新柏林》）, *German Politics and Society*（《德国政治和社会》）, vol. 16, pt. 4, pp. 122-139, at http://userpage.fu-berlin.de/~mayer/mm/pubs/newberlin.htm

Taylor, R. Emmett（埃米特·泰勒）, 1956. *Luca Pacioli*（《卢卡·帕西奥利》）, in Littleton and Yamey (eds.), 1956, pp. 175-184

Tertullian, Quint: *Septimi Florentis Tertulliani De Anima* (ed. J.H. Waszink)（《昆特·塞普蒂米·佛罗伦蒂斯·特图利安尼的精神》）,

1947. Amsterdam, J.M. Meulenhoft

Uitto,Juha I., and Asit K. Biswas(胡娜·乌里托和阿斯特·比斯瓦斯), 2000. *Water for Urban Areas: Challenges and Perspectives*(《城市地区的给水：挑战与抉择》), New York, United Nations University Press

United Nations（联合国）, 1995. *The Challenge of Urbanization: The World's Largest Cities*（《城市化的挑战：世界大城市》）, New York, United Nations

United Nations（联合国人口署）, *Population Division 1998. World Urbanization Prospects*（《世界城市化的前景》）, 1996 revision, New York.

United States Strategic Bombing Survey（美国原子弹战略调查报告）, Urban Areas Division, 1947. No. 60: The effects of Air Attack on the City of Hiroshima（《气体冲击波对广岛市的影响》）, Washington DC, US Government Printing Office

United States Strategic Bombing Survey（美国原子弹战略调查报告）, Physical Damage Division, 1947. No. 92: *Effects of the Atomic Bomb on Hiroshima, Japan*（《原子弹对日本广岛的影响》）, Vol.III, pt 2, Washington DC, US Government Printing Office

Van de Mieroop, Marc（马克·凡·德·米鲁普）, 1997. *The Ancient Mesopotamian City*（《美索不达米亚的古代城市》）, Oxford, Clarendon Press

Vance, James E. Jr（小詹姆斯·万斯）, 1986. *Capturing the Horizon: The Historical Geography of Transportation since the Transportation Revolution of the Sixteenth Century*（《追逐地平线：自16世纪交通革命以来的交通历史地理》）, New York, Harper and Row

—, 1990. *The Continuing City: Urban Morphology in Western Civilization*（《继续前进的城市：西方文明中的城市形态学》）, Baltimore and London, Johns Hopkins University Press

Vincent, C. Paul（保罗·文森特）, 1985.*The Politics of War*（《战争政治》）, Athens, Ohio, and London, Ohio University Press

Wackernagel, Mathis, and William E, Rees（马西斯·瓦克纳各尔 威廉·里斯）, 1996. *Our Ecological Footprint: Reducing Human Impact on the Earth*（《我们的生态足迹：减轻人类对地球的不良影响》）, Gabriola Island, BC, New Society Publishers

Wallace, Charles P.（查尔斯·瓦莱斯）, 1999. Across the Great Divide（《跨越巨大分歧》）. TIME International（《时代》国际版） vol. 154 no. 20, November 15 1999, p. 38

Wheatley, Paul（保罗·惠特利）, 1971. *Pivot of the Four Quarters*（《四季的枢轴》）, Edinburgh, Edinburgh University Press

White, L.W. Thornton, L. Silberman and P. R. Anderson（桑顿·怀特、西尔伯曼和安德森）, 1948. *Nairobi: Master Plan for a Colonial Capital*（《内罗毕：作为殖民地首都的总体规划》）, London, HMSO

Wilkins, John, David Harvey and Mike Dobson (eds.)（约翰·威尔金斯、大卫·哈维和迈可·多布森）, 1995. *Food in Antiquity*（《古代的食物》）, Exeter, University of Exeter Press

Wills, Garry（盖里·威尔斯）, 2001. *Venice: Lion City*（《狮城威尼斯》）, New York, Simon and Schuster

Winter, Jay, and Jean-Louis Robert（贾伊·温特和让-路易斯·罗伯特）, 1997. *Capital Cities at War: Paris, London, Berlin 1914-1919*（《战争中的首都：巴黎、伦敦、柏林（1914—1919）》）, Cambridge, Cambridge University Press

Wolf, Eric R. (ed.)（埃瑞克·沃尔夫）, 1976. *The Valley of Mexico: Studies in Pre-Hispanic Ecology and Society*（《墨西哥河谷：前美洲时期的生态及社会》）, Albuquerque, University of Mexico Press

Woods, R.（伍兹）, 1989. "What would we need to know to solve the 'natural population decrease problem' in early-modern cities?"（《为解决在早期现代城市"自然人口下降的问题"我们还应知道些什么？》）in Lawton (ed.), 1989, pp. 81-95

Woolley, Sir Charles Leonard（查尔斯·列奥纳德·伍利爵士）, 1982. *Ur 'of the Chaldees'*（《迦勒底亚的乌尔》）, London, The Herbert Press

World Resources Institute（世界资源研究院）, 1996. *World Resources 1996-1997*（《世界资源（1996—1997）》）, New York, Oxford University Press

Wycherley, R.E.（维彻利）, 1962. *How the Greeks Built Cities*（《希腊人如何建造城市》）, London, Macmillan

Yoffe, Norman and George Cowgill (eds.)（诺曼·尤菲和乔治·考吉尔）, 1988. *The Collapse of Ancient States and Civilisations*（《古代城邦及文明的崩溃》）, Tucson, University of Arizona Press

新知
文库

01 《证据：历史上最具争议的法医学案例》[美]科林·埃文斯 著　毕小青 译
02 《香料传奇：一部由诱惑衍生的历史》[澳]杰克·特纳 著　周子平 译
03 《查理曼大帝的桌布：一部开胃的宴会史》[英]尼科拉·弗莱彻 著　李响 译
04 《改变西方世界的26个字母》[英]约翰·曼 著　江正文 译
05 《破解古埃及：一场激烈的智力竞争》[英]莱斯利·亚京斯 著　黄中宪 译
06 《狗智慧：它们在想什么》[加]斯坦利·科伦 著　江天帆、马云霏 译
07 《狗故事：人类历史上狗的爪印》[加]斯坦利·科伦 著　江天帆 译
08 《血液的故事》[美]比尔·海斯 著　郎可华 译
09 《君主制的历史》[美]布伦达·拉尔夫·刘易斯 著　荣予、方力维 译
10 《人类基因的历史地图》[美]史蒂夫·奥尔森 著　霍达文 译
11 《隐疾：名人与人格障碍》[德]博尔温·班德洛 著　麦湛雄 译
12 《逼近的瘟疫》[美]劳里·加勒特 著　杨岐鸣、杨宁 译
13 《颜色的故事》[英]维多利亚·芬利 著　姚芸竹 译
14 《我不是杀人犯》[法]弗雷德里克·肖索依 著　孟晖 译
15 《说谎：揭穿商业、政治与婚姻中的骗局》[美]保罗·埃克曼 著　邓伯宸 译　徐国强 校
16 《蛛丝马迹：犯罪现场专家讲述的故事》[美]康妮·弗莱彻 著　毕小青 译
17 《战争的果实：军事冲突如何加速科技创新》[美]迈克尔·怀特 著　卢欣渝 译
18 《口述：最早发现北美洲的中国移民》[加]保罗·夏亚松 著　暴永宁 译
19 《私密的神话：梦之解析》[英]安东尼·史蒂文斯 著　薛绚 译
20 《生物武器：从国家赞助的研制计划到当代生物恐怖活动》[美]珍妮·吉耶曼 著　周子平 译
21 《疯狂实验史》[瑞士]雷托·U·施奈德 著　许阳 译
22 《智商测试：一段闪光的历史，一个失色的点子》[美]斯蒂芬·默多克 著　卢欣渝 译
23 《第三帝国的艺术博物馆：希特勒与"林茨特别任务"》[德]哈恩斯—克里斯蒂安·罗尔 著　孙书柱、刘英兰 译
24 《茶：嗜好、开拓与帝国》[英]罗伊·莫克塞姆 著　毕小青 译
25 《路西法效应：好人是如何变成恶魔的》[美]菲利普·津巴多 著　孙佩妏、陈雅馨 译
26 《阿司匹林传奇》[英]迪尔米德·杰弗里斯 著　暴永宁 译
27 《美味欺诈：食品造假与打假的历史》[英]比·威尔逊 著　周继岚 译
28 《英国人的言行潜规则》[英]凯特·福克斯 著　姚芸竹 译
29 《战争的文化》[美]马丁·范克勒韦尔德 著　李阳 译
30 《大背叛：科学中的欺诈》[美]霍勒斯·弗里兰·贾德森 著　张铁梅、徐国强 译

31	《多重宇宙:一个世界太少了?》[德]托比阿斯·胡阿特、马克斯·劳讷 著	车云 译
32	《现代医学的偶然发现》[美]默顿·迈耶斯 著	周子平 译
33	《咖啡机中的间谍:个人隐私的终结》[英]奥哈拉、沙德博尔特 著	毕小青 译
34	《洞穴奇案》[美]彼得·萨伯 著	陈福勇、张世泰 译
35	《权力的餐桌:从古希腊宴会到爱丽舍宫》[法]让—马克·阿尔贝 著	刘可有、刘惠杰 译
36	《致命元素:毒药的历史》[英]约翰·埃姆斯利 著	毕小青 译
37	《神祇、陵墓与学者:考古学传奇》[德]C.W.策拉姆 著	张芸、孟薇 译
38	《谋杀手段:用刑侦科学破解致命罪案》[德]马克·贝内克 著	李响 译
39	《为什么不杀光?种族大屠杀的反思》[法]丹尼尔·希罗、克拉克·麦考利 著	薛绚 译
40	《伊索尔德的魔汤:春药的文化史》[德]克劳迪娅·米勒—埃贝林、克里斯蒂安·拉奇 著 王泰智、沈惠珠 译	
41	《错引耶稣:〈圣经〉传抄、更改的内幕》[美]巴特·埃尔曼 著	黄恩邻 译
42	《百变小红帽:一则童话中的性、道德及演变》[美]凯瑟琳·奥兰丝汀 著	杨淑智 译
43	《穆斯林发现欧洲:天下大国的视野转换》[美]伯纳德·刘易斯 著	李中文 译
44	《烟火撩人:香烟的历史》[法]迪迪埃·努里松 著	陈睿、李欣 译
45	《菜单中的秘密:爱丽舍宫的飨宴》[日]西川惠 著	尤可欣 译
46	《气候创造历史》[瑞士]许靖华 著	甘锡安 译
47	《特权:哈佛与统治阶层的教育》[美]罗斯·格雷戈里·多塞特 著	珍栎 译
48	《死亡晚餐派对:真实医学探案故事集》[美]乔纳森·埃德罗 著	江孟蓉 译
49	《重返人类演化现场》[美]奇普·沃尔特 著	蔡承志 译
50	《破窗效应:失序世界的关键影响力》[美]乔治·凯林、凯瑟琳·科尔斯 著	陈智文 译
51	《违童之愿:冷战时期美国儿童医学实验秘史》[美]艾伦·M·霍恩布鲁姆、朱迪斯·L·纽曼、格雷戈里·J·多贝尔 著 丁立松 译	
52	《活着有多久:关于死亡的科学和哲学》[加]理查德·贝利沃、丹尼斯·金格拉斯 著 白紫阳 译	
53	《疯狂实验史Ⅱ》[瑞士]雷托·U·施奈德 著	郭鑫、姚敏多 译
54	《猿形毕露:从猩猩看人类的权力、暴力、爱与性》[美]弗朗斯·德瓦尔 著	陈信宏 译
55	《正常的另一面:美貌、信任与养育的生物学》[美]乔丹·斯莫勒 著	郑嬿 译
56	《奇妙的尘埃》[美]汉娜·霍姆斯 著	陈芝仪 译
57	《卡路里与束身衣:跨越两千年的节食史》[英]路易丝·福克斯克罗夫特 著	王以勤 译
58	《哈希的故事:世界上最具暴利的毒品业内幕》[英]温斯利·克拉克森 著	珍栎 译
59	《黑色盛宴:嗜血动物的奇异生活》[美]比尔·舒特 著 帕特里曼·J·温 绘图	赵越 译
60	《城市的故事》[美]约翰·里斯 著	郝笑丛 译